每天进步
一点点

圣　铎◎编著

中国华侨出版社
北京

图书在版编目（CIP）数据

每天进步一点点 / 圣铎编著 . — 北京：中国华侨出版社，2015.5（2019.7 重印）

ISBN 978-7-5113-5441-9

Ⅰ . ①每… Ⅱ . ①圣… Ⅲ . ①成功心理—通俗读物 Ⅳ . ① B848.4–49

中国版本图书馆 CIP 数据核字（2015）第 100149 号

每天进步一点点

编　　著：圣　铎

责任编辑：茂　素

封面设计：李艾红

文字编辑：刘雅君

美术编辑：刘欣梅

经　　销：新华书店

开　　本：720mm×1020mm　1/16　印张：28　字数：486 千字

印　　刷：北京市松源印刷有限公司

版　　次：2015 年 8 月第 1 版　2019 年 7 月第 4 次印刷

书　　号：ISBN 978-7-5113-5441-9

定　　价：68.00 元

中国华侨出版社　北京市朝阳区静安里 26 号通成达大厦 3 层　邮编：100028

法律顾问：陈鹰律师事务所

发行部：（010）58815874　　　传　真：（010）58815857

网　　址：www.oveaschin.com　　　E-mail：oveaschin@sina.com

如果发现印装质量问题，影响阅读，请与印刷厂联系调换。

前言

好一个"每天进步一点点"！它看似平淡无奇，缺乏雄心和魄力，却具有无穷的威力。"水滴石穿，绳锯木断。"只要你有足够的耐力坚持下去，成功必将属于你，因为成功来源于诸多要素的几何叠加。比如，每天笑容比昨天多一点点；每天走路比昨天精神一点点；每天行动比昨天快一点点；每天效率比昨天提高一点点；每天方法比昨天多找一点点……正如数学中 $0.5 \times 0.5 \times 0.5 = 0.125$，而 $0.6 \times 0.6 \times 0.6 = 0.216$，每个乘数项只增加了 0.1，而结果却成倍增长。每天进步一点点，假以时日，我们的未来与今天相比将会有天壤之别。每次一点点的放大，最终会带来一场"翻天覆地"的变化。一个人，如果"每天进步一点点"，哪怕是 1% 的进步，试想，谁能阻挡他最终达到 100% 的成功？一个企业，如果把"每天进步一点点"作为其企业文化的一部分，每人每天都能进步一点点，试想，有什么能阻挡住它走向最终辉煌的脚步？

生活中有阳光，就有阴雨，我们无法要求完美的幸福，无法任何时候都沉浸在甜蜜中，但每天快乐一点点却很容易。只要我们有一双发现快乐的眼睛和一颗感受快乐的心灵，每天都用期待的心情迎接朝霞，用抖擞的精神沐浴阳光雨露，快乐就会洒满生活的每一个角落，渗透在生活的每一分每一秒，随处随时都可采撷。一个不经意的关心、一个不经意的欣赏、一个不经意的感激，都会让生活的长河激起快乐的涟漪，使许多烦恼和忧伤随之烟消云散。每天快乐一点点，日积月累，快乐将永远和我们相依又相伴。按照这样的思维，我们每个人都能活得轻松活泼，充满惬意！每天快乐一点点，以快乐的灵泉涤荡自己的心灵，使之纯净、宁静，给生命以慰藉，给生活以关怀，你就能在轻松愉快、潜移默化中逐渐改变自己的人生状态，变得乐观积极起来，对他人、对世界充满爱心，对生活充满热情。每天快乐一点点，幸福还会远吗？

1

　　人之所以为人，就在于其有感悟的灵性。唯有感悟，才能让我们认识到生命的凝重；唯有感悟，才能让我们去关注生活中的真善美；唯有感悟，才能让我们睁大眼睛，感受生活所赐予的一切都是世界上最妙的景象……没有感悟，人就沦为一架只会工作的机器。平凡的生活中积累起来的点点滴滴的感悟就是点点滴滴的进步，就是今天比昨天更聪慧，就是对现状有所突破。生命的每次感悟，往往都是一次机遇，告诉我们随时调整自己的视角、心态甚至身份，我们的人生也因此逐渐走向成熟。打开心灵的窗户吧，每天感悟一点点，可以分解为自省，转化为自强，升华为创造。多一份留意，多一份真爱，我们匆匆走过的岁月，正是为了通过自己的感悟去沉淀更多的美好。每天感悟一点点。成熟还会远吗？

　　努力即是成功的开端，生命之花的灿烂，得益于辛勤汗水的努力浇灌，人生之歌的嘹亮，离不开始终的努力奋斗。人生，只有在经过一个又一个的努力之后，才一步一步接近巅峰。努力是一个漫长的过程，是对人是否有耐心、毅力的全面考验。今天努力，明天不努力，等于没努力；明天努力，后天再努力，才是真努力。因为，努力不是"一下子"就达成目标的，而是从"一点点"开始，由点到面，由近到远，由小到大，由弱到强，最终才抵达成功的终点。"台上一分钟，台下十年功。"没有经历"每天努力一点点"的漫长历程，就不会有让人惊羡的辉煌成就。正如古人所说："不积跬步，无以至千里；不积小流，无以成江海。"每天努力一点点，你会取得意想不到的收获；每天努力一点点，逐渐培养了你的顽强的毅力和良好的习惯。每天努力一点点，成功还会远吗？

　　今天，你比昨天更快乐一点点了吗？今天，你比昨天更感悟一点点了吗？今天，你比昨天更努力一点点了吗？只要每天进步一点点，持之以恒，那么，即使你现在平凡普通，没有过人的天赋，甚或身陷逆境，你同样可以通过量的积累创造质的飞跃，开创辉煌壮丽的人生；同时，也只有每天进步一点点，你才有可能逐渐突破现状，改变命运，而那些好高骛远，企图寻找捷径一步登天的做法都是不切实际的。

目录

1

中篇

每天感悟一点点

下篇
每天努力一点点

上篇

每天快乐一点点

第一章
▼

超越人生的困境

别为了一棵树而浪费生命

一个边远的山区里，有两户人家的空地上长着一棵枝繁叶茂的银杏树。秋天的时候，银杏果成熟了就会落在地上。孩子们捡回一些，却都不敢吃，因为人们都认为银杏果有毒。

这棵树不知道是属于两户人家中的哪户，这样的日子过了许多年。

有一年，其中一户人家的主人去了一趟城里，才知道银杏果可以卖钱。于是，他摘了一袋背到城里，换回一大叠花花绿绿的钞票。

银杏果可以换钱的消息不胫而走。于是，另一户人家的主人上门要求两家均分那些钱。但是，他的要求被拒绝了。情急之下，他找出土地证，结果发现这棵银杏树划在他家的界线内。于是，他再次要求对方交出银杏果的钱，因为这棵银杏树是他家的。对方当然不会认输，他也开始寻找证据，结果从一位老人处得知，这棵银杏树是他曾祖父当年种下的。

两家争执不下，谁也不肯让步，于是反目成仇。乡里也不能判断这棵树究竟应该属于谁，一个有土地证，白纸黑字，合理合法；一个有证人证言，前人栽树后人乘凉，理所当然。

于是，两人起诉到法院。法院也为难，建议庭外调解。两人都不同意，他们认为这棵银杏树本应属于自己，凭什么要和别人共享呢？案子便拖了下来。他们年年为这棵银杏树吵架，甚至大打出手。

故事就这样延续了 10 年。10 年后，一条公路穿村而过，两户人家拆迁，银杏树也被砍倒了，这场历时 10 年的纠纷才画上了句号。奇怪的是，当时两户人家谁也不要那棵树，因为树干是空的，只能当柴烧。

为了一棵树，他们竟然斗了 10 年！3000 多个本来可以快快乐乐的日子，难道不比一棵树重要？用来争执的时间精力，去种一片银杏林都可以了。仔细想想真的很可怕：有时候，一个人为了得到某种东西，往往会失去比这种东西重要得多的东西。那么，你呢？你是否也在为了一些不重要的东西而枉费心机？

每个人都会努力追求一些自己以为很重要的东西，并为之付出了艰辛的努力，放弃了快乐、健康、爱情、友情。而等到真正获得它的时候，却发现它已经不是那么重要了。

就好比爬山，当你爬到一个高度的时候，发现在这个高度中原来自己是如此渺小，但你觉得或许高处还有更好的风景，然后你继续挣扎，再爬，再挣扎，如此反复，到自己爬不动了为止。然后忽然回头，却发现山下的人过着很快乐的生活，山顶却一片荒凉和单调，高处不胜寒，想再回去，已经不可能了。

人之所以有痛苦，就是因为你追求错误的或者对你而言不重要的东西。如果我们只是忙忙碌碌地追求而无视身边的美好，那么幸福也会远离我们。所以有时间静下来的话，不妨想想，什么才是你人生中真正重要的东西。

【每日一点】

有时候我们要冷静地问问自己，我们在追求什么？我们活着为了什么？如果我们只是忙忙碌碌地追求而无视身边的美好，那么幸福也会远离我们。

上帝给谁的都一样多

欧洲国家一位著名的女高音歌唱家，仅仅 30 岁就已经誉满全球，令许多人羡慕。一次，她到外地举办独唱音乐会，入场券早在半年以前就被抢购一空，当晚的演出也受到空前的欢迎。演出结束后，她和丈夫、儿子从剧场里走出来的时候，被早已等候在那里的观众和记者团团围住，人们争着与歌唱家攀谈，多是赞美和仰慕之辞。

有的人羡慕她大学刚毕业就开始走红，进入了国家级的歌剧院；有的人恭维她 27 岁就成为世界 10 大女高音歌唱家之一；也有人赞美她有个腰缠万贯的丈夫，还有个脸上总带着微笑的儿子……

她默默地听着，没有任何表示。当她等人们把话说完以后，才缓缓地说："谢谢大家对我和我的家人的赞美，我希望在这些方面能够和你们共享快乐。但是，你们看到的只是一个方面，还有一个方面你们没有看到，这就是受到你们夸奖的我的儿子。不幸的是，他是一个不会说话的哑巴。他还有一个姐姐，是一个常年被关在铁窗房间里的精神分裂症患者。"说完，高音歌唱家一脸平静。

人们听了她的话，都震惊得说不出来话，面面相觑，一时间都无法接受这个事实。见此情景，歌唱家心平气和地说道："这一切说明了什么呢？这一切说明了一个道理——上帝给谁的都一样多。"

听完她的话，人们陷入了认真的思考之中。是啊，上帝给谁的都一样多。只要我们用心观察，我们就会发现：给了人甜美的嗓音，却很难再给人圆满的幸福。没给你美丽的脸蛋，却会给你智慧的头脑。给了你欢聚的美好，也会给你分别的痛苦。左撇子虽然不便，但却比常人在创造力方面更有优势。上天不能把人造得十全十美，任何人也不应该是一无是处的。这样的世界，才是真实的，才是多姿多彩的。

地球是圆的，有太阳照射的光明，但也有太阳照不到的阴影！看到别人的光辉，也要看到光辉背后的影子；看到自己的困境，也要看到自己在颠簸过程中的成长。

所以，你要从现在开始，微笑着面对生活，不要抱怨生活给了你太多的磨难，不要抱怨生活中有太多的曲折，更不要抱怨生活中存在的不公。因为，生命中的每个挫折、每个伤痛、每个打击，都自有它的意义。要知道：大海如果缺少了巨浪的汹涌，就会失去其雄浑；沙漠如果缺少了飞沙的狂舞，就会失去其壮观；生活如果都是两点一线般的笔直，就会如白开水一样平淡无味。只有酸甜苦辣咸五味俱全才是生活的全部，只有悲喜哀痛七情六欲全部经历才算是完整的人生……

耶稣死去的那天是世界上最悲痛的日子，但三天后就是复活节——世界上最快乐的日子！所以，永远要记得，上天是公平的。

【每日一点】

上天给沙漠披上了一层黄沙，但那只是礼物的包装。因为下面有着世界上最大的宝藏——石油。

别摔倒在熟悉的路上

野兔是一种十分狡猾的动物，缺乏经验的猎手很难捕获到它们。但是一到下雪天，野兔的末日就到了。因为野兔从来不敢走没有自己脚印的路，当它从窝中出来觅食时，它总是小心翼翼的，一有风吹草动就会逃之夭夭。但走过一段路后，如果是安全的，它也会按照原路返回。猎人就是根据野兔的这一特性，只要找到野兔在雪地上留下的脚印，然后做一个机关，第二天早上就可以去收获猎物了。

兔子的致命缺点就是太相信自己走过的路了。许多时候，我们不是跌倒在自己的缺陷上，而是跌倒在自己的优势上。因为缺陷常常给我们以提醒，小心翼翼，而优势和经验却常常使我们忘乎所以，麻痹大意。

三个旅行者早上出门时，一个旅行者带了一把伞，另一个旅行者拿了一根拐杖，第三个旅行者什么也没有带。

晚上归来，拿伞的旅行者淋得浑身是水，拿拐杖的旅行者跌得满身是伤，而第三个旅行者却安然无恙。前二个旅行者很纳闷儿，问第三个旅行者："你怎会没有事呢？"

第三个旅行者没有正面回答，而是问拿伞的旅行者："你为什么会淋湿而没有摔伤呢？"

拿伞的旅行者说："当大雨来到的时候，我因为有了伞，就大胆地在雨中走，却不知怎么淋湿了；当我走在泥泞坎坷的路上时，因为没有拐杖，所以走得非常仔细，专拣平稳的地方走，所以没有摔伤。"

然后，他又问拿拐杖的旅行者："你为什么没有淋湿而摔伤了呢？"

拿拐杖的说："当大雨来临的时候，我因为没有带雨伞，便拣能躲雨的地方走，所以没有淋湿；当我走在泥泞坎坷的路上时，我便用拐杖拄着走，也不知道怎么搞的就摔了好几跤。"

第三个旅行者听后笑笑说："为什么你们拿伞的淋湿了，拿拐杖的跌伤了，而我却安然无恙？这就是原因。当大雨来时我躲着走，当路不好时我非常小心，所以我没有淋湿也没有跌伤。你们的失误就在于你们有凭借的优势，自以为有了优势便可大意。"

从上面的故事，我们可以知道：优势不但靠不住，有时候反而还会起反作用。相比之下，经验同样也是靠不住的。

许多人喜欢登山这项运动，因为可以挑战自己，挑战极限。当人们把自己的足迹留在山顶上的时候，一种征服的成就感就会油然而生。登山的过程中时刻伴随着危险，这是勇敢者的运动。但是只靠勇敢还是不够的，还需要力量、细心等等多种因素。在登山运动中，攀登雪山更是危险。

在亚洲，著名的喜马拉雅山每年都会迎来许多勇气可嘉的人来征服它。

有一年，一个登山队来到了这里。在他们准备好了食品、药品及其他登山器材，即将上山的时候，一位专家提醒他们说："多带几根钢针，燃气炉的喷嘴在严寒的状况下极易堵塞，只有钢针能够解决这个问题。不要小看了这根钢针，如果燃气炉堵塞的话，就意味着全队的生命将要受到威胁。"

遗憾的是没有人听专家的话，因为按照经验，他们认为带一根钢针就够了，何必再多此一举呢！

到半山腰的时候，燃气炉真的堵塞了。带着钢针的人把钢针拿了出来，但是天气太冷，钢针变得很脆，他一不小心把钢针崩断了——全队的饮食从此就断绝了。最后，登山队没有一个人从山上走下来。

经验确实很重要，但不要只相信经验，完全凭自己的经验办事。经验不足或是经验过多都会导致失败，造成无法挽回的损失。

有的时候，优势是靠不住的，经验是会欺骗人的。所以要相信事实，多做准备，绝不能偏信所谓的经验，更不能依赖自己的优势。能正确看待自己的优势、懂得如何利用经验的人，才是真正的智者。

【每日一点】

许多时候，我们不是跌倒在自己的缺陷上，而是跌倒在自己的优势和经验上。

思路决定出路

尼采曾经说："聪明的人只要能认识自己，便什么也不会失去。"只有正确认识自己，才能确定正确的人生目标。只有有了正确的人生目标并充满自信地为之奋斗终生，才能此生无憾，即使不成功，也会无怨无悔。

所以，当你遇到麻烦束手无策的时候，你不妨换一种思路，跳出惯性思维，也许你马上就能找到一条新的道路，一个新的目标，一种新的境界。换个思路，也许就有了出路！否则，你的人生道路只会越走越窄。

两个老板在一起聊天的时候，说起自己的员工。一个老板说："我的公司有这样三个人，一个喜欢寻根究底，嫌这嫌那；另外一个总是忧心忡忡，为一些莫名其妙的事情担忧；第三个人每天无所事事，喜欢到处乱逛。我实在受不了，过几天我一定要炒了他们。"

另外一个老板想了想说："这样吧，你干脆让他们到我的公司来上班吧，省得麻烦。"第一个老板高兴地答应了。

那三个人到了第二个老板的公司后，喜欢寻根究底的那个人被安排去做质量监督，总是忧心忡忡的那个人被安排去做安全保卫，而喜欢闲逛的那个人则被安排去做业务和宣传。

一段时间以后，这三个人都做出非常出色的成绩，而他们所在的公司也取得了迅速的发展。

同样的一个人，在不同的岗位，就会有不同的表现。所以说，没有走不通的路，只要你的方向走对了，没有做不成功的事，只要你的思路对了路。

有一家不起眼的小餐馆，老板与员工招呼客人、点菜、报菜名，感觉完全就是说笑话、讲评书，而且每个很普通的菜都有一个很另类的"雅号"。因此，客人在这里吃饭、喝酒，完全是一种超值的精神享受。

假如8位客人刚到门口，负责招呼客人的员工就扯起嗓子大吼："英雄8位，雅座伺候！"点菜时，客人点两个卤兔脑壳，他就转身对厨房喊：来两个"帅哥！"客人点"猪拱嘴"，招呼客人的员工那里就成了"相亲相爱"。这些别致的另类菜名，让来店里吃饭的各路"英雄"莫不捧腹、喷饭！

在这里，土豆丝——"吃里扒外"，豆腐干——"黄龙缠腰"，鸡鸭鹅翅膀——"展翅高飞"，脚掌——"走遍天涯"，卤舌头——"甜言蜜语"，炒莴笋丁——"星星点灯"，炖乳鸽——"向往神鹰"，醋——"忘情水"，啤酒——"梦醒时分"，白酒——"留半清醒留半醉"……

酒过三巡、菜过五味之后，店家免费给每桌客人送一份"迟来的爱"——一盘普通的泡菜！客人酒足饭饱之后呢？还会给每桌的客人们奉送几根"抠门"——牙签！

据说这家小店原来生意并不好，而且店里面也没有什么出名的特色菜。就是给菜改了改名字，生意就出奇地火暴。

通过这家小店的转变，我们可以知道：成功与失败，富有与贫穷，只不过是一念之差；不怕做不到，只怕想不到。

人与人最大的差别是脖子以上的部分，不同的观念最终导致了不同的人生。

我们必须有新的观念、新的方法、新的创造，才能在激烈的竞争中立于不败之地！

【每日一点】

有什么样的思路就有什么样的人生，思路决定了一个人的出路。

设身处地，换位思考

圣诞节到了，一位母亲在圣诞节带着 5 岁的儿子去买礼物。大街上回响着圣诞赞歌，橱窗里装饰着彩灯，可爱的小精灵载歌载舞，商店里五光十色的玩具应有尽有。

"来，宝宝，看，多漂亮的圣诞夜景啊！"母亲对儿子说道，然而儿子却紧拽着她的衣角，呜呜地哭出声来。

"怎么了？宝贝，要是总哭个没完，圣诞老人可就不到咱们这儿来啦！"

"我……我的鞋带开了……"

母亲不得不在人行道上蹲下身来，为儿子系好鞋带。母亲无意中抬起头来，啊，怎么什么都没有？——没有绚丽的彩灯，没有迷人的橱窗，没有圣诞礼物，也没有装饰华丽的餐桌……原来那些东西都太高了，孩子什么也看不见。出现在孩子视野里的只是一双双粗大的鞋和妇人们低低的裙摆，在街上互相摩擦、碰撞、摇曳……

这位母亲第一次从 5 岁儿子目光的高度观察世界，她感到非常震惊，立刻起身把儿子抱了起来……从此这位母亲牢记，再也不要把自己以为的"快乐"强加给儿子。"站在孩子的立场上看待问题"，母亲通过自己的亲身体会认识到了这一点。

其实，不仅一位好母亲需要站在孩子的立场上看待问题，每个人都需要站在他人的角度看问题。只有换位思考、将心比心，才能够真正了解他人的所思所想。

在生活中，我们决不要轻易地将自己的喜好、逻辑强加于他人身上，站在不同的角度看风景，各有各的感受，冷暖自知。能站在他人的角度上看问题，多为他人着想的人，总是能赢得人们的喜爱和尊重。其实，学会体谅他人并不困难，只要你愿意认真地站在对方的角度和立场看问题。

有一次，戴尔·卡耐基在报上刊登了聘请一位秘书的广告。大约有 300 封求职信涌来，内容几乎是一样的："我看到周日早报上的广告，我希望应征这个职位，我今年二十几岁……"只有一位女士特别聪明，她并没有谈到她所想争取的，她谈的是卡耐基需要什么条件。她的信函是这样的："敬启者：您所刊登的广告可能已引来两三百封回函，而我相信您一定很忙碌，没有时间一一阅读，因此，您只需拨个电话……我很乐意过来帮忙整理信件，以节省您宝贵的时间。我有 15 年的秘书经验……"

卡耐基一收到这封信，真是欣喜若狂。他立即打电话请她前来。卡耐基说，像她那样的人，永远不用担心找工作。

真诚地从他人的角度看事情，就是一个人遇事要先设身处地地站在别人的立场和处境思考问题，了解他人的观点和感受，体察和认知他人的情绪和情感。这里所讲的"他人"，可以包括任何与你相处、打交道的人，如你的父母、领导、同事、朋友、顾客等。

有个超级富豪，年轻的时候却是个一无所有的流浪汉。这个青年随着淘金大军来到了西部一个偏僻小镇，得到了镇长的热情接待。

这时候正是春雨绵绵的时候，镇长门前的小路一片泥泞。路过的人们为图方便，都从镇长门前的花圃里穿过，花圃里的花草被踩得乱七八糟。青年非常生气，正要上前去劝阻人们别走花圃。这时候只见镇长挑了一担煤渣过来，马上就把泥泞不堪的路铺好。

于是人们都自觉地从更干净方便的大路上行走，没人再从花圃绕行了。

这时候，镇长拍了拍青年的肩膀，意味深长地说道："看到了吧，年轻人，关照别人就是关照自己啊！"

青年顿然醒悟，他铭记着镇长的话，凡事多从他人的角度考虑，终于成为一代石油大王。这个流浪汉，就是伟大的洛克菲勒。

所以，当我们和别人相处的时候，为什么不试着从别人的角度考虑，设身处地地为别人着想呢？

【每日一点】

每个人都需要站在他人的角度看问题。只有换位思考、将心比心，才能够真正了解他人的所思所想。

战胜内心的恐惧

每个人内心都有恐惧感，我们害怕生病，害怕失业，害怕交际，害怕生活没有保障，害怕死亡，惧怕孤单，惧怕失败，惧怕冷漠……人生处处充满压力和危机，激烈的竞争，无数防不胜防的陷阱，让人茫然失措，畏首畏尾，不知何去何从。为了避免麻烦，人们所采取的方式通常就是逃避。这种消极的态度对你产生了一些消极的影响。随着恐惧的程度加深，范围扩大，人也变得越来越懦弱。在人生的发展阶段，若要幸福快乐，战胜内心的恐惧是起码的前提条件。

一个年轻人离开故乡，开始创造自己的前途。他动身的第一站，是去拜访本族的族长，请求指点。老族长正在练字，他听说本族有位后辈开始踏上人生的旅途，就写了3个字：不要怕。然后抬起头来，望着年轻人说："孩子，人生的秘诀只有6个字，今天先告诉你3个，供你半生受用。"

30年后，这个当年的年轻人已是人到中年，有了一些成就，也添了很多伤心事。归程漫漫，到了家乡，他又去拜访那位族长。他到了族长家里，才知道老人家几年前已经去世，家人取出一个密封的信封对他说："这是族长生前留给你的，他说有一天你会再来。"还乡的游子这才想起来，30年前他在这里听到人生的一半秘诀，拆开信封，里面赫然又是3个大字：不要悔。

中年以前不要怕，中年以后不要悔。这就是人生的秘诀。勇气和胆量，使我们不论在追求异性，建立婚姻家庭，取得学业上的进步，面对经济的困境，寻求事业的突破，或在建立我们的财富之时，都不会被无明的恐惧造成障碍。成功的人物，都一定会战胜恐惧，对自己的信念一往无前，排除万难，最终成功。

相由心生。其实，很多时候恐惧都是我们自己强加给自己的。

半夜里，佳佳要上厕所，一个人爬起来下床去，走到卧室门口，开门看了看，又折回来，门厅里太黑，她害怕了。

妈妈说："宝贝，别害怕，鼓起勇气。"

"勇气是什么？"佳佳跑到妈妈的床前问。

"就是勇敢的气。"妈妈回答。

"妈妈，你有勇气吗？"佳佳好奇地问。

"我当然有！"妈妈笑了。

佳佳就伸出她的小手来："妈妈，那你把你的勇敢的气给我吹点吧。"

妈妈对着她的冰冷小手儿吹了两口，佳佳紧张兮兮地忙攥紧拳头，生怕"勇敢的气"跑掉了。然后，她就攥紧拳头，大踏步地走出了卧室，上厕所去了。

这个世界根本就没有什么"勇敢的气"，只有无所畏惧的强大的心。其实，很多时候，我们害怕的不是别的，是自己内心凭空生出的恐惧。我们战胜的也不是别的，正是自己。只要你真正面对恐惧，那么你就能战胜它。

一句歌词说得好："我收藏恐惧爱上恐惧那就再没有恐惧。"日常生活中克服恐惧的最好方法是：开诚布公地交谈。通过不断地问自己"为什么"来找原因，就可以消除恐惧和烦恼。只要你能勇敢地、自信地面对恐惧，就一定会战胜它。

怎样才能克服恐惧心理呢？恐惧心理可以通过自我调适和训练来克服。具体方法如下：

（1）把能引起你紧张、恐惧的各种场面，由轻到重依次列成一张表（越具体越好），分别抄到不同的卡片上，把最不令你恐惧的场面放在最前面，把最令你恐惧的放在最后面，卡片按顺序依次排列好。

（2）进行放松训练。方法为坐在一个舒服的座位上，有规律地深呼吸，让全身放松。进入松弛状态后，拿出上述系列卡片的第一张，想象上面的情景，想象得越逼真越好。

（3）如果你觉得紧张和害怕，就停止想象，做深呼吸使自己放松。等到完全放松后，重新想象刚才失败的情景。若不安和紧张再次发生，就再停止后放松，如此反复，直至卡片上的情景不会再使你不安和紧张为止。

（4）按同样方法继续下一个更使你恐惧的场面（下一张卡片）。注意，每进入下一张卡片的想象，都要以你在想象上一张卡片时不再感到不安和紧张为标准，否则，不得进入下一个阶段。

（5）当你想象最令你恐惧的场面也不感到害怕时，便可再按由轻至重的顺序进行现场锻炼，若在现场出现不安和紧张让自己做深呼吸放松来调整，直到不再恐惧为止。

恐惧让我们知道，让人们的灵魂得以放松是多么重要。要真正戒除内心的恐惧，惟有增强自己的自信，寻求内心的安宁，才是最好的释放自己的方法！

【每日一点】

其实，很多时候恐惧都是我们自己强加给自己的。

改变不了环境，就改变自己

托尔斯泰说："世界上只有两种人：一种是观望者，一种是行动者。大多数人都想改变这个世界，但没人想改变自己。"要改变现状，就得改变自己。要改变自己，就要改变自己的观念。一切成就，都是从正确的观念开始的。一连串的失败，也都是从错误的观念开始。要适应社会，适应变化，就要改变自己。

哥伦布发现美洲大陆后，欧洲不断向美洲移民。为了得到足够的食物，欧洲人在美洲大量种植苹果树。但是在 19 世纪中叶，美国的苹果大面积减产，原因是出现了一种新的害虫——苹果蛆蝇。刚开始，人们以为害虫是被从欧洲带过来的。后来经过研究发现，苹果蛆蝇是由当地一种叫山楂蝇的变化而来。由于苹果树的大量种植，许多本地的山楂树被砍掉了，以山楂为生的山楂蝇为了适应这种情况，改变了自己的生活习性，开始以苹果为食物。在不到 100 年的时间里，山楂蝇进化成了一种新害虫。

山楂蝇为了适应环境，竟不惜改变自己的习性。生物适应环境的能力令人可敬可叹，那么人又该如何适应环境呢？

一个黑人小孩在他父亲的葡萄酒厂看守橡木桶。每天早上，他用抹布将一个个木桶擦拭干净，然后一排排整齐地摆放好。令他生气的是：往往一夜之间，风就把他排列整齐的木桶吹得东倒西歪。

小男孩很委屈地哭了。父亲摸着男孩的头说："孩子，别伤心，我们可以想办法去征服风。"

于是小男孩擦干了眼泪坐在木桶边想啊想啊，想了半天终于想出了一个办法，他去井边挑来一桶一桶的清水，然后把它们倒进那些空空的橡木桶里，然后他就忐忑不安地回家睡觉了。

第二天，天刚蒙蒙亮，小男孩就匆匆爬了起来，他跑到放桶的地方一看，那些橡木桶一个个排列得整整齐齐，没有一个被风吹倒的，也没有一个被风吹歪的。小男孩高兴地笑了，他对父亲说："要想木桶不被风吹倒，就要加重木桶的重量。"男孩的父亲赞许地微笑了。

是的，我们可能改变不了风，改变不了这个世界和社会上的许多东西，但是我们可以改变自己，给自己加重，这样我们就可以适应变化，不被打败。

在威斯敏斯特教堂地下室里，英国圣公会主教的墓碑上写着这样一段话：

当我年轻自由的时候，我的想象力没有任何局限，我梦想改变这个世界。

当我渐渐成熟明智的时候，我发现这个世界是不可能改变的，于是我将眼光放得短浅了一些，那就只改变我的国家吧！但是我的国家似乎也是我无法改变的。当我到了迟暮之年，抱着最后一丝努力的希望，我决定只改变我的家庭、我亲近的人——但是，唉！他们根本不接受改变。现在，在我临终之际，我才突然意识到：如果起初我只改变自己，接着我就可以依次改变我的家人。然后，在他们的激发和鼓励下，我也许就能改变我的国家。再接下来，谁又知道呢，也许我连整个世界都可以改变。

人生如水，人只能去适应环境。如果不能改变环境，就改变自己。只有这样，才能克服更多的困难，战胜更多的挫折，实现自我。如果不能看到自己的缺点与不足，只是一味地埋怨环境不利，从而把改变境遇的希望寄托在改换环境上面，这实在是徒劳无益的。

【每日一点】

虽然我们不能改变世界，我们就只好改变自己，用爱心和智慧来面对这一切。

学会信任，停止猜忌

勇敢和智慧孕育成功，而信任和支持增添动力。信任是人生中最伟大的力量，而被人信任也是人生中最大的幸福。

一艘货轮在烟波浩淼的大西洋上行驶。一个巨浪袭来，一个在船尾清洗甲板的黑人小男孩掉进了波涛滚滚的大西洋。孩子大喊救命，无奈风大浪急，船上的人谁也没有听见。求生的本能使小男孩在冰冷的海水中拼命地游。到后来，小男孩力气也快用完了，实在游不动了。

小男孩觉得自己要沉下去了，几乎就要放弃了。这时候，他想起了老船长那张慈祥的脸和友善的眼神。"不，船长知道我掉进海里后，一定会来救我的！"想到这，小男孩鼓足勇气用最后的一点力量又朝前游去……

过了一段时间，船长终于发现那个黑人小孩失踪了，当他断定小男孩是掉进海里后，下令返航回去找。这时，有人说道："这么长时间了，就是没有被淹死，也让鲨鱼吃了……"船长犹豫了一下，还是决定回去找。又有人说："为一个小黑奴，值得吗？"船长大喝一声："住嘴！"终于，在那孩子就要沉下去的最后一刻，船长赶到了，救起了孩子。

当孩子苏醒过来之后，船长扶起孩子问："孩子，你怎么能坚持这么长时间？"小男孩回答："我知道您会来救我的，一定会的！""你怎么知道我一定会来救你的？""因为我知道您是那样的人！"原来，正是这种伟大的信任，使小男孩在冰冷的海水中坚持了几个小时，从而挽救了自己。

一个人能被他人相信也是一种幸福。他人在绝望时想起你，相信你会给予拯救更是一种幸福。信任别人，也值得别人信任，这就是快乐的密码。信任是一种伟大的力量。信任的力量到底有多大？也许，几句坦诚的话语，便能打开一扇紧闭的心门，改变一个人的人生。如果说信任是人际交往中的润滑剂，那么猜疑就是隔在彼此间的毛玻璃。

一个人借了1000块钱给同事，另一个朋友说："万一他不还呢？"朋友特自信地说："放心，他人品特好。"但就在另一个朋友列举了很多借钱不还的例子后，那人就变得紧张起来，最后竟然惶恐地认定这1000块钱打了水漂了，郁闷至极。然而转天，同事还了钱，那人自我解嘲地说："真是没事找事，净瞎想！"

也许，这就是很多人的通病吧——当客观事实与我们悲观的想象冲突的时候，后者马上就占了上风，于是就出现了很多莫名的烦恼。

有句俗语说："猜疑把你、我都变成了傻瓜。"然而，我们还是经常推断别人的反应和行为。我们常以为事物是不变的，人是不变的。有时，我们根本观察不到事情已发生了微妙的变化，而这些变化可能促使人们采用与过去不同的行为方式。

所以，遇到问题要调查研究再做出判断，绝对不能毫无根据地瞎猜疑。疑神疑鬼地瞎猜疑，往往会产生错觉。

阿布·卡恩说过："信任就像一根细丝，弄断了它，就很难把两头再接回原状。"所以，不管在生命的哪个阶段，你能拥有的最伟大的幸福，就是信任。猜忌是社会的毒素，无声无息却充满负面的能量，足以销蚀人的勇气和友善，更会使一个国家、一个民族丧失最后的团队精神。信任的建立，需要真诚的日积月累；而信任的崩溃，一次猜忌就够了。

【每日一点】

信任才是人生最高的美德，猜忌只会让人走火入魔。

做人要耐得住寂寞

日本近代有两位一流的剑客，一位是宫本武藏，一位是柳生又寿郎，宫本是柳生的师傅。当年柳生拜宫本学艺时，就如何成为一流剑客，师徒间有这样的一段对话。

"师父，我努力学习的话，需要多少年才能成为一名剑师？"又寿郎问道。

"你的一生。"武藏答道。

"我不能等那么久。"又寿郎解释说，"只要你肯教我，我愿意下任何苦功去达到目的。如果我当你的忠诚仆人，需要多久？"

"哦，那样也许要 10 年。"武藏缓和地答道。

"家父年事渐高，我不久就得服侍他了。"又寿郎不甘心地继续说道，"如果我更加刻苦地学习，需要多久？"

"嗯，也许 30 年。"武藏答道。

"怎么会这样呢？"又寿郎问道，"你先说 10 年而现在又说 30 年。那么，我决心不惜任何苦功，要在最短的时间内精通此艺！"

"嗯，"武藏说道，"那样的话，你得跟我 70 年才行，像你这样急功近利的人多半是欲速不达。"

"好吧，"又寿郎这才明白自己太过心急，"我同意好啦。"

开始训练后，武藏给又寿郎的要求是：不但不许谈论剑术，连剑也不准他碰一下。只要他做饭、洗碗、铺床、打扫庭院和照顾花园，对于剑术只字不提。

3 年的时光就这样过去了，又寿郎仍是做着这些苦役，每当他想起自己的前途，内心不免有些凄惶、茫然。

有一天，武藏悄悄从他背后溜过去，以木剑给了他重重的一击。第二天，正当又寿郎忙着煮饭的当儿，武藏再度出其不意地对他袭击。自此以后，无论日夜，又寿郎都得随时随地预防突如其来的袭击；一天 24 小时，他时时刻刻都有可能品尝遭受剑击的滋味，但他总算悟出了剑道的奥妙。通过辛勤的练习之后，又寿郎终于成了全日本剑术最精湛的剑手。

可见，要想成就一番事业，欲速则不达，只有耐得住寂寞，潜心苦练，才能达到你的目标。

十年寒窗无人问，一朝成名天下知。耐得住寂寞，无论处于人生的巅峰还是低谷，这句话都是对人生的最佳忠告。刘墉曾经说过："年轻人要过一段'潜水艇'

似的生活，先短暂隐形，找寻目标，耐住寂寞，积蓄能量；日后方能毫无所惧、成功地'浮出水面'。"

司马迁受宫刑后，潜心努力 19 年，方有传世佳作《史记》；李时珍历时 40 年的辛苦著述，才造就了医学圣经《本草纲目》；诺贝尔多次死里逃生，废寝忘食数年，终于研制成功 TNT 炸药；爱迪生失败了无数次，才发明了电灯泡。

这个世界充满了各种各样的诱惑。小孩子会受到糖果的诱惑，学生会受到游戏的诱惑，官员会受到贿赂的诱惑，减肥者会受到食物的诱惑，而每个成年人都会受到风花雪月、锦衣玉食、黄金美元、名誉地位的诱惑。在诱惑和欲望面前，人不是做欲望的奴隶，就是做欲望的主人。做奴隶还是主人，这取决于你是否耐得住寂寞。否则，你早晚会被这些诱惑所俘虏，丧失了自我。

经常流传一些创业故事，人们传来传去，最后只剩下了他（她）在成功的那一刻拥有几家公司、几处房、几辆车……其实，一夜之间就大获成功的故事，即使有，也很少见。让他人艳羡不已的成功，其实是许多年的设计、经营和努力。想一想这漫漫的奋斗征程，克服寂寞，抵御诱惑，清除障碍，解决问题……这一切，需要非凡的执着和定力。有一句名言说得好："如果你想出人头地，你要耐得住寂寞，因为成功的辉煌就隐藏在寂寞的背后。"在革命尚未成功之前，我们必须耐得住寂寞。

人生在世，谁也难免寂寞，很难不为寂寞所困，不在寂寞中消沉。学会走出寂寞，把生活调节得有滋有味，那一定是个幸福的人。对平常人而言，落落寡欢时与心境开朗时，世界并没有发生什么变化，山还是山，水还是水，寂寞只是一种心境，像一层薄薄的雾，撩开了就会发现，外面仍然很热闹很精彩，只需走进去，投入其中，生活便会变得情趣盎然。

【每日一点】

如果你想出人头地，你要耐得住寂寞，因为成功的辉煌就隐藏在寂寞的背后。

去别处寻找肥肉

一天吃午饭，法国昆虫学家法布尔端着碗坐在树阴下，发现地上一块骨头上爬满了蚂蚁。这些蚂蚁忙得热火朝天，但骨头却纹丝不动，况且，骨头上也没肉，拖回去干什么？法布尔觉得好笑，也为蚂蚁们的勤奋而感动，于是捡了块肥肉，为便于拖运，还嚼碎了吐在地上，给它们。

但是，这些蚂蚁全神贯注于骨头，根本不知道附近有美味的肥肉。它们上下左右地爬啊、咬啊、拽啊，黑压压一片，眼看着劳动力过剩，就是没有谁往肥肉这边跑一步。

法布尔闲着没事，想看看这些碎肉最终归谁。因为附近有好几处蚂蚁窝，总会有蚂蚁发现的。

这时，骨头边出现一只神态慌张的蚂蚁，好像是刚刚赶来的。兄弟们忙于拽骨头，没有谁注意它。它围着骨头跑来跑去，想帮一把，但挤不上去。它似乎很生气，向骨头发起冲锋，但仍然被兄弟们挤了下来。

这只蚂蚁终于放弃了，在外围转了几圈，像是在思考什么。接着，它离开兄弟们，向别处走去。一路走走停停，显然是想开辟新的战场。走到墙角处，它一转身，向肥肉这边爬来。

法布尔很兴奋地盯着它，期待它撞上好运！果然，它的触角准确地碰上了肥肉！只见它一愣，然后迅速咬住一颗肉粒，开始享用美味的午餐！当大部队还在攻打那块没有指望的骨头时，这只单枪匹马的小蚂蚁在别处获得了好运。

这个故事告诉我们，人们趋之若鹜的事情对你而言未必有多大价值，适当的时候，我们应该学会开辟新的道路，像那只小蚂蚁一样，去寻找没人抢夺的肥肉。只有这样，你才能发现良机，开创一片新天地，成就你的卓越人生。

1847年，17岁的里维斯·施特劳斯从德国来到美国，投靠在纽约开布店的哥哥。

1850年，美国西部出现了淘金热，20岁的里维斯也加入了这股被发财的热浪所驱使的人流当中，他只身来到旧金山，试图找到一个金矿。然而，他几乎耗尽了所有积蓄，都没能发现一个金矿，他几乎要绝望了。一天，里维斯默然地坐在地上，看着大街上熙熙攘攘的淘金者。一转眼，他看到了自己帐篷里堆积如山的帆布——用来制作淘金时野营用的帐篷和马车篷。他转念一想，改变了淘金的初衷，决定另辟发财门道。他先是开了一家销售日用百货品的小商店，主要卖帆布。里维斯认为：淘金固然能发大财，但为那么多人提供生活用品也是一桩能赚钱的好生意。

一天，里维斯正扛着一捆帆布往回走，一位淘金工人拦住他说："朋友，你能不能用这种帆布做一条裤子卖给我？我整天和泥水打交道，普通的裤子经不住穿，只有帆布做的裤子才结实耐磨。"

里维斯听后，灵机一动，一条生财之道马上闪现在他的脑海中。于是，他立即将那位淘金工人带入一家裁缝店，按他的要求做了两条裤子。这就是世界上最早的牛仔裤。

由于牛仔裤结实耐磨，很快就成为淘金工人的首选货，最终风靡全球，里维斯也成为了牛仔大王。

里维斯的成功经验说明，人云亦云，总是跟在别人后面，是没有多大出息的。成功决不是碰运气，而是要积极地创造条件，另辟蹊径，才能发现你人生的转机。

【每日一点】

跟在别人后面，是没有多大出息的。积极地创造条件，另辟蹊径，才能发现你人生的转机。

第二章

▼

突破人性中的弱点

有些事不是你想象的那样

世界上有很多事都是你认为对的，却不一定是对的。其实，很多事情不是你想象的那样的。有时候，我们往往会被自己的主观思维所误导。

一天，一个盲人带着他的导盲犬过街时，被一辆失去控制的大卡车撞上，盲人和狗都惨死在车轮下。

主人和狗一起到了天堂门前。一个天使拦住他们："对不起，现在天堂只剩下一个名额，你们两个只能有一个上天堂。"

主人一听，连忙问："我的狗又不知道什么是天堂，什么是地狱，能不能让我来决定谁去天堂呢？"

天使鄙视地看了这个主人一眼，皱起了眉头，说："很抱歉，先生，每一个灵魂都是平等的，你们要通过比赛决定由谁上天堂。"

主人失望地问："哦，什么比赛呢？"

天使说："这个比赛很简单，就是赛跑，从这里跑到天堂的大门，谁先到达目的地，谁就可以上天堂。不过，你也别担心，因为你已经死了，所以不再是瞎子，而且灵魂的速度跟肉体无关，越单纯善良的人速度越快。"

主人想了想，同意了。

天使让主人和狗准备好，就宣布赛跑开始。天使以为主人为了进天堂，会拼命往前奔，谁知道主人一点也不忙，慢吞吞地往前走着。更令天使吃惊的是，那条导盲犬也没有奔跑，它配合着主人的步调在旁边慢慢跟着，一步都不肯离开主人。

天使恍然大悟：原来，多年来这条导盲犬已经养成了习惯，永远跟着主人行动，在主人的前方守护着他。可恶的主人，正是利用了这一点，才胸有成竹，稳操胜券，他只要在天堂门口叫他的狗停下，就能轻轻松松赢得比赛。

天使看着这条忠心耿耿的狗，心里很难过，她大声对狗说："你已经为主人献出了生命，现在，你这个主人不再是瞎子，你也不用领着他走路了，你快跑进天堂吧！"

可是，无论是主人还是他的狗，都像是没有听到天使的话一样，仍然慢吞吞地往前走，好像在街上散步似的。

果然，离终点还有几步的时候，主人发出一声口令，狗听话地坐下了，天使用鄙视的眼神看着主人。

这时，主人笑了，他扭过头对天使说："我终于把我的狗送到天堂了，我最担心的就是它根本不想上天堂，只想跟我在一起……能够用比赛的方式决定真是太好了，只要我再让它往前走几步，它就可以上天堂了，那才是它该去的地方。所以我想请你照顾好它。"

天使愣住了。

说完这些话，主人向狗发出了前进的命令。就在狗到达终点的一刹那，主人像一片羽毛似的落向了地狱的方向。他的狗见了，急忙掉转头，追着主人狂奔。满心懊悔的天使张开翅膀追过去，想要抓住导盲犬，不过那是世界上最纯洁善良的灵魂，速度远比天堂中所有的天使都快。

最后，导盲犬又跟主人在一起了，即使是在地狱，导盲犬也永远守护着它的主人。

天使久久地站在那里，才知道自己从一开始就错了。

一百个人眼里就有一百个哈姆雷特。同样，同一件事情，在不同的人看来，就有不同的是非曲直。因为每个人在看待事物时，都会或多或少地戴上有色眼镜，用自己的喜好、经验和标准来进行评判，结果就是——我们往往看到了假象。这一点，就连圣人也不能避免。

有一次，孔子和弟子一起出游的时候。大家都非常饿，但是只有一点点粮食，于是就让颜回煮了一锅粥。

孔子经过厨房的时候，看见颜回正在拿勺子喝粥。孔子非常生气，心想：大家都饿，就这么点粥，没想到你倒先吃起来了，亏你还以贤良闻名天下……孔子越想越气，正要发作，却听见颜回说："哎呀，又脏了，烟灰真大啊！"

孔子仔细一看，原来颜回舍不得被烟灰弄脏的粥，就自己吃了。孔子不由感叹，单凭眼睛就莽撞地做出判断，差点就造成了无法挽回的伤害啊。

眼见不一定为实，有时候，我们连自己的眼睛都不能相信。因为眼睛看到的只是最表面的东西，它代表的不一定就是真相。

世界上有太多的假象，我们虽不能做到事事通透明白，但至少可以做到"凡事多思考，多问几个为什么"。只有这样，我们才能不被假象蒙蔽，造成不必要的误会。

【每日一点】

眼见不一定为实，有时候，我们连自己的眼睛都不能相信。

凡事不要自我设限

几年前，李莉南下深圳求职，根据她的经验和能力，负责一个部门绝对没有问题。

李莉的一个朋友对通信行业比较熟悉，人缘也不错。于是，朋友给一家电信公司的张总工程师打了个招呼，然后让李莉约定时间面试。李莉认为自己没有在大电信公司做过主管，怕面试无法通过，又担心做不好工作，会损了朋友的面子，只好"退而求其次"，想自己通过招聘渠道找工作。

李莉先给几家用人单位寄去简历，却石沉大海毫无消息。接着，李莉又去找人才市场和职业介绍所，也面试了几家用人单位，但结果往往是"高不成低不就"。

时间一晃一个月过去了，李莉也急了。最后，李莉决定打电话给张总工程师。秘书接过电话问道："请问您找哪一位？"

李莉回答说："请找张总。"

秘书说："对不起，张总正在开会，可以请您留下口信吗？"李莉觉得彼此不熟，又不好意思留口信，只好挂了电话。

朋友看在眼里，急在心里，给李莉讲了一个"跳蚤的故事"。

有人曾经做过这样一个实验：他往一个玻璃杯里放进一只跳蚤，发现跳蚤立即轻易地跳了出来。再重复几遍，结果还是一样。根据测试，跳蚤跳的高度一般可达它身体的400倍左右。

接下来实验者再次把这只跳蚤放进杯子里，不过这次是立即在杯子上加一个玻璃盖，"嘣"的一声，跳蚤重重地撞在玻璃盖上。跳蚤十分困惑，但是它不会停下来，因为跳蚤的生活方式就是"跳"。一次次被撞，跳蚤开始变得聪明起来了，它开始根据盖子的高度来调整自己跳的高度。再一阵子以后呢，发现这只跳蚤再也没有撞击到这个盖子，而是在盖子下面自由地跳动。

一天后，实验者开始把这个盖子轻轻拿掉了，它还是在原来的这个高度继续地跳。3 天以后，他发现这只跳蚤还在那里跳。

一周以后发现，这只可怜的跳蚤还在这个玻璃杯里不停地跳着，其实它已经无法跳出这个玻璃杯了。

让这只跳蚤再次跳出这个玻璃杯的方法十分简单，只需拿一根小棒子突然重重地敲一下杯子；或者拿一盏酒精灯在杯底加热，当跳蚤热得受不了的时候，它就会"嘣"的一下，跳出来……

李莉很快就领悟到其中的意思，默然半晌，没有做声。

第二天一早，李莉就给张总打电话，又是秘书接的电话，但见她直呼张总的名字，秘书不敢怠慢，很快接通电话……面试很顺利，李莉顺理成章地成为了部门主管。

现在，李莉已成为该公司的资深主管，上司正准备提升她为副总经理。张总工程师现在也已经成为总经理。张总多次对李莉的朋友说："真该好好感谢你啊，要不我上哪儿去找这么好的得力助手去啊？"

在这个故事里，跳蚤真的不能跳出这个杯子吗？绝对不是。而是因为，它的心里面已经默认了这个杯子的高度是自己无法逾越的。在科学界，这种现象被称为"自我设限"。

在生活中，是否有许多人像这只跳蚤一样，不断自我设限呢？年轻时雄心万丈，意气风发，一旦遭遇挫折，便开始怀疑自己的能力，抱怨上天不公。慢慢地，他们不是想方设法去追求成功，而是一再地降低成功的标准。他们已经在挫折和困难面前屈服了，或者已习惯了。他们往往因为害怕去追求成功，而甘愿忍受糟糕的生活。他们害怕失败和挫折，在他们眼里，一切都是那么困难。慢慢地，他们的心里面已经默认了一个"高度"，这个高度常常暗示自己的潜意识：成功是不可能的，这是没有办法做到的。"自我设限"是人无法取得成就的根本原因之一。

所以，要塑造一个全新的自我，就要打破这种"心理高度"，停止自我设限。

【每日一点】

失败常常不是因为我们不具备这样的实力，而是在心理上默认了一个"不可跨越"的高度限制。

别把生活搞得太复杂

谢凯去一位朋友家做客，朋友出了一道考题："有四条小虫子排成一条直线往前走，排在最前面的虫子说它的后面有三条虫，排第二位的小虫说它的后面有两条虫，第三条虫子说它的后面有一条虫，而最末尾的一条虫子却说它的后面有三条虫，这是怎么回事？"

谢凯想了半天，把以前回答脑筋急转弯的智慧都用上了，也想不出合理的答案，只好认输。

谢凯问朋友答案，朋友笑着说："答案很简单，因为那最后一条虫子在撒谎。"

谢凯恍然大悟：是啊，这么简单的道理，我怎么就没想到呢！容易的问题，我怎么还偏把它想复杂了。

朋友得意地说："这是给 6 岁孩子出的题目。几乎没有难住孩子们，却差不多难住了所有的大人。很多人都表示，自己想到过这个答案，但是觉得问题没这么简单，于是纷纷钻牛角尖……"

谢凯听了有点羞愧，不由得回想起一件事情："记得我大学毕业后第一次去上班，到公司后，却发现怎么也推不开玻璃门。我憋足了劲用力推，还是不开。我很纳闷，这门没锁啊，怎么打不开呢。我想问问另外房间的同事，但是连个门都打不开，那人家怎么看我……正想着，一个同事路过，提醒我：这门是拉开的，不是推的。我当时难堪死了……这么简单的道理，我怎么就没想到呢？"

说完，谢凯和朋友感慨不已，更多的是沉思。

当我们是孩子的时候，遇到类似 1 加 1 等于几这样的问题很快会给出答案。但是，随着年龄的增长，当我们拥有了丰富的知识和阅历后，我们反而变得茫然而无所适从了，对很简单的问题，总是想得那么复杂。

经常有人羡慕小孩子的单纯快乐和无忧无虑，而纳闷儿自己为什么总是郁郁寡欢。造成这种状况的，往往不是生活本身的问题，而是我们自己把生活复杂化了。在生活这件事上，我们这些自命不凡的成年人，往往还不如在我们眼里不屑一顾的"小屁孩"。

有这样一个故事：外国有一家杂志社悬赏一万美金向全球征集最佳答案：有一架直升机载着三个人，其中一个是美国著名的物理学家，另外两个分别是德国著名的生物学家和英国的作家。

直升机在穿越海峡的时候发生了意外，为了挽救飞机和生命，把损失降到最小，必须把一个人扔下去，那么应当把谁扔下去呢？

这件事引起全世界人民的极大兴趣，杂志社收到了来自各地的不同答案。人们各抒己见，侃侃而谈。但绝大多数都是从不同的方面论证他们各自的重要性，一时间谁也无法说服谁。公布结果的那天到了，奖金的得主竟是一个年仅八岁的小男孩，他的答案很简单：把那个最胖的扔下去！

很多事，其实并不复杂，就如同这个简单的答案一样。可是，如今的社会，复杂的人已经将简单的事复杂化了。

要得到内心的那份坦然和快乐，就从现在起，做一个简单的人，率性而为，永远保持着纯真和童心。

简单是一种平淡，却不是枯燥；简单是一种平凡，却不是平庸；简单是一种原汁原味的美。简单做人，洒脱自在。简单生活，逍遥一生。

【每日一点】

很多事，其实并不复杂，但是我们却把它们复杂化了。

很多事其实很简单

天下无难事，行动了，迟早会得到解决；不去做，那么任何事都难于上青天。

有个人，在他的一生中遭受过两次惨痛的意外事故。第一次不幸发生在他 46 岁时。一次飞机意外事故，使他身上 65% 以上的皮肤都被烧坏了。在 16 次手术中，他的脸因植皮变成了大花脸。他的手指没有了，双腿特别细小，而且无法行动，只能瘫在轮椅上。谁能想到，6 个月后，他又亲自驾驶着飞机飞上了蓝天！

4 年后，不幸再一次降临到他的身上，他所驾驶的飞机在起飞时突然摔回跑道，他的 12 块脊椎骨全部被压得粉碎，腰部以下永久瘫痪。

但他没有把这些灾难当作自己消沉的理由，他说："我瘫痪之前可以做 1 万种事，现在我只能做 9000 种，我还可以把注意力和目光放在能做的 9000 种事上。我的人生遭受过两次重大的挫折，所以，我只能选择把行动和努力拿来作为自己排除不幸和缺陷的力量。"

这位生活的强者，就是米契尔。正因为他永不放弃努力，最终成为一位知名企业家和公众演说家，还在政坛上获得一席之地。

可见，在同样的环境、同样的条件下，不同的人，就会产生不同的结果。事在人为，只要去尝试了，就没有难事。台湾的证严法师说过一句话："做，就是对的！不做就永远是错的！"是的，去做了虽然不一定能成功，但是你不去做，连成功的可能性都没有！一个真正热爱生活的人，只会马上去做自己想做的事，而不会去问该如何做，更不会给自己找借口推三阻四。

米契尔的事迹，在我们看来匪夷所思，但是很多事情都是这样，只要你去努力尝试了，你就会发现——原来这么简单！

亚历山大大帝在进军亚细亚之前，路过著名的朱庇特神庙。关于朱庇特神庙有个著名的预言，这个预言说的是谁能够将朱庇特神庙的一串复杂的绳结打开，谁就能够成为亚细亚的帝王。在亚历山大大帝到来之前，这个绳结已经难倒了来自很多国家的智者和国王。因为军队即将开拔，能否打开这个神秘的绳结，关系到了军队整体的士气。

亚历山大大帝仔细观察着这个绳结。果然是天衣无缝，无懈可击。这时，他灵光一闪："既然前人没人能够解开，那么我为什么不用自己的行动来打开这个绳结呢！"于是，他拔剑一挥，绳结被一劈两半，这个困惑了世人几百年的难题就这样被轻易地解决了。亚历山大也因此成为了亚细亚的帝王，众人心服口服。

亚历山大大帝勇于行动，不墨守成规，显示了非凡的智慧和勇气，成就了他亚细亚帝王的伟业。可见，即使是再棘手的难题，在行动面前都不堪一击。

万事为之则易，不为则难。目标有难有易，但只要付诸行动，多么难的事情也会变得容易。不行动的话，容易的也会变得很困难。只要付出行动，你会发现，看起来很难的事情，其实轻而易举就可以得到解决；而光想不做，再简单的事情都会觉得无比困难。

从前有一户人家的花园里摆着一块大石头，人一不小心就会踢到那一块大石头。

儿子问："爸爸，那块讨厌的石头，为什么不把它挖走？"

爸爸这么回答："你说那颗石头？从你爷爷时代，就一直放到现在了，没事无聊挖石头，还不如走路小心一点。"

过了几年，这块大石头留到下一代，当时的儿子娶了媳妇，当了爸爸。

有一天，儿媳妇气愤地说："爸爸，菜园那块大石头，我越看越不顺眼，改天请人搬走好了。"

爸爸回答说："算了吧！那块大石头很重的，可以搬走的话在我小时候就搬走了，哪会让它留到现在啊？"

儿媳妇心里非常不是滋味，那块大石头不知道让她跌倒多少次了。

有一天早上，儿媳妇又被绊倒了一次，她忍无可忍，于是带着锄头来到花园。结果，她用锄头轻轻一撬，石头就松动了，再看看大小，这块石头没有想象的那么大，都是被那个巨大的外表蒙骗了。

只有行动才能改变事实。只说不做，石头还是原地不动，只有行动起来，才能解决问题。做了，你才会发现，原来问题没有想象中那么困难。

【每日一点】

事情很少有根本做不成的，之所以做不成，与其说条件不够，不如说行动不够。

烦恼往往是自找的

一个人被烦恼缠身，于是四处寻找解脱烦恼的方法。

有一天，他来到一个山脚下，看见在一片绿草丛中，有一位牧童骑在牛背上，吹着悠扬的横笛，逍遥自在。他走上前去问道："你看起来很快活，能教我解脱烦恼的方法吗？"

牧童说："骑在牛背上，笛子一吹，什么烦恼也没有了。"

他试了试，却无济于事。于是，又开始继续寻找。

不久，他来到一个山洞里，看见有一个老人独坐在洞中，面带满足的微笑。

他深深鞠了一个躬，向老人说明来意。

老人问道："这么说你是来寻求解脱的？"

他说："是的！恳请不吝赐教。"

老人笑着问："有谁捆住你了吗？"

"……没有。"

"既然没有人捆住你，何谈解脱呢？"

他蓦然醒悟。

我们烦恼，我们觉得自己不幸，往往不是别的，而只是因为我们自己将自己捆住了。当我们想要将自己从所谓的"苦海"中解脱出来，我们首先要做的就是问问自己的心，我们是否真在"苦海"里呢？有时候，烦恼是自己加给自己的。

古时候，在深山里有座庙，庙里住着小和尚和老和尚，他们每天都要打坐修行。

一天，小和尚对老和尚说："我每次打坐入定的时候，都有一个大蜘蛛来打扰我，害得我心烦意乱，还有点害怕，请你给点化一下。"

老和尚说："这样吧。那蜘蛛再来你就在它肚子上画个圆圈，我要看它到底是个什么妖魔鬼怪。"

小和尚就照办了，时间不久小和尚很快入定了。当他打坐完的时候，他看到自己的手放在腹部，肚子上竟然有自己画的很多小圈圈。原来骚扰自己的蜘蛛竟然就是他自己。

这个故事告诉我们：不要自己吓唬自己，烦恼往往都是自找的。正所谓：天下本无事，庸人自扰之。

世界就像一面镜子，你对它笑，它就对你笑；你对它哭，它就对你哭。人的一生太短促宝贵了，千万不要去浪费时间自寻烦恼。

有一个老太太，生了两个女儿。大女儿嫁给了伞店掌柜，二女儿嫁给了染坊老板。于是老太太整天忧心忡忡。晴天的时候，她担心伞店的雨伞卖不出去；雨天的时候，又深怕染坊的布晾不干。天天为女儿担心，郁郁寡欢。于是一个好心的邻居就跑过来对她说："老太太，你真是好福气啊。你看，晴天的时候，你二女儿的布不怕晾不干；雨天的时候，你大女儿的伞不愁卖不出去。你每天都有好事情，为什么还整天发愁呢？"老太太一听也高兴了，心想我怎么就没想到呢？

任何的快乐都是自己找的，任何的痛苦也都是自己找的。人之所以痛苦，不是追求错误的东西，就是没能领悟人生的真谛。如果你不给自己烦恼，别人也永远不可能给你烦恼。因为你自己的内心，你放不下。明白了这个道理，你的人生怎能不快乐？

【每日一点】

同样的瓶子，你为什么要装毒药呢？同样的心，你为什么要让它充满烦恼呢？

换个角度，大不相同

詹姆斯在一家俱乐部里演奏萨克斯，收入虽然不高，但他总是乐呵呵的，对什么事都表现出乐观的态度。他常说："太阳落下去，还会升起来；太阳升起来，也会落下去。世事无常，所以还是看开点好。"

詹姆斯很喜欢汽车，但是靠他的收入想拥有一辆汽车是不太可能的。他常对朋友们讲"要是有一部汽车该有多好啊。"这个时候，他的眼里总是充满了向往。

于是有人建议他，"詹姆斯，你可以去买彩票啊，也许上帝可以让你梦想成真的！"

詹姆斯抱着试一试的态度，去买了彩票。可能真的是上帝优待于他，詹姆斯买的那张彩票居然中了大奖。

詹姆斯用全部的奖金为自己买了一辆汽车，并常常开着一尘不染的汽车在大街上兜风。碰到需要搭车的人，他总是愿意送他们一程。但是他没有忘记从前，仍旧每天去俱乐部。

然而有一天，詹姆斯的车丢了。那天晚上，他把车停在房子外边，第二天，当他走出房子的时候，发现心爱的汽车被盗了。

朋友们得知这个消息，想到詹姆斯爱车如命，而现在一夜之间车丢了，都担心他受不了这个打击。便安慰他："詹姆斯，不要太难过了，以后还有机会的。"

詹姆斯大笑着说："我为什么要难过？"

朋友们都疑惑地互相看着，心里在想："也许，他可能是受到了强烈的刺激，有些失常。"

"如果你们有谁丢了两块钱，会难过吗？"詹姆斯问。

"当然不会！"朋友们说。

"是啊，我丢的就是两块钱啊！"詹姆斯笑着说。

"对，你丢的只是两块钱而已！"朋友们笑了，他们知道不用再为詹姆斯担忧了。

看吧，只要换一个角度思考，丢掉生活中的负面情绪，悲哀也可以变成快乐。

很久很久以前，人类都还赤着双脚走路。有一位国王到某个乡村巡视，路面的碎石头刺得他的脚又痛又麻。于是，他下了一道命令，要将国内的所有道路都铺上一层牛皮。他认为这样能让所有人走路时不再痛苦。

但即使杀尽国内所有的牛，也没有那么多牛皮。一位聪明的仆人向国王建议："国王啊！为什么您要杀那么多头牛，花那么多钱呢？您何不只用两小片牛皮包住您的脚呢？"

国王听了，茅塞顿开，于是立刻收回成命，改用这个建议。据说，这就是皮鞋的由来。

尽管是一国之王，但想改变整个世界，很难；而改变自己的思维，则较为容易。换个角度，海阔天空。同样一件事情，从不同的角度考虑，就会产生不同的行动，产生截然相反的结果。角度是何等奇妙的东西啊！

同样的道理，当我们从不同的角度去看问题时，就会产生不同的心态。站在别人的立场看一看，或换个角度想一想，你可以有更大的突破，也会有更多的回报：

上司安排额外的工作给你做，你不要满心不悦，而应该认为：这说明上司看重我，要不为什么不找别人做？而且这也是一个锻炼能力的好机会啊。东西掉地上了，你应该这么想：这是上天给了我一个弯腰锻炼身体的机会。阳台上掉下衣架，砸中了脑袋，与其对满脸歉意的邻居发火，不如调侃一下：下次能不能掉根火腿啊？女朋友迟到了，如果发火只会让约会不欢而散，不妨挖苦她一下：幸亏你来了，有只鸟一直在我头上飞，它把我当成一棵树，正打算在我头上筑巢呢！

······

看看吧，只要我们换个角度去看待生活，那么人生将是多么美好！有了快乐的心境和正确的态度，人生才会圆满。在现实生活中，我们往往太习惯于自己既定的思维方式，从而得出结论。其实，很多事情，换个角度，也许结果就会不同。只有敢于冲破传统思维的束缚，我们才可以打开新的视野，创造新的天地。

【每日一点】

从窗户往外看，有的人只看到了泥土，而有的人却看到了星星。角度不同，看到的东西也大不相同。

在争论中没有赢家

西方人都知道这么一句谚语："当你用食指指着别人的时候，别忘了另外四个手指正指着你自己。如果你争论、反对，你或许有时获得胜利，但这胜利是空洞的，因为你永不能得到对方的好感。卡耐基说过："天下只有一种方法能得到辩论的最大利益，那就是避免辩论！"

美国波士顿《临摹杂志》曾刊登了一首打油诗："这里躺着威廉的尸体，他死还带着他的对——他死时认为自己是对的，永远对的，但他的死就像他的错误一样。"在你进行辩论时，你或许是对的。但对于事实来说，你将得不到任何东西，你只是口头占上风而已，并没有改变别人的观点，谬误永远是谬误，真理还是真理。因此，与人争辩，实在没有任何实际意义。

所以，如果你要让对方同意你，你就要谦和，避免争论。千万不要一上来就宣称："我要证明什么给你看。"那等于是说：我比你聪明，我要让你改变想法。

1981 年，被业内人士称为"成本屠夫"的王永庆为了节省 PVC 原料的运费，决定成立一支船队，直接从美国和加拿大运回 PVC 原料二氯乙烷 (EDC)，所以需要采购一批化学运输船。

章永宁是当时中船公司的董事长，他意识到如果能够争取到国际闻名的台塑的订单，那就证明中船具有承造要求极其严格的化学船的能力。于是，章永宁与其他九家知名的造船公司展开了激烈的竞争。在十家公司竞标时，中船并非最低标价，但是在议价时，中船为了取得订单，一再忍痛降价。双方讨价还价，眼看就要成交，最后王永庆希望中船能将价格的零头——50 万美元去掉。

章永宁听后欲哭无泪，中船经过几个月的千辛万苦，价格已经到了赔本的地步，王永庆还要压价。章永宁虽然悲愤交加，很想痛斥王永庆一番，但是还是忍痛和气地说："王董事长，我们还是好朋友，这笔生意我不做了，我不能对不起我的员工。"没想到王永庆感动之余，还是把造船的订单给了中船。

章永宁之所以能获得特大订单，最重要也是首要的一条就是：在整个谈话过程中，即使王永庆的要求非常过分，他也一直没有争论，避免了与王永庆正面冲突，从而一举中标，中船也因此一战成名。

诗人波普说："你在教人的时候，要好像若无其事一样。事情要不知不觉地提出来，好像被人遗忘了一样。"在争论中没有赢家。因为如果你失败，你就失败了；如果你赢得争论，却失去了朋友，达不到目的，所以你还是失败了。

有一个保险业务员，曾经多次向一位大客户推销保险，但任凭他磨破了嘴皮，客户就是不买他的账。但就在最近，他听说那位客户投保了另一家保险公司，而且数额不小。推销员百思不得其解。这是为什么呢？原来在他第一次向客户推销不成时，他离开时说了一句表示决心的话："我将来一定会说服你的。"而那位客户也回敬了一句："年轻人，别太自以为是！"推销员就这样永远失去了一位大客户。

人心都是好胜的，如果我们硬要争出个子丑寅卯、胜负成败的话，事情非失败不可。人都是喜欢对方谦和的。如果你能以谦和的态度对待别人，就能把事情处理好。科学家伽利略说得好："你不能教人什么，你只能帮助他们去发现。"

你要促成别人的意见同你一致吗？下面是卡耐基总结的八项原则，有些我们从上面的故事中已经认识到，有些我们还可以细细玩味：

（1）得到辩论最大利益的唯一方法，就是避免辩论，所以一定要控制自己的情绪。

（2）尊重别人的意见。千万别说："你错了"，更不要自以为是。

（3）如果你错了，就应该迅速而真诚地承认错误。

（4）要以友善的态度和人交流，要保持微笑。

（5）要立刻让别人说："是的，是的。"这是苏格拉底的方法，他先问些对方同意的问题，让对方不断地回答"是"，等到对方觉察到时，你们已经得到一致的肯定结论了。

（6）使对方多说话，并且肯定他的意见。

（7）时刻站在他人的角度思考问题，作决定时要让别人觉得那是他们的主意。

（8）保持倾听的姿态，千万不要随便打断他人。

【每日一点】

一切都不需争论，只需给出结果。

我们需要朋友，更需要对手

一位动物研究学家在考察生活于非洲奥兰治河两岸的动物时，注意到河东岸和河西岸的羚羊不太一样，前者繁殖能力比后者更强，而且奔跑速度每分钟要快15米。他感到十分奇怪，既然环境和食物都相同，为什么差别如此之大？

为了解开其中之谜，动物学家和当地动物保护协会进行了一项实验：在河两岸分别捉10只羚羊送到对岸生活。结果送到西岸的羚羊繁殖到了15只，而送到东岸的羚羊只剩下4只，另外6只被狼吃掉了。

通过分析和研究，谜底终于被揭开了：原来东岸的羚羊之所以身体强健，是因它们附近居住着一个狼群，这使羚羊天天处在一个"竞争氛围"之中。为了生存下去，它们变得越来越有战斗力。而西岸的羚羊长得弱不禁风，恰恰就是因为缺少天敌，没有生存压力，开始慢慢退化。

从羚羊的故事我们可以知道，拥有一个强劲的对手真是一件幸事。我们需要朋友，我们更需要对手。朋友可以从感情上带来最好的鼓励，对手则可以从理智上带来最深的刺激。对手的刺激，让我们可以学到最重要的东西。有一个相互比较竞争的对手，往往可以带来长久的成长。

美国人金·吉列长着一脸大胡子，隔两三天就要刮一次脸。当时的剃须刀很不好用，用不了几次就会变钝，磨得太锋利又容易割破脸。

吉列在烦恼之余就想："能不能发明一种安全剃须刀呢？"于是，他在20世纪初创办了金·吉列剃须刀公司，并很快获得了成功。

当金·吉列的产品在市场上大红大紫时，一家名叫盖斯门公司的小企业悄悄地与金·吉列较上了劲。它与别的竞争者做法不一样，没有公开叫板，而是抢在金·吉列公司之前，不动声色地组织力量在市场上进行广泛深入的调查，收集金·吉列的缺陷。金·吉列公司当然不会善罢甘休，马上开发出新的双面刀片。

这时候，盖斯门公司的决策者们巧妙地避开正面的刀片之战，而是在刀架上狠下功夫。不久，该公司就推出了一种新式刀架。

面对盖斯门公司咄咄逼人的攻势，金·吉列公司凭借自己财大气粗的实力，不再小打小闹，干脆将原来剃须刀的设计全部推翻，重新设计，研制出一种刀架通用、双面刀片的剃须刀。盖斯门公司为在市场上占有一席之地，也不甘示弱，发明了与之抗衡的带轻型刀架、不锈钢双面刀片的剃须刀。

就是在这种互为压力、激烈竞争的环境下，经过几番较量和厮杀，金·吉列公司和盖斯门公司都取得了巨大的进步，市场也得到了充分的开拓。纵观盖斯门公司发展壮大的整个历程，不难发现强有力的竞争对手所起的重要作用。

不但生物的进化、社会的发展都需要对手，人的每一次进步都有对手的一份功劳。

邓亚萍和乔红，曾经是世界上两名排名最靠前的乒乓球运动员。乔红"出道"较早，稳居第一，但随着邓亚萍的出现，她就一直屈居第二，直至退役也没有拿到过第一。常常有人替乔红遗憾："如果没有邓亚萍，这几年的世界冠军不就是你的了。"乔红总是笑着说："若不是她，我也不会天天感到有压力，拼命提高技术，水平会比现在差得多。"如果有人去问邓亚萍，她的回答一定也差不多。可见，正是有了对手，才有了她们的进步。

其实，如果你是一枚硬币的正面，那么，你的对手就是硬币的另一面。虽然存在着竞争，但如果失去一方，另一方的存在就变得没有意义。欧那西斯说，要成功需要盟友，要非常大的成功就需要敌人和战友。康熙喝酒时要先敬三碗酒，第三碗是向他的敌人敬的。他说如果没有这些人，就不会成就他的大事业。所以，我们应该感谢对手。

【每日一点】

要成功需要盟友就行了，要非常大的成功就需要敌人和战友。

第三章

▼

苦难是一种财富

大海上没有不带伤的船

痛苦、失败和挫折是人生必须经历的阶段。受挫一次，对生活的理解加深一层；失误一次，对人生的领悟便增添一级；磨难一次，对成功的内涵便透彻一遍。从这个意义上说：想获得成功和幸福，想过得快乐和充实，首先就得真正领悟失败、挫折和痛苦。

英国一个保险公司曾经从拍卖市场上买下一艘船，这艘船原来属于荷兰一个船舶公司，它 1894 年下水，在大西洋上曾 138 次遭遇冰山，116 次触礁，13 次失火，207 次被风暴折断桅杆，但是却从来没有沉没过。

根据英国《泰晤士报》报道，截止到 1987 年，已经有 1200 多万人次参观了这艘船，仅参观者的留言就有 170 多本。在留言本上，留得最多的一条就是——在大海上航行没有不带伤的船。

在大海上航行没有不带伤的船，我们在生活中同样不可能会一帆风顺，难免会有伤痛和挫折。失败和挫折其实本来就是人生不可或缺的一部分。失败和痛苦是上帝与人们的一种沟通方式，好让你知道自己为何失败。迈向成功的转折点，通常是由失败或挫折所决定的。

追求成功的过程中一定充满挫折与失败。你不打败它们，它们就会打败你。任何人在到达成功之前，没有不遭遇失败的。每一个成功的故事背后都有无数失败的故事。伟大的发明家爱迪生在经历了一万多次失败后才发明了灯泡，而沙克也是在试用了无数介质之后，才培养出了小儿麻痹疫苗。约翰·克里斯在出版第一本书之前，曾写过 564 本其他书，并遭到了 1000 多次的退稿，但他并没有灰心放弃，终于在第 565 本书获得了成功，成为英国著名的多产作家。

所以，接受失败，正确对待失败，危机就能成为转机，总会有云开雾散的一天。

失误其实也是一种特殊的教育、一种宝贵的经验，换个角度去面对它，可能会有意想不到得收获。

一名德国工人在生产书写纸时，不小心弄错了配方，结果生产出一大批不能书写的废纸。他不但被扣工资，还被罚钱，最后遭到解雇。他并没有灰心丧气，在朋友的提醒下，他想到，这批纸虽然不能作为书写纸来使用，但吸水性极佳，可用来吸干器具上的水。于是，他将这批纸切成小块，取名"吸水纸"，上市后相当抢手。后来，他申请了专利，因此成为大富翁。

在行业圈子里，流传着宝洁公司的这样一个规定：如果员工三个月没有犯错误，就会被视为不合格员工。对此，宝洁公司全球董事长白波先生的解释是：那说明他什么也没干。

人的一生不可能一帆风顺。挫折失败，是人生中必然的过程与代价。只有经过挫折的考验，人才能展翅高飞，走向成熟。

【每日一点】

失败和痛苦是上帝与人们的一种沟通方式，好让你知道自己为何失败。

挫折是成功的入场券

我们每个人都会面临各种挑战，各种机会，各种挫折，这时候你能承受的挫折的能力，就是你未来的命运。成功不是一个海港，而是一次埋伏着许多危险的旅程，人生的赌注就是在这次旅程中要做个赢家，成功永远属于不怕失败的人。

有一个博学的人遇见上帝，他生气地问上帝："我是个博学的人，为什么你不给我成名的机会呢？"上帝无奈地回答："你虽然博学，但样样都只尝试了一点儿，不够深入，用什么去成名呢？"

那个人听后便开始苦练钢琴，后来虽然弹得一手好琴却还是没有出名。他又去问上帝："上帝啊！我已经精通了钢琴，为什么您还不给我机会让我出名呢？"

上帝摇摇头说："并不是我不给你机会，而是你抓不住机会。第一次我暗中帮助你去参加钢琴比赛，你缺乏信心，第二次缺乏勇气，又怎么能怪我呢？"

那人听完上帝的话，又苦练数年，建立了自信心，并且鼓足了勇气去参加比赛。他弹得非常出色，却由于裁判的不公正而被别人占去了成名的机会。

那个人心灰意冷地对上帝说："上帝，这一次我已经尽力了，看来上天注定，我不会出名了。"上帝微笑着对他说："其实你已经快成功了，只需最后一跃。"

"最后一跃？"他瞪大了双眼。

上帝点点头说："你已经得到了成功的入场券——挫折。现在你得到了它，成功便成为挫折给你的礼物。"

这一次那个人牢牢记住上帝的话，他果然成功了。

如果将幸福、欢乐比作太阳。那么，不幸、失败、挫折就可以比作月亮。人不能只企求永远在阳光下生活，在生活中从没有失败和挫折是不现实的。挫折是成功的入场券，能使人走向成熟，取得成就，但也可能破坏信心，让人丧失斗志。对于挫折，关键在于你怎么看待。

山里住着一家猎户。父亲是个老猎手，在山里闯荡了几十年，猎获野物无数，走山路如履平地，从未出过事。然而有一天，因下雨路滑，他不小心跌落山崖。

两个儿子把父亲抬回了破旧的家，他已经快不行了，弥留之际，他指着墙上挂着的两根绳子，断断续续地对两个儿子说："给你们两个，一人一根。"还没说出用意就咽了气。

掩埋了父亲，兄弟二人继续打猎生活。然而，猎物越来越少，有时出去一天连个野兔都打不回来，俩人的日子艰难地维持着。一天，弟弟与哥哥商量："咱们干点别的吧！"哥哥不同意："咱家祖祖辈辈都是打猎的，还是本本分分地干老本行吧。"

弟弟没听哥哥的话，拿上父亲给他的那根绳子走了。他先是砍柴，用绳子捆起来背到山外换几个钱。后来他发现，山里一种漫山遍野的野花很受山外人喜欢，且价钱很高。从此，他不再砍柴，而是每天背一捆野花到山外卖。几年下来，他盖起了自己的新房子。

哥哥依旧住在那间破旧的老屋里，还是干着打猎的营生。由于常常打不到猎物，生活越来越拮据，他整天愁眉苦脸，唉声叹气。一天，弟弟来看哥哥，发现他已经用父亲留给他的那根绳子吊死在房梁上。

如果给你一根绳子，你当如何？

【每日一点】

挫折是成功的入场券。得到了它，成功便成为挫折给你的礼物。

痛苦是通往天堂的梯子

在这个世界上，没有人喜欢痛苦。然而，人生就是痛苦和幸福的综合体，每一个人都摆脱不了痛苦。痛苦是一种折磨，同时又是一种力量。舒适、悠闲远不如坎坷与磨难更能锻炼人，更能发挥人的长处。痛苦造就人的秉赋，痛苦也磨炼人的秉赋，痛苦更能教人靠耐心和韧劲，从苦难之海中顽强跋涉出来。

生物学家发现，飞蛾在由蛹变成幼虫时，翅膀萎缩，十分柔软；在破茧而出时，必须要经过一番痛苦的挣扎，身体中的体液才能流到翅膀上去，翅膀才能坚韧有力，才能支持它在空中飞翔。

一天，有个小孩凑巧看到一棵小树上有一只茧蠕动，好像有飞蛾要从里面破茧而出。小孩觉得很好奇，于是他饶有兴趣地停下来，准备见识一下由蛹变飞蛾的过程。

但随着时间一点点过去，飞蛾在茧里奋力挣扎，但却一直不能挣脱茧的束缚，似乎是再也不可能破茧而出了。小孩子变得不耐烦了，心想，我干脆帮它个忙吧。于是，他就用一把小剪刀，把茧上的丝剪了一个小洞，让飞蛾摆脱束缚容易一些。果然，不一会儿，飞蛾就从茧里很容易地爬了出来，但是它身体非常臃肿，翅膀也异常萎缩，耷拉在两边伸展不起来。

小孩想看着飞蛾飞起来，但那只飞蛾却只是跌跌撞撞地爬着，怎么也飞不起来，又过了一会儿，它就死了。

不经历痛苦的洗礼，飞蛾脆弱不堪。人生没有痛苦，就会不堪一击。正是因为有痛苦，所以成功才那么美丽动人；因为有灾患，所以欢乐才那么令人喜悦；因为有饥饿，所以佳肴才变得那么美味。正是因为有痛苦的存在，才越能激发我们人生的力量，能使我们的意志更加坚强。

在报纸上看到这么一则新闻：美国巴拉马州有一个12岁的小男孩，他的名字叫杰森，在他10岁的时候患了脑癌，已经动过三次大手术并进行了数十次化疗。主治医生认为他的病情不容乐观，但是杰森却勇敢面对他的绝症。他喜欢画画，即使在病床上，他也坚持作画，他的作品曾经数次获得全国大奖。为了在生前开第一次也许是最后一次个人画展，他每天都抽出4个小时绘画。他说："我一定要坚持活下去。贝多芬不是在耳聋后，仍创作出美妙的《月光曲》吗？"

经过多次化疗后，杰森的视力持续衰退，耳朵开始溃烂，但是他的画展依然如期开幕了。杰森因为手术无法亲临现场，只能请一位同学代念了一封他写的信。

他在信中是这么说的："我会好起来的，我相信我一定会好起来的。痛苦虽然很可怕，但我现在已经学会习惯它了。正是痛苦让我知道了人生的宝贵，我将努力珍惜以后的时光。"

勇敢的杰森已开过三次刀，都是直接在脑袋上开刀。他在第三次手术时，主动要求不要麻醉药，因为癌症带来的痛苦远超过开刀的痛苦。

面对坚强的杰森，不由得让人肃然起敬。人，一旦超越了痛苦，痛苦就不再是牵绊，而是一种伟大的力量。

痛苦，是一把成长的钥匙，让你迅速成长；

痛苦，是飞翔的翅膀，让你更接近梦想；

痛苦，是人生的催化剂，让你更有力量；

痛苦，是一扇通往智慧的门，将人带入心灵的殿堂；

痛苦，是一个炼钢的火炉，让你更加刚强；

……

痛苦是一架梯子，对于强者来说，它通向成功的殿堂；对于弱者来说，它则通向黑暗的地狱。

高尔基一生历经坎坷，吃了不少苦，也收获了不少人生阅历，充实的人生经历为他的成就打下了基础。回顾往事的时候，高尔基说道："一个人如果没有他吃不了的苦，那么就没有他做不成的事情。"人如果能正视苦难，是一种人生的豪迈。善待苦难，苦中作乐，是一种人生的乐趣！

【每日一点】

痛苦是一架梯子，对于强者来说，它通向成功的殿堂，对于弱者来说，它则通向黑暗的地狱。

失败是一种人生财富

有一次古埃及国王举行盛大的国宴，厨工在厨房里忙得不可开交。一名小厨工不慎将一盆羊油打翻，吓得他急忙用手把混有羊油的炭灰捧起来往外扔。扔完后去洗手，他发现双手滑溜溜的，特别干净。小厨工发现这个秘密后，悄悄地把扔掉的炭灰捡回来，供大家使用。后来，国王发现厨工们的手和脸都变得洁白干净，便好奇地询问原因。小厨工便把自己的事情告诉了国王。国王试了试，效果非常好。

很快，这个发现便在全国推广开来，并且传到希腊、罗马。没多久，有人根据这个原理研制出流行全世界的肥皂。

错误，绝对没有想象中那么可怕，它其实是一种特殊的教育、一种宝贵的经验。有时候，错误中往往孕育着机会。换个念头去面对错误，可能是另一个更圆满的成果。

2002年10月10日，一条消息在全球迅速传播开来——日本一位小职员荣获了2002年诺贝尔化学奖。一位小职员居然也获得如此大奖？没错，他就是日本一家生命科学研究所的田中。

他不是科学界的泰斗，也非学术界的精英，他甚至不是优等生，大学时还留过级；他找工作时未通过面试而被索尼公司拒之门外，后经老师的极力推荐才有机会走进现在的这家研究所。他是那样的平凡，获奖前，就连同事都不知道有田中这个人。当他接到获奖通知时，他还以为是谁在跟他开玩笑呢。

面对众多记者的追问，田中笑着说："说来渐愧，一次失败却创造了让世界震惊的发明……"

事实的确如此。当时，田中的工作是利用各种材料测量蛋白质的质量。有一次，他不小心把丙三醇倒入钴中，他没有立即推翻重来，而是将错就错对其进行观察，于是意外地发现了可以异常吸收激光的物质，为以后震惊世界的发明"对生物大分子的质谱分析法"奠定了成功的基础。

失败在悲观者眼里是灾难，在乐观者眼里却是一次改正的机会。有失败的痛苦，才有成功的欢乐；有失败的考验，才有做人的成熟；勾践被夫差打败后，卧薪尝胆十年才一雪前耻；史蒂芬孙发明的第一个火车又笨又慢，经过无数次改良，终于成功；爱迪生在经历过几千次的失败后，才得出炭丝才是当时最佳的灯丝的结论；诺贝尔也是在经历了多次失败，自己险些丧命的情况下才研制出TNT炸药。所以，失败也是一种财富，因为通过它又一次磨炼了你自己，完善了自我，又一次体味到坚韧的宝贵价值。

失败会使生活产生波折，从而更添生活情趣。没有遭遇过失败的人，永远是轻浮的。一个人经历的失败越多，他的经验就越丰富，做人就越成熟，能力也就越强。这样的人，只要他还能保持乐观，维持顽强的上进心，他就一定是最后的成功者。

【每日一点】

一个人经历的失败越多，他的经验就越丰富，做人就越成熟，能力也就越强。

羞辱是人生的一门必修课

20世纪80年代，年逾古稀的曹禺已是海内外声名鼎盛的戏剧作家。有一次美国同行阿瑟·米勒应约来京执导新剧本，作为老朋友的曹禺特地邀请他到家做客。

吃午饭时，曹禺突然从书架上拿来一本装帧讲究的册子，上面裱着画家黄永玉写给他的一封信，曹禺逐字逐句地把它念给阿瑟·米勒和在场的朋友们听。

这是一封措辞严厉且不讲情面的信，信中这样写道："我不喜欢你解放后的戏，一个也不喜欢。你的心不在戏剧里，你失去伟大的灵通宝玉，你为地位所误！命题不巩固、不缜密、演绎分析也不够透彻，过去数不尽的精妙休止符、节拍、冷热快慢的安排，那一箩筐的隽语都消失了……"

阿瑟·米勒后来详细描述了自己当时的迷茫："这信对曹禺的批评，用字不多却相当激烈，还夹杂着明显羞辱的味道。然而曹禺念着信的时候神情激动。我真不明白曹禺恭恭敬敬地把这封信裱在专册里，现在又把它用感激的语气念给我听时，他是怎么想的。"

阿瑟·米勒的不理解是可以理解的。毕竟把别人羞辱自己的信件装裱起来，并且满怀感激地念给他人听，这样的行为太过罕见，很难让人接受。但阿瑟·米勒不知道的是：在这种"傻气"的举动中，透露的是曹禺对"羞辱"的真诚的感激。这种的"羞辱"对他而言已经是一笔鞭策自己的宝贵财富，所以他要当众感谢这一次"羞辱"。

生活永远源源不断地在制造羞辱，这是永恒的命题，没有人能一生不遭到羞辱，但是比这更重要的是你的态度。有人一辈子被羞辱淹没，自暴自弃；而有些人则因羞辱而奋发，成就一番功名，这才是人生的强者。

战国时期的政治家苏秦，早年一直得不到赏识。一次去秦国游说失败后，苏秦落魄到了极点，回家还受到全家人的白眼。妻子不从织机上下来迎接，嫂子不给他做饭，父母不跟他说话，还说了不少讽刺话，苏秦非常伤心。但面对这样的打击和羞辱，苏秦既不怨天，也不尤人，只是重重地叹了口气："妻子不把我当丈夫，嫂子不认我这个小叔子，父母不把我当儿子，都是秦的过错啊。"从此以后他闭门自学，头悬梁，锥刺骨，刻苦读书。

后来，苏秦身佩六国相印，再次回家的时候，他家人听说苏秦要回来，把路扫得干干净净，准备了丰盛的酒宴，特地赶到洛阳城外30里的地方，跪着迎接他。

妻子不敢正眼看他，侧着耳朵听他说话。嫂子更是匍匐在地像蛇那样爬行，行四拜大礼跪地谢罪。父母更是嘘寒问暖，热情得不得了。苏秦看到这情景，前后对比，不由百感交集地说："唉！同是一个苏秦，穷困的时候，没人理睬，父母也不把我当儿子，妻子不把我当丈夫看待。如今我居官富贵，他们都来捧我，如此奉承于我。人生在世，对权势、金钱、名利又怎能不追求呢？"

心胸狭窄者把羞辱变成心理包袱，而豁达乐观者则会把它看作"激励"的别名。所以，你应该感谢人生道路上的羞辱：是它刺激你用执着战胜了自己内心深处的失败感。感谢羞辱，你的斗志和毅力才能得以升华；感谢羞辱，你才能从羞辱中提炼出自身的短处与缺陷；感谢羞辱，你才能用羞辱激励完善自我……羞辱是人生道路上一种伟大的力量，他能击溃弱者，更能成就强者，曹禺就是最好的佐证。

所以，当你遭遇羞辱的时候，任何的反击都是疲软无力的。你只有通过加倍的努力获得成功，才是对羞辱最有效的反击。当你有一天功成名就，你才会明白，原来羞辱是人生的一门必修课。

【每日一点】

羞辱是人生道路上一种伟大的力量，他能击溃弱者，更能成就强者。

有缺陷，就勇敢地面对

一只毛毛虫向上帝抱怨："上帝啊，你也太不公平了。我作为毛毛虫的时候，丑陋又行动缓慢，而当我变成了蝴蝶后，却美丽又轻盈。前期遭人厌恶，后期又招人赞美。这也太不公平了吧！"

上帝点了点头，说："那你准备怎么办？"

毛毛虫接着说："这样吧，平衡一下。我现在虽然丑陋点，但你让我行动轻盈点；当我化为蝴蝶后，让我行动迟缓一点。"

"这样啊，那恐怕你活不了多久啊！"上帝摇了摇头。

"为什么啊？"毛毛虫焦急地反问。

"如果你有蝴蝶的漂亮却只有毛毛虫的速度，是不是很容易就被人捉了去呢？现在之所以没人碰你，就是因为你的丑陋啊。"上帝语重心长地说。

毛毛虫想了想，决定还是做一只缓慢而丑陋的毛毛虫。

在这个世界上没有任何一个人是完美的。不要害怕自己有缺陷，会受到别人的嘲笑，要勇敢地去面对它，并将这些缺陷化作自己前进的动力。

布莱克从小双目失明，那时候他还不知道失明的后果。当他长大的时候，他知道他将永远看不到这个世界。

"上帝，为什么要这样对我？难道是我做错了什么吗？我看不到小鸟，看不到树木，看不见颜色。失去了光明，我还能干什么？"布莱克常常这么问自己。

他的亲人和朋友，还有许多好心人都来关怀他，照顾他。当他坐公共汽车的时候，常常有人为他让座。当他过马路的时候，会有人来搀扶他。但布莱克把这一切都看成是别人对他的同情和怜悯，他不愿意一直这样被同情怜悯。

直到有一天，一件事情改变了他对世界的看法。那是莱恩神父讲给他的一句话："世上每个人都是被上帝咬过一口的苹果，都是有缺陷的。有的人缺陷比较大，因为上帝特别喜爱他的芬芳。"

"我真的是上帝咬过的苹果吗？"他问莱恩神父。

"是的，你不是上帝的弃儿。但是上帝肯定不愿意看到他喜欢的苹果在悲观失望中度过他的一生。"莱恩神父轻轻地回答道。

"谢谢你，神父，您让我找到了力量。"布莱克高兴地对神父说道。从此他把失明看做是上帝的特殊钟爱，开始振作起来。

若干年后，当地传诵着一位德艺双馨的盲人推拿师的故事。

上帝知道了这件事，笑道："我很喜欢这个美丽而睿智的比喻。我从没有放弃过任何一个苹果。"

事实上，有许多先天条件并不优秀的人之所以取得成功，是因为开始的时候有一些阻碍他们的缺陷促使他们加倍努力而得到更多的补偿。

一个男孩，从小到大都是坐在教室的最前排，因为他的个子一直是班上最矮的，只有一米二，而这个身高从此没有再改变过。他患的是一种奇怪的病，医学上称是内分泌失常导致的。

他的家境不好，父母都是农民，却要供养三个孩子念书。他上中学了，父母决定从学校抽回一个孩子，他们的目光首先落到了矮小的他身上。可他倔强地回绝了父亲："我要上学，学费我自己想办法！"从此，他拎着一个大大的塑料袋开始了自己的拾荒生涯，将一包包的废品换成学费。

在后来的一次事故中，父亲不幸丧失了劳动能力，矮小的他不得不连兄妹的担子也替父母扛起来。很显然，卖破烂的钱已远远不够。偶然的机会，他听人说烟台一带拾荒的人少，就和父亲来到了烟台。为了生计，他边拾荒边乞讨，有空的时候，他就坐在人来车往的大街边捧着书本看。

父亲说，讨饭的看书有什么用。他反驳道，乞丐也有两种，一种是形式上的，一种是精神上的，他是第一种。

在拾荒与乞讨的间隙，他以超乎常人的毅力与决心，学完了高中的所有课程，因为他有一个梦想。工夫不负有心人，在 2003 年，他以超出本科线 30 分的成绩被重庆工商大学录取。他就是袖珍男孩——魏泽阳。

有人问他为什么能改变自己的命运。他从容地说："我可以贫穷，却不可以低贱，我可以矮小，却不可以卑微！"

赖斯利说："人生的意义不在于拿到一副好牌，而在于怎么样打好一副烂牌。"缺陷不一定都是坏的，有可能就是你的长处和优点。只要会利用，可能还会给你带来意想不到的效果，但是，前提是你必须得正视缺陷。

人不可能十全十美，但人要永远追求完美。如果有缺陷，就要勇敢地面对，并战胜它。

【每日一点】

人生的意义不在于拿到一副好牌，而在于怎么样打好一副烂牌。

第四章

▼

危机就是转机

困境，有时候反而是机遇

一天，狮子来到了天神面前："我很感谢你赐给我如此雄壮威武的体格、如此强大无比的力气，让我有足够的能力统治整座森林。"

天神听了，微笑着问："但是这不是你今天来找我的目的吧！看起来你似乎被某事困扰着呢！"

狮子轻轻吼了一声，说："天神真是了解我啊！我今天来的确是有事相求。因为尽管我是百兽之王，但是每天天亮的时候，我总是会被鸡叫声给吵醒。神啊！祈求您，不要让鸡在天亮时叫了！"

天神摊了摊手，无奈地说道："你去找大象吧，它会给你一个满意的答复的。"

狮子跑到湖边找到大象，看到大象正在气呼呼地直跺脚。

狮子问大象："你干嘛发这么大的脾气？"

大象拼命摇晃着大耳朵，吼着："有只讨厌的小蚊子，钻进我的耳朵里，我都快痒死了。"

狮子离开了大象，心里暗自想着："原来体型这么巨大的大象，还会怕那么瘦小的蚊子，那我还有什么好抱怨的呢。毕竟鸡叫也不过一天一次，而蚊子却是无时无刻地骚扰着大象。这样想来，我可比他幸运多了。"

狮子一边回头看着暴躁的大象，一边想："谁都会遇上麻烦事，但只要看看别人，这点麻烦就算不上什么了。以后只要鸡一叫，我就当作鸡在提醒我该起床了，对我还有好处呢。天神要我来看看大象的情况，应该就是想告诉我：只要想开了，困境就不再是困境，而是机遇了。"

一个障碍，就是一个新的已知条件，只要愿意，任何一个障碍，都会成为一个超越自我的契机。所以，困境有时候反而是一个机遇。

生活中，我只要碰上一些不顺心的事，就会习惯性地抱怨上天亏待我们，希望老天赐给我们更多的力量和幸运，帮助我们渡过难关。但实际上，老天是最公平的，就像它对狮子和大象一样，每个困境都有其存在的正面价值。

有一个10岁的小男孩，在一次车祸中失去了左臂，但是他很想学柔道。

最终，小男孩拜柔道大师做了师父，开始学习柔道。他学得不错，可是练了3个月，柔道大师只教了他一招，小男孩有点弄不懂了。

他终于忍不住问师父："我是不是应该再学学其他招数？"

柔道大师回答说："不错，你的确只会一招，但你只需要会这一招就够了。小男孩并不是很明白，但他很相信师父，于是就继续照着练了下去。"

几个月后师父第一次带小男孩去参加比赛。小男孩自己都没有想到居然轻轻松松地赢了前两轮。第三轮稍稍有点艰难，但对手还是很快就变得有些急躁，连连进攻，小男孩敏捷地施展出自己的那一招，又赢了。就这样，小男孩顺利地进入了决赛。

决赛的对手比小男孩儿高大、强壮许多，也似乎更有经验。一度小男孩显得有点招架不住，裁判担心小男孩会受伤，就叫了暂停，还打算就此终止比赛，然而柔道大师不答应，坚持说："继续下去！"

比赛重新开始后，对手放松了戒备，小男孩立刻使出他的那一招，制服了对手由此赢了比赛，得了冠军。回家的路上，小男孩和柔道大师一起回顾每场比赛的每一个细节，小男孩鼓起勇气道出了心里的疑问："师父，我怎么就凭一招就赢得了冠军？"

柔道大师答道："有两个原因：第一，你几乎完全掌握了柔道中最难的一招；第二，就我所知，对付这一招唯一的办法是对手抓住你的左臂。"

所以，小男孩最大的劣势变成了他最大的优势。世界上无所谓绝对的缺陷和困境，只要懂得扬长避短就能海阔天空。这才是真正的取胜之道，也是智者的选择。

【每日一点】

世界上无所谓绝对的缺陷和弱点，只要懂得扬长避短就能海阔天空。

打开人生的另一扇门

强子家里有一只盛水的瓦罐，用了十多年，父亲一直舍不得扔掉。一次，强子倒开水，一不小心把瓦罐摔在地上，瓦罐被摔出了一条长长的裂缝。强子想，这下父亲该把瓦罐扔掉了吧。可父亲没有，而是把它好好地搁起来了，说以后也许能派上用场。

过了一段时间，父亲在阳台上养了很多盆花，其中有一盆花长得特别艳丽。强子一看花盆，正是那只有裂缝的瓦罐。父亲见他疑惑不解的样子，就说："瓦罐有了裂缝，不能用来盛水，但用来养花最合适。花盆里的雨水一旦多了，水就会顺着裂缝自动地渗透出来，使花盆不致积水，花也就有了一个良好的生长环境，所以长出来的花也就比其他的更美丽了。"

如果你在生活中不幸遭遇了失误或者挫折，千万别"破罐子破摔"，只要你灵活运用，扬长避短，发挥你的能力，生命之花照样可以盛开。

人生的道路有很多条，当一条路不通的时候，你不要丧气，因为你可以尝试其他的道路。上帝总是在给我们关上一扇门的同时，又会为我们开启另外一扇，只要我们用心地去找寻，就一定会找到属于自己的出路。

这一天，49岁的伯尼·马库斯像往常一样，提着公文包去公司上班。在20多年的职业生涯中，他勤勤恳恳，兢兢业业，才做到今天职业经理人的位置上，其中充满了艰辛困苦。他只要再这样工作11年，就可以安安稳稳地拿到退休金了。可是，他万万没有想到，这将是他在公司工作的最后一天。

"你被解雇了！"

"为什么？我犯了什么错？"他惊讶地问。

"不，你没有过错，公司发展不景气，董事会决定裁员，仅此而已。"

是的，仅此而已。他在一夜之间，从一名受人尊敬的公司经理成了一名在街上流浪的失业者。所有的失业者一样，繁重的家庭开支迫使伯尼·马库斯必须找到生活来源。那段日子，他常常去洛杉矶一家街头咖啡店，一坐就是几小时，化解内心的痛苦、迷茫和巨大的精神压力。

有一天，他遇到了自己的老朋友——和他一样，同是经理人现在也同样遭到解雇的亚瑟·布兰克。两个人互相安慰，一起寻求解决的办法。

"为什么我们不自己创一家公司呢？"

这个念头像火苗一样，在伯尼·马库斯心中一闪，点燃了压抑在他心中的激情和梦想。于是两个人就在这家咖啡店里，策划建立新的家居仓储公司，两位失业的经理人为企业制定了一份发展规划和一个"拥有最低价格，最优选择，最好服务"的制胜理念，并制定出了使这一优秀理念在企业发展中得以成功实践的一套管理制度，然后，就开始着手创办企业。时值1978年春天。

这，就是美国家居仓储公司。仅仅 20 多年的时间就发展成拥有 775 家分店，16 万名员工，年销售额 300 亿美元的世界 500 强企业。成为全球零售业发展史上的一个奇迹。这个奇迹始于 20 年前的一句话：你被解雇了！

是的，"你被解雇了！"是我们每个人在人生旅途中最不愿听到的一句话，但正是这句话，改变了伯尼·马库斯和亚瑟·布兰克两个人的一生。如果不是被解雇，他们无论如何也不会跻身世界 500 强！如果不是被解雇，他们现在只是靠每月领退休金度日的老人。

人生是一次长途旅行，当一扇门关上了，你千万不要把自己也关在里面。因为世界上不止一扇门，一定还有另外一扇门，你要做的就是去寻找并打开这扇门！

【每日一点】

人生哪里有死结，想通了才发现，人生不过就是：饥来餐，渴来饮，倦来眠。

发现你人生中的"兔子"

电视台曾经播过一个农民养殖致富的故事。这位北方的农民张有庆先是种苹果树，种苹果树在当时被公认是农民致富的主要出路。张有庆便买来优质树苗种在几十亩地里，为了便于看护管理，主人还在果树园四周垒起了围墙。可种苹果的人太多，一窝蜂地上，两三年后果树挂果，当年认为的摇钱树，成了农民们的伤心树。苹果价贱，挂在树上也没有人愿意去摘，因为摘果卖的钱还不够付摘果人的工资。许多人开始绝望地砍树。

果子不能赚钱，全家人的希望全部落空了。不但一家人几年的心血白费，一去不复返的还有买树苗、买化肥、买农药和垒围墙的钱。这些钱可都是贷款，现在也就无法归还。更令人气愤的是，张有庆套种在果园中的小麦苗都被野兔吃了，就连自己家吃粮还得去市场上买。围墙四周到处都是野兔打的洞。

张有庆欠的债，有些是银行的，有些是亲戚朋友的，每天都有来讨债的。真是走投无路呀，他彻底绝望了。

绝望的张有庆准备悬梁自尽在给他带来灾难的果园里。张有庆已绑好了绳子，准备告别这个世界。抬头却看见离自己几米之外，几只野兔跳来跳去。这些使他走上绝路的东西此刻竟然还在他面前肆无忌惮，悠然自得地吃着小麦苗，张有庆气极了，迅速关上门，开始在院子里打兔子。可能是野兔太多了，一会儿就打了一大筐。打下的兔子实在吃不完，便拿到集市上去卖。

因为是野兔，城里的餐馆争着要。野兔比家兔值钱，一斤竟然卖到12元。从集市上回来的路上，张有庆寻思，为什么不可以养野兔卖钱呢？

回到家里，张有庆便把围墙上所有的野兔洞堵上，利用围墙内现有的兔子，开始养殖野兔。反正野兔遍地都是，不需要花大价钱去引种，只需要每天到集市上拣些菜叶或去割些青草。

从此，果园成了野兔们的伊甸园。野兔的繁殖能力远远超出了人们的想象力，仅一两个月工夫，围墙内的野兔们已是数代同堂。何况野兔有先天的基因优势，不像家兔，容易得病，动不动会成群死亡。张有庆除了喂一些青菜青草，便万事无忧，每天做的事情就是捉兔子送到定点的餐馆去卖钱。

没多久，张有庆成了远近闻名的野兔养殖户，就连野兔的粪便也被人花大价钱买去做肥料。几年工夫，他就还清了所有建果园的欠款，过上了别人羡慕的富裕生活。

这个故事虽然有些喜剧性，但却很有哲理。在生命的旅途中，我们常常遭遇各种挫折和失败。当你一个人在人生低谷中徘徊，感觉自己支持不下去的时候，其实往往就是黎明的前夜。只要坚持下去，你人生的兔子，在这时候往往就会出现。如果那天没有发现兔子，很难讲张有庆的境遇将会如何。

所以，很多事往往并不像当事人想象的那么悲观。灾难背后，往往隐藏着机会。关键是绝望时，你能否发现给你带来机遇的"兔子"。

【每日一点】

塞翁失马，焉知非福。灾难背后，往往隐藏着机会。

缺憾也许就是幸运

因为公司在内蒙古包头蓄电池厂揽下一笔业务，沈雷等6人被指派前往那里施工。活刚刚干了两个多月，由于北方气温降低，不便施工，所有的工程只好停工，等到第二年开春后再重新动工。按照公司规定，6个人应该乘火车返回，但其中有个人提议坐飞机回去，因为可以趁机开开眼界。几个人都没坐过飞机，大家一致赞同这个建议。

当天，几个人就结伴去购买了第三天上午8时20分从包头飞往上海的机票。

沈雷因为走得匆忙，将身份证遗落在家中，所以没能购到机票，只好改乘第二天由包头开往上海的火车。去买机票的路上，大家还嘲笑沈雷没有坐飞机的福气。看着几个同伴兴奋的样子，沈雷懊悔不已：身份证为什么不带在身上呢！

但是，后来发生的一切让沈雷不再为自己的疏忽而懊悔。

5个伙伴乘坐的从包头飞往上海的客机，刚起飞10秒就坠入距机场不远的南海公园，撞在了公园大门的售票厅上，机上53人全部罹难。

报纸上登了一张沈雷向记者展示车票的照片。照片上，沈雷的未婚妻一直站在他身旁，紧紧地挽着沈雷的手臂。

人的一生中，在有意无意之间会错过许多，也许是一个重要的机会，也许是一趟回家的火车，也许是一个等待中的电话，也许是一次重要的约会，或者是一段美好的爱情……但你不必为此而抱怨和叹息——错过了漂亮，你还拥有健康；错过了智慧，你还拥有善良；错过了财富，你还拥有自由……说不定哪一天你会忽然发觉：错过了，反而是一种幸运，就像太阳错过乌云，换来的是光芒四射。"塞翁失马，焉知非福"，说的就是这个道理。

一个国王有7个女儿，这7位公主个个都美若天仙，是国王的骄傲，特别是她们那一头乌黑亮丽的长发，更是远近闻名。好马配好鞍，国王也没含糊，送给她们每人100个漂亮的发夹。

有一天早上，大公主醒来，一如往常地用发夹整理她的秀发，却发现少了一个发夹，怎么也找不到了。于是，她偷偷地到了二公主的房里，拿走了一个发夹。

二公主发现少了一个发夹，便到三公主房里拿走一个发夹；

三公主发现少了一个发夹，也偷偷地拿走四公主的一个发夹；

四公主如法炮制拿走了五公主的发夹；

五公主一样拿走六公主的发夹，六公主只好拿走七公主的发夹。于是，七公主的发夹只剩下99个。

隔天，邻国英俊潇洒的王子忽然来到皇宫，他对国王说："昨天我养的百灵鸟叼回了一个非常漂亮的发夹，我想这一定是属于公主们的。这真是一种奇妙的缘分，不知道是哪位公主掉了发夹呢？"

公主们听到了这件事，恨不得马上说："是我掉的，是我掉的。"但头上明明完整地别着100个发夹，所以都懊恼得很。

这时候，七公主走出来说："我掉了一个发夹。"一抬头，一头漂亮的长发因为少了一个发夹，全部披散了下来，王子不由得看呆了，他觉得这是他见过的最美丽的女子，当场就向公主求婚。从此，王子与公主一起过着幸福快乐的日子。

为什么一有缺憾就想方设法去弥补呢？100 个发夹，就像是完美圆满的人生，少了一个发夹，这个圆满就有了缺憾；但正因缺憾，未来就有了无限的转机，这何尝不是一件值得高兴的事呢！据说，印度洋地震海啸灾难死亡总人数已超过 14 万，但是有一对英国夫妇却因为迟到而幸免于难。

人生不如意，十之八九。每当你遭遇缺憾的时候，请记住：车到山前必有路，我们永远有路可以走，缺憾也许就是转机。

【每日一点】

错过，有时候反而是一种幸运。

别做无谓的坚持，要学会转弯

常有人说：朝着你的目标，坚持到底，你一定会成功的。不坚持肯定不能成功，但是坚持了就一定会成功吗？

马嘉鱼很漂亮，银色的皮肤，燕尾，大眼睛，平时生活在深海中，春夏之交溯流产卵，随着海潮游到浅海。渔人捕捉马嘉鱼的方法挺简单：用一个孔目粗疏的竹帘，下端系上铁浮，放入水中，由两只小艇拖着，拦截鱼群。马嘉鱼的"个性"很强，不爱转弯，即使闯入罗网之中也不会停止，所以一只只"前赴后继"陷入竹帘孔中。孔收缩得越紧，马嘉鱼就愈被激怒，瞪起眼睛，更加拼命往前冲，结果被牢牢卡死，为渔人所获。

常有人一方面抱怨人生的路越走越窄，看不到成功的希望，另一方面又因循守旧、不思改变，习惯在老路上继续走下去。这不是有些像马嘉鱼吗？

其实，当你失败时，你不一定非要做无谓的坚持，如果调整一下目标，改变一下思路，往往会柳暗花明，豁然开朗。当不幸降临的时候，并不是路已经到了尽头，而是在提醒你：该转弯了。

克里斯朵夫·李维以主演《超人》而蜚声国际影坛，然而 1995 年 5 月，在一场激烈的马术比赛中，他意外坠马，成了一个高位截瘫者。当他从昏迷中苏醒过来时对大家说的第一句话就是：让我早日解脱吧。出院后，为了让他散散心，舒缓肉体和精神的伤痛，家人推着轮椅上的他外出旅行。

一次，汽车正穿行在蜿蜒曲折的盘山公路上，克里斯朵夫·李维静静地望着窗外，他发现，每当车子即将行驶到无路的关头时，路边都会出现一块交通指示牌："前方转弯！"而转弯之后，前方照例又是柳暗花明，豁然开朗。山路弯弯，峰回路转，"前方转弯"几个大字一次次冲击着他的眼球，他恍然大悟：原来，不是路已到尽头，而是该转弯了。他冲着妻子大喊："我要回去，我还有路要走。"

从此，他以轮椅代步，当起了导演。他首次执导的影片就荣获了金球奖。他还用牙咬着笔，开始了艰难的写作。他的第一部书《依然是我》一问世，就进入了畅销书排行榜。同时，他创立了一所瘫痪病人教育资源中心，他还四处奔走为残疾人的福利事业筹募善款。

美国《时代周刊》曾以《十年来，他依然是超人》为题报道了克里斯朵夫·李维的事迹。在文章中，李维回顾他的心路历程时说：原来，不幸降临时，并不是路已尽头，而是在提醒你该转弯了。

转弯不是逃避。有人做一件事失败了，就转弯做别的，就有人说这人没有毅力。其实天生我才必有用，东方不亮西方亮。失败并不可怕，可怕的是你因循守旧地继续失败。转弯是为了寻找更好的道路而成功，并不是逃避，没有毅力。

一个人可以选择自己的理想，可以选择自己的方向，但对于遭遇是无法选择的，也是无法预料的。遇到挫折要学会转弯，转过这个弯，人生的风景又是另一番景致。

路在脚下，更在心中，心随路转，心路常宽。学会转弯也是人生的大智慧，挫折往往是转折，危机同时也是转机。

【每日一点】

当不幸降临的时候，并不是路已经到了尽头，而是在提醒你：你该转弯了。

没有绝对的好事，也没有绝对的坏事

从前，有一个很会治理国家的国王，他有一个非常聪明的丞相，每当国家有什么重要大事的时候，他都会谦虚地向丞相请教，但无论国王问什么事情，这个丞相总爱说"好"。这令国王非常生气，他要找个理由治治丞相的这个毛病。

有一次，国王在打猎的时候，不小心被猎刀斩断了一截拇指，他连忙问丞相："我的拇指被斩断了一截，好不好？"丞相不假思索地回答："好！国王陛下。"

这个回答使国王满腔怒火，他以落井下石为罪名将丞相关了起来，并问丞相："现在你被关在牢房里了，好不好？"丞相毫不犹豫地回答："好！"国王说："既然你觉得好，便在牢房里多住几天吧！"

过了两天，国王又想外出打猎了，他不想释放这个倔强的丞相，只好一个人单独出发了。没有熟悉地形的丞相做伴，国王很快迷了路，并且掉进了一个捕捉动物的陷阱里。

这个陷阱是当地的一个食人族部落挖的。当天晚上，食人族的几名大汉把赤身裸体的国王绑在了一个十字架上，然后将周围堆满了木材，准备吃烤人肉。一名巫师引导着众人举行了祭礼，他把清水喷到国王身上，逐步检查他身体的各个部位。当他检查到国王的手指时，这个巫师开始摇头叹息。检查完毕，巫师向酋长报告说："我们族人只吃完整的动物，这个人断了一根指头，是个不祥之物，我们不能吃他。"酋长不得已，只好放了国王。

国王白白捡回了一条命，非常激动，回去后第一件要做的事情就是到监牢里看望丞相。他流着泪说："现在我明白了你为什么说我的断指是件好事，它救回了我一条命，我错怪了你。"稍后，国王又心有不甘地问丞相，"我把你关在牢里十多天，好不好呢？"

丞相回答："好，很好！"

"为什么呢？"国王问。

"我尊敬的陛下，如果您不抓我进监牢，我一定会随从您去打猎，我们会一起被食人族抓走，您可以因为断指而保全性命，但我必死无疑，因为我很完整呀！"

国王听后，顿觉茅塞顿开：每件事都有它的两面性，好和坏是随时可以转换的呀。

塞翁失马，焉知非福。天下没有绝对的好事，也没有绝对的坏事，任何事情的好与坏总是相对的。富足优越的生活更容易让人丧失上进心，而一贫如洗的日子更能激发人们去奋斗，所以，对于一件事，我们很难分辨究竟孰好孰坏。当一个人面对所谓的坏事时，只要你认真去发掘其中的好处，就能化险为夷，化危机为转机。

【每日一点】

没有绝对的好事，也没有绝对的坏事，生活的意义就是不断的品味，不断琢磨。

第五章

参透人生的真谛

做事先做人，人品最关键

中国有句老话："做事先做人。"的确，学会做人是成事之道，人品人格是谋事之基。我们既然以"人"的身份在人世间生活，首先从本质上讲是"人"，所以一个人若要成功，首要问题就是学会做人，如果连做人都不会，怎么能把事做好呢？比尔·盖茨曾说过："我把人品排在人所有素质的第一位，超过了智慧、创新、情商、激情等，我认为如果一个人的人品有了问题，这个人就不值得一个公司去考虑雇用他。"

正直的人能信守诺言，相互尊重，彼此帮助，从而把自己的事业做大做强。因此，不管遇到什么情况，你一定要记住做人之本：善良正直，坚持人品第一。

1860 年，作为美国共和党的总统候选人，林肯参加了总统竞选。他独自一人四处发表巡回演讲，为自己做宣传——他没钱雇人为他服务。而林肯的最大对手民主党候选人道格拉斯则是个有钱人，拥有专用竞选列车，带着乐队，浩浩荡荡地在美国做巡回宣传，很是风光。火车上还配有礼炮，每到一地，便鸣放 32 响礼炮，发表演说，向人们炫耀显赫的贵族出身和雄厚的经济基础。

有人在林肯演说的时候问起他的家庭情况，林肯正色说道："我有一位值得我钟爱一生的贤妻，三个聪明的孩子，他们是我的无价之宝。此外，我还租有一间办公室，里面有桌子一张，椅子三把，墙角有书柜一个，书柜里的书，每一本都值得大家好好读读。我的大概情况就是这样。我实在没有什么可以依靠的，唯一可以依靠的，就是你们。"

林肯发自内心的演讲，深深感动了听众，赢得了万千美国人的心，他终于击败了财大气粗的道格拉斯，成为美国历史上第一位平民总统。

这个故事告诉我们，只有内在的美才可靠长久，值得我们追求和尊崇。虽然外在的容貌、身材、风采和权位、财产等也很吸引人，可内在的品德、学识、才能和真诚、自信等给人的感受则更有魅力。

在职场上流传着这么一个关于求职者的离奇故事。在这个人面试的最后关头，老板亲自问了一个问题——10减1等于几？参加面试的共有3个人，另外两位是研究生，只见第一位很快信心满怀地说："你想等于几就等于几。"第二位则滔滔不绝："10减1等于8，那是消费；等于12，那是经营；等于15，那是金融；等于100，那是中奖。"望着神采飞扬的他们，这个求职者脑子里一片空白，最后只好黯然答道："10减1等于9"，并作好了落选的准备。谁知老板当场宣布他被录取了。事后问其原由，竟是他的诚实，这个理由简单得让人吃惊。

在当今社会，企业用人的原则也越来越趋向于人品第一。广东今日集团总裁何伯权说："我们用人的原则是德才兼备，以德为先。打个比方说，品德就像火车的方向、路轨，才能就像马力。如果方向路轨偏了，马力越大，造成的危害也就越大。"

做生意要讲究产品品质，但更重视人品。被《福布斯》杂志称之为"美国销售大师"的美国菲力浦·莫里斯公司总裁阿尔弗雷德·莱昂有句名言："要记住，你的顾客购买的不是你的产品，他们购买的是你个人的魅力，然后他们帮助你销售你的产品。"比如，和客户谈生意的时候，推销的不仅仅是商品，更多的是推销你的人品，如果他人认可了你的人品，自然也就信任你的产品。

日本企业家小池先生曾说过："做生意和做人一样，首先都要讲究品质，正直做人会给你带来一本万利的回报。"

小池出身贫寒，20岁的时候在一家机械公司当推销员。刚开始的时候，因为机器质量优良，一个月的时间就做成了30笔生意。但是后来小池发现自己卖的机器比外面同样质量性能的机器贵了一点。

小池想："如果顾客知道了，以为我做生意不厚道，肯定会影响以后的合作。"于是深感不安的小池立即带着订单，逐家拜访客户，说明情况后，坚决要返回多出来的款项。

小池的举动使客户们都非常感动，都认为小池是一个值得信赖的人。慢慢地，由于人品可靠，小池的生意做得越来越好。一直到后来独立创业，这些客户还和他保持着合作关系。

因此，成功之路上的重要忠告是：先做人，后做事。能力当然重要，人品同样不可或缺。人品好的人总是能赢得人缘和信任。有了人品做航标，你的人生之舟就能乘风破浪，到达成功的彼岸。

【每日一点】

品格如同树木，名利如同树荫。我们常常考虑的是树荫，却不知树木才是根本。

修养是受益一生的财富

在一次新闻发布会上，人们发现坐在前排的美国传媒巨头麦卡锡突然蹲下身子，钻到了桌子底下。大家目瞪口呆，不知道这位大亨为什么会在大庭广众之下做出如此有损形象的事情。

不一会儿，他从桌子底下钻了出来，扬扬手中的雪茄，平静地说："对不起，我的雪茄掉到桌子底下了，母亲告诉过我，应该爱惜自己的每一分钱。"

麦卡锡是亿万富翁，照理说，应该不会理睬这根掉在地上的雪茄，但他却给了我们意想不到的答案。麦卡锡表现出来的是一种最基本的成功修养，这种修养正是他创造巨大财富的源泉所在。

关于修养，人们普遍认为最重要也最基本的就是尊重——尊重自己也尊重他人。白金法则是美国最有影响的演说人之一托尼·亚历山德拉博士与人力资源顾问迈克尔·奥康纳博士研究的成果。白金法则的精髓在于"别人希望你怎样对待他们，你就怎样对待他们"。

黄金法则和白金法则启示我们：在社交中和处理人际关系时，一定要尊重他人。有许多人存在这样一种想法：值得我尊重的人我才去尊重，不值得我尊重的人，我没有必要尊重他。其实，尊重与某个人是否优秀能干完全是两码事。尊重不存在值得不值得的问题，我们应当尊重每一个人的人格，就像我们希望自己受到别人的尊重一样。尊重别人，就是尊重自己；尊重别人，给别人一个机会，同时往往也给了自己一个机会。

有一个人经过热闹的火车站前，看到一个双腿残疾的人摆了一个卖地图的小摊，他漫不经心的丢下了100元，当作施舍。但是走了不久，这人又回来了，他抱歉的对这残疾者说："不好意思，你是一个生意人，我竟然把你当成一个乞丐。"

这个人拿起几份地图走了。

过了一段时间，他再次经过火车站，一个店家的老板在门口微笑着喊住他，"我一直期待您的出现，"那个残疾人说，"您是第一个把我当成生意人看待的人，您看，我现在是一个真正的生意人了。"

你怎么看一个人，那人可能就会因为你的看法而有所改变，你看他是宝贵的，他就是宝贵的；你看不起人家，人家也对你不理不睬。一份尊重和爱心，常会产生意想不到的善果。所以，不妨用心地看待这个世界，用心地去尊重每一个人，你将会发现，尊重别人带来的力量。

著名CEO拉斯托姆吉说过："领导人有权力命令下级做事，但若用说服的办法，用尊重员工的态度去说，就会事半功倍。谁也不愿意被人指使，最好的办法是在布置工作任务时，加上"请你"，"如果不介意的话"，"不知道你是否愿意"这类的话语。这样做，定会产生理想的效果，下级也会心悦诚服。"

有比快乐、艺术、财富、权势、知识、天才更宝贵的东西值得我们去追求，这极为宝贵的东西就是修养。修养让你受益终身，是相伴一生的财富，更是走向成功的有力保障。有了修养做指南针，你永远不会在成功的道路上迷失方向。

【每日一点】

修养让你受益终身，是相伴一生的财富，更是走向成功的有力保障。

爱心能创造奇迹

一天，一个贫穷的小男孩为了攒够学费正挨家挨户地推销商品。饥寒交迫的他摸遍全身，却只有一角钱。于是，他决定向下一户人家讨口饭吃。

然而，当一位美丽的年轻女子打开房门的时候，这个小男孩却有点不知所措了。他没有要饭，只乞求给他一口水喝。这位女子看到他饥饿的样子，就倒了一大杯牛奶给他。男孩慢慢地喝完牛奶，问道："我应该付多少钱？"

年轻女子微笑着回答："一分钱也不用付。我妈妈教导我，施以爱心，不图回报。"男孩说："那么，就请接受我由衷的感谢吧！"说完，霍华德·凯利就离开了这户人家。此时的他觉得自己浑身是劲儿，对生活充满了自信。本来，他都打算放弃了。

数年之后，那位女子得了一种罕见的重病，当地医生对此束手无策。最后，她被转到大城市医治，由专家会诊治疗。大名鼎鼎的霍华德·凯利医生也参加了医疗方案的制定。当他听到病人来自的那个城镇的名字时，一个奇怪的念头霎时间闪过他的脑际，他马上起身直奔她的病房。

身穿手术服的凯利医生来到病房，一眼就认出了恩人。回到会诊室后，他决心一定要竭尽所能来治好她的病。从那天起，他就特别关照这个对自己有恩的病人。

经过艰苦的努力，手术成功了。凯利医生要求把医药费通知单送到他那里，他看了一下，便在通知单的旁边签了字。当医药费通知单送到她的病房时，她不敢看。因为她确信，治病的费用将会花费她整个余生来偿还。最后，她还是鼓起勇气，翻开了医药费通知单，旁边的那行小字引起了她的注意，她不禁轻声读了出来：

"医药费已付：一杯牛奶。

"（签名）霍华德·凯利医生。"

喜悦的泪水溢出了她的眼睛，她默默地祈祷着："谢谢你，上帝，你的爱已通过人类的心灵和双手传播了。"

爱的力量是所向无敌的，以爱为武器的人无往不胜。在人的情感世界中，最能打动人的就是爱。不要认为它在现实的经济社会中毫无意义，怀着一颗爱心与人交往，总会赢得双份的回报，就是因为它在不知不觉中，为你前进的道路扫清了许多障碍。用爱心关爱他人，不但能赢得人们的爱戴和人脉，更能得到加倍的回报。

一天晚上，一对老年夫妇走进当地唯一一家旅店，他们经过长途奔波，需要一间客房休息。但是很遗憾，当时客房已经满了。

老夫妇俩失望地转身准备离开——或许他们得露宿街头了。忽然，服务生叫住了他们："谢天谢地，经过我的调配，现在还有最后一间单人房，请问你们要吗？"

老年夫妇喜出望外，马上答应了，毕竟，他们太需要一间房子休息了。

经过一晚的休息，老年夫妇清早就起床了，他们还得赶早班火车。当他们走过旅店大堂时，吃惊地发现那位服务生盖着毛毯，缩在沙发上睡觉。夫妇俩一问才知道，原来这位服务生把自己的房间让给了老年夫妇，而自己睡沙发。老年夫妇被深深地感动了。

半个月后，这位服务生收到了著名的金融富豪的来信。在信里，金融富豪首先感谢年轻人善待了他的父母，同时邀请这位服务生去做他的助手。因为金融富豪相信，一个有爱心的人，能做好一切事情。

原来这对老年夫妇，就是金融富豪的父母。可见，爱心不仅可以得到丰厚的回报，更可以创造出奇迹。

爱可以改变人，可以融化冷漠和绝望，可以为身旁的人带来幸福与希望。爱可以创造人间种种奇迹。懂得用宽容的心，去关爱身边的人，具备爱心的人才是高尚的人。

泰瑞莎修女说过："随处散播你的爱心，就从对你的家人开始，多一分关爱给你的孩子，你的另一半，然后你的邻居……让每个接近你的人都有如沐春风的感觉。给别人一个关怀的眼神，一个灿烂的微笑，一个温暖的拥抱，为上帝的仁慈做见证。"那么从现在开始行动，按照修女所说的去做，关爱你身边的每一个人吧！

【每日一点】

拥有一颗无私的爱心，便拥有了一切。爱心不仅可以得到丰厚的回报，更可以创造出奇迹。

工作着就是幸福的

一个玩具士兵成天打瞌睡消磨时光，越过越烦。

"嘀嗒、嘀嗒……"闹钟每分每秒都欢快地歌唱，它对眼镜说："我要把快乐之道告诉玩具士兵。"

"我觉得，切身体会胜过千言万语的说教。"眼镜说。

于是，闹钟告诉玩具士兵："邮局正招收邮递员，你去试试。到时，你会和快乐手拉手。"

玩具士兵欢快地吹着口哨，下班回来。"我知道了——无所事事难以快乐，能工作就是幸福！"

无所事事难以快乐，工作着就是幸福的。詹姆斯·巴里说过："幸福的秘密不在于做你喜欢的事，而在于喜欢你所做的事情。"工作是你人生的根本，也是你幸福的基础。工作就是最幸福的事情。

石油大王洛克菲勒给儿子的信中有这么一个故事：在古老的欧洲，有一个人在他死的时候，发现自己来到一个美妙而又能享受一切的地方。他刚踏进那片乐土，就有个看似侍者模样的人走过来问他："先生，您有什么需要吗？在这里您可以拥有一切您想要的——所有的美味佳肴，所有可能的娱乐以及各式各样的消遣，其中不乏妙龄美女，都可以让您尽情享受。"

这个人听了以后，感到有些惊奇，但非常高兴，他暗自窃喜：这不正是我在人世间的梦想吗？一整天他都在品尝所有的佳肴美食，同时尽享美色的滋味。然而有一天，他却对这一切感到索然乏味了，于是他就对侍者说："我对这一切感到很厌烦，我需要做一些事情。你可以给我一份工作做吗？"

他没想到，他得到的回答却是摇头："很抱歉，我的先生，这是我们这里唯一不能为您做的。这里没有工作可以给您。"

这个人非常沮丧。愤怒地挥动着手说："这真是太糟糕了，还算是天堂呢！那我干脆就留在地狱好了！"

"您以为，您在什么地方呢？这里就是地狱。地狱与天堂的唯一区别就是没有工作。"那位侍者温和地说。

这个故事告诉我们：失去工作就等于失去快乐。但是令人遗憾的是，有些人却要在失业之后，才能体会到这一点。

有一个年轻人，总是抱怨工作压力大，活得累，总想着不用去上班能天天玩就好了。后来年轻人继承了一笔遗产，不用工作就可以生活得很好。年轻人疯狂地玩乐，但最后还是自己开了个公司，因为他不能忍受没有工作的空虚和无聊。他说："刚开始玩乐的时候，我觉得很自由，很痛快，但是时间一长，我就觉得我像是与世隔绝了，心里空荡荡的，空虚得很，这种感觉太难受了。"

人一生有三分之一的时间在工作。我们工作，不仅仅是为取得维生之资，也是为了使生活有重心，对社会有贡献，使生命有价值，更是为了我们内心的安宁和充实。日本著名企业家松下说过：真正的幸福就是能愉快地工作。

有一个盲人，他一生下来就什么也看不见，为了生存，他很自然地接受了父亲的职业——园丁。

他从来不知道花的样子和颜色，别人告诉他花是五彩缤纷，美丽娇艳的，于是他有空就用手指去轻轻触摸花朵，用鼻子小心地去闻花香，然后在心里想象花的色彩，描绘花的娇态。

他比普通人更加爱花，每天都定时帮花浇水，隔一段时间给花施肥除草。甚至下雨天替花挡雨，晴天为花遮荫……他对花的过分呵护让很多人不解，不就是花吗，有必要这样去伺候吗？不过他的花是全市最好的，满园的牡丹，玫瑰……五彩斑斓，娇艳欲滴，从园子旁走过，老远就能闻见醉人的花香，在这时候，他是最开心的，尽管他什么也看不到。

盲人为鲜花付出了自己的心血，鲜花自然也就十分旺盛娇艳。可见，不论是谁，只要用心工作，就一定能做出一番成就，他就是幸福的。

人们对于幸福的追求各不相同，有的人看重业绩，有的人看重薪水，有的人则看重地位，这说明大家对幸福的体验不同。要提高工作的幸福感，就要留心、留意，珍惜自己所拥有的，对生活有所感恩。对每一件事认真地去做，去体验，你所经历的各种感情元素，甚至包括愤怒、悲伤、委屈等，这一切可以丰富你的人生，这就是幸福。

【每日一点】

如果你爱自己的工作，你就是它的主人；如果你恨它，它就会成为你的主人。

说老实话，办老实事

做人就应该说老实话，办老实事。真正取得大成就的人都是诚实的。夺人之美，可能会嚣张一时，却不可能永远立于不败之地。说老实话，办老实事才是成功者的基本行动原则。

美国密歇根航运公司总裁尼古拉斯 20 岁的时候，碰上经济危机，好不容易才能在一辆大运货卡车上工作，每天要向一百家商店递送特别食品，做 12 小时的工作只能挣一个三明治、一杯饮料和 50 美分。在没有食品递送的日子里，他在街角的一家糖果店工作。一天，他在桌底下拣到 5 美元，把它交给了老板。老板拍着他的肩膀说，钱是他故意放在那儿的，以看他是否诚实。后来，尼古拉斯一直在那儿工作到上完高中，是诚实使他在美国经济最困难的时期保住了自己的工作。

在后来的年代里，尼古拉斯做过许多工作：搬运工、侍者甚至清洁工，等等。再后来，当他的航运生意连续四年亏损时，他就回想起自己在糖果店学到的关于诚实的一课，这是使他开创事业并获得成功的动力。

与人为善，老实做人，你就会得到好报。如果你心存恶念，最终必然是赔了夫人又折兵，得不偿失。所以，为人还是说老实话，办老实事为好。

　　李嘉诚在生意场上纵横半个世纪，由一个小商人做成华人首富，这与他深谙老实做人做事的道理不无关系。

　　李嘉诚在教导自己的儿子做生意时，说："你们一定要照顾到竞争对手。如果你们能获得10%的利润，你们可以努力去争取11%，也可以守住10%，更可以只拿9%，但是哪种更好呢？我会只拿9%，让1%给你的竞争对手，这样，你会在生意场上广交朋友，这点是非常重要的。"为此，有人评价李嘉诚说："他在生意上只有对手，从没有敌人。"

　　在生意场上，老实做人做事能赢得朋友和生意，而在人生的道路上，诚实更能为你赢得尊重和名誉。

　　一次，维多利亚女王在白金汉宫为正在英国访问的德国作曲家门德尔松举行了盛大的招待会，欢迎这位著名作曲家。

　　当《伊塔尔兹》演奏完后，这支曲子倍受女王赞赏。女王陛下开言道："单凭这一首曲子，就可证明你是一位伟大的天才。"

　　门德尔松并没有喜形于色，而是诚实地对女皇说："不，那是我妹妹的作品。"

　　原来，他妹妹芬妮亚也是个有极深音乐造诣的人，是她写了这首曲子。几位兄弟不赞成署女人之名，一致商定用门德尔松的名字发表。

　　尽管门德尔松誉满世界，艺术才华出类拔萃，但他并不想掠人之美，贪他人之功为己功。正是凭借着这种诚实为人的态度，门德尔松赢得了人们的尊敬，获得了巨大的成就。

　　拥有诚实的品质能得到人们的尊敬，获得人们的信任。虽然初看起来，诚实有时会使人吃亏，但追根究底，诚实将使人受益终生。人们总是喜欢那些老实人，因为他们忠实可靠，可以让他们挑大担，负重任。所以说，老实说话，办老实事是不会吃亏的。

　　老实做人，永远是我们做人的基本准则。诚实者，会保持一个谦虚、谨慎的心态；以说老实话、办老实事的态度去行动，你一定能得到他人的欣赏和器重，能融洽地与人合作，成就你的圆满人生。

【每日一点】

　　当你对自己诚实的时候，世界上没有人能够欺骗得了你。

一诺千金，说到做到

在中国传统文化中，诚信是一个非常重要的核心观念。《礼记》的"诚者，天之道也；诚之者，人之道也"，民间的"一言既出，驷马难追"，都是在说诚信的重要。

那么，什么是诚信呢？"诚信"的含义其实是相当广泛的，都是人们人格因素中那些美好的东西，包括遵守诺言、实践成约、老老实实、诚实可信、讲真话、不虚饰、办实事、不撒谎、守信用、不食言，等等。通俗地表述，就是一诺千金，说到做到。

在繁华的纽约，曾经发生了这样一件震撼人心的事情。

星期五的傍晚，一个贫穷的年轻艺人仍然像往常一样站在地铁站门口，专心致志地拉着他的小提琴。琴声优美动听，时不时地会有一些人在年轻艺人跟前的礼帽里放一些钱。

不久，年轻的小提琴手周围站满了人，人们都被铺在地上的那张大纸上的字吸引了，有的人还踮起脚尖看。上面写着："昨天傍晚，有一位叫乔治·桑的先生错将一份很重要的东西放在我的礼帽里，请您速来认领。"

人们看了之后议论纷纷，都想知道是一份什么样的东西，有的人甚至还等在一边想看究竟。过了半小时左右，一位中年男人急急忙忙跑过来，拨开人群就冲到小提琴手面前，抓住他的肩膀语无伦次地说："啊！是您呀，您真的来了，我就知道您是个诚实的人，您一定会来的。"

年轻的小提琴手冷静地问："您是乔治·桑先生吗？"

那人连忙点头。小提琴手又问："您遗落了什么东西吗？"

那个先生说："奖票，奖票。"

小提琴手于是从怀里掏出一张奖票，上面还醒目地写着乔治·桑，小提琴手举着彩票问："是这个吗？"

乔治·桑迅速地点点头，抢过奖票吻了一下，然后又抱着小提琴手在地上疯狂地转了两圈。

原来事情是这样的，乔治·桑是一家公司的小职员，他前些日子买了一张某家银行发行的奖票，昨天上午开奖，他中了50万美元的奖金。昨天下班，他心情很好，觉得音乐也特别美妙，于是就从钱包里掏出50美元，放了礼帽里，可是不小心把奖票也扔了进去。小提琴手是一名艺术学院的学生，本来打算去维也纳进修，已经定好了机票，时间就在今天上午，可是他昨天整理东西时发现了这张价值 50 万美元的奖票，想到失主会来找，于是今天就退掉了机票，又准时来到这里。

后来，有人问小提琴手："你当时那么需要一笔学费，为了赚够这笔学费，你不得不每天到地铁站拉提琴。那你为什么不把那 50 万元的奖票留下呢？"

小提琴手说："虽然我没钱，但我活得很快乐；假如我没了诚信，我一天也不会快乐。"

面对诱惑，不为其所惑，而极力坚持自己的原则。小提琴手的语言虽平淡如行云，质朴如流水，却让人领略到一种山高海深的做人宗旨和成功智慧。这是一种闪光的品格——诚信。

我国古人很讲究言不在多、言出必行的道理，因为只有守信才能得到人们的信任。在今天，守信更成为一个人事业成功的重要因素。松下电器创始人松下幸之助说过："信用既是无形的力量，又是无形的财富。"信用是商人的生命，是人的立身之本。一个人如果失去信誉，在社会上是很难立足的。

信守承诺，说到做到是我们受人尊重的基础。今天的社会，人心浮躁。随便就答应他人，轻易地做出承诺，但是最后却不能兑现，这样的事情比比皆是。杰克·韦尔奇在《赢》这本书里面，大篇幅地讲述了"信守承诺"。可见即使是在美国这样相对成熟的社会里面，信守承诺也是非常重要的。法国的皮尔·卡丹因为有良好的品牌信誉做保障，皮尔·卡丹的名字通过授权就能每年获得数亿美元的收入，这样看来，诚信简直是个无价之宝。

诚信是个人立身之本，社会运行之规。美国第一任总统华盛顿说过：自己不能胜任的事情，千万别轻易答应别人，一旦答应了别人，就必须实践自己的诺言。

【每日一点】

可信的人说的一个字，比一般人的千言万语更有用。

责任到此，不能再推

《迈阿密先驱报》的幽默专栏作家戴夫·巴里讲述了他年轻时的一个故事：

17 岁时，我在一个营地里担任辅导员，主要负责管理一群 10 ~ 12 岁的孩子，让他们在一起时不要闹事。此外，我还要带着他们到森林里郊游。能够到迷宫一样的森林里玩自然令人兴奋，可是当你要带着一群比自己小的孩子同行时，你的兴奋感一定会跑到九霄云外。因为他们的生命安全似乎全部系了你一个人身上。你必须运用自己所有的能量和胆量，帮助他们应付遇到的突发情况。这对向来有些胆小的我不是一件容易的事情，可是我必须这么做。

我带着一群孩子在湖边安营扎寨，当时我是这群人中唯一的白人。我们在湖里游泳时，碰上了一艘载着白人孩子的摩托艇，艇上的白人孩子向我们的队伍叫嚷着带有种族歧视的话语，并企图用水溅湿我们的帐篷。

当时，我也不知哪儿来的勇气，和自己的助手一起警告他们："如果你们再敢靠近这些孩子，我们将抄下你们的艇号，打电话叫警察来。"那些挑衅者最后还是离开了。

那个夏天，我回学校后，发现自己似乎不再像以前那么胆小了，而且忽然间明白了责任感是什么。

一个人真正成熟的标志就是有责任感。克雷格·霍尔说过："财富意味着责任，唯其承担了无穷的责任，才会获得无尽的尊敬。"

在营救驻伊朗的美国大使馆人质的作战计划失败后，当时美国总统吉米·卡特立即在电视里郑重声明："一切责任在我。"仅仅因为上面那句话，卡特总统的支持率骤然上升了 10% 以上。

一个没有责任心的人，实质是一个没有控制能力，没有决定能力的人，同时也是一种自私、无能、懦弱、胆小的表现，他无法掌握自己的快乐、幸福、健康和财富，做不了自己的主人，也无法获得他人的信任和尊重。

有一个木匠，因为敬业和勤奋而深得老板的信任。木匠年纪大了，就告诉老板说，自己想退休回家和家人安享晚年。老板虽然十分舍不得他走，看他十分坚决，还是成全了他，但是希望在他走之前能够再帮老板盖一座房子，木匠答应了。

木匠归心似箭，心早就不在房子上面了。用料没有平时严格，做出的活儿也完全没有平时的水准。老板看在眼里，没说什么。

房子盖好后，木匠向老板告辞。老板送给他一样东西作为他的退休礼物——房子的钥匙，并且告诉他："这是你的房子，你也为我工作这么多年了，这是我送给你的退休礼物！"

木匠愣住了，满脸悔恨和羞愧。他这一生盖了这么多漂亮房子，最后却为自己造了这样一座马虎粗糙的房子。

同样一个人，可以盖出漂亮华丽的房子，也能建造出粗陋不堪的房子，原因在哪儿？技艺不如以前？不是！是因为责任心！失去了责任心，即使是自己最拿手的工作，也会做得一塌糊涂。

我们每一个人从诞生那天起，就生活在复杂的社会关系中，和他人、集体、社会之间存在着这样那样的责任关系。因此，在生活中当我们做出某种行动的时候，都应该考虑对个人、对家庭、对他人、对社会甚至对整个人类所应当承担的责任。这种高度的责任感是我们应该具备的基本品德，是我们学会做人的根本。

大连公交汽车司机黄志全，以自己的行动让世人记住了他的名字。

在行车中黄志全心脏病突然发作，在人生的最后一分钟，他做了三件事：

——把车缓缓停在路边，并用最后的力气拉下了手动刹车闸；

——打开车门，让乘客安全下车；

——将发动机熄火，确保了车和乘客的安全。

做完这三件事，黄志全趴在方向盘上停止了呼吸。

黄志全心脏病发作的时候依然体现出强烈的责任感，不能不让人感叹。

实际上，责任心也是一种习惯性行为，而且是一种很重要的习惯。中国 WTO 首席谈判代表龙永图到瑞士访问的时候，在一个洗手间里，他听到隔壁小间里一直有一种奇怪的声音。于是，在好奇心的驱使下，他通过小门的缝隙向里面看了看。结果，这一看使龙永图惊叹不已。

原来，厕所的小间里有一个七八岁的小男孩正在修理马桶的冲刷零件。一问才知道，是这个小男孩上完厕所以后，因为冲刷设备出了问题，他没有把脏东西冲下去，因此他就一个人蹲在旁边，千方百计地想修复冲刷设备，当时他的父母、老师并不在他的身边，可见他的举动完全是自觉自愿的。这件事令龙永图非常感慨，一个只有七八岁的小男孩，竟然有如此强烈的责任感，这种负责精神已经渗透到了他全身的每个细胞，已经完完全全成了习惯。

美国杜鲁门总统，在他的办公桌上摆着一个牌子：Book of stop here(责任到此，不能再推)！责任感不仅是你立足于社会的必要条件，也是至关重要的人格品质。

【每日一点】

人一旦受到责任感的驱使，就能创造出奇迹。

把握现在，就能改变一切

伟大的心理学家威廉·詹姆斯说："以行动播种，收获的是习惯；以习惯播种，收获的是个性；以个性播种，收获的是命运。"既然如此，想要改变自己的命运和生活，你就要从最基本的行动做起，养成马上去做的习惯，从而改变个性，获得成功。

一个美国人到墨西哥旅游，一天黄昏时他在一个海滩漫步，忽然看见远处有一个人在忙碌地做着什么。走近些时，他看清楚原来有个印第安人在不停地拾起由潮水冲到沙滩上的鱼，一条条地用力地把它扔回大海去。

美国人于是奇怪地问这个印第安人："朋友，你在干什么呢？"

那人说："我在把这些鱼扔回海里。你看，现在正是退潮，海滩上这些鱼全是给潮水冲到岸上来的，很快这些鱼便会因缺氧而死了！"

"我明白。不过这海滩有数不尽的鱼，你能把它们全部送回大海吗？你可知道你所做的作用不大啊！"

那位印第安人微笑着，继续拾起另一条鱼，一边拾，一边说："但起码我改变了这条鱼的命运啊！"

美国人恍然大悟，慢慢陷入了沉思！的确，虽然有很多美好的事情我们不能去实现，但是如果把握现在，却能改变一切！

向前看，好像时间漫长无边；但回首，才知生命如此短暂！过去不能重新找回，将来还一直遥遥无期，唯一能把握、能利用的，也只有现在了！这是我们必须明白的人生道理。

一位考古学家在古希腊的废墟里发现了一尊双面神像。由于从来没有见过这种神像，考古学家忍不住问它："你是什么神？为什么会有两副面孔？"

神像回答说："人们都叫我双面神，我一面回望过去，汲取教训；一面展望未来，充满憧憬。"

考古学家忍不住问："那么现在呢？"

"现在"，神像一愣，"我只看着过去和未来，我哪管得了现在啊！"

考古学家说道："过去已经远去了，未来还没有到来。我们能把握的只有现在啊！你对过去总结得再好，对未来的构想无论多么美好，如果不能把握现在，那又有什么意义呢？"

神像听了，恍然大悟："你说得没错。我只关注过去和未来，而从来没想过现在，所以才被人们抛弃在废墟里啊！"

每个人都希望梦想成真，成功却似乎远在天边遥不可及，倦怠和不自信让我们怀疑自己的能力。其实，我们不用想以后的事，只要把握现在，开始行动，成功的喜悦就会慢慢浸润我们的生命。

霍勒斯·格里利说过："做事的方法就是马上开始。过去的已成历史，未来还遥不可及，我们能把握的只有现在。"什么事情一旦拖延，就总是会拖延，而你一旦开始行动，事情就有了转变。凡事及时行动就是成功的一半。

把握现在不是一件难事，我们只是需要明快、果断、有信心。拿一张纸写上"从现在开始行动"贴在你的书桌前、床头、镜子前，贴满你的房间，你一看到它就会有行动力。只要从早上睁开眼睛那一刻开始，你就马上行动起来。慢慢地，你会发现，你整个人充满了热情和动力，这样持续一个月，"现在"就牢牢把握在你手里了。

著名作家茅盾说过："过去的，让它过去，永远不要回顾；未来的，等来了时再说，不要空想；我们只抓住了现在，用我们现在的理解，做我们所应该做的。"那么，要想人生没有遗憾，成就你的卓越人生，那就从现在起，朝着你的目标，开始行动吧！

【每日一点】

在时间的大钟上，只有两个字——现在。如果你希望掌握永恒，那你必须控制现在。

拥有希望，就拥有创造奇迹的力量

美国作家欧·亨利在他的小说《最后一片叶子》里讲了个故事：

病房里，一个生命垂危的病人从房间里看见窗外的一棵树，在秋风中一片片地掉落下来。病人望着眼前的萧萧落叶，身体也随之每况愈下，一天不如一天。她说："当树叶全部掉光时，我也就要死了。"一位老画家得知后，用彩笔画了一片叶脉青翠的树叶挂在树枝上。最后一片叶子始终没掉下来。

只因为生命中的这片绿，病人竟奇迹般地活了下来。

人生可以失去很多东西，却绝不能失去希望。只要心存希望，总有奇迹发生，希望虽然渺茫，但它永存人间。所以，当你遇到困境的时候，你一定要相信你自己，给自己希望，才能柳暗花明，走出困境。

多克是一个信差，他始终坚信自己的使命就是向人们传递快乐。因此，他的口袋里总是装着许多小纸条，上面写着一些鼓励性的话。他将信件和电报送到人们手中的同时，也留给他们一张小纸条，告诉他们"今天是美好的一天"，"要笑口常开"，"别再烦恼"。

第二次世界大战期间，多克因为年龄太大而没有入伍，但他自告奋勇到野战医院做了一名志愿者，协助医院救死扶伤。

有一天，他突发奇想，在医院的墙上写了一句话："没有人会死在这里。"他的行为引起了大家的注意，医院的人说他疯了，也有人认为这句话无伤大雅，不必擦掉。

那句话一直没有人去管，就一直留在了那面墙上。后来，不但伤员，就连医生、护士包括院长，都渐渐地记住了这句话。

伤病员们为了不让这句话落空而坚强地活着，医生和护士为了这句话，尽力地给予病人最精心的医治和护理。这个医院变成了一个坚强的医院，每个人的脸上都有一种盼望和坚毅的表情。

有时候，创造奇迹的不是巨人，也许只是心中埋藏的希望。一句鼓励的话语，就能给对方一个免费却珍贵的礼物——希望。希望，在我们的生命里，微不足道，却往往重如千钧。

一个俄国人做过一个试验：将两只大白鼠丢入一个装了水的器皿中，它们拼命地挣扎求生，结果只维持了8分钟左右。然后，在同样的器皿中放入另外两只大白鼠，在它们挣扎了5分钟左右的时候，放入一个可以让它们爬出器皿外的跳板，这两只大白鼠得以活下来。若干天以后，再将这对大难不死的大白鼠放入器皿中，结果真的有些令人吃惊：两只大白鼠竟然可以坚持24分钟，是一般情况下能够坚持时间的三倍。

这位俄国的心理学家总结说，前面两只大白鼠，没有任何逃生经验，只能凭自己本来的体力挣扎求生；而有过逃生经验的大白鼠却多了一种精神的力量，它们相信在某一个时候，一个跳板会救它们出去，这使得它们能够坚持更长的时间。这种精神力量，就是希望。

那个试验还没有讲完。有人想着那两只大白鼠，总觉得不是滋味，就略带反感地对那位心理学家说："有希望又怎么样，那两只大白鼠最后还不是死了。"他出人意料地回答说："没有死，在第24分钟时，我看它们实在不行了，就把它们捞上来了。有积极心态的大白鼠更有价值，更值得活下去；我们人类应该尊重一切希望，哪怕是一只大白鼠内心的希望。"

这个实验虽然残酷了一点，但给人很大的教益。我们不必做那样的试验就可以知道，在艰难困苦之中，心中有希望和心中没有希望，对我们的行为会有完全不同的影响，结果当然也就完全不一样了。大白鼠的希望，是人给它们的；而我们人类自己，在任何时候、任何地点、任何困难的情况下，都能够自己给自己希望。希望是一种伟大的力量。在很多情况下，希望的力量比知识的力量更强大。因为只有在有希望的前提下，知识才能被更好地利用。"二战"期间，德国法西斯虽然拥有很先进的武器和强大的军队，但内心的绝望还是导致了他们的迅速溃败。所以，一个人，即使他一无所有，只要他有希望，他就可能拥有一切；而一个人即使拥有一切，却不拥有希望，那就可能丧失他已经拥有的一切。

漫漫人生，难免会遇到荆棘和坎坷，但风雨过后，一定会有美丽的彩虹。所以，你在任何时候都要抱有乐观的心态，都不要丧失希望。要知道，失败不是生活的全部，挫折只是人生的插曲。虽然机遇总是飘忽不定，但只要你坚持，保持乐观，你就能永远拥有希望。即使一生不如意，但有希望相伴也是幸福的。

【每日一点】

有时候，创造奇迹的不是巨人，也许只是心中埋藏的希望。

第六章

心态决定人生的高度

成败取决于你的心态

三个和尚在破庙里相遇。"这庙为什么荒废了？"不知是谁提出了问题。

"必是和尚不虔诚，所以菩萨不灵。"甲和尚说。

"必是和尚不勤快，所以庙产不修。"乙和尚说。

"必是和尚不尊敬，所以香客不多。"丙和尚说。

三人争执不下，最后决定留下来各尽所能，改变这座破庙。

于是甲和尚礼佛念经，乙和尚整理庙务，丙和尚化缘讲经。没多久，果然香火渐盛，破庙换了新颜。于是，三个人的想法也就慢慢发生了变化。

"都因我礼佛虔心，所以菩萨显灵。"甲和尚心里想。

"都因我勤加管理，所以庙务周全。"乙和尚心里想。

"都因我劝世奔走，所以香客众多。"丙和尚心里想。

三个人都觉得自己功劳大，做事也慢慢懈怠了。甲和尚念经开始有口无心了，乙和尚整理庙务也开始三天打渔，两天晒网了，丙和尚化缘也推三阻四了。很快，庙里的盛况又逐渐消失了。

庙已经维持不下去了，三个人只好各奔东西。走的那天，他们总算得出一致的结论：这庙的荒废，既非和尚不虔，也非和尚不勤，更非和尚不敬，而是和尚的态度出现了问题。

成也人心，败也人心；得也人心，失也人心。一切的成败得失，只在人心！人心，真的很重要。

很久以前，为了开辟新的街道，伦敦拆除了许多陈旧的楼房。然而，因为种种原因。新路久久没能开工，旧楼房的废墟晾在那里，任凭日晒雨淋。

有一天，一群自然科学家来到了这里，发现在这一片废墟上，竟长出了一片野花野草。令人惊奇的是，其中有一些花草在英国从来没有见到过的，它们通常只生长在地中海沿岸国家。这些被拆除的楼房，大多都是在古罗马人沿着泰晤士河进攻英国的时候建造的。

这些花草的种子多半就是那个时候被带到了这里的，它们被压在沉重的石头砖瓦之下，一年又一年，丧失了生长发芽的机会。而一旦见到阳光，它们就立即恢复了勃勃生机，绽开了一朵朵美丽的鲜花。

只要保持一颗坚韧的心，一旦时机来临，你的生命之花必将绽放。

有两位年届七十的老太太，一位认为到了这个年纪可算是人生的尽头，于是便开始料理后事；另一位却认为一个人能做什么事不在于年龄的大小，而在于怎么个想法。于是，她在 70 岁高龄之际开始学习登山，其中几座还是世界有名的。令人惊讶的是，她以 95 岁高龄登上了日本的富士山，打破攀登此山年龄最高的纪录。

她，就是著名的胡达·克鲁斯老太太。

70 岁开始学习登山，这乃是一大奇迹。看来，一个人能否成功，就看他的态度了。一个人如果是个心态积极者，喜欢挑战，自强乐观，那他就成功了一半。胡达·克鲁斯老太太的壮举正验证了这一点。而一个人如果凡事都抱着消极的态度，疑虑悲观，那么，他只好和成功无缘了。

【每日一点】

一个人如果是个心态积极者，喜欢挑战，自强乐观，那他就成功了一半。

端正心态做人做事

内心的平静和我们生活中的种种快乐，并不在于我们身在何处，拥有什么，或者我们是什么人，而在于我们的心境如何。有了良好的心态，就能够冲破一切阻力和障碍，不管它们来自自然环境，还是你周围的人。掌握控制着自己的心态，就能主宰自己的命运。相信自己能够成功，你就一定能够获得成功！

有一个生长在孤儿院里的小男孩，常常悲观地问院长："像我这样被人抛弃的孩子，活着有什么意义呢？"院长笑而不答。

有一天，院长交给小男孩一块石头，说："这是我家祖传的璞玉，价值不菲。明天早上，你拿这块石头到市场上去卖。但是记住，无论别人出多少钱，你也不卖。"

第二天，小男孩拿着这块小石头蹲在古玩市场一个不起眼的角落，嘴角充满了自信的笑容。很多人都对石头非常感兴趣，出价也越来越高。

回去后，小男孩兴奋地向院长报告，院长还是笑了笑，让小男孩明天把石头拿到珠宝市场上去卖。结果在珠宝市场上，这块石头的价格涨了十倍。由于男孩坚决不卖，这块石头甚至被认为是"传世珍宝"。

男孩兴冲冲回到院里，向院长报喜。院长望着男孩慢慢说道："其实这只是块不起眼的鹅卵石，原本不值一文，但是由于你的珍惜和看重而提升了他的价值，竟被误以为稀世珍宝。你不就像这块石头一样？只要你自己看重自己，在不同的心态下，就能创造出不同的价值，生命也就有不同的意义。"

事物的本身并不影响人，人们只受对事物看法的影响！石头没有改变，它仍然还是石头，改变的只是心态。保持积极的心态，一块石头也能卖出传世珍宝的价钱。由此可见，生命的价值就取决于你自己的心态。人不能改变命运，但可以改变看待事物的态度；不能改变自己的容貌，但可以展现笑容；不能控制他人，但可以掌握自己；不能预知明天，但可以把握今天；不可能事事成功，但可以全力以赴……

在当代社会，个人的能力固然非常重要，但从根本上来说，决定一个人发展的却还是一些非能力层面的东西。比如一起进入企业的大学生，尽管来自不同的学校，但他们的专业知识、能力差别是不会太大的，可为什么几年以后他们的发展却有很大的差距呢？专家认为非能力素质在其中发挥了很大的作用。在众多的非能力素质中，心态是其中的重要一环。来自哈佛大学的一个研究则发现，一个人的事业发展，75%取决于他的态度，而只有5%取决于个人的智力和知识，其他20%则归功于机遇。

所以，保持一个良好的心态，是我们在职业生涯中取得持续成功的关键。因为人是情感动物，心态高低、健康与否，对我们非常重要。心态的外在体现最终形成为一种精神风貌，心态的内在体现则表现为它将直接影响我们的斗志和对工作投入的程度。

任何一种工作做长了都会令人倦怠。其实，问题也许并非出在工作本身，而只是人的心理作用。在工作和生活中，永远都不要忘记随时调整心态，工作的突破也往往取决于人自身心态的突破。试着按下面的几条原则去做，对于培养良好的心态是很有帮助的：

（1）为人要乐观，凡事往好的方面想；

（2）经常保持微笑；

（3）学会和别人一块分享喜悦；

（4）保持自己的一颗童心；

（5）学会和各种人愉快地相处；

（6）保持幽默感；

（7）镇静，要能处乱不惊；

（8）学会宽容他人；

（9）有几个知心朋友，可以交流沟通；

（10）常和别人保持合作，并从中获得乐趣；

（11）保持高度的自信心；

（12）尊重弱者，乐于帮助他人；

（13）偶尔放纵一下，善待自己；

（14）具备非凡胆识和勇气。

【每日一点】

生活的快乐与否，完全决定于个人对人、事、物的看法如何。态度，决定了你一生的高度。

幸福与否全在于你的心态

有一个人，他生前善良且热心助人，所以在他死后，升入天堂，做了天使。他当了天使后，仍时常到凡间帮助人，希望感受到幸福的味道。

一日，他遇见一个农夫，农夫的样子非常困恼，他向天使诉说："我家的水牛刚死了，没它帮忙犁田，那我怎能下田作业呢？"

于是天使赐他一只健壮的水牛，农夫很高兴，天使在他身上感受到了幸福的味道。

又一日，他遇见一个男人，男人非常沮丧，他向天使诉说："我的钱被骗光了，没盘缠回乡。"

于是天使给他银两做路费，男人很高兴，天使在他身上感受到幸福的味道。

又一日，他遇见一个诗人，诗人年青、英俊、有才华且富有，妻子貌美而温柔，但他却过得不快活。

天使问他："你不快乐吗？我能帮你吗？"

诗人对天使说："我什么也有，只欠一样东西，你能够给我吗？"

天使回答说："可以。你要什么我也可以给你。"

诗人直直地望着天使："我要的是幸福。"

这下子把天使难倒了，天使想了想，说："我明白了。"

然后把诗人所拥有的都拿走。

天使拿走诗人的才华，毁去他的容貌，夺去他的财产和他妻子的性命。

天使做完这些事后，便离去了。

一个月后，天使再回到诗人的身边，

他那时饿得半死，衣衫褴褛地躺在地上挣扎。

于是，天使把他的一切还给他。

然后，又离去了。

半个月后，天使再去看望诗人。

这次，诗人搂着妻子，不住地向天使道谢。

因为，他得到幸福了。

很多人都向往幸福，但是什么才是幸福呢？电影《求求你表扬我》的开场白解释得不错：

王志文："什么叫幸福？"

范伟："幸福就是——你饿了，看见别人手里有馒头，他就比你幸福；你冷了，看见别人身上穿着厚棉袄，他就比你幸福；你想上茅房，就一个坑，有人蹲那了，他就比你幸福……"

王志文笑了："哈哈……"

范伟："可笑吗？"

这可笑吗？其实，幸福就是这么简单。

人很奇怪，每每等到失去，才懂得珍惜。其实，幸早就放在你的面前。

肚子饿坏的时候，有一碗热腾腾的拉面放在你眼前，幸福。

累得半死的时候，扑上软软的床，也是幸福。

哭得要命的时候，旁边温柔的递来一张纸巾，更是幸福。

幸福本没有绝对的定义，平常一些小事也往往能撼动你的心灵，幸福与否，只在乎你的心怎么看待。你认为自己贫穷，并且不可改变，那么你的一生都将穷困潦倒；你认为贫穷是可以改变的，一切都会改观，并且努力去改变，那么你的一生将是充实快乐的。

草原上有对狮子母子，它们无忧无虑地生活着。一天，小狮子问母狮子："妈，幸福在哪里？"

母狮子笑了笑说："幸福就在你的尾巴上。"

于是，小狮子不断追着尾巴跑，跑了整整一天，累得气喘吁吁，但始终咬不到。

母狮子笑道："傻瓜！幸福不是这样得到的。只要你昂首向前走，幸福就会一直跟随着你！"

美好的东西如果刻意去追求，它总是与你擦肩而过。但是如果你怀有一颗平常心，脚踏实地走好每一步，那么，快乐幸福就在你左右。

【每日一点】

任何的痛苦都是自己找的，任何的快乐也是自己找的。幸福与否全在于你的心态。

热情点燃成功的火焰

能力、忠诚、敬业、态度——所有这些特征，对准备在事业上有所作为的年轻人来说，都是不可缺少的，但是更不可或缺的是热情——将奋斗、拼搏看作是人生的快乐和荣耀。热情是真诚的精髓，它不仅能激励自己，更能感染他人。你只要稍加注意，就会发现在世界历史中，每一个伟大而高贵的胜利都是某种热情的结果。对于成功者来说，尤其如此。

著名音乐家亨德尔年幼时，家人不准他去碰乐器，不让他去上学，哪怕是学习一个音符。但这一切又有什么用呢？他每天都在半夜里悄悄地跑到秘密的阁楼里去弹钢琴。

莫扎特孩提时，每天要做大量的苦工，但是到了晚上他就偷偷地去教堂聆听风琴演奏，将他的全部身心都融入音乐之中。

富兰克林说过："没有热情，不可能赢得任何一场竞争。"热情是一种伟大的力量，它可以补充你的精力，并发展出一种坚强的个性，它能给你以信心和动力，带领你迈向成功。

英国政治家本杰明·迪斯雷利说过："当一个人因热情而行动，他才真的伟大。"多一点热情，人生就会大不一样。

有个生意人生意一直不顺利，最后破产了。他心灰意冷，把剩下的钱在郊区给自己买了块墓地，一心等死。谁知他刚买下墓地没多久，政府计划修路，而他的墓地正好处于道路的十字路口。这一带的地价暴涨，商人通过卖墓地，居然发了一笔财。

"我买墓地都能发财，看来我注定是要做大事的"——这样一想商人充满了希望，热情被激发出来了，开始用卖墓地的钱投资房地产，短短几年的时间里，他就成为了著名的房地产商。

阿诺德说："没有了热情，你能打动谁？世界上最糟糕的破产就是一个人丧失了热情。"没人愿意整天和一个没精打采冷若冰霜的人打交道，也没有哪一个领导愿意提升一个毫无热情的下属。热情是战胜所有困难的强大力量，它使你保持清醒，使全身所有的神经都处于兴奋状态，去进行你内心渴望的事。高度的热情是成功的诀窍，爱迪生连结婚时都想着自己的发明创造，怎么会不成功呢？

所以，要想获得成功，无论你的才能、知识多么卓著，如果缺乏热情，成功只能是空中楼阁。当你做好成功的准备的时候，你不妨问问自己，自己有足够的热情去获取成功的喜悦吗？

拿破仑说过："如果你拥有热情，那几乎就所向无敌了。"有人用补品来维持精力，有人一天到晚都无精打采。只有热情才能使人神采奕奕，精力过人。充满热情和活力，别人就会被你吸引，因为人们总是喜欢跟积极乐观的人在一起。而没有热情，无论你拥有什么能力，都发挥不出来。要想获得最大的成功，你必须拥有最大的热情，来开拓发挥自己的才能。

一个人的热情就如同油灯上的火焰，有人给它加油，它便能一直燃烧下去。热情来自远大的目标和对工作的乐趣。培养热情最好的方法就是，心存"热情"之念，热爱生活，热爱工作，用行动表现热情。凡事不做则已，做就必定全力以赴，以最大的热情行动到底。那么，如何才能让热情之火不灭呢？卡耐基提出了以下几个建议：

（1）热爱生活，热爱工作，保持好奇心；

（2）做事要充满热情；

（3）多传播好消息，多想想开心的事情；

（4）培养"我很重要"的态度；

（5）让自己行动起来，行动表现出来的热情才最有说服力；

（6）坚持锻炼，身体健康是产生热情的基础；

（7）认为自己是天生的优胜者，要自信点！

（8）要用希望和梦想来激励自己。

最后请记住：热情是世界上最有价值的感情，也是最有感染力的情绪。热情增加一点点，人生就大不一样。充满激情，最后你自己也将被激情点燃，没有任何东西能阻止你成功的脚步。你的生活也会因为热情而多姿多彩！

【每日一点】

当你被欲望控制时，你是渺小的；当你被热情激发时，你是伟大的。

激起你对成功的渴望

施瓦辛格生于奥地利一个很普通的家庭，父亲是一位警长。15岁时，毫不起眼儿，身高6英尺，体重只有150磅的瘦小子施瓦辛格，对举重健身产生了狂热的兴趣。

他的偶像是美国健美先生力士柏加。每天施瓦辛格都梦想着成为力士柏加主演的雄赳赳、气昂昂、肌肉健壮的男子汉。

年轻的施瓦辛格不是一个空谈与做白日梦的人。他花尽了零用钱，搜集了在奥地利可以买到的美国健身杂志。他一方面努力学习英文，一方面到处请人帮他翻译这些杂志的文章，以了解健身的原则。他还去做"童工"，赚到的钱，用来买健身器材。

在当年的奥地利，健身被视为粗鲁不雅的举动。因此施瓦辛格的行为受到父母的大力反对。但他的志愿、渴望与意志力，都是锐不可当的。无论家人怎样阻挠，无论人家怎样视他为怪物、不正常，他还是我行我素，追求成为"健美先生"的理想。

他被征入伍之后，仍然不放弃健身。他还情愿被罚，偷偷溜出军营，参加"少年欧洲先生"的选举，并得了冠军！兵役服完之时，施瓦辛格已经拿了四项"健美先生"的奖项。

有了奖金，加上雄心壮志，他便写信给偶像力士柏加。力士柏加有感于这位遥远国度年轻人的热忱，竟然邀请施瓦辛格到他美国的豪宅一游，并且亲自将健身的窍门传授于他，令施瓦辛格的进步一日千里。

此次的美国之游，在施瓦辛格的心底燃起一股强烈的渴望。他决心到南加州，也即是当时的"健身圣地"定居，扬名异域，闯一番事业。因为他的热忱，受到美国健身界的"教父"韦特的赏识，答应让他在南加州受训。

从此，施瓦辛格的威名，随着他那健壮的肌肉，在美国传开了。他得了一届"国际先生"、三届"环球先生"与连续六届"奥林匹克先生"荣誉。

施瓦辛格获得了成功。他在演艺界成就了事业，不仅是一个炙手可热的电影演员，而且是一个有地位的电影制片人，被视为好莱坞最有势力的人之一。这一切，归功于他年少时对成功的强烈渴望。所以他一开始就把有限的金钱用于健身的锻炼之上。而且，他把早年经营地产的钱用来投资电影制作，从而取得了更大的成就。事业的成就给他带来的副产品是——10亿美元的动产和不动产。现在，施瓦辛格已经步入政坛，当选为加利福尼亚州州长，一时成为万千人羡慕不已的奋斗偶像。

这就是渴望的力量，它能使一个本来普普通通的人成为财富巨人！

在现实生活中，有很多人都会明白财富的重要性与意义，因而对它产生"渴望"。正是这种对财富的强烈渴望，许多人将会创造出令人无法相信的财富。破釜沉舟、背水一战的故事，给我们的启发应该是，只有强烈的取胜渴望才能引导成功者。

看着别人的美好生活并且羡慕的时候，你应该告诉自己，我要爬得再高一点，因为在高处才会有更美的风景。强烈的渴望能够激发你前所未有的力量。你的渴望越强烈，你也就能爆发出更大的能量。

如果目标是箭，那么渴望就是弓。有弓无箭，就是徒有蛮劲，不懂计划部署，无的放矢，一生多劳而少成；有箭无弓，就是徒具理想，没有摧枯拉朽的精神，做白日梦，一生多言而少成。只有有弓有箭，才会将最不可能的梦想实现。

【每日一点】

只有强烈的取胜渴望才能引导成功者。

失去了勇气，就失去了全部

狭路相逢，勇者胜。这句话是说，在任何时候，勇气都是必不可少的精神。人生没有智慧不行，没有勇气也不行。谁也不敢说有智慧的人一定有勇气；但缺少智慧的人，大约也没有勇气，或者其勇气亦是一种冒失。

一个死者来到天堂，天使为他放映他在人间的一生。结果他发现，每当演到那些他缺乏勇气的时刻，画面就会停格中断。停格的画面包括：他年轻时爱上一个女孩子却不敢表白；有一次做错事想对父亲道歉却始终没有说出；他爱自己的孩子，但很少表达出来。电影放完了，天使告诉他："你几乎是完美的，但是你的生命里缺乏勇气，所以我们要让你回到人间，等你学会了爱和勇气后再回到天堂。"

英国首相温斯顿·丘吉尔说过："勇气很有理由被当作人类德性之首，因为这种德性保证了所有其余的德性。"有了勇气，就有了战胜一切困难的力量，勇气是想成为一个优秀的人的必备条件。如果没有勇气，就永远只是个纸上谈兵的空想家，就像蜗牛一样很难爬出背上的家园。

勇气的力量可以改变一个人的人生。一个人从小就胆小，什么事也不敢做，同学和朋友都嘲笑他。为了让他鼓起勇气，父母让他报了军校。可是在军校里他还是一样胆小，老师看不起他，同学们嘲笑他，经常出他的洋相。一次他们在手雷实弹投掷训练中，一个爱恶作剧的同学拿了一个仿真的手雷，告诉大家要让他出丑。开始训练了，那个同学"不小心"将仿真的手雷扔到了同学中间，大叫小心，同学们也很"配合"地乱作一团。

那个人也很惊慌，大家本来想看他出丑，可没想到他竟勇敢地扑向手雷，将它压在身下，同学们震住了。

半响他脸通红，爬了起来，不敢看大家。回过神后，同学们都为他的勇气鼓掌。他的一生也从此改变了。他就是美国著名的刚烈将领——巴顿将军。

想到的事情经过努力未能做成不会让人后悔，而很容易做到的事情不去尝试，则会终生遗憾。其实人世间好多事情，只要敢做，多少会有收获。尤其是在困境中，如果能拿出你视死如归的勇气，必能化险为夷，任何困难都将迎刃而解。

秦朝末年，天下纷乱，军阀为了不同的利益相互混战，其中，项羽的巨鹿之战至今为人们长久传诵。

当时，赵王歇被秦军围困在巨鹿（今河北平乡西南），请求楚怀王救援。而秦军强大，几乎没人敢前去迎战。项羽为报秦军杀父之仇主动请缨，楚怀王封项羽为上将军。

项羽先派都将英有、蒲将军率领两万人做先锋，渡过湾水，切断秦军运粮通道。然后，项羽率领主力渡河。渡过了河，项羽命令将士，每人带三天的干粮，把军队里做饭的锅碗全砸了，把渡河的船只全部凿沉，连营帐都烧了，并对将士们说："咱们这次打仗，有进无退，三天之内，一定要把秦兵打退。"

项羽破釜沉舟的决心和勇气，对将士起了很大的鼓舞作用。楚军把秦军的军队包围起来，个个士气振奋，越打越勇。一个人抵得上十个秦兵，十个就可以抵上一百个。经过九次激烈战斗，活捉了秦军首领王离，其他的秦军将士有被杀的，也有逃走的，围困巨鹿的秦军就这样瓦解了。

可见，像项羽那样的盖世英雄，其实就是比常人多了点勇气而已。多了点勇气，人生便不大相同，成就了项羽的威名和霸业。所以可以说，勇气是人生的发动机，勇气能创造奇迹，勇气能战胜一切困难。试想，如果我们事事都能拿出破釜沉舟的勇气和决心，那么世间还有什么困难而言！

如果人生失去了金钱，那只是一点点；如果人生失去了荣誉，那就失去了很多；如果人生失去勇气，那他就失去了全部。

【每日一点】

如果人生失去了金钱，那只是一点点；如果人生失去了荣誉，那就失去了很多；如果人生失去勇气，那他就失去了全部。

时刻提醒自己：我只懂一点点

曾经做过宋朝宰相的大文学家王安石，晚年闲居在金陵。他喜欢一个人游览山景，一天，他遇到十多个人在山路旁的树下围在一起谈论文学，便凑过去坐在一旁的一块石头上静静地听。一个年轻人见他坐了很久，一言不发，就以不屑的语气问："你懂文学吗？就是词啊、诗啊、赋啊什么的。"

王安石微笑着望着他，没说话。

年轻人以为王安石不懂，又说："不懂文学，何必在这里浪费时间呢？"

王安石淡淡地说："也算懂吧。我懂一点，只懂一点点。"

那人见他说懂文学，就问："您能把尊姓大名告诉我吗？"

王安石说："可以。卑姓王，字介甫，号半山，名安石。"

众人闻听坐在他们面前的这位老人就是名扬四海的王安石，都慌忙站起来，纷纷向他施礼，谦虚地向他请教。

大文学家王安石旁听人们谈论文学，一言不发，回答问题时不卑不亢，表现出一种谦虚的品格。谦虚不会使人失去什么，反而能焕发出你的人格魅力，使知识更加丰富。

孔子带着学生到鲁桓公的祠庙里参观的时候，看到了一个可用来装水的器皿，形体倾斜地放在祠庙里。

守庙的人告诉他："这是欹器，是放在座位右边，用来警戒自己，如'座右铭'一般的器皿。"

孔子说："我听说这种用来装水的伴坐的器皿，在没有装水或装水少时就会歪倒；水装得适中，不多不少的时候就会是端正的。里面的水装得过多或装满了，它也会翻倒。"

说着，孔子回过头来对他的学生们说："你们在里面倒水试试看吧！"学生们听后舀来了水，一个个慢慢地向这个可用来装水的器皿里灌水。果然，当水装得适中的时候，这个器皿就端端正正地立在那里。不一会，水灌满了，它就翻倒了，里面的水流了出来。再过了一会儿，器皿里的水流尽了，又像原来一样歪斜在那里了。

这时候，孔子便长长地叹了一口气说道："唉！世界上哪会有太满而不倾覆翻倒的事物啊！"欹器装满水就如同骄傲自满的人那样，容易倾倒。因此为人要谦虚谨慎，不要骄傲自满。

法国数学家笛卡尔是一位知识渊博的伟大学者，但他声称学习得越多就越发现自己无知。

一次，有人问这位伟大的数学家："您学问那样广博，竟然感叹自己的无知是不是太过谦虚了？"

笛卡尔说："哲学家芝诺不是解释过吗？他曾画了一个圆圈，圆圈内是已掌握的知识，圆圈外是浩瀚无边的未知世界。知识越多，圆圈越大，圆周自然也越长，这样它的边沿与外界空白的接触面也越大，因此未知部分当然显得就更多了。"

"对，对，你的解释真是绝妙！"问话者连连点头称是，赞服这位数学家的高见。

知道的越多，越觉得自己无知？这合情合理吗？其实，在聪明人看来，这种说法非常正确。因为人类已经有五千年的文明，个人所掌握的知识，不过是沧海一粟罢了。如果有个人因为自己上知天文下知地理就敢号称自己无所不知的话，那只会贻笑大方。所以，无论在任何时候，你永远都要清醒地告诉自己：我只懂一点点。

【每日一点】

丰收的稻子总是弯腰向着大地，浅薄的稗子才会高傲地望着天空。

不是猴王，就夹起尾巴做猴

做事要低调，做人何尝不是如此。一个猴群里，只有猴王可翘起尾巴，其他的猴子都要夹着尾巴做猴。要知道，低调不是软弱，而是蓄势而发，后发制人；随心所欲，绝不是自信；飞扬跋扈绝不是自尊。不露牙的狗未必不咬人，锋芒毕露的刀未必就是无坚不摧的宝刀。

低调谨慎是成功人士必备的品格，具有这种品格的人，在待人接物时能温和有礼、尊重他人，善于倾听他们的意见和建议，从而不断完善自己，同时也能获得良好的人缘和他人的尊重。低调谨慎永远是一个人建功立业的前提和基础，也是我国的传统美德。

在中国历史上，商汤就是位非常注重自我修养的人。一天，他从全国选来最好的工匠，说："请你来，是为了让你刻字。你先在我的住处刻，然后再到宫中去刻。"工匠不理解商汤为什么要在这些地方刻字，显出疑惑的神情。

商汤说："夏王朝不思进取，只知享乐，结果灭亡了。一国之君要有所作为呀！"于是，商汤让工匠在他吃饭的地方刻上"珍惜食物"，在他睡觉的地方刻上"日日勤政"，在他洗澡的地方刻上"苟日新，日日新，又日新"，用这些话来激励自己珍惜生活，勤政爱民。

有多少帝王得了江山便忘乎所以，不思进取，最后又丢了江山。商汤却不同，他时时刻刻保持清醒的头脑，约束自己，警醒自己。其实，不论你从事何种职业，担任什么职务，只有不骄不躁，谦虚谨慎，才能保持不断进取的精神，增长更多的知识和才干。因为低调谨慎的品格能够帮助你看到自己的差距。永不自满，不断前进可以使人能冷静地倾听他人的意见和批评，谨慎从事。否则，骄傲自满，不思进取，自以为是，轻则使工作受到损失，重则会使事业半途而废。

有两个爱画画的孩子。第一个孩子的妈妈给儿子一叠纸，一捆笔，还有一面墙。她告诉他："你的每一张画都要贴在墙上，给所有来我们家的客人看。"

第二个孩子的妈妈给儿子一叠纸，一捆笔，还有一个纸篓。她告诉他："你的每一张画都要扔在这个纸篓里，无论你自己对它满意还是不满意。"

3年以后，第一个孩子举办了画展，一墙的画，色彩鲜亮，构图完整，人人赞扬。第二个孩子没法展览，一纸篓的画，满了就倒掉，所有的人都只看到他手头尚未画完的那一张。

30年以后，第一个孩子早就对绘画失去了兴趣，而第二个孩子的画却横空出世，震惊了画坛。

这是个寓言式的小故事，它告诉我们：过早的宣扬，廉价的喝彩，会使天才被扼杀。真正的成功属于那些默默无闻、低调谨慎的耕耘者。

莫里斯·斯威特说过："骄傲自大、得意洋洋的人喜欢见依附他的人或诌媚他的人而厌恶见高尚的人……而结果这些人愚弄他，迎合他那软弱的心灵，把他由一个愚人弄成一个狂人。"

骄傲自满是我们的一座可怕的陷阱，而且这个陷阱是我们自己亲手挖掘的。要做到低调，就让我们从说话做起，说话让我们尽量婉转一些，客气一些，给人一种诚恳和诚实的态度，最好不要趾高气扬，这样只会让人望而生厌。

【每日一点】

不露牙的狗未必不咬人，锋芒毕露的刀未必就是无坚不摧的宝刀。

要登上高峰，就必须弯腰

我们总想让环境向我们妥协，但是事实是，我们一直在对世界妥协。生活教人知道这一点：永不妥协是不可能的。我们只要看一看世界，就知道生活中到处都是妥协。

树要向阳光妥协。无任何外力影响时，树总是向着阳光倾斜。河水向山石妥协，沿着它的裂缝奔涌。如果水一定要覆盖山的峰顶，那它一定要改变自己的形态——变成雪，那也是雨的妥协。

伊索寓言里有这么一则寓言：一天夜里，一场可怕的风暴刮过森林。许多树被吹倒了，到处是树枝。一棵长在河边的橡树被刮到水里，顺流而下。

橡树在河中漂流的时候，发现两岸依然长满芦苇，觉得很奇怪。

"你们是怎么设法活下来的？"橡树问道，"你们看上去那么纤细而脆弱，而我，一棵大树，却快要死了。"

"这没什么可奇怪的，"芦苇细声细气地说，"你们仗着自己的粗壮有力，拼命抵抗，和风暴进行搏斗，结果被狂风刮断了。我们低下头给风让路，避免了狂风的冲击，对最轻微的风也屈身相让，所以我们得救了。"

这故事是说，遇到风险时，妥协退让也许比硬顶更安全。妥协是人在群体生活当中一种必须学会的本领和技能，更是走向成功的必要保证。适当的时候，人是要学会妥协的。给别人一点余地，乐于接受别人的不同于自己的观点，不管自己喜欢还是不喜欢，无论你处在什么样的位置，人要在适当的时候学会必要的妥协。

松下幸之助在创立自己的公司后，对公司员工的要求非常严格，每次大的决策势必亲自参加。但是他并不是一个只看中自己，完全不听取其他人意见的人。

在一次决策会上，松下对一位部门经理说："我个人要做很多决定，并要批准他人的很多决定，实际上只有40%的决策是我真正认同的，余下的60%是我有所保留的，或我觉得过得去的。"经理觉得很惊讶，假使松下不同意的事，一口否决就行了，完全没有必要征求旁人的意见。

松下接着说："我不可以对任何事都说不，对于那些我认为算是过得去的计划，大可在实行过程中指导它们，使它们重新回到我所预期的轨道上来。我想一个领导人有时应该接受他不喜欢的事，因为任何人都不喜欢被否定。我们公司是一个团队，并不仅仅是我一个人的公司，需要大家的群策群力，妥协有时候使公司更强大，人际关系更融洽。"一番话让这个经理动容不已。

现实生活中我们常常强调自己的强势，而忘了有时妥协也是成功最重要的因素之一。殊不知，要进一扇门，就要使自己的头低于门楣。要想登上高峰，就必须弯腰攀登。要想跳得更远，就必须后退助跑。

富兰克林年轻的时候心高气盛，有一次去拜访一位老师。在进门的时候，富兰克林高昂的头重重地撞在了门楣上。富兰克林狼狈不堪，一边摸着头，一边生气地望着低矮的门楣。

老师这时候笑着走过来说："我觉得你不应该生气，因为今天你明白了一个极其重要的道理。一个人如果懂得生活，他就必须懂得在该低头的时候低头。不低头，就会被撞得头破血流。"

富兰克林记住了这件事情，他在以后的生活中也开始变得谦虚谨慎，并将"学会低头"作为自己的人生准则，终于成为了一代伟人。

诚然，人类需要竞争，也要学会妥协。社会是在竞争中发展进步的，也是在妥协中和谐共赢的。我们甚至可以这么说，妥协至少与竞争一样符合生活的本质。

所以，妥协是人生必须明白的一个道理。妥协有时意味着生活的本质，妥协有时也是宽容——让别人过得好，自己也能过得好。学会妥协，人生才会美好。

【每日一点】

妥协有时意味着生活的本质，妥协有时也是宽容——让别人过得好，自己也能过得好。

学会激励自己，给自己打气

如果沉在海底的话，一枚硬币和一枚价值连城的金币是一样的。只有将金币打捞上来，并且去使用它，才能显出它们价值的大小。同样的道理，当你学会激励自己发挥潜能时，你才变得真实而有价值。

绝大多数人不相信他们自己有能力实现愿望，因而他们也从不激励自己，反而是在关键时刻告诉自己："你不行的，还是别做白日梦了"，"我天生就是如此，再努力也没用了"……这些消极的语言不仅使他们丧失了自信，同时也封住了他们的潜能。成功者总是那些拥有积极心态并且善于激励自己的人。

卡耐基说过："不能激励自己的人，一定是一个平庸的人，无论他的才能如何出色。"激励是我们生活的驱动力量，它来自于一种希望成功的愿望。没有成功，生活中就没有自豪感，在工作和家庭中也就没有快乐与激情。

激励的作用是强大的，它能说服和推动你去行动。行动就像生火一样，除非你不断给它加燃料，否则就会熄灭。激励就是行动的燃料，源源不断地为你提供行动的能量。时时用对成功的渴望来激励自己，作为新员工，你就会有足够的动力去战胜困难到达成功的彼岸。激励的力量是无穷的，它让你有勇气和能力面对一切困境，也足以使你彻底改变自己。

有一个名叫亨利·伍德的年轻人，刚开始做推销员。一天他对老板说："我不干啦！"

"怎么回事？亨利。"老板问道。

"我不是干推销员的料，就这么回事！我总是不成功，我不想再干了。"

出乎意料的是，老板对他说："如果我没看错人，你的确是干推销员的好料子。我向你保证，亨利·伍德。现在你马上离开这里，当你晚上回来的时候，你争取到的订单一定比你这一生中任何一天所争取到的还要多。"

亨利看着老板，愕然无声。他的眼睛亮了起来，里面充满了斗志，然后转身离开了老板的办公室。

那天晚上，亨利回来了，脸上充满了胜利的神采，他创下了一生中最佳的纪录——而且从此以后一直如此。

这个故事告诉我们：学会激励自己，自我期望的程度越大，就会取得越大的成就。你认为自己行，你就一定行。

成功的关键就在于你的心中要一直相信自己，同时要不时地激励自己。成功不属于那些妄自菲薄的人。它偏爱那些相信自己并时刻激励自己前行的人。

（1）可以通过各种信息来鼓励你的身心、振奋你的精神。比如，背诵几句格言，或者阅读一些快乐有趣的小故事。当你周围充满鼓舞人心的事物时，就比较容易在事情发展不顺时继续前进并回到工作中。

（2）当你取得一些成就时，或者有进步时，不妨给自己一点奖励，满足自己的小愿望，以此好好鼓励自己。

（3）将你所处行业的最顶尖的人士的照片贴在办公桌或者床头，暗暗立下目标：我一定要做得和他一样出色！

（4）不断地告诉自己，我可以做得更好，我可以让这份工作更具意义，那么你能成为更加完美的员工。

（5）起床后就想象今天是完美快乐的一天，那么他是幸运的。对于那些并不很乐观的人，只要坚信这一点，那事情就有可能沿着他的情绪发展。这叫自我暗示。

（6）成功者在做事前，就相信自己能够取得成功，结果真的成功了，这是人的意识在起作用。人最怕的就是自己胡思乱想，自我设置障碍。做任何事，不要在心里制造失败，我们都要想到成功，要想办法把"一定会失败"的消极意念排除掉，增强自信心。

（7）每天只要花5分钟进行3次有意识的、积极的自我暗示。有规律的、积极的自我暗示能够快速改变一个人多年的习惯、态度以及思维方式。

（8）想象自己已经获得成功。成功者经常用这类暗示来提高自己的表现、康复身心和进行技巧的巩固。在上场之前，世界级的跳高运动员就常暗示自己已经跳过了横杆，而顶尖推销员在推销之前则经常想象他已经获得了订单。

【每日一点】

学会激励自己，自我期望的程度越大，就会取得越大的成就。

第七章

▼

放下就是快乐

人最大的敌人就是自己

驯鹿和狼之间存在着一种非常独特的关系，它们在同一个地方出生，又一同奔跑在自然环境极为恶劣的旷野上。大多数时候，它们相安无事地在同一个地方活动，狼不骚扰鹿群，驯鹿也不害怕狼。

而在这看似和平安闲的时候，狼会突然向鹿群发动袭击。驯鹿惊愕而迅速地逃窜，同时又聚成一群以确保安全。

狼群早已盯准了目标，在这追和逃的游戏里，会有一只狼冷不防地从斜刺里窜出，以迅雷不及掩耳之势抓破一只驯鹿的腿。

游戏结束了，没有一只驯鹿牺牲，狼也没有得到一点食物。

第二天，同样的一幕再次上演，依然从斜刺里冲出一只狼，依然抓伤那只已经受伤的驯鹿。

每次都是不同的狼从不同的地方窜出来做猎手，攻击的却只是那同一只鹿。可怜的驯鹿旧伤未愈又添新伤，逐渐丧失大量的血和力气，更为严重的是它逐渐丧失了反抗的意志。当它越来越虚弱，已不会对狼构成威胁时，狼便群起而攻之，美美地饱餐一顿。

其实，狼是无法对驯鹿构成威胁的，因为身材高大的驯鹿可以一蹄把身材矮小的狼踢死或踢伤，可为什么到最后驯鹿却成了狼的腹中之食呢？

狼是绝顶聪明的，它一次次抓伤同一只驯鹿，让那只驯鹿一次次被失败打击得信心全无，到最后它完全崩溃了，完全忘了自己还有反抗的能力。最后，当狼群攻击它时，它放弃了抵抗。

所以，真正打败驯鹿的是它自己，它的敌人不是凶残的狼，而是自己脆弱的心灵。同样的道理，要让自己强大起来，唯一的方法就是挑战自己，战胜自己，超越自己。

一个年轻人想下海创业，但是又舍不得放弃安逸的工作，想来想去拿不定主意，于是就去请教一位智者。智者并没有告诉他如何选择，只是给他讲了个故事：

有一个乡下老人在山里打柴时，带回一只怪鸟给小孙子玩耍。后来发现那只怪鸟竟是一只鹰，人们担心鹰再长大一些会吃鸡，一致强烈要求：要么杀了那只鹰；要么将它放生，让它永远也别回来。

这一家人却舍不得杀它，于是决定将鹰放走，让它回归大自然。许多办法试过了都不奏效。最后他们终于明白：原来鹰是眷恋它从小长大的家园。

后来村里的一位老人说："把鹰交给我吧，我会让它重返蓝天，永远不再回来。"老人将鹰带到附近一个最陡峭的悬崖绝壁旁，然后将鹰狠狠地向悬崖下的深涧扔去。那只鹰开始也如石头般向下坠去，然而快要到涧底时，它轻轻展开双翅就稳稳托住了身体，开始缓缓滑翔，然后它只轻轻拍了拍翅膀，就飞向蔚蓝的天空。它越飞越高，越飞越远，再也没有回来。

年轻人听完故事后，默然不语。过了一个月后，他的新公司开业，通过努力，年轻人很快就成为当地有名的企业家。

和老鹰一样，人最大的敌人就是自己。世界上其他敌人都容易战胜，唯独自己是最难战胜的。鹰如果贪恋安逸的生活，那么它永远只是一只生活在鸡群中的"鹰"。老鹰挑战自己才能展翅高飞，人只有把自己带到悬崖，挑战自己，才能一鸣惊人。

【每日一点】

世界上其他敌人都容易战胜，唯独自己是最难战胜的。

放不下，才会有烦恼

人在心情不好的时候会不自觉地把坏心情抱得更紧：关门不跟人说话，嘟着嘴生闷气，锁着眉头胡思乱想，结果心情更坏、更难过。我们想拥有好心情，就得从坏心情中开脱，放下心情的包袱，从烦恼的死胡同中走出来。对于那些给自己制造困扰的想法，要狠下心来，把它抛开，这就能应付自如，拥有好心情。因此，人人都应该学会放下，放下才能快乐。

过去有一个人出门办事，跋山涉水，好不辛苦。

有一次，在经过一道险峻的悬崖时，不小心掉下深谷。眼看生命危在旦夕，此人本能地舞动双手在空中乱抓，刚好抓住崖壁上枯树的老枝，总算保住了性命。

但是人悬荡在半空中，上下不得，正不知如何是好的时候，忽然看到慈悲的佛陀，站立在悬崖上，慈祥地看着自己，此人赶快求佛陀说："大慈大悲的佛陀！求您救救我，一定要救我啊！"

"我就是来救你的，但是你要听我的话，我才有办法救你上来。"佛陀慈祥地说。

"佛陀！到了这种地步，我怎敢不听您的话呢？随您说什么，您怎么说，我就怎么做，我全都听您的。"

"好吧！那么请你把攀住树枝的手放下！"

此人一听，心想："把手一放，势必掉到万丈深渊，跌得粉身碎骨，哪里还保得住生命？佛陀会这样害人吗？这个家伙肯定是骗子！"

因此，这个人就抓紧树枝不放，佛陀看到此人执迷不悟，只好摇摇头、叹叹气，走了。

放手，未必会死，或许还有生的可能，但是不放必死。当你手中抓住一件东西不放时，你只能拥有这件东西，如果你肯放手，你就有机会选择别的。人如果死守着自己的观念，不肯放下，那么他的人生道路只会越走越窄。其实，人只要肯换个想法，调整一下态度，放下心中的包袱，就能让自己有新的心境。

"九连环"这种益智游戏的历史非常悠久，据说发明于战国时代。它是人类发明的最奥妙的玩具之一，无论解下还是套上，都要遵循一定的规则。19世纪时有人经过论证，证明共需要341步，到目前为止还没有其他更为便捷的答案。

其玩法比较复杂，解套方法是在前两环解下后，要解第三环时，需先将解下的第一环再套回，然后才能下第三环，之后再套回第一环；到解四环时，依前法套回前面的三环，再解下开首的前二环，然后才能下第四环，最后又套上开首的前二环。以此类推，每要解开一个环，就必须将前面已解开的环再套回去，直到解到第九环，须将前面所有已解开的环都再套回去。如果解套者在每一步骤中，舍不得把好不容易解下的环套回去，那么这个九连环就无法全部解开。

我们的生活就犹如这个九连环，是一个一个环扣所组成的。如果只贪图眼前的小名小利，只安逸于现有解开的那个环，而不肯放弃，那么就无法再进一步，获得更多的收获；对于悲欢离合的"环"放不下，就会在悲欢离合里痛苦挣扎；对于心中的"环"放不下，生命就会被抑郁套牢。

因为放不下，我们就无法解开人生层层缠绕的环扣，无法解脱。能解套与否，就全在人们的一念之间。因为放不下，所以无法解脱……

一个老和尚带一个刚出家的小和尚去山下化缘，小和尚一路上都恭恭敬敬地看着师父。他们走到一条小河边的时候，看到有一个很漂亮的女孩子站在河边发愁，她的衣服很漂亮，她要过河就必定要弄脏她的衣服，但是她又不想弄脏自己的衣服。

这个时候，老和尚走上前去问姑娘："你是不是想过河啊……那我背你过吧！"于是老和尚就背着这姑娘过了河，然后把她放下。老和尚就带着小和尚继续走。

但是小和尚再不能安心走了。他一直在想师父不是老和我说我们出家人不能近女色的吗？为什么他就背着女孩过河呢？……他们都离开河边20多里地了，小和尚还是一直被这样一个问题困惑着，一路挺纳闷的。

小和尚终于忍不住了，他问老和尚："师父，你不是说我们出家人不能近女色的吗？为什么你就能背那个漂亮姑娘过河呢？"

师父跟他说："其实我过了河就把姑娘放下了，而你却背着她走了20多里地……"

人生中最大的悲剧，就是有不少人喜欢给自己的人生加上许多沉重的负担，因而造成无谓的痛苦。那么各位，你呢？你心里的不快、世界的浮华纷扰，你放下了吗？

【每日一点】

如果你不给自己烦恼，别人也永远不可能给你烦恼。因为你自己的内心，你放不下。

灵活巧妙地说"不"

如果你请求别人的帮助，却遭到了明确的拒绝，你会有什么感觉？肯定会觉得难堪和失望吧。拒绝别人容易招来记恨和不满，所以对于许多人来说，拒绝别人是一件很难办的事情。看来，如何巧妙拒绝他人真的是一门艺术。历史上很多成功的领导人都精通拒绝的艺术，在说"不"的同时，还能给足对方面子，19世纪英国首相迪斯雷利就是一例。

有个野心勃勃的军官一再请求迪斯雷利加封他为男爵。首相知道此人才能出众，也很想跟他搞好关系。但军官不够加封条件，迪斯雷利无法满足他的要求。

一天首相把军官单独请到办公室，对他说："亲爱的朋友，很抱歉我不能给你男爵的封号，但我可以给你一件更好的东西。"

迪斯雷利放低声音说，"我会告诉所有人，我曾多次请你接受男爵的封号，但都被你拒绝了。"

果然，军官谢绝封爵的消息一传出，众人都称赞军官谦虚无私、淡泊名利，于是对他的礼遇和尊敬远超过任何一位男爵。军官由衷感激迪斯雷利，后来成了他最忠实的伙伴和军事后盾。

由此可见，灵活巧妙地说"不"不仅能摆脱困境，更能促进双方的感情，赢得他人的理解和信任。在我国古代，古人说"不"就显得更加艺术和含蓄。

曹操很喜爱曹植的才华，因此想废了长子曹丕转立幼子曹植为太子。当曹操就这件事征求大臣贾翊的意见时，贾翊却一声不吭。曹操很奇怪地问："你为什么不发表意见？"

贾翊说："我正在想一件事呢！"

曹操问："你在想什么事呢？"

贾翊答："我正在想袁绍、刘表废长立幼招来灾祸的事。"

曹操听后哈哈大笑，立刻明白了贾翊的言外之意，于是不再提废曹丕的事了。

其实，在你的确有难处，或者你实在无法满足对方要求的情况下，你就应该拒绝别人。但是拒绝别人也要考虑对方的情感，尽量做到不伤害双方的感情。

怎样说"不"是一门学问。当你拒绝别人的要求时，首先要态度温和，尽管说"不"是自己的权利，但仍需先说"非常抱歉"或者说"实在对不起"。然后再详细陈述自己不能"帮忙"的各种理由，这样，别人在感情上就能接受下来，可以避免一些负面影响。

巧妙的拒绝要让别人感觉到你拒绝的是这件"事"，而不是他这个人。这件事情虽然被拒绝了，但并不损害你们之间的情感。你可以说："这件事我非常愿意为你效劳，只是不巧，我现在正在做一件急事，下次您再有这样的事情，我一定帮忙。"或者你还可以说："这几天我实在脱不开身，您是否请小李来帮忙，他在这方面业务比我精通，您若是不方便找他，我可以代您向他求助。"让别人觉得你虽很想帮助他，但是确实有其他原因你才拒绝的，产生这样的效果是拒绝别人的最高境界。

另外，不能做到就要明确地拒绝，不要含糊其词，模棱两可，更不可刻意拖延，这样只能失去他人的信任，对你产生不好的印象。

"不"字是一个情绪强烈的负面词，当你对上司或朋友使用它时，一定要面带微笑，语气亲切。即使对素不相识的人，也要讲究方式方法。一个人要想在事业上取得成功，一定要在拒绝的时候，注意分寸恰当地使用"不"。

最后切记，能力之外的事情，一定要及时巧妙地拒绝，否则便会让自己陷入更加难堪的境地。当然，拒绝或者表示反对意见也是有技巧的。要敢说"不"，更要灵活巧妙地说"不"。

【每日一点】

答应请求时面带微笑，说"不"的时候清晰肯定。

别让情绪吞没你的理智

古波斯诗人萨迪说过："事业常成于坚忍，毁于急躁。"可以这么说，学会控制情绪是我们成功和快乐的要诀。实际上，没有任何东西比我们的情绪更能影响我们的生活。西方有句经典谚语："上帝要想让他灭亡，必先使其疯狂！"

弱者任思绪控制行为，强者让行为控制情绪。只有积极主动的控制自己的情绪，才能掌握自己的命运！而一旦情绪失控，愤怒就像决堤的洪水那样淹没人的理智，让人做出不可思议的蠢事。

在美国西部草原上有一种吸血蝙蝠，身体很小，却是野马的天敌。这种蝙蝠时常附在野马身上，用尖利的嘴刺破野马的皮肤，吸取鲜血。无论野马怎么乱蹦乱跳，狂奔窜逃，都对细小的蝙蝠无可奈何。野马用蹄子踢，用身体撞，对蝙蝠一点作用都没有，蝙蝠仍然叮在野马身上、头上、腿上，终于，野马因为暴怒和失血无奈地死去了。

其实小小的蝙蝠吸取的血液极其有限，真正导致野马死亡的，是它的暴怒。伏尔泰曾经一针见血地指出，使人疲惫的，不是远方的高山，而是鞋里的一粒沙子。同样，使人走向疯狂的，不是环境，而是他的情绪和心态所致。

从心理上讲，发怒之人一般气量狭小，虚荣心过强，或缺乏修养，自制力差。暴怒、狂怒，还会破坏人的健全思维能力，瓦解自制力，做出失去理智的事情，伤害他人，最终给自己带来麻烦。"怒从心上起，恶向胆边生"，说的就是这个道理。

从生理的角度来看，动辄发怒是情绪不健康的表现。人在发怒时，会心跳加快，呼吸急促，肌肉绷紧，毛发倒竖，鼻孔开大，双眼圆瞪，咬牙切齿，要消耗比平时大得多的能量。过度的发怒，还会造成神经紧张，脸色苍白，浑身发抖。发怒过多，心脏、大脑、肠胃都会受到损害，严重者会夺人性命。聪明盖世的周瑜就是被诸葛亮气得吐血而死，白白葬送了身家性命。

纵观世界，大凡有所成就的人，其性格情绪都是非常鲜明而稳定的。对于一般人来说，情绪如何控制是一大难题。所以，脾气火暴的人应该有意识地学会控制自己的情绪，学一些小窍门：

（1）自我控制。锻炼坚强的意志，能够在一定程度上直接控制自己情绪，克服不良情绪的影响。平时要特别注意培养自己的自制力，针对自己的实际情况采取一些有效方法来克制自己的情绪。比如，当你感到气愤难消时，就在心中暗诵英文26个字母以制怒；著名作家巴波与人吵嘴时，就把舌尖放在嘴里转十圈，以使心情平静下来。

（2）自我转化。有时，产生的不良情绪是不易控制的。这时，必须采取迂回办法，把自己的情感和精力转移到工作学习或活动中去，使自己没有时间和可能沉浸在这种情绪之中，从而将情绪转化。

（3）自我发泄。消除不良情绪，最好的方法莫过于使之"宣泄"。切忌把不良情绪埋于心里。如果你感到悲痛欲绝或委屈之极时，可以向至亲好友倾诉，也可以靠运动来发泄，或者拿起笔将自己的不满和苦恼写在纸上，这样心里会好过点。

（4）暂时避开。当情绪不佳时，去看看电影，打打乒乓球，或者漫步于林荫小径，或者游泳、划船，等等。改变一下环境，离开你心情不快的地方，能改善你的自我感觉，能重新整理一下思想情绪，消除不良的因素，从而释放自己。

（5）幽默疗法。幽默与欢笑是情绪的调节剂，它能缓冲恶劣的情绪。幽默给人以快乐，使人发笑，而笑可以驱散心中的积郁，也是衡量一个人能否对周围环境适应的尺度。

要真正做到遇事不怒，还得在平时加强自我道德修养、培养良好性格、保持乐观向上的精神等等，这样才能够防"怒"于未然。如果你实在感到愤怒，那么就试着微笑吧。

【每日一点】

人一旦受情绪控制，就会戴上有色眼镜，看不到真实的世界。

幽默可以化解生活中的波澜

有句西方谚语是这么说的："没有幽默感的文章是一篇公文，没有幽默感的人是一尊雕像，没有幽默感的家庭是一所旅店，而没有幽默感的社会是不可想象的。"生活中或社交场合，我们都喜欢幽默，因为幽默中蕴含着无穷的力量，给我们带来了快乐。

从前有一个农夫，50岁时得了个儿子，他很高兴，给儿子取名叫"年轮"。一年以后，他又得了第二个儿子，父亲又兴高采烈地给儿子取名叫"研究"。又过了一年，第三个儿子又出生了，老人笑得合不拢嘴，他说："这一定是上帝在和我开玩笑。"于是，他给第三个儿子取名叫"幽默"。

慢慢地，三个儿子茁壮成长，很快就长大成人了。直到一天，父母老得走不动了，他们派三个儿子出去捡柴火。然后，老人问老太太说："他们各自做得怎么样？"老太太说："年轮儿捡了一会儿就不捡了，他说老是重复做同样的事，太厌烦了。老二根本没有出去捡柴火，他说正在研究重大问题，别去打搅他。不过，我们不必担心，'幽默'已经帮我们捡来了一大堆上好的木柴。"

"啊，多亏了幽默！"老人不无感叹地说。

人类生活是丰富多彩的，只像"年轮"一样过日子，难免厌烦；像"研究"一样只工作，难免枯燥；总还应该像幽默一样有些情趣。你学会了幽默，人生便是另外一种心境了。

幽默具有神奇的魅力，它是人的能力、意志和兴趣的综合体现。有幽默感的人能够自我解嘲，对自己充满信心，乐观、豁达。它可以使年轻人变得机智，使老年人变得年轻。在现代人际交往中，幽默感越来越重要，甚至被誉为没有国籍的亲善大使。无论你从事什么职业，幽默都能使你顺利地渡过困难的处境，在社交场合建立起和谐的人际关系。

在许多场合，人们经常碰到令人尴尬的局面。有时候，你会不经意地说错了一句话或办错了一件事，这时如果你显得局促、紧张、惶恐，切记不必掩饰自己的难堪，更用不着兴师动众地转移目标，只要静下心来说一个有关过失的小幽默就可以了。

在一次庆功聚会上，一位年轻的士兵不小心把酒泼在了巴克利将军的秃头上。众人纷纷惊呆了，那位年轻的士兵也手足无措。巴克利将军笑着说："小伙子，你认为这种方法有用吗？"众人不由哄堂大笑，气氛一下子变得非常轻松。

幽默能使你与同事朋友之间建立和谐的关系，你也会因此而成为一个乐观的人，一个能关心和信任别人又能被众多的人所信任和喜欢的人。曾经有人说，获得人生的幸福必须具备很多条件，但幽默有助于你改善与他人的关系，促进成功，则是一个不争的事实。

在日常生活中添加一点幽默，将使你活得更有滋味，使生活变得更精彩。而如果你具有难能可贵的幽默感，也会更受欢迎。

许多人认为幽默是上帝赋予的先天能力，后天无法获得。其实，幽默是可以学习的。生活中幽默无处不在，你得睁大眼睛，竖起耳朵，去观察，去倾听。当你有足够的技巧和用创造性的新意去表现你的幽默时，你就会发现自己置身于幽默世界中，人际关系也由此顺畅起来了。

【每日一点】

人们有一个快乐的心，胜于怀藏着一只药囊，可以治疗心理上的百病。

及时消除不必要的误会

误会的事，是人往往在不了解、无理智、无耐心、缺少思考、未能体谅对方、感情极为冲动的情况之下所发生的。误会一开始，人们只会想到对方的千错万错，这样只会使误会越陷越深，弄到不可收拾的地步。所以，在对别人有所决定或判断之前，首先，请想想这是否是一个"误会"。同时，当你确认是个误会的时候，是指出别人的误解，还是虔诚地去感谢呢？

人在生活中需要交往，要交往就会有误会。误会，听来耳熟，每个人都碰到过。也许这个世上有不被理解的人，但却不可能有从不被误解的人，误解是一种变相的矛盾，它无时不在，无处不在，生长在一切有人的地方，谁也摆脱不了它。因此，说误解是人生的"伴侣"似乎并不为过。

世界情报史上有一个非常经典的误会。一次，美国联邦调查局局长胡佛向秘书口述文件，秘书把打印完的清样给他过目。他不喜欢秘书打完的参差不齐的格式，就在文件下面写道："注意边界。"秘书把文件重打一遍，然后分送给所有高级调查员。两周后，联邦调查局的探员们在与加拿大、墨西哥的边界上设置了特别警戒线，一时间闹得人心惶惶。这是个误解的闹剧，但却很说明问题——误会主要是沟通不畅的结果。

然而，让人意想不到的是，18世纪初的英法战争，起因居然也是因为误会。1704年，在一次酒会上，英国妇女马肖尔夫人不小心把一杯水洒到法国人德托雷依侯爵身上，她说这是无意的，但侯爵先生却不这样认为，他坚决认为这是有意侮辱，不但是对他的人格，更是对他的国家的尊严的公然侮辱。结果，这件事激化了两国矛盾，引发了一场长达五年的"杯水战争"。

由此可见，误会的破坏力非同小可。所以，及时消除误会，就显得十分必要了。

你不可能喜欢每一个人，所以也无法要求所有的人喜欢你。我们所能做的就是——与不喜欢的人和平相处，而对喜欢的人则要尽量维护友谊，避免不必要的误会和敌意。

在日常生活中误会是经常发生的，如何及时处理好误会，也是增强你社交能力的一种方式。如果你和朋友或者同事发生了误会，要看这误会的"结"发生在哪里，找到原因之后，再想办法及时解决。

如果误会是由于你引起的，"结"在你这方面，你就要解释和道歉，态度要诚恳，语气要温和，同他说是在当时的语言环境当中说出的，没有不良的动机和目的，请求他谅解。在你道歉之后对方心里仍然没有消除误会，对你还是耿耿于怀，就不要再做什么工作了，表明他有自卑心，气量较小，一切都顺其自然好了。

【每日一点】

误会的破坏力非同小可。所以，及时消除误会，十分必要。

去掉坏习惯，做自己的主人

很久以前，有个勤劳的渔夫，每天都起早贪黑地劳作，想让家人过上好日子。终于，他的勤奋感动了上帝。

于是一天晚上，上帝托梦告诉他，在一个沙滩边上的石头堆里，有一块能点石成金的石头，这块石头比一般的石头要凉，只要拿这块石头去碰一下其他石头，其他的石头就会变成黄金。

第二天，渔夫对梦境深信不疑，于是找到那块石头堆，开始进行艰辛的挑选。海边的石头成千上万，但是渔夫没有动摇，一颗颗地捡起石头，摸一摸它的温度，要是不比其他的石头凉，就把它扔进海里。接着，又捡起第二块，第三块……

就这样，他每天早出晚归，一块一块地捡起石头，摸一下再远远地扔到海里。

然而，一年一年过去后，还是没有找到那块比一般石头凉的石头。每天都重复同样的动作，久而久之，虽然渔夫没有气馁，但是失败的动作已经成了他的习惯。

终于，渔夫期望的那一天到来了。他捡起了那块能够点石成金的石头，但是他还是习惯性地把那块石头远远地扔进了海里。石头扔出去后，他才意识到，这块石头比一般的石头凉。

但是这块石头已经落入了远远的海水里，激起一小朵浪花，就沉入大海了。就这样，由于可悲的习惯，渔夫前功尽弃，永远失去了上帝赐予他的绝佳机会。

我们往往容易按照自己的惯性去做某事，而没想到该用什么方法才是合理的，所以往往让一些习惯缚住了手脚。就像故事中可怜的渔夫一样。

看来，成功和失败在某种程度上都是习惯造就的。好的习惯可以成就一个人，而坏的习惯囚困一个人。有一点是可以肯定的，我们养成了习惯之后就很难改变，要么终身受益，要么一生为其束缚。

有一位商人曾经有过这么一段经历。一次出差他在一个小城里的旅馆中过夜，吃过晚饭后他回到自己的房里，很快就入睡了。他凌晨3点醒了想抽一支香烟，打开灯，他自然地伸手去找他睡前放在桌上的那包烟，发现是空的。他唯一能得到香烟的办法是穿上衣服，走到火车站，但火车站至少在三千米之外。

他站在床边寻思，一个自认为有足够的理智对别人下命令的人，竟要在三更半夜，离开舒适的旅馆，冒着大雨走过好几条街，仅仅是为了得到一支烟。

他生平第一次认识到这个问题，他已经养成了一个不能自拔的习惯，他愿意牺牲极大的舒适，去满足这个习惯。这个习惯显然没有好处，他突然明确地注意到这一点，片刻就做出了决定。他下定决心，把那个依然放在桌上的烟盒揉成一团，扔进废纸篓里。然后他脱下衣服，再度穿上睡衣回到床上。几分钟之后，他就进入了一个深沉、满足的睡眠中，自从那天晚上后他再也没抽过一支烟，也没有抽烟的欲望。

他常常回忆起这件事，不由感叹，如果被一种坏习惯制服，就做不了自己的主人。

习惯是由一再重复的思想和行为所形成的，它在潜移默化中影响着你的一举一动，进而影响你的一生。因此，只有去掉那些危害你生活的坏习惯，养成正确的习惯，我们才能做自己的主人，掌握自己的命运。

【每日一点】

如果被一种坏习惯制服，就做不了自己的主人。

放弃是人生的大智慧

有个和尚千里迢迢来向禅师求道。禅师先是以礼相待，却不说禅，他将茶水倒进和尚的杯子，杯子已经满了但是还继续倒。

和尚眼睁睁看着茶水不停地流出来，终于忍不住大声问道："都已经满了，你怎么还倒啊！"

禅师笑了笑："你就像杯子一样，里面已经装满了你自己的看法，如果你不将自己的杯子倒空，我怎么和你说禅啊！"

禅师的话是富有哲理的。人只想获得，什么都不愿意放弃，抓住自己的东西不放，不懂得放弃，这样怎么能领悟生活的真谛呢？

人们买菜的时候，看见有水灵的蔬菜，图个新鲜，往往买很多回家。但是一回家，看到电冰箱里有以前没吃完的，生怕坏了，又把刚买的菜放进了冰箱。这样日复一日，人们总是每天买新鲜蔬菜，但却很少吃到新鲜菜。这样的节俭有意义吗？

每次整理家庭药箱的时候，看着一堆药因为过期而不得不扔掉的时候，心里总是舍不得，觉得很遗憾。其实，药没用过了，那说明全家健康，这明明是大好事啊。为什么不把每一次清理药箱当成高兴的喜事呢？

生活中这样的例子还有很多。这说明，很多人观念还没有放开，还不懂得放弃。

生活原本是纯朴简单的。人，因为不懂得舍弃才会有许多痛苦。舍弃才能释放出新的空间，天地因此豁然开朗，生命会向你展现出另外一番景致。放弃才是完美人生的大智慧。

碰到强敌时，章鱼会舍弃自己的内脏，保全自己的性命。遇上天敌时，蜥蜴会断弃自己的尾巴得以死里逃生。小蝌蚪之所以长成了青蛙，是它舍弃了一条漂亮的尾巴。

不会放弃就等于背上许多沉重的负担。比如说，那些式样过时或者陈旧的衣服，穿不出去，在家穿着也很不舒服，但是很多人还经常花时间去收拾，整理，翻晒，费时费力，还让旧衣服占着本来就拥挤的衣柜。那么，为什么不选择扔掉或者捐给需要的人呢？这样不是很好吗？

有一句很经典的话：当你紧握双手，里面什么也没有；当你打开双手，世界就在你手中。当鱼和熊掌不能兼得的时候，为了继续"获得"而不做舍弃，这是极其不明智的。

有一个富翁，在坐船过河时，由于风浪太大，船被浪打翻了，富翁落入水中。由于身上带了过多的钱币，本来可以轻松游到岸边的他几乎要沉入水中。富翁拼命地挣扎，但就是不放弃身上的钱币，最后终因气力不支而丢掉了性命。

这个富翁其实就是不懂得放弃的道理，不知道暂时的放弃之后就可以获取更多的利益。

在得到的同时，你也在失去；在选择的同时，你也在放弃。你有无数个机会，但你只能选择其中之一。人生没有全选，一个人终其一生，只能选择一种生活。也许，你会说：只选择一种可能，这样的生活是不是太单调枯燥？其实并不是这样，我们的确只能选择一种适合自己的生活道路。比如，你选择了当作家，你就无法体会做一名成功的商人的乐趣；你选择了单身汉的自由，你就无法体会婚姻的温馨。

人生要懂得放弃，有时候放弃不仅是一种勇气，更是一种智慧。所谓舍得，就是有舍才有得。放弃在以另外一种方式诠释着人生，明白了放弃，你就读懂了人生的真谛。

【每日一点】

有时候放弃不仅是一种勇气，更是一种智慧。

▼

第八章

做最好的自己

你自己就是一座宝藏

大珠慧海千里迢迢，求见马祖道一禅师。

马祖问他："你来这里做什么？"

大珠答道："来求佛法。"

"我这里什么也没有，哪有佛法可求？"马祖说，"你自己有宝藏不顾，离家乱走做什么？"

大珠既惊又惑，急忙问道："什么是我的宝藏呢？"

"你，就是你自己的宝藏。"马祖进一步启示说，"它一切具足，毫无欠缺，你可随心所欲运用它，你又何必不远千里到我这里来找宝藏呢？"

这一番睿智之语，使大珠顿悟。

其实，我们每个人都拥有能成为爱因斯坦，能成为比尔·盖茨的大潜质，因为你有无穷的潜能等着你去挖掘。但最终你会成为什么样的人，就看你能不能挑战自己，如何去开发你自身的潜能了。

现在的科学表明，我们一个人的一生，所开发使用的能力是其本身所拥有的2%到5%。问题的关键不是我们笨，而是我们要学会调动我们的潜能去为我们创造一个更美好的未来。人类最大的悲剧并不是天然资源的巨大浪费，而是人的潜能的埋没。

在美国麻省 Amherst 学院曾经进行了一个有意思的试验。试验人员用很多铁圈将一个小南瓜整个箍住，以观察当南瓜逐渐长大时，对这个铁圈产生的压力有多大。

最初他们估计南瓜最大能够承受大约 500 磅的压力。在实验的第一个月，南瓜承受了 500 磅的压力；实验到第二个月时，这个南瓜承受了 1500 磅的压力；

当它承受到 2000 磅压力时，研究人员必须对铁圈加固，以免南瓜将铁圈撑开；最后当研究结束时，整个南瓜承受了超过 5000 磅的压力后南瓜皮才产生破裂。

他们打开南瓜并且发现它已经无法食用，因为它的中间充满了坚韧牢固的层层纤维，试图想要突破包围它的铁圈。为了吸收充分的养分，以便于突破限制它成长的铁圈，它的根部甚至延展超过 8 万英尺，所有的根往不同的方向全方位地伸展。

一只南瓜居然能承受 10 倍以上的压力，是因为外界恶劣的环境激发了它的潜能，从而内部也发生了巨大的变化。同样的道理，人只有不断挑战自己，才能让自己越来越强。

柏拉图曾指出："人类具有天生的智慧，人类可以掌握的知识是无限的。"而事实上也如此，根据脑科学研究表明，如果一个人的大脑全部开发，那么他将学会 40 种语言，拿 14 个博士学位，他的信息储存量可以是世界上最大的图书馆美国图书馆 1000 万册书籍的 50 倍。所以，你自己，就是世界上最大的宝藏。

科学家研究还发现，爱因斯坦的大脑的使用还不到 10%，普通人用了不到 5%，甚至连 1% 都不到。这说明大脑至少有 90% 的能量都被闲置浪费了。这个发现是人类最伟大的发现，比爱因斯坦的相对论还伟大。

所以，有人断言：最大的悲剧不是地震，不是连年战争，甚至不是原子弹，而是千千万万人庸庸碌碌生活着，却从来意识不到存在于他们身上的巨大潜力。

【每日一点】

人类最大的悲剧并不是天然资源的巨大浪费，而是人的潜能的埋没。

你就是自己的救世主

人生总会面临困境，要摆脱某种难堪的窘境，很多时候，还得靠自己成全。

有个小孩一直很怕蜘蛛。父亲问他为什么怕蜘蛛，他说："蜘蛛太难看了，所以我怕。"仔细推敲这句话，你会得出这样的结论：蜘蛛太难看了，让我害怕。是蜘蛛的问题，不是我的问题。我是没办法的。

父亲又问："是不是所有人都怕蜘蛛？"

"不是。你就不怕。我有一个同学也不怕。"

父亲再问："同一个蜘蛛，有人怕有人不怕，那么是由谁去决定怕不怕呢？"

儿子想了想，回答：“是人去决定的。”

父亲问了最后一个问题：“那你有什么决定呢？”

“哦……”儿子的表情舒展开来，“那蜘蛛没什么好怕的了。”

我们在工作中、生活中总会遇到这样那样的“蜘蛛”（困难、挫折），是恐惧、害怕、厌恶、逃避，还是从容面对，选择决定权在你！因为，你就是你自己的救世主。

1947年，美孚石油公司董事长贝里奇到开普敦巡视工作。一次，在卫生间里，看到一位黑人小伙子正跪在地板上擦水渍，并且每擦一下，就虔诚地叩一下头。贝里奇感到很奇怪，问他为何如此？黑人答，在感谢一位救世主。贝里奇很为自己的下属公司拥有这样的员工感到欣慰，问他为何要感谢那位救世主？黑人说，是救世主帮着他找了这份工作，让他终于有了饭吃。贝里奇笑了，说：“我曾遇到一位救世主，他使我成了美孚石油公司的董事长，你愿见他一下吗？”黑人说：“我是个孤儿，从小靠教会养大，我很想报答养育过我的人，这位救世主若使我吃饭之后还有余钱，我愿去拜访他。”贝里奇说：“你一定知道，南非有一座很有名的山，叫大温特胡克山。据我所知，那上面住着一位救世主，能为人指点迷津，凡是能遇到他的人都会前程似锦。20年前，我来南非登上过那座山，正巧遇到他，并得到他的指点。假如你愿意去拜访，我可以向你的经理说情，准你一个月的假。”

这位年轻的黑人在30天时间里，一路披荆斩棘，风餐露宿，过草甸，穿森林，历尽艰辛，终于登上了白雪覆盖的大温特胡克山。他在山顶徘徊了一天，除了自己，什么也没有遇到。黑人小伙子很失望地回来了，他遇到贝利奇后，说的第一句话是：“董事长先生，一路我处处留意。直到山顶，除我之外，根本没有什么救世主。”

贝利奇说：“你说的很对，除你之外，根本没有什么救世主。”

20年后，这位黑人小伙子做了美孚石油公司开普敦分公司的总经理。他的名字叫贾姆纳。2000年，世界经济论坛大会在上海召开，他作为美孚公司的代表参加了大会。在一次记者招待会上，针对他的传奇一生，他说了这么一句话：“您发现自己的那一天，就是您遇到救世主的时候。”

所以，当你遭遇困境的时候，你不妨想想这句话：“这个世界没有什么救世主，除了我们自己。”

【每日一点】

这个世界没有什么救世主，除了我们自己。

要有主见，做事的是你自己

有一个女人怀孕了，她已经生了8个孩子，其中有3个耳朵聋了，两个眼睛瞎了，一个弱智，而这个女人自己又有梅毒。

当时有许多好心人劝她堕胎，让她不要生下那孩子。可她还是坚持要生下孩子。现在想来，我们真要感谢那位英雄的母亲，她没有听信别人的议论和劝说。那个女人就是贝多芬的母亲，那个怀着的孩子就是贝多芬。由此可见，面对一切，都不能轻易地下结论。

当今社会，纷纭复杂，人言可畏。所以没有主见随波逐流的人，是永远不会取得成就的。要想获得成功，就应该凡事不随大流，要有自己的主见。

巴尔扎克若不坚定自己的作家梦，便不会有《人间喜剧》的诞生；达尔文若不坚持自己的主见，从事生物研究，便不会有进化论的面世……总而言之，没有自己的主见，便不能做自己的主人，更不能成就一番自己的事业。

为人处世要有主见，是众所周知的道理。但真能做到事事均有自己的主见，不为他人言行所左右，却非易事。

苏格拉底的学生曾经向他请教如何才能保持自我。苏格拉底让大家坐下来，他用拇指和中指捏起一个苹果，慢慢地从每个同学的座位旁边走过，一边走一边说："请同学们集中注意力，注意嗅空气中的气味。"

然后，他回到讲台上，把苹果拿起来左右晃了晃，问："有哪位同学闻到了苹果的味道？"

有一位学生举手站起来回答说："我闻到了，这个苹果很香！"

"还有哪位同学闻到了？"苏格拉底又问。

学生们你望望我，我看看你，都不做声。

苏格拉底再次走下讲台，举着苹果，慢慢地从每一个学生的座位旁边走过，边走边叮嘱："请同学们务必集中精力，仔细闻闻空气中的气味。"

回到讲台上，他又问："大家闻到了苹果的气味了吗？"这次，绝大多数学生都举起了手。

稍停了一会儿，苏格拉底第三次走到学生中间，让每位学生都闻一闻苹果，回到讲台后，他再次提问："同学们，大家闻到苹果的香味了吗？"

他的话音刚落，除一位学生外，其他学生全部都举起了手。那位没举手的学生左右看了看，慌忙也举起了手。

看到这种情景，苏格拉底笑着问："大家闻到了什么味儿？"

学生们异口同声地回答："苹果的香味！"

苏格拉底脸上的笑容不见了，他举着苹果缓缓地说："非常遗憾，这是一个假苹果，什么味儿也没有。如果不能坚持自己的看法，是没有办法保持自我的。"

苏格拉底的意思非常明白：说话的人是别人，真正做事的却是你自己，没有主见的人永远没有正确的行动。坚持自己的主见，做一个独立的思想者，做一个激情的梦想者，做一个坚定的信仰者，你可能失去一些东西，但你将得到更多。

【每日一点】

说话的人是别人，真正做事的却是你自己，没有主见的人永远没有正确的行动。

打破心中的瓶颈

几年前，举重项目之一的挺举项目中，有一种"500磅（约227千克）瓶颈"的说法，也就是说，以人的体力而言，500磅是很难超越的瓶颈，当时没有一个运动员能突破这个重量。一次，499磅的纪录保持者巴雷里比赛时所举的杠铃，由于工作人员的失误，实际上超过了500磅。这个消息发布之后，世界上有6位举重高手也紧接着举起了一直未能突破的500磅杠铃。

有一位撑竿跳的选手，一直苦练都无法越过某一个高度。他失望地对教练说："我实在是跳不过去。"

教练问："你心里在想什么？"

他说："我一冲到起跳线时，看到那个高度，就觉得跳不过去。"

教练告诉他："你一定可以跳过去。把你的心从竿上跃过去，你的身子也一定会跟着过去。"

他撑起竿又跳了一次，果然跃过了。

心，可以超越困难，可以突破阻挠；心，可以粉碎障碍，终会达成你的期望。

所谓瓶颈，其实只是心理作用。你的心中有瓶颈吗？

人的生活罗盘经常失灵，日复一日，有很多人在迷宫般的、无法预测也乏人指引的茫茫职场中失去了方向。他们不断触礁，可是别人却技高一等地继续航行，安然应对每天的挑战，平安抵达成功的彼岸。为了维持正确的航线，为了不被沿路上意想不到的障碍和陷阱困住或吞噬，你需要一个可靠的内部导航系统。

一具有用的罗盘，在你陷入职场困境时将为你指引一条通往成功的康庄大道。然而，可悲的是，太多的人从未抵达终点，因为他们借助失灵的罗盘来航行。这坏掉的罗盘可能是扭曲的是非感，或是蒙蔽的价值观，或是自私自利的意图，或是未能设定目标，或是无法分辨轻重缓急，简直不胜枚举。聪明人利用罗盘，可以获致恒久的成功。有智慧的卓越人士，选择可靠的路线，坚定地向前行进，可以渡过难关，安抵终点。

有一个没有工作的人到微软应聘一份清洁工的工作。在经过面试和清洁试工以后，人事部门告诉他被录取了，向他要 E-mail，以寄发录取通知和其他文件。

他说："我没有电脑，更别提 E-mail 了。"

人事部门告诉他："对微软来说，没有 E-mail 的人等于不存在的人，所以微软不能用你。"

他很失望地离开微软，口袋里只有 10 美元。他只好到便利商店买了 10 千克的马铃薯，挨家挨户地转手卖出。两个钟头后马铃薯卖光了，获利 40 美元。接下来他又做了好几次生意，把本钱增加了一倍。他发现这样可以挣钱养活自己，于是，认真地做起这种生意来。

凭借个人努力和一些运气，他的生意越做越大，还买了车，增加了人手。5 年内，他建立了一个很大的"挨家挨户"的贩售公司，提供人们只要在自家门口就可以买到新鲜蔬果的服务。最后，他成为了百万富翁。

他考虑到为家人规划未来，于是计划买一份保险。签约时，业务员向他要 E-mail。他再次说出："我没有计算机，更别提 E-mail 了。"

业务员很惊讶："您有这么样一个大公司，却没有 E-mail。想想看如果你有计算机和 E-mail 的话，可以做多少事啊！"

他说："我会成为微软的清洁工。"

每个人都有自己合适的道路，走在适合自己的道路上，人生才是有意义的。人生要过得五彩缤纷，就要走专属于自己的那条道路。只有做好你自己，你的人生才能焕发出别样的美丽。

有个国王清早到花园散步，惊讶地发现所有的花都枯萎凋谢了，探问之下才知道：橡树抱怨自己没有松树高大俊秀，自卑不已；松树又恨自己不能像葡萄那样多结果子，不想活了……所有的植物都因为自己有不如人的地方，郁闷不已，整个花园全无生机。而在花园的某个角落，却有一株小小的安心草，在暮气中开着灿烂的花朵。国王欣喜地问它为何可以如此？

它说："因为我知道你种我，就是要我做安心草。所以，我就快乐地做好我自己。"

生活，其实就是这么简单，做一株安心草，做好你自己，就已经足够。

【每日一点】

生活之所以累，是因为每个人都试图表现出自己其实并不具备的品质。其实，做好你自己就已经足够。

认识你自己，人贵有自知之明

据说镌刻在古希腊宗教中心戴尔菲阿波罗神庙墙上的唯一一句箴言就是——认识你自己！关于"认识你自己"还有这么一个故事：

古希腊的大哲学家柏拉图曾在《斐德诺篇》中描写道：

柏拉图的老师苏格拉底在路上碰见斐德诺，就和他走出雅典城门，到伊里苏河边去散步。

伊里苏河中碧波荡漾，岸边高大的梧桐树枝叶葱葱，流水的声音和着蝉儿的歌唱，这美不胜收的自然风景令苏格拉底心旷神怡，一旁的斐德诺非常惊奇，他说："这是传说中风神玻瑞阿斯掠走美丽的希腊公主俄瑞提娅的地方，你信不信？"

苏格拉底回答道："我没有功夫做这些研究，我现在还不能做到德尔斐神谕所指示的'认识你自己'。一个人还不能认识他自己，就忙着研究一些和他不相干的东西，这在我看来是十分可笑的。"

苏格拉底说得对，一个人只有认识他自己，才能做别的。如果一个人连"自己是谁"或"自己是做什么的、什么样的人"都不清楚，要想有所成就也就无从谈起。

认识你自己，这句话备受西方人推崇，影响了西方几千年。的确，人类可以探索神秘的宇宙，认知奇妙的万物，却不能正确地认识自己。要想做一番事业，获得成功，你就应该对自己有清晰的认识，知道自己的优缺点，给自己定好位，"得知道自己是谁"。有一位哲人就说过："准确定位是开创事业的第一步。"

在水生动物中，螃蟹是横着走路的，河虾倒退着走路。它们怪异的行走方式引来了不少嘲笑和讥讽。一天，敏捷矫健的银鱼嘲笑说："螃蟹你真笨！横着走路！如果旁边有障碍物你怎么走啊？"聪明的章鱼也插嘴讥讽道："河虾更傻，向前走多顺啊，可它偏偏倒着走，何时才能到头啊？"螃蟹和河虾听见了，只是淡淡一笑。它们心里知道，选择什么样的行走方式，是根据自己的身体情况决定的。只要有自知之明，了解自己的特点，把握好方向和目标，给自己定好位，横着走或者倒着走，都是一种前进的姿态。

人最可贵的是有自知之明，即使这无助于发现真理，它至少也是一项生活准则。法国著名画家安格尔曾说过这么一句话："我在日常生活中严守着一个美好的准则：'贵在自知之明'，我是素以此来鞭策自己的。"

齐庄公乘车出游的时候，在路上看见一只小小的螳螂伸出前臂，准备去阻挡车子的前进，齐庄公不由非常惊讶。车夫就告诉齐庄公："这种虫子凡是看到对手，就会伸出自己的前臂，想要抵挡对手的进攻，却往往没想过自己的力量有多大，所以经常被车压死。"

这就是成语螳臂当车的由来，以此来比喻那些没有自知之明，不自量力的人。

不自量力，自欺欺人，常常给自己带来危害，有时甚至丢掉性命。相比于可悲的螳螂，历史上许多伟大的人物之所以成功，是由于他们具有可贵的自知之明，在现实世界中找到了属于自己的最佳人生位置，并由此设计和塑造了自己。

巴尔扎克在年轻时办过印刷厂，当过出版商，经营过木材，开采过废弃的银矿，但所有这些都没有取得成功，还弄得自己债台高筑。这不能不说与他缺乏自知之明，不能正确认识自己有关。后来，他终于发现了自己的写作天赋，潜心写书，终于成为一个闻名世界的作家。

认识你自己。要永远记住这句话。因为只有认识了你自己，才会认真反思自己，才能"不以物喜，不以己悲"，采取有效正确的行动，成就你的卓越人生。

【每日一点】

一个人只有认识他自己，才能开始做别的。

人生如卖菜，给自己定好位

孙婷工作的那家公司倒闭半年了，她依然没有找到工作。不是没公司愿意录用她，而是她在原来那家公司工作时月薪为 2000 元。所以她发誓一定要找一份月薪不低于 2000 元的工作。父亲得知她的想法，要她跟他一起去卖菜。

其他菜父亲卖的和别人一个价，而唯有白菜，人家卖 5 毛钱一斤，父亲非卖8 毛钱一斤。父亲说自己的白菜是全市最好的，可一连几个人来问过价后都嫌贵。

孙婷有点着急了，对父亲说："我们也降为5毛钱一斤吧。"

父亲不同意，坚持道："我们的白菜是整个菜市场里最好的，不愁没有人买。"

有个人来问价钱了，他非常喜欢孙婷家的白菜，但就是嫌贵。他软磨硬泡，最后一跺脚狠狠心说："7毛一斤，我都要下。"可父亲仍然一分钱也不让。

时间一分一秒过去了，市场内的菜价也在慢慢下跌。许多菜农的白菜大都卖完了，没有卖完的因是挑剩下的而卖到4毛钱一斤，但父亲却只降价到6毛钱一斤。孙婷急了，建议父亲也卖4毛钱一斤，但父亲仍不同意，他仍坚持说自家的白菜是最好的。

中午过后，不能隔夜卖的白菜已被降价到了2毛一斤。黄昏时分，有的人干脆开始卖1元一大棵。而孙婷的白菜经过一天的日晒已经毫无优势可言，但父亲仍然坚持不降价。天快黑时，一个中年妇女过来问："这堆白菜5块卖不卖？"看来不卖就只有拿回家自己吃了，于是父亲就卖了。

回家的路上，孙婷埋怨父亲太固执，以致于白白浪费机会，反而少卖了好多钱。父亲没有反驳，只是笑了笑，意味深长地说："总以为早上能以八毛的价格把白菜卖掉，谁知越等越不值钱。"

孙婷深深地被父亲的话触动了，心想：我不就是这样吗？于是第二天，她就到一家公司上班了，月薪1500元。

我们常常说的不能眼高手低，说得就是这个意思：不能将自己定位太过高于本身实际所处的位置。对本属于自己的位置的不屑一顾，只会换来不断的碰壁。尤其在自己处于低谷的时候，更应该正确认识到自己所处的环境，正确估量自己，然后才能一步一个脚印的往上攀登。

是火柴你就发光，是轮胎你就奔跑，是音箱你就歌唱。每一样东西每一个人都有自己的特点和使命。只有找准了自己的位置，人生才有成功的可能。历史上许多伟大的人物之所以成功，是由于他们给自己定好了位，在现实世界中找到了属于自己的最佳人生位置，并由此设计和塑造了自己。

乔·吉拉德是世界上最伟大的推销员，他连续12年登上世界销售第一的宝座。在35岁之前，乔·吉拉德却是一个彻底的失败者，换了40个工作仍然一事无成，甚至当过小偷。

后来乔·吉拉德找到一个职业规划师，规划师认为他最适合做推销工作。乔·吉拉德觉得自己确实比较适合做这行，于是听从了建议，短短三年之内就成为行业内的推销冠军。

所以，自己有什么特点，自己是什么样的人，自己想要什么，你一定要了解。只有这样，你才能找到适合自己的位置。给自己定位好了，人生就不会有那么多的烦恼，你的人生也将从此而精彩。

【每日一点】

给自己定好位了，人生就不会有那么多的烦恼，你的人生也将从此而精彩。

学会表现自己，别做慢游的快艇

一个年轻人对自己久不被重用感到很不解，就慕名去拜访一位很有名的经理，请他指点迷津。经理问年轻人道："你在工作上对自己是如何定位的？"

"我父亲告诉我，做人不能太露锋芒，我认为很有道理。所以在公司里我处处忍让。"年轻人说。

听了他的话，经理没有言语，领着年轻人坐上快艇，然后发动小油门慢慢前行。和他们同时启动的一艘快艇加大马力，似流星般划到他们前面；晚于他们启动的大游船也很快超过了他们，就连一叶双人小扁舟也走在了他们的前面……

一艘大游船赶了上来，船主对他们说："你们的快艇连个小木舟都不如，报废了吧。"

经理扭头笑问年轻人："你说我们的快艇究竟如何？""因为他们不知你没开足马力。"年轻人答道。

"是啊，其实人又何尝不是这样呢？你再有才华，但你不显露，别人不知道，怎么会看重你呢？低调可以，但不能太过了，要学会表现自己。即使你的能力有人知道，但是你畏畏缩缩，人家又怎敢重用你呢？如此，你又怎能快速到达理想的彼岸呢？"

年轻人听了，顿然醒悟，开始在工作中积极表现自己，很快他就被提升为部门经理。

快艇的优势就在于它的速度，如果连速度都掩饰起来，那还能叫快艇吗？所以说，韬光养晦固然有它的优点，但有时候我们更需要学会如何去展现自己，推销自己。

战国的时候，很多有权威的人都供养着一些有才华的人，作为他们的人才库，这些被供养的人被叫作食客，也叫门下客，而供养他们的人叫作养士。毛遂就是赵国平原君的食客，在平原君府上已经3年了，一直没有得到重用。

这一年，赵王派平原君出使楚国，请求楚国出兵共同抵御秦国。于是平原君决定挑选 20 个能人和自己一起去秦国。可是挑来挑去，只挑出了 19 个，平原君很是发愁。这时候，毛遂请求和平原君一起去楚国。平原君看不起毛遂："你在我这里几年了？"

毛遂回答："3 年了。"

平原君继续说道："有才能的人，就像把锥子放在口袋里一样，锥子尖马上会显现出来的，你在我府上 3 年了，我为何听都没有听说你啊？"

毛遂恳求道："那么，今天就把我放入袋子吧。如果早点进入口袋，我早就刺破口袋脱颖而出，名声在外了！"于是平原君勉强带上了毛遂。

到了楚国后，平原君和带去的 19 人都没能说服楚王，眼看谈判就进行不下去了，毛遂挺身而出，施展他的口才，终于把楚王说服了。平原君圆满完成了任务，从此重用毛遂。毛遂也就成为我国自我推荐、表现自己的典范。

生活是一连串的推销。我们推销货品，推销一项计划，我们也推销自己。展示自己是一种才华，一种艺术。一个优秀成熟的人，就要懂得在恰当的时候以恰当的方式表现自己，让自己脱颖而出！

【每日一点】

生活是一连串的推销。一个优秀成熟的人，就要懂得在恰当的时候以恰当的方式表现自己。

学会给自己减轻压力，释放自己

现在人们说得最多的两个词是什么？忙和累！现代人的生活紧张忙碌，身心疲惫，还承受着巨大的工作压力：生存、升职、裁员、加薪、供房、充电、子女……就连休息的时候都想着一堆事情。一句话，现在的人压力太大，活得太累了。如果压力不能得到及时的宣泄和放松，那么只会越来越重，让你不堪重负，从而严重影响你的生活和工作。

在一个有关处理压力的课堂上，讲师对学生做了一个示范，提出了一个问题。他举起手中的玻璃杯，问台下的听众："你们估计一下玻璃杯内的水有多重？"学生议论纷纷，答案不一，范围由 50 克到 500 克不等。讲师说："那些水的实际重量并不重要，重要的是你拿着水杯的时间。如果拿着一分钟，没问题，一点感觉也没有。如果拿着一小时，手臂会疼痛。如果拿着一整天，可能就要去医院了。就算是重量相同，拿在手中的时间越长，就会觉得越来越重。"

人的压力和玻璃杯里的水差不多。如果时常背着很多压力，得不到有效的放松宣泄，即使压力大小不变，担子也会变得越来越重，最后重到负担不起。因此，要减压就应放下担子休息一下，给自己放松放松，然后再继续努力。

科学研究表明，长期处于压力紧张状态，会使脑细胞加速老化，影响学习记忆力，使你变得更迟钝；也会使皮肤与机体加速老化，比一般人走向衰老的步伐要快。或许你不同意，不过仔细想想，你会发现，人在紧张状态下，对事物的感觉大部分是既麻木又无聊的。

美国加州大学曾经做过一次调查，结果显示，超过50%的女性和43%的男性表示：愿意牺牲一天的薪水，来多换取一天的假期，他们一直希望"多一点个人休闲时间，过更均衡的生活"。

试想，带着沉重的压力去行动，怎么能成功？所以我们必须学会给自己减压，轻装上阵。正所谓"兵来将挡，水来土掩"。以下方法你不妨试一试：

（1）目标控制法。很多人会为自己制定不合理的、近乎完美的目标，这样做的结果是无谓地给自己造成压力。事实上，每个人都不是完美的，不管个人多么努力，还是会有不足、失败。所以为自己制定的目标一定要切实可行。

（2）运动宣泄法。研究证明，经常锻炼身体可以减轻压力。你可以跑到楼顶大声呼喊，把心中的不满和郁闷化做声音全部发泄出来。或者做体育运动，让自己大汗淋漓，然后洗个澡睡一觉。值得注意的是，应该选择那些你认为比较有趣的活动，那些你觉得很枯燥的锻炼往往起不到减压的效果。

（3）明确公私法。要明确分清楚工作和私人生活的界限。工作的时候认真工作，该休息的时候就好好休息，不管自己有多忙，该玩就玩，休息的时候就别老想着工作的事情。

（4）倾诉法。找一个你信任的人，如朋友、亲人、要好的同事，或者心理医生，向对方讲讲自己的心里话。研究证明，把"闷"在心里的话说给一个乐于倾听你的人听，是一种非常管用的减压方式。当然，歌唱减压、写作治疗等其他方式的倾诉都是流行又有效的心灵疗法。

（5）音乐疗法。听听喜欢的音乐。轻松、欢快的音乐总能把你带到快乐老家，不管心情有多坏，只要听一下自己喜欢的曲子，你就会感受到你那愉快的心跳。当然，如果你能放声高唱出来，你的心情会变得更好。

（6）乐观心理疗法。凡事多往好处想。当你心情不好时，想想同事曾经对你的赞美，想想老板曾经给你的关爱，你的心情一定会平和很多。

（7）计划法。让自己每天的工作有条不紊，井然有序。有秩序的生活会使你每天头脑清醒，心情舒畅。每天上班前先调整状态，然后把自己一天要做的事情按重要性先后列出来。

（8）乐趣释放法。培养一点爱好，给自己找乐趣，做自己喜欢做的事情。最好能够每天给自己一点时间做自己喜欢的事情，或者回忆一些开心的往事，读一些有趣的书籍。

（9）放松技巧法。学习点放松技巧。现在流行的放松技巧很多，如沉思、深呼吸等。大家可以找到相关的资料进行练习，掌握一些放松技巧，这的确有助于减轻压力。有条件或有必要的话，可以就此请教心理医生。

（10）善待宽容法。对自己好点，要善待自己；多点忍耐，宽容别人。很多压力其实是来自于别人，不能容忍别人，很容易导致挫折感和怒火，平添烦恼。正确的做法是，努力去理解别人那样想、那样做的道理。这种思考问题的方式可以帮助你逐渐去接受别人。当然，在理解别人的时候，同样也要接受和宽容自己。

【每日一点】

如果时常背着很多压力，得不到有效放松宣泄，即使压力大小不变，担子也会变得越来越重，最后重到负担不起。

走自己的路，不要在意别人的言论

"二战"时期美国著名将领麦克阿瑟说过："对于正面的敌人，我总能应付，但是对于背后的阻击，我却不能保护自己。"连麦克阿瑟这样叱咤风云的五星上将都对来自背后的恶意中伤无能为力，流言的杀伤力非同小可。

一知名媒体曾在某地 60 所中学 7820 名高中学生中做了调查，调查"你平时最害怕什么？"结果竟有一半左右的学生（女学生的比例更大）回答说："最害怕被人背后议论。""人言可畏"，可见一斑。

"大嘴巴"制造和传播是非，也使你的好人缘功亏一篑。"祸从口出"绝对是个真理，尊重别人对你的信任，管住自己的嘴巴，少参与是是非非，才是聪明之举。

在这个世界上，有人爱议论长短，有人爱搬弄是非……人生就是如此，充满了各种流言蜚语。所谓"不招人妒是庸才"，谁家背后不说人，谁家背后又不被人说？己所不欲，而施于人，这大概是人的劣根性之一吧！背后议论，人之常情。

一个人急冲冲地跑到一位智者那里，气喘吁吁地说："我……有个好消息告诉你……"

"等等，"智者连忙打断了他，"你要说的话，用三个网过滤了吗？"

"三个网？什么三个网？"那人迷惑不解。

"第一个网叫作真实，你要说的事，是真实的吗？"智者问道。

"这，我也不清楚，我……是从路边听来的……"那人回想道。

"那接着，用第二个网过滤一下吧，你的消息，是善意的吗？"智者继续问道。

那人有点迟疑："这个不是，是关于别人是非的。"

"最后一道网，既然你这么急着要告诉我事情，那么你要说的事情是很重要的吗？"

"其实也不重要……一点鸡毛蒜皮的事而已。"那人有点不好意思了。

智者断然说道："既不真实，也不善意，更不重要，那么你还是别说了吧！"

一件事传来传去，到最后一定和原来的事实相差很远。因为讲的人不见得记得全，而听的人又往往会听错，同时传话的人或多或少都会添油加醋，多经过几个人的口和耳，自然就变样了。我们在听到一个消息之后，一定要经过证实才能确信，否则一再地错下去，就变成散播谣言了。

君子坦荡荡，小人常戚戚。的确，一个强者，是为自己的目标而活着；只有弱者，才被周围的是非议论所左右。所以，面对是非议论，还得小心处理。那么，如何处理流言呢？

一是坦荡坦然，处之泰然。人生在世，全然不被人议论，是不可能的。背后议论，就其内容而言，有符合事实的，有不符合事实的；就其动机而言，有善意的，也有恶意的。但不管怎样，都应坦荡对待，为人不作亏心事，不怕半夜鬼敲门。"你说你的话，我做我的事，"这是应有的对待流言的态度，

二是保持自己的原则和本色。背后议论别人，是一种不道德的行为，我们决不能轻信，更不能说三道四，搬弄是非，无意间就成为散播流言的小人。这样一来，你就中了造谣和不怀好意者的圈套，为他们所利用。所以，面对传言时，一定要有自己的原则和本色，不能让他人左右你的观点和看法。

人的一生都难免会遇上流言，遭到他人不公正的评论和批评时，千万不要像对方一样失去理智，更不要恶语回应，保持沉默是获胜的唯一战术。你越回应，

造谣者就越变本加厉，无中生有；你听之任之，流言就自动消沉了。哲人说得好："棍棒、石头或许会击伤我的肌骨，但语言无法伤害我。"总之，对于流言和议论，可以用一句话对付——"走自己的路，让别人去说吧！"

【每日一点】

棍棒、石头或许会击伤你的肌骨，但语言无法伤害你。

第九章

快乐其实很简单

要想收获就学会付出

在同一佛山上，有两块相同的石头，几年后有着截然不同的结局。一块石头受到很多人的敬仰和膜拜，而另一块石头没人理睬。

这块石头极不平衡地说道：老兄呀，我们是同样的石头，为什么命运差距这么大啊？

另一块石头回答道：你还记得吗？几年前，山里来了一个雕刻家，你害怕割在身上一刀刀的痛，吃不了那苦，而我却忍受着一刀刀的痛，终于我变成了佛像，所以人家膜拜我而不理睬你啊！

"自古英雄多磨难，从来纨绔少伟男"，身处逆境，强者和弱者的区别就在于，强者在环境中抓住了机遇，并勇于吃苦创造了奇迹。而弱者在环境中选择了随波逐流，害怕付出而最终放弃。

有个人在沙漠里穿行，已经连续几天没喝水了。他饥渴难耐，马上就要支撑不住了，突然他发现在前面一株巨大的仙人掌下面有一个压水井。

他欣喜若狂，马上走了过去。看见压水井上面放着一瓶水，他嗓子都要冒烟了，不管三七二十一拿起瓶子准备喝水，发现水井上有块醒目的警告牌子，他忍住干渴，只见牌子上写着这样一些字：

这里距离沙漠的尽头，最近的距离是 100 英里。

如果你现在将这瓶水喝完，虽然能暂时解除你的干渴，但是你绝对不可能走出沙漠。

如果你将瓶子里的水倒入压水泵，引出井里的水，那么你就能畅饮清凉洁净的井水，使你能平安走出这片沙漠。最后，享用完了别忘了为别人装满一瓶水。

这个人心想，幸好我看了警告，不然后果……然后他将瓶子中的水倒入水泵中，喝足了清凉的井水，安全走出了这片沙漠。

在取得之前，要先学会付出。只有懂得付出，才能引出生命之水，助你安然走过人生的沙漠。不想付出就想得到丰厚的回报，就和齐威王一样，让人笑掉大牙。

有一年，楚国出兵大举进犯齐国，齐国的兵力远不是楚国的对手，齐威王情急之下，只好派人向赵国求救。

齐王拨出黄金 100 两，车马 10 辆作为礼物交给淳于髡，让他带上这些礼物去赵国换取救兵。

淳于髡看着这 100 两黄金和 10 辆车马，忽然大笑不止，把头上的帽绳都笑断了。

齐威王被笑得摸不着头脑，问淳于髡说："你这样狂笑，是为什么呢？是不是觉得礼物太薄了呢？"

淳于髡忍住笑，回答说："我怎么敢呢！"

齐威王又问："那你为什么如此大笑不止呢？"

淳于髡回答说："我想起了今天早上看到的一件事，觉得非常好笑。"

齐威王问："什么事？"

淳于髡说："今天一早，我在来上朝的路上，看到一个农夫正跪在路旁祭田，他面前烧着 3 根香，摆着一小壶酒；他右手举起一只小猪爪，左手作着揖，祈求说：'土地爷啊，请您保佑我好运，让我肥猪满圈，五谷满仓，金银满箱，长命百岁，儿孙满堂，还要保佑我的儿孙个个富裕无比。'我见他祭品寒酸微薄，奢望却比天高，不由得越想越好笑。"

齐威王听了，顿时恍然大悟，感到很是惭愧。于是，他赶紧命人备好黄金 1000 镒，白璧 10 对，车马 100 乘，交给淳于髡前往赵国。

淳于髡带上这些东西，连夜奔赴赵国向赵王求援。

赵王接到礼物，迅速派出精兵 10 万，战车 400 辆，增援齐国，楚国得知赵国出兵的消息，星夜撤兵回国，齐国因此避免了一次战争的损失。

所以，一个人如果对别人不大方，却希望别人对自己十分慷慨，简直是天方夜谭。付出多少，你就能得到多少。俗话说，恶有恶报，善有善报。你不必刻意地追求回报，它总是会自己悄悄到来的。

种瓜得瓜，种豆得豆。没有付出，又哪里来的收获呢？

【每日一点】

> 春种一粒粟，秋收万颗子。付出多少，你就能得到多少。

谁也不能拥有全世界

有一群猴子喜欢偷食农民的玉米，农民就发明了一种捕捉猴子的巧妙方法：白天的时候，故意让躲在远处的猴子看见，把一只葫芦型的细颈瓶子固定好，系在大树上，再放入猴子爱吃的玉米。

到了晚上，猴子来到树下，看到自己喜欢的玉米，迫不及待地就把爪子伸进瓶子去抓玉米。这瓶子的妙处就在于猴子的爪子刚刚能够伸进去，等它抓一把玉米后，爪子却怎么也收不回来了。

贪婪的猴子放不下已到手的玉米，反而将玉米抓得更紧，爪子也就无法从葫芦里抽出。第二天，农民把它抓住的时候，它依然不放手，直到把那把玉米放入嘴里。

看到这个故事你一定会说，这猴子也真是笨，只要一撒手，不就可以走了吗？但是，如果把猴子换作你，把玉米换成金钱、美女和权利，你未必就比猴子聪明。

有一次，乔安和祖父进林子里去捕野鸡。祖父教乔安用一种捕猎机，它像一只箱子，用木棍支起，木棍上系着的绳子一直接到他们隐蔽的灌木丛中。只要野鸡受撒下的玉米粒的诱惑，一路啄食，就会进入箱子。只要一拉绳子就大功告成了。

支好箱子，藏起不久，就飞来一群野鸡共有九只。大概是饿久了，不一会儿就有 6 只野鸡走进了箱子。乔安正要拉绳子，又想，那 3 只也会进去的，再等等吧。等了一会儿，那 3 只非但没进去，反而走出来了 3 只，乔安后悔了，对自己说，哪怕再有 1 只走过去就拉绳子。接着，又有两只走了出来。如果这时拉绳，还能套住一只，但乔安对失去的好运不甘心，心想，总该有些要回去吧，终于，连最后那一只也走出来了。

那一次，乔安一只野鸡也没有捕到。

人的欲望是无法满足的，而机会却稍纵即逝；贪欲不仅让人难以得到更多，甚至连原本可以得到的也将失去。

喜欢下棋的人都知道一句老话，那就是：下棋莫贪。人生也是如此。贫穷的人只要一点东西，就可以得到满足；而贪婪的人却需要整个世界还不能满足，他们永远不知足，得陇望蜀，天天生活在不满足的痛苦中。贪婪者想得到一切，但最终两手空空。要知道，即使你拥有的再多，也只能一天住一间房，睡一张床，吃三餐饭。

托尔斯泰有一篇小说，叫《一个人一生需要多少土地》。托翁说，在俄罗斯的外省有一个贪婪的地主，他用一生的时间来掠夺土地。等他死的时候，他侵占的土地已经需要骑上马来丈量了。他要死了，佃农们在原野上已经为他挖好了墓穴。

"让我最后一眼看看自己的安息之处吧！"这位贪婪的地主说。

于是，人们把他抬到了墓穴边。面对墓穴，地主突然一瞬间明白了一个朴素的道理：一个人的一生，其实只需要从头到脚六英尺长的土地，即可以把自己舒服地放进去，这一丁点土地，就足够了！

记得有个名人说过：世界上百分之八十的悲剧都是和钱有关系的，而世界上百分之八十的喜剧都是和钱无关的。听了让人很受启发。确实，一个能抛却贪念的人不是一般的人，他必须要有一个很好的心态，这样的人才会与快乐为伴，否则即便你身价上亿也不会与快乐有缘。

【每日一点】

即使你拥有了全世界，也只能一天三餐，一次只能住一间房，睡一间床。

拒绝忧郁的传染，回归快乐

日本心理学家多湖辉的一个朋友给他打电话："我们公司现在急需一名职员，你那儿有没有合适的人选？"恰好，多湖辉的一个学生刚刚毕业，也符合条件，多湖辉便通知他的学生去面试。

当天晚上，朋友就给多湖辉回电话了。朋友很遗憾地告诉多湖辉："你那学生能力和人品都不错，但我觉得他过于忧郁，所以不用他。因为没有人会愿意和一个忧郁的人一起工作。"

多湖辉马上联想到，那个学生最近失恋了，情绪不太好。于是对朋友说："你再给他一次机会吧，他真的是个开朗优秀的人。"朋友答应了。多湖辉就告诉学生，让他说话时注意脸部表情，要多微笑。

结果，朋友打电话来告诉多湖辉："我觉得他并不那么忧郁，或许他第一次太紧张了。"这位学生最后被录取了。

快乐的情绪可以感染人，忧郁的表情更能影响人。科学家发现，忧郁具有很强的"传染性"。只要你稍加注意，你应该会想起这样的场面：午休的时候，办公室很热闹，充满欢笑。没多久，一个同事阴沉着脸进来了，大家于是都停止了说笑，办公室里变得死气沉沉……忧郁，就是这样，无论你怎么避免，它还是能潜移默化地影响你。不过话说回来，既然快乐一天是过，郁闷一天也是过，那么，为什么不让自己开心一点呢？

彼特是一位会计师，一个满怀雄心壮志的企业新贵，他告诉自己，凡事一定要精打细算，绝对不能浪费任何资源，绝不放弃任何机会，要让自己随时保持在优势状态，无论大、小事情，绝不让别人越雷池一步！他甚至还运用了一些神不知、鬼不觉的手腕，把许多同业人士压在自己底下，以确保自己的地位。

果然，彼特获得了丰厚的收入，占尽了所有的好处，成了一个高高在上的商场大亨。可是他并不快乐！总觉得生活中好像少了点什么，于是他越来越忧闷，越来越没笑容，最后，他得了忧郁症。

一个朋友介绍他去看一位心理治疗师，治疗师在了解了他的情况后，只在他的医嘱上写了一句话："每天去帮助一个身旁的人。"然后，便要他拿回去，两个星期后再来回诊。彼特觉得莫名其妙，但还是把处方单拿回了家。

两个星期以后，彼特又来到治疗师面前，但这次却是堆满笑容地推开了门。"情况怎么样？"治疗师问，彼特开心的回答："真是太妙了！当我学会帮助他人后，得到了一种说不出口的欣喜感！"

快乐永远是我们生活中不可缺少的一部分，而付出也是真正快乐的源泉。一副快乐、聪明的面孔，会让人觉得放松快乐。带着一张愁肠百结、郁闷难消的脸，走到哪儿，就把沉闷和压抑带到哪儿。忧郁，不但会影响你的工作和思维，而且还能破坏人的免疫力，抑郁成疾说的就是这个问题。

所以，当你特别疲惫，感觉很郁闷沮丧的时候，不妨请一天假让自己去调整。这个世界其实离了谁都转，所以我们并不是自己想得那样不可或缺，为了更好地工作生活，不妨给自己一些调整的时间。这样，你很快会感到精神振奋，忧郁的阴影迅速消失，欢乐的阳光将会照亮你的整个人生。

【每日一点】

一副快乐、聪明的面孔，会让人觉得放松快乐。而一张愁肠百结、郁闷难消的脸，它走到哪儿，就把沉闷和压抑带到哪儿。

别为明天的盘子发愁

在撒哈拉沙漠中，有一种土灰色的沙鼠。每当旱季到来之时，这种沙鼠都要囤积大量的草根，以准备度过这个艰难的日子。但奇怪的是，当沙地上的草根足以使它们度过旱季时，沙鼠仍要拼命地寻找草根，运回洞穴，似乎只有这样它们才能心安理得，才会踏实。否则便焦躁不安，嗷嗷叫个不停。

研究证明，这一现象是由沙鼠的遗传基因决定的，是沙鼠出于一种本能的担心。担心使沙鼠干了大于实际需求几倍甚至几十倍的事。沙鼠的劳动常常是多余的，毫无意义的。

曾有不少医学界的人士想用沙鼠来代替小白鼠做实验。因为沙鼠的个头很大，更能准确地反应出药物的特性。但所有的医生在实践中都觉得沙鼠并不好用。问题在于沙鼠一到笼子里就非常不适。尽管在笼子里的沙鼠的生活可以用"丰衣足食"来形容，但它们还是一个个地很快就死去了。医生发现，这些沙鼠是因为没有囤积到足够草根的缘故。确切地说，它们是因为极度焦虑而死亡的，这是来自一种自我心理的威胁。

你会为明天的盘子没洗发愁吗？事实上很多人都在做着这样的事情。在现实生活里，常让人们深感不安的往往并不是眼前的事情，而是那些还没有发生甚至永远也不会发生的事物。人们总是为了将来的所需和将来会如何而发愁，这种担心令人深深地感到不安。忧虑解决不了问题，只会增加你的压力，使你整天忧心忡忡，无端猜忌。

古代杞国有一个人整天担心天会塌下来，想着应该去哪儿住才好，最后弄得寝食难安。一个博学的朋友去看望这个人，告诉他："天是由空气构成的，在我们生活的周围到处都是空气，我们的活动都是在空气中进行的，为什么你还要担心天会塌下来呢？"杞人听了这些话后才恍然大悟，原来自己是自寻烦恼啊，于是心情就开朗起来了。

世上本无事，庸人自扰之。卡耐基说过："其实99%的焦虑根本不会发生，是人自己造成了自己的焦虑。"我们的担忧和烦恼其实都和杞人担心天会塌下来一样，都是自寻烦恼，没有必要的。

凡事总会有方法解决。如果你感到焦虑不安，那么为什么不试试这种方法——接受最坏的结果。

卡耐基在他的书中提到一个石油商人讲述的故事：我是石油公司的老板，有些运货员偷偷地扣下了给客户的油量而卖给了他人，而我却毫不知情。有一天，来自政府的一个稽查员来找我，告诉我他掌握了我的员工贩卖不法石油的证据，要检举我们。但是，如果我们贿赂他，给他一点钱，他就会放我们一马。我非常不高兴他的行为及态度。一方面我觉得这是那些盗卖石油的员工的问题，与我无关。但另一方面，法律又有规定"公司应该为员工的行为负责"。另外，万一案子上了法庭，就会有媒体来炒作此新闻，名声传出去会毁了我们的生意。我焦虑极了，开始生病，三天三夜无法入睡，我到底应该怎么做才好呢？给那个人钱呢？还是不理他，随便他怎么做？

我决定不了，每天担心，于是，我问自己：如果不付钱的话，最坏的后果是什么呢？答案是：我的公司会垮，事业会被毁，但是我不会被关起来。然后呢？我也许要找个工作，其实也不坏。有些公司可能乐意雇用我，因为我很懂石油。至此，很有意思的是，我的焦虑开始减轻，然后，我可以开始思想了，我也开始想解决的办法：除了上告或给他金钱之外，有没有其他的路？找律师呀，他可能有更好的点子。

第二天，我就去见了律师。当天晚上我睡了个好觉。隔了几天，我的律师叫我去见地方检察官，并将整个情况告诉他。意外的事情发生了，当我讲完后，那个检察官说，我知道这件事，那个自称政府稽查员的人是一个通缉犯。我心中的大石头落了下来。这次经验使我永难忘怀。至此，每当我开始焦虑担心的时候，我就用此经验来帮助自己跳出焦虑。

是的，最坏的后果是什么？当这个后果出现时，我能面对它吗？我能承担它带来的责任吗？这是我们在焦虑时要自己问自己的几个重要的问题。如果最坏的结果在自己的接受范围，那么你一定能轻松许多。

【每日一点】

忧虑如同摇椅，它似乎一直在忙碌，却哪儿也去不了。

时刻怀有一颗感恩的心

一次，美国前总统罗斯福家失盗，被偷去了许多东西，一位朋友闻讯后，忙写信安慰他，劝他不必太在意。罗斯福给朋友写了一封回信："亲爱的朋友，谢谢你来信安慰我，我现在很平安。感谢上帝，因为第一，贼偷去的是我的东西，而没有伤害我的生命；第二，贼只偷去我部分东西，而不是全部；第三，最值得庆幸的是，做贼的是他，而不是我。"对任何一个人来说，失盗绝对是不幸的事，而罗斯福却找出了感恩的三条理由。这个故事，提醒了我们，人应该学会感恩。

感恩是一种处世哲学，是生活中的大智慧。人生在世，不可能一帆风顺，种种失败、无奈都需要我们勇敢地面对，豁达地处理。这时，是一味地埋怨生活，从此变得消沉、萎靡不振；还是对生活满怀感恩，跌倒了再爬起来？

英国作家萨克雷说："生活就是一面镜子，你笑，它也笑；你哭，它也哭。"你感恩生活，生活将赐予你灿烂阳光；你不感恩，只知一味地怨天尤人，最终可能一无所有！成功时，感恩的理由固然能找到许多；失败时，不感恩的借口却只需一个。殊不知，失败或不幸时更应该感恩生活。感恩，使我们在失败时看到差距，在不幸时得到慰藉，获得温暖，激发我们挑战困难的勇气，进而获取前进的动力。就像罗斯福那样，换一种角度去看待人生的失意与不幸，对生活时时怀一份感恩的心情，则能使自己永远保持健康的心态、完美的人格和进取的信念。

人是需要学会感恩的。别人伤害了自己，要努力忘掉；别人的滴水之恩，当思涌泉相报。然而，实际上学会感恩的又有几人呢？更多的人在获得的时候是心安理得，从来没想过感激或回报。

有这么一个故事：一位美国职员每天下班路过一个路口时都会把一美元给一个老乞丐，这样持续了很久。有一天，老乞丐伸出手来的时候，职员并没有把一美元交给他。老乞丐很奇怪，问为什么。职员说："我原本孤身一人，自己吃饱全家不饿。可我现在有了妻子，以后还会有孩子，花费太大，我没有能力每天再给你一美元了。"老乞丐勃然大怒："你怎么可以把我的钱给你的老婆孩子呢？真是岂有此理！"

我们常常犯攀比的毛病，比房子，比收入，比工作，比车子……当不如别人时，便抱怨他人，埋怨社会，认定上天不公。物质永远追求不完，人因为拥有情感而成为人的。时时抱着一颗感恩的心，人便会容易满足，生活便多了几分恬淡，少了几分躁动。下面的这个故事发生在韩国的汉城（现名为首尔）。

在那个贫困的年代里，很多同学往往连带个像样的便当到学校上课的能力都没有，李灿邻座的同学就是如此。

他的饭菜永远是黑黑的豆豉，李灿的便当却经常装着火腿和荷包蛋，两者有着天壤之别。

而且这个同学，每次都会先从便当里捡出头发之后，再若无其事地吃他的便当。这个令人浑身不舒服的发现一直持续着。

"可见他妈妈有多邋遢，竟然每天饭里都有头发。"同学们私底下议论着。为了顾及同学的自尊，又不能表现出来，总觉得好肮脏。因此对这同学的印象，也开始大打折扣。

有一天学校放学之后，那个同学叫住了李灿："如果没什么事就去我家玩吧。"虽然心中不太愿意，不过自从同班以来，他第一次开口邀请李灿到家里玩，所以李灿不好意思拒绝他。

随朋友来到了位于汉城最陡峭地形的某个贫民村。"妈，我带朋友来了。"

听到同学兴奋的声音之后，房门打开了。他年迈的母亲出现在门口。"儿子的朋友来啦，让我看看。"

但是走出房门的同学母亲，只是用手摸着房门外的门柱。

原来她是双眼失明的盲人。李灿感觉到一阵鼻酸，一句话都说不出来。

同学的便当菜虽然每天如常都是豆瓣，却是眼睛看不到的母亲，小心翼翼帮他装的便当，那不只是一顿午餐，更是母亲满满的爱心，甚至连掺杂在里面的头发，也一样是母亲的爱。

我们要永远用一颗感恩的心看待自然、社会以及命运，要学会感激，学会宽容，学会应对灾害和不幸。感恩让我们变得充实和快乐，享受温暖；感恩，让人明白爱，然后去爱，最后得到爱。

在水中放进一块小小的明矾，就能沉淀所有的渣滓；如果在我们的心中培植一种感恩的思想，则可以沉淀许多的浮躁与不满。羊尚且知道跪着吃奶，乌鸦也会反哺，那么你呢？

【每日一点】

幸福的人善于忘记自己给过别人什么，却永远记得别人给过自己什么。

欣赏，是生命中的阳光

卓别林小的时候，有一年圣诞节学校组织合唱团，卓别林却落选了，他很沮丧。一天在班上，卓别林背诵了一段喜剧歌词，博得了大家的喝彩。老师说："虽然你唱得不好，但表演很有幽默的天分。"

后来，父亲早逝，母亲患上严重的精神病。为了生计，卓别林四处到剧院打听，希望能演上一个角色。一天，伦敦一家剧院要上演一出戏，剧院老板答应让卓别林演一个孩子的角色。演出并不成功，《伦敦热带时报》在批评该剧的同时却说："幸而有一个角色弥补了该剧的缺点，那就是报童桑米。以前我们不曾听说过这个孩子，但可以预见，在不久的将来定会看到他不凡的成就。"

后来，年轻的卓别林获得了一个去美国演出的机会。不巧的是，这次演出没有引起任何轰动，然而美国的《剧艺报》在谈到卓别林时说：那个剧团里至少有一个很能逗笑的英国人，他总有一天会让美国人倾倒的。"

多年后，卓别林终于成为享誉世界的艺术家。可以肯定的是，除了天才与勤奋之外，他的成功与年轻时候所处的宽厚的社会氛围是分不开的。

学会欣赏别人的优点，不但体现着我们对别人的尊敬，更重要的是，它也许就是一个人生命中的阳光，照耀一生。

欣赏，如同航海中的灯塔，指引着迷失的人们，让他们获得前进的勇气，看到走向成功的希望，从而拥有一个明媚的未来。如果在一个人的人生道路上，得不到他人的欣赏和肯定，那么生命之花就会枯萎，天才也会被埋没。

露丝用了很长的时间写了一篇小说，然后送给一位著名的作家，希望能得到他的教诲。她来到了作家的家里，作家很热情地接待了她，因为作家眼睛不太好，露丝就念给作家听。很快，她就读完了，停顿了下来。

作家问："结束了吗？"

"听她的语气，似乎渴望能有下文！"想到这里，露丝立刻产生了灵感，回答说："没有啊，后面的部分更精彩。"于是她就根据自己的想象继续往下"念"。

过了一会儿，作家又问："结束了吗？"

露丝心想："作家肯定是渴望把整个故事听完。"于是她就接续向下念。

如果不是突然响起的电话铃声打断了她的话，她会一直念下去的。作家因为有事需要马上出门。临走前，作家说："其实你的小说早该收笔，在我第一次询问你是否结束的时候，就应该结束。何必画蛇添足呢？看来你缺少作为一名作者最基本的素质——决断。决断是当作家的根本，拖泥带水的作品怎么能打动读者呢？"

听了作家的话，露丝后悔莫及，心想："看来自己不适合从事写作的事，还是放弃吧，为自己重新找一个方向吧！"

很多年后，露丝从事了绘画的职业，但是她从心里还是喜欢写作。

一个很偶然的机会，露丝结识了一位更著名的作家，当露丝和他谈及当年给作家念小说的事情时，这位作家惊呼："你能在那么短的时间里编出那么精彩的故事，真是不容易呀！这是作为一个优秀作家应该拥有的最基本的能力！而你放弃了写作，实在是太可惜了！"

就这样，因为缺少欣赏，没有得到及时的鼓励和认可，一位很有潜力成为作家的苗子就这样被扼杀在了萌芽阶段。看来，欣赏对于一个人的成长实在重要。

19世纪末，美国西部的密苏里有一个坏孩子，他偷偷地向邻居家的窗户扔石头，还把死兔子装进桶里放到学校的火炉里烧烤，弄得臭气熏天。他9岁那年，父亲娶了继母，父亲告诉她要好好注意这孩子。继母好奇地走近这个孩子。当她对那个孩子有了了解之后说："你错了，他不坏，而且很聪明，只是他的聪明还没有得到发挥。"继母很欣赏这个孩子，在她的引导下，这孩子的聪明找到了发挥的地方，后来成了美国当代著名的企业家和思想家。这个人就是戴尔·卡内基。

台湾作家林清玄去一家羊肉馆用餐，老板对他说："你还记得我吗？"林清玄说："记不起来了。"老板拿来一张20年前的旧报纸，那里有林清玄的一篇文章，那时他在一家报社当记者。这是一篇关于小偷的报道，小偷手法高超，作案上千次，次次得手，最后栽在一个反扒高手的手上。文章感叹道："像心思如此细密，手法如此灵巧的小偷，做任何一件事情都会有成就的吧！"老板告诉他："我就是那个小偷，是你的这段话引导我走上了正路。"

连坏孩子也能称为大师，小偷也能因被欣赏而奋起，那么，我们周围还有什么人不能被欣赏呢？欣赏你的朋友，你们的关系会更加亲密；欣赏你的同事，你和同事会合作得更愉快；欣赏你的下属，下属工作得会更加努力；欣赏你的爱人，你们的爱情会更加甜蜜；欣赏你的孩子，说不准他也能成大器……学会欣赏他人并不难，只要在他们最需要鼓励的时候，说一句肯定的话就足够了。

【每日一点】

即使你讨厌一个人，但却又能发觉他的优点好处，像这样子的人，天下真是太少了。

挖掘自信，超越自卑

十几年前，他从一个仅有20多万人口的北方小城考进了北京的大学。上学的第一天，与他邻桌的女同学第一句话就问他："你从哪里来？"而这个问题正是他最忌讳的，因为在他的逻辑里，出生于小城，没见过世面，肯定被那些来自大城市的同学瞧不起。很长一段时间，自卑的阴影都占据着他的心灵。

20年前，她也在北京的一所大学里上学。

大部分日子，她也都在疑心、自卑中度过。她疑心同学们会在暗地里嘲笑她，嫌她肥胖的样子太难看。

她不敢穿裙子，不敢上体育课。大学时期结束的时候，她差点儿毕不了业，不是因为功课太差，而是因为她不敢参加体育长跑测试！她连给老师解释的勇气也没有，茫然不知所措，只能傻乎乎地跟着老师走，老师勉强算她及格。

在最近播出的一个电视晚会上，她对他说："要是那时候我们是同学，可能是永远不会说话的两个人。你会认为，人家是北京城里的姑娘，怎么会瞧得起我呢？而我则会想，人家长得那么帅，怎么会瞧得上我呢？"

他，现在是中央电视台著名节目主持人，经常对着全国几亿电视观众侃侃而谈，他主持节目给人印象最深的特点就是从容自信。他的名字叫白岩松。

她，现在也是中央电视台著名节目主持人，而且是第一个完全依靠才气而丝毫没有凭借外貌走上中央电视台主持人岗位的。她的名字叫张越。

原来，他们也会自卑。原来，自卑也是可以彻底摆脱的。

现实生活中，总有人因为某种缺陷或短处而特别自卑，从而影响了他们一生。其实这些所谓的自卑理由都显得十分可笑，比如:肥胖、矮小、贫穷……殊不知，没有人是完美无瑕的，拿破仑的矮小、林肯的丑陋、罗斯福的瘫痪、丘吉尔的臃肿……缺陷都非常明显而典型，可他们都毫不在意，并没有自卑自弃，反而生活得坦然自在，并在事业上取得了极大的成功。

许多人缺少的不是能力，而是自信的心态。世上只有有独立意识的人才能敲开成功的大门，但是只有自信的人才能冲破一切困难阻碍，来到成功的门前。

其实，并不是因为有些事情难以做到，我们才失去自信；而是因为我们失去自信，有些事情才显得难以做到。山姆·史密斯认为，一个人的自信心，可以决定他是否成功。所以，你认为自己是一个什么样的人，就会成为什么样的人。

作家罗曼·罗兰说过，先相信自己，然后别人才会相信你。所以，人自认为自己是怎样一个人比他真正是怎样一个人更为重要，因为每一个人都是按他认为自己是怎样一个人而行动的。自卑正是自认为自己能力不如他人，从而产生自卑感的。

　　《福布斯》是与《财富》和《商业周刊》并驾齐驱的世界三大经济杂志之一。切里·默克是《福布斯》的总编。有一次，切里·默克宣布编辑部将要解雇一名员工。有位员工实在太担心、太紧张，因为他觉得自己在公司的表现很糟糕，最后忍不住就直接去找切里·默克询问道："大卫，你要解雇的是不是我？"

　　切里·默克慢悠悠地说："本来我还没有想好是谁，现在还在考虑这件事情。不过，既然你提醒了我，那么就是你了。"于是，那位员工当场就被解雇了。

　　世界充满了成功的机遇，也充满了失败的可能。所以我们要不断提高应付挫折与干扰的能力，调整自己，增强社会适应力。若每次失败之后都能有所领悟，把每一次失败当作成功的前奏，那么就能化消极为积极，变自卑为自信。

【每日一点】

　　狂妄的人有救，自卑的人没有救，认识自己，挖掘自信，才能改变别人。

怨天尤人，于事无补

　　人生不如意事十之八九。在生活和工作中，我们可能经常有不公平或者不顺心的事，当你的这些想法增多的时候，你就会开始抱怨。只要稍加注意，我们经常会听到这样一些抱怨：

　　一位职员说："我的老板不赏识我，我越干越没信心了。"

　　一位中年妇女抱怨道："我的先生经常忙着工作不顾家，到现在还是个科长，隔壁大李都当上局长了……"

　　一位母亲说："我的儿子太顽皮，真气死我了！"

　　婆婆说："我的媳妇不孝顺，我怎么这么命苦啊！"

　　一位老师从教室里走出来说："现在的学生实在是太难调教了，真把我气炸了！"

　　……

　　看起来，好像每个人都满腹抱怨，没人对自己所拥有的表示满意和感恩。那么，在面对不利的环境或者困境的时候，我们为什么不能把困顿当作对自己的一种磨砺呢？与其牢骚抱怨，不如问问自己：在这个不尽如人意的环境里，我能做些什么？强者靠自己，弱者靠同情，怨天尤人实在于事无补。少抱怨，多行动，才是应对困境的正确方法。爱默生说："一心朝自己目标前进的人，整个世界都会给他让路。"同样，我们一心朝着我们的目标努力，又有谁能妨碍我们的上升呢？

索尼公司创始人盛田昭夫说起过这么一个故事：东京帝国大学的毕业生在索尼公司一直非常受欢迎。有个叫大贺典雄的帝国大学高材生，是一位有才华的青年。在他加入索尼公司之后曾与盛田昭夫争论，盛田昭夫喜欢这个直言无忌的年轻人，非常器重他。

后来出人意料的是，盛田昭夫居然把大贺典雄下放到了生产一线，给一位普通工人做学徒。这让很多员工迷惑不解，甚至怀疑他得罪了盛田昭夫。有人为大贺典雄感到不平，但大贺典雄只是淡淡一笑。

一年后，更让人大跌眼镜的事情发生了，还是学徒工的大贺典雄居然被直接提拔为专业产品总经理，员工们百思不得其解。

在一次员工大会上，盛田昭夫为大家揭开了谜团："要担任产品总经理的重担，必须要对产品有绝对清楚的了解，这就是我要把大贺典雄下放到基层的原因。让我高兴的是，大贺典雄在他的岗位上干得不错。然而让我坚定提拔的念头的是——他在整整一年的累脏卑微的工作环境下居然没有任何牢骚和抱怨，而且甘之若饴。"

人们终于明白了其中的原因，不由报以热烈的掌声——为盛田昭夫也为大贺典雄。5年后，也就是大贺典雄34岁那年，就成了公司董事会的一员，这在因循守旧的日本企业，简直是前所未闻的奇迹。

如果一个人对自己目前的环境不满意，唯一的办法是让自己战胜环境，超越环境。奥地利小说家茨威格说过："机会看见抱怨者就会远远避开。"喜欢抱怨的人在这个遵循法则的世界中，是没有立足之地的。

所以在工作或者生活中，我们不要有太多的抱怨。因为我们要做的不是抱怨，而应该是做好自己，首先要把自己的那份工作尽心尽力地做好，在可能的情况下运用一些技巧，我们就不可能做一辈子的小职员。

遇到不公平的待遇或者困境的时候，正确的应对方法是，不要片面地看待这些不利的方面，而应该正视它们，不回避它们。同时，我们也不应该老想着别人收获了什么，而应该认真地反思一下自己：我付出了多少？因为在这个世界上，更多的情况是付出和所得成正比的。不要整天盯着那些利益和名誉而不放，老老实实做人，踏踏实实办事，这才是刚走进社会的年轻人所应该做的。只有我们做好每一件事，戒除那些浮躁功利的作风，以豁达的态度去面对困境的时候，我们才能不断发展自己，取得成功。

【每日一点】

一个聪明的人，从不抱怨现状，而是利用自己的优势，发挥自己的潜能，一步步向上攀登，而走向成功。

享受生命，珍惜你拥有的

有一个美国商人去墨西哥旅游。他坐在墨西哥海边一个小渔村的码头上，看着一个墨西哥渔夫划着一艘小船靠岸。

小船上有好几尾大金枪鱼，美国商人就问渔夫："要多少时间才能抓这么多鱼？"

渔夫说，才一会儿工夫就抓到了。美国人再问，你为什么不待久一点，好多抓一些鱼？墨西哥渔夫觉得不以为然：这些鱼已经足够我一家人生活所需啦！

美国人又问：那么你一天剩下那么多时间都在干甚么？

渔夫解释：我呀？我每天睡到自然醒，出海抓几条鱼，回来后跟孩子们玩一玩，再跟老婆睡个午觉，黄昏时晃到村子里喝点小酒，跟哥们儿玩玩吉他，我的日子可过得充实又忙碌呢！

美国人不以为然，帮他出主意，他说：我是哈佛大学工商管理硕士，我倒是可以帮你忙！你应该每天多花一些时间去抓鱼，到时候你就有钱去买条大一点的船。自然你就可以抓更多鱼，再买更多渔船。然后你就可以拥有一个渔船队。到时候你就不必把鱼卖给鱼贩子，而是直接卖给加工厂。然后你可以自己开一家罐头工厂。如此你就可以控制整个生产、加工处理和行销。然后你可以离开这个小渔村，搬到墨西哥城，再搬到洛杉矶，最后到纽约，在那里经营你的企业。

渔夫问：这又花多少时间呢？

美国人回答：15 到 20 年。

渔夫问：然后呢？

美国人大笑着说：然后你就可以在家睡大觉了！时机一到，你就可以宣布股票上市，把你的公司股份卖给投资者。到时候你就发啦！你可以几亿美元地赚！

然后呢？渔夫继续问。

美国人说：到那个时候你就可以退休啦！你可以搬到海边的小渔村去住。每天睡到自然醒，出海随便抓几条鱼，跟孩子们玩一玩，再跟老婆睡个午觉，黄昏时，晃到村子里喝点小酒，跟哥儿们玩玩吉他？！

渔夫疑惑的说：我现在不就是这样了吗？人的一生，到底在追求什么？

人的一生，到底在追求什么？渔夫向我们发出了这么一个疑问。这个问题对于我们每个人都有现实意义。对于未来，一切都是未知数。但是享受生活，珍惜你所拥有的，却是我们可以把握的。

有一个一无所长的年轻人，感到自己生活得非常无聊。于是，他就去拜访一位哲人，希望哲人能够给他的未来指明一条道路。

哲人问他："你为什么来找我呢？"

年轻人回答道："我至今仍一无所有，恳请你给我指明一个方向，使我能够找到人生的价值。"

哲人摇了摇头，说："我感觉你和别人一样富有啊，因为每一天时间老人也在你的'时间银行'里存下了 86400 秒的时间。"

年轻人苦涩的一笑，说："那有什么用处呢？它们既不能被当作荣誉，也不能换作一顿美餐。"

哲人严肃地打断了他的话，问道："难道你不认为它们珍贵吗？那你不妨去问一个刚刚延误乘机的游客，一分钟值多少钱；你再去问一个刚刚死里逃生的'幸运儿'，一秒钟值多少钱；最后，你去问一个刚刚与金牌失之交臂的运动员，一毫秒值多少钱？"

听了哲人的一番话，年轻人羞愧地低下头。

哲人继续说道："只要你认识到时间的珍贵，去发现一件自己想做的事情，那你脚下的路会慢慢明朗起来。"

只要我们珍惜拥有的，那么我们就是富有的。因为，我们每天都拥有 86400 秒的时间可以支配。如果你不珍惜，人生最宝贵的东西——时间就会像风一样从你的身边溜过，给日子留下一片苍白。当你懂得珍惜，知道让每一秒的时间都应该给生活涂上一抹色彩，那么你的人生自然就绚丽起来了。

【每日一点】

活着一天，就是有福气，就该珍惜。当你哭泣你没有鞋子穿的时候，你往往会发现有人却没有脚。

把握人生的一个半朋友

有这么一个问题：你一生中有几个朋友？

也许你会说，从小到大，朋友太多了，可以说是多如牛毛。但是，能够交心的真正的朋友又能有几个呢？其实，一个真正幸福的人，在这个世界上只有一个半朋友……

从前有一个仗义的人行走江湖，结识了不少天下豪杰。他临终前告诉儿子，我自小在江湖闯荡，结交的人不计其数，其实我这一生就交了一个半朋友。

儿子不明白父亲的意思。于是，父亲就贴在他的耳朵跟前交代一番，然后对他说，你按我说的去见见我的这一个半朋友，朋友的要义你自然就会懂得。

儿子先去了他父亲认定的"一个朋友"那里，对他说："我是某某的儿子，现在正被朝廷追杀，情急之下投身你处，希望予以搭救！"这人一听，赶忙叫来自己的儿子，喝令儿子将衣服换下，穿在了眼前这个并不相识的"朝廷要犯"身上，而自己儿子却穿上了"朝廷要犯"的衣服。

儿子明白了：在你生死攸关时刻，那个能为你肝胆相照，甚至不惜割舍自己亲生骨肉搭救你的人，可以称作你的一个朋友。

儿子又去了他父亲说的"半个朋友"那里，把同样的话说了一遍。这"半个朋友"听了说："孩子，这等大事我可救不了你，我给你足够的盘缠，你远走高飞快快逃命，我保证不会告发……"

儿子明白了：在你患难时刻，那个能够明哲保身、不落井下石加害你的人，可称作你的半个朋友。

人类从万能的上帝那里得到的最美好、最珍贵的礼物就是友谊。对于一个人来说，最美好的东西之一就是拥有许多真正的朋友。

友谊，是我们生活中不可缺少的温馨情感！友谊有时候像一团火，当火点燃时，它燃烧着自己，也燃烧着对方，在燃烧中他们融化成一体；友谊有时候又像一池水，当沐浴水中时，它让你清凉，洗涤着我们的身心。

富兰克林说过："获得友谊并不难，珍惜呵护友谊才是最重要的。"既然真正的朋友如此可贵，那么为什么不从现在开始，呵护友谊，真诚地关心、帮助你的朋友呢？毕竟，人生只有一个半朋友。

【每日一点】

有一个真心朋友就足够了，有十个真正的朋友，你就天下无敌。

保持自我，活出本色

原美国布朗大学校长、任卡内基基金会主席瓦尔坦·格雷戈里安的童年十分不幸，在他 6 岁的时候，他的母亲便因病去世了。是他的祖母在伊朗的山区将他带大的。

格雷戈里安的祖母也是一个很不幸的女人。由于战争和疾病，她失去了所有的孩子。虽然命运对她十分不公，但她却并未因此失去对生活的信心。

为了让格雷戈里安从失去亲人的阴影中走出来，健康快乐地成长，祖母经常教导他说："孩子，有两件事一定要记牢。第一是命运，那是你无法控制的；第二是你的性格，那可是在你掌握之中的。你可以失去你的美丽，也可以失去你的健康和财富，但是你决不能失去你的性格，因为它是掌握在你自己手中的。"祖母的这句话在格雷戈里安的成长道路上，起到了十分关键的作用。

胡雪岩无疑是现代人在这方面的榜样，不计较输赢得失，不在乎成功失败，不在乎世俗的眼光，怎么开心怎么来，活出真实的自我，这才是顶天立地的大男人。

胡雪岩在失败后还豪迈地说："我是一双空手起来的，到头来仍旧一双空手，不输啥！不仅不输，吃过、用过、阔过，都是赚头。只要我不死，我照样一双空手再翻过来。"正因为胡雪岩一直保持着这种性格和气魄，所以纵使他商海浮沉数次，照样能迅速东山再起。

人要有自己的性格，用自己的画笔描绘多彩的天空，哪怕有几处败笔，那毕竟是真实的自己。一个人若没有自己的性格，便如同人没有了精气神。一个失去了自我的人，其实是很可悲的。

有一个女孩子，出身于一个平凡的家庭，做着一份平常的工作，嫁了一个平常的丈夫，总之她十分平常。

有一天，报纸上招聘特型演员，扮演皇后。她的一位好朋友帮她寄去了一张照片应聘，没想到，被录取了。

从此，她开始了她的"皇后生涯"。现在，这个女子能非常熟练地扮演"皇后"，一颦一笑，一言一行都像极了"皇后"。糟糕的是，她已经找不到以前平常的自己了。每天早上起来，她必须提醒自己"我是谁"，以防止对别人呼来喝去；和家人在一起的时候，必须强制自己，告诉自己"我是谁"，以防止莫名其妙的喜怒哀乐。

她向别人诉苦的时候经常说，恢复平常太难了。说这话的时候，她仍然像个"皇后"。她的一言一行，言语腔调，气质风度都像极了"皇后"，就是没有一点像她自己。

还有更夸张的：英国剑桥郡一个 46 岁的女子，为了成为"芭比娃娃"，在过去 20 年里，做了 26 次整容手术，花费超过 18 万英镑。目前她全身除了一双脚之外，其余所有部位都经过整容，她的容貌和身材非常酷似"芭比娃娃"。

做人做到这份上，难道不可悲吗？为什么不顺性而为，做好自己呢？

一家网站搞了个调查，唐僧师徒四人中，最受女网民青睐的是猪八戒，就是因为猪八戒活得真实。

无论是在取经四人组还是在天庭，只有猪八戒最真实地展现了自我。他毫不避讳自己的阴暗面：贪吃好色、贪生怕死、好吃懒做。

但相对于迂腐的唐僧，完美的孙悟空和老实的沙和尚，只有猪八戒真实地释放着自我，让人觉得真实可信，何况他还有很多优点：能干粗活儿、累活儿、脏活儿；心胸宽广，从不计较猴哥的冷嘲热讽；乐天达观，具有亲和力……

猪八戒虽然形象不佳，但是他却是最快乐的，也是最受人欢迎的。所以，我们也不妨像猪八戒那样活着：饿了食，渴了饮，困了睡，始终听从自己的内心，保持自己的性格；也不刻意的追求什么，只要每天能做自己喜欢做的事，顺其自然，心平气和；可独自一人找个清静河滩悠闲垂钓；也可呼朋唤友驱车狂飙到郊外游山玩水；还可以窝在家里看一整天的电影；更可以什么都不干，找个地方发一天呆……再或者，即使每天都是忙忙碌碌，只要能保持本色，不违背自己的意愿，心里是踏实的，这日子就是快乐的，生活就是真实的。

【每日一点】

即使每天都是忙忙碌碌，只要能保持本色，不违背自己的意愿，心里是踏实的，这日子就是快乐的，生活就是真实的。

第十章

▼

再苦也要笑一笑

拥有一颗快乐的心

有个人非常乐观，远近闻名。一天，他担着两筐鸡蛋去集市出售。

在经过一个山坡时，几十个鸡蛋从筐里掉出来摔个粉碎，蛋黄蛋清流了一地，但他头也不回地只管往前走。

有人提醒他说："你的鸡蛋摔碎了不少，你怎么也不看看。"

他依然乐呵呵地回答："我知道。既然摔碎了，看又有什么用呢？不如早点赶到集市上卖个好价钱。"

这个人可算是一个深谙快乐之道的智者。人生不如意事常八九，痛苦与不顺远比快乐多。当你面对不幸或挫折时，你能这样坦然处之，付之一笑吗？

其实，快乐与否，全在于你的心态。看开了，也没什么大不了。只要调整了心态，你就能开阴影，开创一片新天地。

文森特是一个很快乐的人，于是切克去拜访他。文森特笑呵呵地听她提问。

切克问："假如你连一个朋友都没有，你还会高兴吗？"

"当然，我会高兴地想，幸好我还有自己。"

"如果你被人莫名其妙地打了一顿，你还会开心吗？"

"是呀，我会想，还好没被他们杀害。"

"假如医生给你拔错了牙齿，你还会高兴吗？"切克问道。

"当然，我会高兴地想，幸好拔错的只是一颗牙，而不是我的内脏。"

"假如你的妻子背叛了你呢？你还高兴得起来？"

"我会想，幸好她背叛的只是我，而不是国家。"文森特回答。

"假如你失去了生命，你还能高兴吗？"切克问道。

"当然，我会想，我开心地度过了我的一生，就让我跟着死神，高兴地参加另外一个宴会去吧。"

切克彻底服了文森特："这么说，生活中没有什么是令你痛苦的，生活永远是一串快乐的音符吗？"

"是啊，只要你愿意，你就会在生活中发现和找到快乐——痛苦不请自来，而快乐却需要我们自己去发现。"文森特快乐地说道。

我国著名科普学家高士其就是一个善于发现快乐的人。

高士其年轻时留学美国，毕业后留在芝加哥医学院深造。23 岁那年，一场意外的科研事故，使他变残废了。全身瘫痪，语言含混，两眼发直，连饮水都困难。

然而，高士其的心却没有衰竭。他以顽强的毅力写了许多文章和诗，成为我国著名的科普作家。他写过一篇知识小品，题为《笑》，其中这样写着：

笑有笑的哲学。笑的本质，是精神愉快。

笑的现象，是让笑容，笑声伴随着你的生活。

笑的形式，多种多样，千姿百态，无时不有，无处不有。

笑的内容，丰富多彩，包括人的一生……

笑，你是嘴边一朵花，在颈上花苑里开放。

你是脸上一朵云，在眉宇双目间飞翔。

你是美的姊妹，艺术家的娇儿。

你是爱的伴侣，生活有了爱情，你笑得更甜。

笑，你是治病的良方，健康的朋友。

高士其永远拥有一颗快乐的心，这是一种积极向上的生活态度，一种任何艰难困苦都无法摧毁的生活态度。林肯，也是一个乐观的典范，他经常挂在嘴边的一句话是："上帝一定很喜欢平民，不然他不会造就出这么多平民来。"

快乐的人，往往是一些永远快乐且充满希望的人们。他无论遇到什么情况，脸上总是带着微笑，心平气和地接受人生的变故和挫折。这就是乐观的生活态度。乐观对人就像太阳对植物一样重要，乐观就是人心中的太阳。

一群因地震被埋在废墟下的人们，各人的心态决定了他们是否能在困境中顽强地生存下去。那些将困境视为绝境的人因为意志崩溃而导致身体能量系统不能有效地工作，身体各个机能逐渐丧失。在缺少水和食物的情况下，这将是把他们迅速推向死亡的死神之手。而那些意志坚强，坚信光明终究到来的人，体内会制造出永不枯竭的生命能量，帮助他们渡过难关。

这就是乐观给人们提供的力量，它大到足以支撑整个生命。

乐观是一种习惯。每天利用几分钟的时间，想象明天、下个星期或是明年，都可能发生许多愉快的事情，不要对未来烦恼或忧虑。多想想美好的事情，你会在不知不觉中实现它们。如此一来，你就养成了乐观的习惯。

【每日一点】

聪明人应当是快乐的，自以为聪明的人才常常感到烦恼。

时刻保持清醒的头脑

初夏，一只饥肠辘辘的老鼠意外地掉进了一个米缸里。突如其来的幸福，使老鼠喜出望外。它先是警惕地环顾了一下四周，确定没有危险之后，接下来就开始大吃特吃。

以后的日子里，老鼠就这样在米缸中吃了睡，睡了再吃。日子一天一天过去了，老鼠有时虽然也担心自己跳不出去，但一看到白花花的大米，就马上打消了念头。直到有一天，老鼠发现米缸见了底。它想跳出去，但是已经不可能了。

若干天后，主人在米缸里发现了一只死老鼠。

在现实生活中，多数人都能够做到在明显有危险的地方止步，但要清醒地认识潜在的危险，就没那么容易了。

范蠡和文种两人关系非常要好，两人为越王勾践出谋划策，勾践在他们的辅助下，卧薪尝胆，一举灭掉了吴国。

范蠡深切地知道越王是个只能同患难不能共享乐的人，就想急流勇退，辞官归隐，于是就请文种和他一起远走高飞，但是文种哪舍得眼前的富贵，坚决认为越王不会亏待功臣，没有答应范蠡。范蠡叹了口气："鸟没有了，弓箭就会被收起来了；兔子死了，狗就会被烹了吃。亏你还是明白人，真是聪明一世，糊涂一时啊！"范蠡摇摇头，无奈地走了。

果然不久后，文种就被越王赐死了。

文种也算是个极其厉害的人物了，经历过无数阴谋和斗争，但在荣华富贵面前还是没有能保持清醒的头脑。

一个聪明的人，做人是十分老到的。在名誉的冲击下，他绝不会沾沾自喜，而是仍然保持着清醒的头脑。

一天，居里夫人的一个女朋友到她家做客。居里夫人去做饭的时候，女友就和居里夫人的女儿玩了起来，发现她的小女儿玩的玩具是英国皇家协会刚刚颁给她的一枚金质奖章，不禁大吃一惊，不解地问："居里夫人，现在能够得到一枚英国皇家协会的奖章是极高的荣誉，你怎么能把奖章给孩子玩呢？"

居里夫人淡淡一笑说："我是想让孩子们从小就知道，荣誉就像玩具，偶尔玩玩可以，绝不能永远玩下去，否则就将玩物丧志，一事无成。"

居里夫人把奖章也就是荣誉比喻成玩具，绝不是故作清高。能在名利和诱惑面前保持清醒的头脑的人，实在是太少了。

人们总是对别人的事情特别清醒，但是事情真正发生在自己头上，却很难保持清醒的头脑。

有个老头每天坐在马路边望着不远处的一堵高墙，总觉得它马上就会倒塌，见有人走过去，他就善意地提醒道："那堵墙要倒了，远着点走吧。"

被提醒的人不解地看着她，还是大模大样地顺着墙根走过去了——那堵墙没有倒。

老头很生气："怎么不听我的话呢？我可是为你好！"

又有人走来，老头又予以劝告。三天过去了，许多人在墙边走过去，并没有遇上危险。第四天，老头感到有些奇怪，又有些失望，不由自主便走到墙根下仔细观看，然而就在此时，墙便倒了，老头被掩埋在灰尘砖石中，气绝身亡。

很多人都是如此，劝别人清醒，自己却迷糊。

头脑容易迷糊的人，一临事变或者重压，便张皇失措的人，是一个弱者，不足付以重任的。而头脑清醒的人，从来不会为小胜利冲昏头脑，从来都是从容不迫，冷静理智，会坚持到最后的胜利。当别人束手无策时，仍然能保持镇静的人，无论走到哪儿都为人欢迎，受人重视。这个世界上，最了解你的人不会是别人，而是你自己。

【每日一点】

很多人都能够做到在明显有危险的地方止步，但要清醒地认识潜在的危险，却很难。

人在微笑时最有魅力

人在什么时候最有魅力呢？就是在微笑的时候。一个热爱生活的人，一个积极向上的人，微笑是他显露最多的表情。山德士的打扮是肯德基独一无二的注册商标，人们一看到他，就会自然想起山德士上校的传奇经历和他永远笑呵呵的样子。为此，山德士说过："我的微笑就是最好的商标。"微笑的力量，由此可见一斑。

去过寺庙的人都知道，一进庙门，首先是弥勒佛，笑脸迎客，而在他的北面，则是黑口黑脸的韦陀。但相传在很久以前，他们并不在同一个庙里，而是分别掌管不同的庙。

弥勒佛热情快乐，笑口常开，所以香火旺盛，前来烧香许愿的人络绎不绝。而韦陀成天阴着个脸，太过严肃，搞得人越来越少，最后香火断绝。

弥勒佛保持微笑，所以人见人爱；而韦陀黑口黑脸，让人望而生畏。在人际交往中，微笑是最美丽也最容易的表情。所以，应该让微笑成为一种习惯，不要让死板严肃的表情成为你人生道路上的"拦路虎"。

彼得·泰格是一位著名的演说家和交流高手，他曾经说过："就连最懒惰的人，也懂得微笑。因为他知道，微笑比皱眉牵动的肌肉要少得多。"微笑，蕴含着丰富的涵义，传递着动人的情感。怪不得有位哲人曾说：微笑是人类最美的表情。

在人际交往中，我们需要微笑。微笑是一种令人愉快的表情，表达一种热情而积极的处世态度。微笑甚至能创造财富，引领你走向成功，大名鼎鼎的希尔顿旅店王国就是以微笑服务而著称的。

1919 年，希尔顿只身到得克萨斯州买下了他的第一家旅馆。凭借着精准的眼光与良好的管理，他很快就将仅有的 5000 美元扩增到 5100 万美元。面对沾沾自喜的希尔顿，母亲意味深长地说："你要想长期发展，除了对顾客诚实之外，还要想一种简单容易、不花本钱而行之有效的办法去吸引顾客，这样你的旅馆才有前途！"母亲的话让希尔顿猛然醒悟，于是，他每天都到商店和旅店里参观，以顾客的身份来感受一切，终于他得到了一个答案——微笑服务。到 1976 年，希尔顿旅馆凭着"微笑"，从 1 家扩展到 70 家，成为全球最大规模的旅馆之一。

人类与其他生物的区别之一就是人类之间有复杂的感情，而微笑则是感情表达最直接的方式之一。微笑意味着友好和赞赏，能给双方都带来愉悦。甚至在抱怨批评的时候，你如果也能微笑着，就会使对方感觉到温馨和诚恳。对他人笑脸相迎，他人也必定给你相应的回报，每天看到的都是笑脸，怎么会没有好心情！

陌生的人如果微笑以对，会使你们更好地融洽起来。人类社会每天进行着许多的社会活动，其中大部分是人与人的接触交流，如果每个人都能使用好微笑，那么人与人之间的交流就会变得更美好轻松。

小张的对门搬过来一个漂亮的姑娘。每天上楼，小张都会碰上她。小张是个很外向的人，很想跟她打招呼，但又怕自讨没趣——小张觉得美女一般都是高傲的。有一天，正好小张下去买烟，下楼时当面遇见姑娘了，这下不打招呼是说不过去了。小张刚下定决心，但一看她板着脸冷冰冰的模样，又犹豫了。思忖半天，小张终于硬着头皮对她微笑着点了点头。没想到，姑娘马上回应了。后来小张才知道，其实她也很想认识自己，只是怕遭拒绝罢了。再后来，小张和姑娘相处得很不错，彼此很庆幸多了个好邻居。

原来，一个微笑就可以拉近两颗心的距离，温暖一颗心。

如果你花很多钱买了许多珠宝服饰，只是为了使人对你友好，或者使自己更迷人，那还不如微笑有用。因为微笑更能赢得他人的友好，也是最迷人的表情，但它不花你一分钱！从这个方面说，真诚的微笑价值上百万美元。

笑容就是你最好的名片。微笑表达的意思就是：我喜欢你，我很高兴见到你，你让我开心。所以，不要吝惜你的笑容，从现在开始，以微笑来招呼你的朋友，以微笑来面对你的人生。

【每日一点】

真诚地微笑，别怕皱纹。因为微笑能赢得他人的友好，也是最迷人的表情，但它不花你一分钱！

善待他人就是善待自己

有个青年总是愤世嫉俗，在学习、生活、工作中遭遇了许多误解和挫折，由于得不到别人的理解，渐渐地养成了以戒备和仇恨的心态看待他人的习惯。在压抑郁闷的环境中，他感觉整个世界都在排斥他，因此度日如年，几乎要崩溃。

有一天为了散心，他登上了一座景色宜人的大山。坐在山上，他无心欣赏幽雅的风景，想想自己这些年的遭遇，内心的仇恨像开闸的洪水一样，忍不住大声对着空荡幽深的山谷喊："我恨你们！我恨你们！我恨你们！"话一出口，山谷里传来同样的回音："我恨你们！我恨你们！我恨你们！"他越听越不是滋味，又提高了喊叫的声音。他骂得越厉害回音也越大越长，扰得他更恼怒。

就在他再次大声叫骂后，从身后传来了"我爱你们！我爱你们！我爱你们！"的声音，他扭头一看，只见不远处寺庙里一方丈在冲着他喊。

片刻后方丈微笑着向他走来，笑着说："倘若世界是一堵墙壁，那么爱是世界的回音壁。就像刚才我们的回音，你以什么样的心态说话，它就会以什么样的语气给你回音。爱出者爱返，福往者福来。为人处世许多烦恼都是因为对外界苛求得太多而产生的。你热爱别人，别人也会给你爱；你去帮助别人，别人也会帮助你。世界是互动的，你给世界几份爱，世界就会回你几份爱。爱给人的收获远远大于恨带来的暂时的满足。"

听了方丈的话，他愉快地下山了。

回去后他以积极、健康、友爱的心态对待身边的一切，他和同事之间的误解没有了，没有人和他过不去，工作上他比以往顺利了，他发现自己比以前快乐多了。

你对别人怎样，别人就会怎样对你。"如果你握紧一双拳头来见我，"著名的哲学家赛勒斯在谈到与人相处时说，"我想，我可保证，我的拳头会握得比你更紧，但是如果你来找我说：'我们坐下，好好商量，看看彼此意见相异的原因是什么。'我们就会发觉，只要我们有彼此沟通的耐心、诚意和愿望，我们就能沟通。"

你真诚地对待别人，别人也会真诚地对待你。

从前有一个小巷子又黑又窄，路灯也没有一个，每到晚上在里面走路非常不方便。

这时候一个人打着灯笼慢慢地走进这条巷子，巷子里一下子明亮了许多。

"哈哈，那个点灯的瞎子又来给我们照路了。"几个巷子里的居民高兴地说，"这下子不用再怕撞到墙了。"

有个和尚正云游从这里经过，觉得这个瞎子挺有趣的。于是他走上前去跟瞎子聊了起来。

"施主，请恕小僧多事，你既然什么都看不见，为什么还要提着灯笼出行呢？"

"为了保护我自己啊。我听人们说一到晚上他们就像我一样什么都看不见了，我点盏灯，他们看见了光，就会躲开我，不会撞到我身上了。"

大多数人认为瞎子点灯是白费蜡的愚蠢行为，是比画蛇添足更可笑的笑话。但在今天，人们才恍然大悟，原来瞎子是绝顶聪明的人。因为，善待他人就是善待自己。

在我们人生的大道上，肯定会遇到许许多多的困难。但我们是不是都知道，在前进的道路上，搬开别人脚下的绊脚石，有时恰恰是在为自己铺路？

在一场激烈的战斗中，一架敌机向阵地俯冲下来。班长发现离他四五米远有一个小战士还站在那儿。他顾不上多想，一个鱼跃飞身将小战士紧紧地压在了身下。此时一声巨响，飞溅起来的泥土纷纷落在他们的身上。班长拍拍身上的灰土，回头一看，顿时惊呆了：刚才自己所处的那个位置被炸成了一个大坑。

古时候，有两父子各自带着一只行李箱出远门。一路上，重重的行李箱将父子俩都压得喘不过气来。他们只好左手累了换右手，右手累了又换左手。忽然，父亲停了下来，在路边买了一根扁担，将两个行李箱一左一右挂在扁担上。他挑起两个箱子上路，反倒觉得轻松了很多。

故事中的小战士和儿子是幸运的，但更加幸运的是故事中的班长和父亲，因为他们在帮助别人的同时也帮助了自己！

善待他人绝对是人生最具"效益"的投资。你对遇到的每个人的一次微笑，一句亲切的话，一句令人愉快的答复，发自内心的感激、鼓励、信任和称赞，会让你发现你给予别人的越多，你收获的东西也会越多。

善待他人，别人会感激你喜欢你，而你自己的心情和灵魂也在帮忙的过程中得到提升。这样的好事何乐而不为呢？

【每日一点】

善待他人，别人会感激你喜欢你，而你自己的心情和灵魂也在帮忙的过程中得到提升。这样的好事何乐而不为呢？

随手关上身后的门

英国前首相劳合·乔治有一个习惯——随手关上身后的门。有一天，乔治和朋友在院子里散步，他们每经过一扇门，乔治总是随手把门关上。"你有必要把这些门关上吗？"朋友很是纳闷儿。

"哦，当然有这个必要。"乔治微笑着说，"我这一生都在关我身后的门。你知道，这是必须做的事。当你关门时，也将过去的一切留在后面，不管是美好的成就，还是让人懊恼的失误，然后，你又可以重新开始。"

朋友听后，陷入了沉思中。乔治正是凭着这种精神一步一步走向了成功，踏上了英国首相的位置。

要想成为一个快乐成功的人，最重要的一点就是记得"随手关上身后的门"，学会将过去的错误、失误通通忘记，着眼未来。

新泽西州市郊一座小镇，有一个由26个孩子组成的班级。他们中所有的人都有过不光彩的历史，有人吸毒，有人进过少年管教所，有一个女孩子甚至在一年之内堕过三次胎。家长拿他们没有办法，老师和学校也几乎放弃了他们。

就在这个时候，一个叫菲拉的女教师接了这个班。新学年开始的第一天，菲拉没有像以前的老师那样整顿纪律，先给孩子们一个下马威，而是出了一道选择题：

有三个候选人，他们分别是：

A.笃信巫医，有两个情妇，有多年的吸烟史，而且嗜酒如命；

B.曾经两次被赶出办公室，每天要到中午才起床，每晚都要喝大约一公升的白兰地，而且曾经有过吸食鸦片的记录；

C.曾是国家的战斗英雄，一直保持素食的习惯，不吸烟，偶尔喝点酒，但大都只是喝一点啤酒，年轻时从未做过违法的事。

菲拉要求大家从中选出一位在后来能够造福人类的人。毋庸置疑，孩子们都选择了C。然而菲拉的答案却令人大吃一惊："孩子们，我知道你们一定都认为只有最后一个才是最能造福人类的人，然而你们错了。这三个人大家都很熟悉，他们是二战时期的著名人物：A是富兰克林·罗斯福，身残志坚连任四届美国总统。B是温斯顿·丘吉尔，英国历史上最著名的首相。C的名字大家也很熟悉，阿道夫·希特勒，一个夺去了几千万无辜生命的法西斯恶魔。"孩子们都呆呆地瞅着菲拉，他们简直不相信自己的耳朵。

"孩子们，"菲拉接着说，"你们的人生才刚刚开始，过去的荣誉和耻辱都只能代表过去，真正能代表一个人一生的是他的现在和将来的所作所为。从过去的阴影中走出来吧，从现在开始，努力做自己一生中最想做的事情，你们都将成为了不起的人才……"

正是菲拉的这番话，改变了26个孩子一生的命运，如今这些孩子都已长大成人，其中的许多人都在自己的岗位上做出了骄人的成绩，有的做了心理医生，有的做了法官，有的做了飞机驾驶员。值得一提的是当年那个个子最矮的也最爱捣乱的学生罗伯特·哈里森，今天已经成为华尔街上最年轻的基金经理人。

每个人都经历过失败和痛苦，心中多少会留下一些酸楚的记忆，甚至有着不堪回首的过去……我们需要总结昨天的失误，但我们不能对过去的错误和痛苦耿耿于怀，伤感也罢，悔恨也罢，都不能改变过去，不能使你更快乐、更完美。过去的都已经过去了，将来的路还有很长。如果总是背着沉重的历史包袱，为逝去的流年感伤不已，那只会白白耗费眼前的大好时光，也就等于放弃了现在和未来。追悔过去，只能失掉现在；失掉现在，哪有未来！泰戈尔说过："错过太阳了，如果你还在流泪，那么你就要错过星星了。"

【每日一点】

关上你人生的门，把错误和痛苦统统忘记，然后，重新开始。

学会说"下一次"

读报纸时曾看到这样的故事。一天夜里，一位年轻人走在山路上，突然上帝说，年轻人，你捡一些石头，它会对你很有用的。年轻人就捡了几个带回去，回到家后第二天发现那些石头都变成了金子，于是年轻人便后悔："如果昨天夜里多捡一些就好了"，可为时已晚。

其实，我们每个人每天都在"捡石头"，不明白它们对我们到底有什么用，当我们发现它们不够用时，总是会想"如果（假如）我当时不那么做……"，沉浸在后悔的悲痛中。但是，过去的已经过去了，后悔能改变什么呢！

那么，人应该如何面对生活中的懊悔呢？美国的一位心理医生给出了答案——不说"如果"而是说"下一次"。

美国心理医生奥兰多，成就卓著，颇有名气。在他即将退休时，写了一本医治各种心理疾病的专著。这本书有 1000 多页，书中有各种心理疾病的治疗办法。

书出版后引起了很大轰动，许多团体和大学邀请他去为学生们讲学。一天，他应邀到一所大家讲学，在课堂上，他拿出了这本厚厚的著作，对学生们说："这本书有 1000 多页，里面有治疗各种心理疾病的方法 3000 种，药物 10000 类，但所有的内容，概括起来却只有几个字。"

学生们都很吃惊，纷纷投之以惊愕的目光。于是他转身在黑板上写下了"如果，下一次"。

他继续说道："事实上，许多人备受精神折磨的原因都是'如果'这两个字，比如'如果我不做那件事'、'如果我当年不娶她'、'如果我当年及时换一项工作'……书中医治方法有几千种，但最终的方法只有一种，那就是把'如果'改为'下一次'，比如'下一次我有机会一定那样做'，'下一次我一定不会错过我爱的人'……总之，造成自己心理疾病的，影响自己幸福观念的，有时候，并不是因为物质上的贫乏或丰裕，而取决于一个人的心境的改变。如果心灵被浸泡在后悔和遗憾的水中，痛苦就必然会牢牢占据你的整个心灵。"

懊悔在人的一生中，就像一剂慢性毒药，在无休无止地磨灭你的意志，在不知不觉中消耗你的快乐，但是，只要你去掉"如果"，改说"下一次"，你就找回了真实的自己，它就是你生命里的阳光、空气和水。这一切对谁都非常重要，只因为它构成了使你生存下去的要素。

【每日一点】

学会向前看。如果说这世界上有后悔药可以用来医治自己的懊悔，那就是对自己多说"下一次"。下一次机会来临时，记得全心全意去为自己的梦想而奋斗。不要用永不可能的"如果"将自己牢牢绑住在过去，珍惜现在，珍惜将来，其实这才是对自己过去的悔恨的最好的良药！

中篇
每天感悟一点点

第一章

▼

感悟生命：了解生命的意义

生命的诞生，可以拯救一颗罪恶的灵魂

有一个抢劫犯在抢劫银行时被警察包围，无路可退。情急之下，劫犯顺手从人群中拉过一个人当人质。他用枪顶着人质的头部，威胁警察不要走近，并且喝令人质要听从他的命令。警察四面包围，劫犯挟持人质向外突围。突然，人质大声呻吟起来。劫犯忙喝令人质住口，但人质的呻吟声越来越大，最后竟然成了痛苦的呐喊。

劫犯慌乱之中才注意到人质原来是一个孕妇，她痛苦的声音和表情证明，她在极度惊吓之下马上要生产了。鲜血已经染红了孕妇的衣服，情况十分危急。

一边是漫长无期的牢狱之灾，一边是一个即将出生的生命。劫犯犹豫了，每一个选择都是无比的艰难。四周的人群，包括警察在内都注视着劫犯的一举一动，因为劫犯目前的选择是一场良心、道德与金钱、罪恶的较量。

终于，他将枪扔在地上，随即举起了双手。警察一拥而上。围观者竟然响起了掌声。

孕妇已临产，众人要送她去医院。已戴上手铐的劫犯忽然说："请等一等好吗？我是医生！"警察迟疑了一下，劫犯继续说："孕妇已无法坚持到医院，随时会有生命危险，请相信我！"警察终于打开了劫犯的手铐。

一声洪亮的啼哭声惊动了所有听到它的人，人们高兴得相互拥抱。劫犯双手沾满鲜血——是一个崭新生命的鲜血，而不是罪恶的鲜血。他的脸上挂着职业的满足和微笑。人们向他致意，忘了他是一个劫犯。

警察将手铐戴在他手上，他说："谢谢你们让我尽了一个医生的职责。这个小生命是我从医以来第一个在我枪口下出生的婴儿，他的勇敢征服了我，也深深地改变了我。我现在希望自己不是劫犯，而是一名救死扶伤的医生。"

【每日一点】

有时罪恶会被一个幼小的生命征服，不是因为他强大和伟大，而仅仅在于他是一个需要生存权利的生命而已。生命的征服就是如此简单。

生是喜悦，是伟大的诞生，足有震撼人心的力量。或许正是这新的生命让罪恶让道，使人翻然悔悟。

蜘蛛尚且努力，我们凭什么一蹶不振

有一次，布鲁斯国王与英格兰军队打仗。他被打得落花流水，只得躲在一所不易被发现的破旧的茅屋里。

当他正带着失望与悲哀躺在柴草床上的时候，他看见一只蜘蛛正在结网。为了发泄自己的痛苦并看蜘蛛如果对付，国王毁坏了它将要完成的网。蜘蛛并不注意它的破坏，立刻继续工作，打算再结一个新网。苏格兰国王又把它的网破坏了，蜘蛛又开始结另一个网。

国王开始惊奇了。他自语道："我已被英格兰的军队打败了6次，我是准备放弃战争了。假使我把蜘蛛的网破坏6次，它是否会放弃它的结网工作呢？"

他毁坏了蜘蛛的网共有6次。蜘蛛对这些破坏毫不介意，开始结第7个新网，终于成功了。国王被蜘蛛感动了，鼓起了勇气，他决意再进行一次奋斗，从英格兰人的手里解放他的国家。他召集了一支新的军队，很谨慎而耐心地做着准备，终于打了一次重要的胜仗，把英格兰人赶出了苏格兰国土。

【每日一点】

一颗高尚的心应当承受灾祸而不是躲避灾祸，因为承受灾祸显示了意志的崇高，而躲避灾祸则显示了内心的怯懦。

所有丰硕的果实，曾经都是美丽的鲜花

有个风华正茂的青年，时常轻视饱经风霜的老人。

一天，父子俩同游公园。青年顺手摘下一朵鲜花，说道："爸爸，我们青年人就像这朵鲜花一样，洋溢着生命的活力。你们老年人，怎么能和青年人相比呢？"

父亲听罢，在经过小卖部的时候，顺便买了一包核桃，取了一颗，托在掌心里，说道："孩子，你比喻得不错。如果你是鲜花，我就是这干瘪的果实。不过，事实告诉人们：鲜花，喜欢让生命显露在炫目的花瓣上；而果实，却爱把生命凝结在深藏的种子里！"

年轻人还是不服气："要是没有鲜花，哪儿来的果实呢？"

父亲哈哈大笑："是啊，所有的果实，都曾经是鲜花；然而，却不是所有的鲜花都能够成为果实！"

【每日一点】

衡量人生的标准是看其是否有意义，而不是看其有多长。人生是一座伟大的宝藏，你必须懂得去摘取最有意义的珍宝。

我们所有的财富，其实敌不过一条生命

有个守财奴，他一生吝啬节俭，积攒了100万金币。

不想死神突然降临，要夺去他的生命。守财奴这才意识到自己没有好好享受过人生，他对死神说："我把我财富的三分之一给你，你卖给我一年活着的时间吧。"

"不。"死神的口气不容商量。

"那就分50万给你，我现在只求你给我半年的时间，总可以了吧？"守财奴恳求道。

"不行。"死神还是不同意。

守财奴有点着急了，说："那……我把所有的财富都给你，你给我一天的时间行吗？"

"不行。"死神说完，伸手就要取他的命。

守财奴绝望了，他向死神提出最后一个请求："请你给我一分钟时间，我要写下遗嘱。"

死神这次同意了守财奴的请求。守财奴用颤抖的双手，艰难地写下一行字："人们，请记住——你所有的财富买不到一天时间。"

如果有一天你不小心走进了墓地，刚好一只乌鸦在头顶哀叫，你就会发现时间的可贵。

【每日一点】

人生的一切成就皆由时间造就，包括生命——一个由时间构成的特殊历程。因此说，珍惜时间就是珍爱生命。

生命的真谛，在于不断重新开始

一位拳术高手跪在宗师的面前，接受得来不易的黑带的仪式。这个徒弟经过多年的严格训练，终于出人头地了。

"在授予你黑带之前，你必须接受一个考验。"武学宗师说。

"我准备好了。"徒弟答道，以为可能是最后一个回合的练拳。

"你必须回答最基本的问题：黑带的真正含义是什么？"

"是我习武的结束。"徒弟答道，"是我辛苦练功应该得到的奖励。"

宗师等待着他再说些什么，显然他不满意徒弟的回答。最后他开口了："你还没有到拿黑带的时候，一年以后再来。"

一年以后，徒弟再度跪在宗师的面前，师傅问："黑带的真正含义是什么？"

"是本门武学中最杰出和最高荣誉的象征。"徒弟说。

宗师等啊等，过了好几分钟，徒弟还是不说话。显然，他很不满意，最后说："你仍然没有到拿黑带的时候，一年以后再来。"

一年以后，徒弟又跪在宗师的面前，师傅问："黑带的真正含义是什么？"

"黑带代表开始——代表无休止的磨炼、奋斗和追求更高标准的里程的起点。"

"好，你已经可以接受黑带开始奋斗了。"

【每日一点】

禅宗里有这么一个说法，先是"看山是山，看水是水"，然后再到"看山不是山，看水不是水"，最后则是"看山还是山，看水还是水"的境界。人的生命也如此，总要经历否定之否定，不断重新开始，才能得到真正的真理。

在绝境中，我们才能感受到真正的自己

父亲狄克携着儿子布莱克在山间漫游，借着山水当中的灵秀之气，父亲不断地给布莱克在智慧及灵性上予以开导。

突然，布莱克一声惊叫，指着远方急切地喊道："爸爸，您看——"

老狄克一眼望去，看到一只恶狼正全力追着一只仓皇而逃走的兔子。

小布莱克当下便问道："爸爸，要不要救救那只兔子？我看它跑得好可怜。"

老狄克笑了笑，说："不急，我出个题目：你猜，这只恶狼能不能追上那只兔子呢？"

小布莱克想了想，回答道："应该很快就追上了吧！"

老狄克正色道："不对，恶狼追不上兔子。"

小布莱克诧异地问："为什么？"

狄克慈祥地说："那是因为恶狼所在乎的，不过只是一顿午餐，追不上兔子它可以转而再捕食其他的东西。但是对兔子而言，那就大大不同了，它若是被恶狼追上，自己的性命也就玩完了。当然兔子会用尽全部潜能来逃命。所以我说，恶狼追不上兔子！你看吧——"

小布莱克转身一看，果然如父亲所说的，狼与兔子之间的距离越来越远。到最后，恶狼终于放弃继续追兔子，转过头去，再另寻其他的食物。

小布莱克在佩服父亲的真知灼见之余，又想到一个问题："爸爸，照这么说来，恶狼明知永远追不上兔子，那么一开始，它又为什么想要去追兔子呢？"

老狄克摸着小布莱克的头，说："也不能说恶狼永远追不上兔子，只要狼群一起行动，兔子跑得再快，还是逃不出它们的围捕。也许那只恶狼在开始追兔子时，也希望能遇上伙伴的支援吧？"

【每日一点】

在古希腊的一座神庙上刻着的神谕就告诫过我们："认识你自己！"我们本身就是一个取之不尽的宝藏。当你不断攻克各个难关、创造奇迹时，你会发现你本身就是一个奇迹！在追求更好的雕琢过程中，我们才能一步一步走近最好。生命的追求、生命的意义就在这一步一步的超越自己中得到了升华！

死亡并不能一了百了，学会坚强地面对

以创作中篇小说《老人与海》荣获 1954 年诺贝尔文学奖的美国著名作家欧内斯特·海明威的生活经历中，充满了紧张与压力，他的内心经受着剧烈痛苦。他企图利用各种各样的方式摆脱和逃避沮丧的情绪，如不停歇地旅行冒险，寻求

各种刺激性生活等。他在身体上企求生存，而在心理上却渴望死亡。小说《老人与海》的主人公在海上与鲨鱼搏斗的经历与内心活动诠释了这一矛盾的心态。

打鱼老头儿连续 84 天在海上一条鱼也未捕到。第 85 天出海，经历了三天两夜的搏斗，终于捕到一条巨大肥硕的大马林鱼，归途中却不断遭到鲨鱼的袭击。为不使马林鱼被鲨鱼吃掉，老人奋力还击，凭着超人的勇气和力量，一次次把凶残的鲨鱼击退，但最终捕捞上船的马林鱼只剩下一副骨架。尽管老人失败了，但"你尽可能把他消灭掉，可就是打不败他"。老人的内心独白，简直是海明威一生的写照。作家诺曼·迈勒鲁入木三分地剖析道："海明威这种漂泊不定的生活之真正的根源，是他的一生都在跟沮丧、恐惧和自杀的念头作斗争。他的内心世界犹如一场噩梦。他的夜晚是在同死神的搏斗中度过的。"

为挣脱焦虑与沮丧的罗网，海明威寻求女人与烈酒的刺激，他跟许多女人有过性关系，结过许多次婚，搬过很多次家；饮酒从红葡萄酒到威士忌，最后到伏特加，但是仍无济于事。他像只被凶恶老雕穷追不舍的猎物，被追得走投无路、无处躲匿。在 1961 年夏天的一天，海明威终因不堪沮丧的困扰而用子弹结束了其顽强拼搏的一生。

【每日一点】

以死来鄙薄自己、出卖自己，否定自己的信仰，是世间最大的刑罚、最大的罪过。

也许海明威应当像他自己所言：人，只能被消灭，却不能被打败。

第二章

▼

感悟财富：世界上并不缺少财富，却缺少发现财富的慧眼

没钱不可怕，可怕的是精神上的贫困

一个乞丐懒洋洋地斜躺在地上，在他面前放着一只破碗，旁边还放着一根讨饭棍。每天都有很多人在他跟前经过，有的人见他很可怜，就在他的破碗里丢几个硬币。

有一天，在这个乞丐的面前出现了一个穿戴非常整齐的年轻律师，这个律师对他说："先生您好，您的一个远房亲戚不幸去世了，留下了3000万美元的遗产，根据我们的调查，您是这笔遗产的唯一继承人，所以请你在这份文件上签个字，这笔遗产就属于您的了。"一瞬间，这个人从一无所有的乞丐变成了富翁。

有个记者采访他："您得到这笔3000万美元的遗产后，最想做的是什么事呢？"

这个人回答说："我首先要去买一只像样一点的碗，再去买一根漂亮的棍子，这样我就可以像模像样地讨饭了。"

乞丐的悲哀，就在于他在物质上是贫困的，其精神也是贫困的。

事实上，在我们的现实生活中，不少人就处于这种状态。

所以，没有钱不可怕，但没有诚实、信用、奋斗、坚韧的精神，才是最可怕的。

【每日一点】

思路决定出路，观念决定行动。每个人的一生大致与他的设想保持相当：你想成为什么便会成为什么。这是法国存在主义哲学家萨特的一句名言，也是对许多人命运的注解。

你就是自己最大的"王牌"

有个农夫拥有一块土地，生活过得很不错。但是，不久他听说，只要有一块钻石就可以很富有。于是，农夫把自己的地卖了，离家出走，四处寻找可以发现钻石的地方。农夫来到遥远的异国他乡，然而却未能发现钻石。最后，他囊空如洗。一天晚上，他在一个海滩自杀了。

真是无巧不成书！那个买下农夫土地的人在地边散步时，无意中发现了一块异样的石头，他拾起来一看，只见它晶光闪闪，反射出光芒。那人仔细查看，发现这是一块钻石。这样，就在农夫卖掉的这块土地上，新主人发现了从未被人发现的巨大的钻石宝藏。在现实生活中，有的人常常感到实际中的"我"离理想中的"我"太遥远了。他们一方面在为自己设想一条成功之路，另一方面又悲叹自己无力去实现。为什么有的人在自己平凡的工作中能干出不平凡的成绩，而有的人终生都一事无成呢？问题不在于一个人的天赋有多高，正如不在于你的手里有多少一样，而在于你是否能看清自己，看清自己所拥有的一切。

在每个人的身体里面，都潜藏着巨大的力量。这些力量，只要你能够发现并加以利用，便可以帮你成就你所向往的一切，甚至能让你做出种种神奇的事情来。比如，当有人遇到某种意外事件或灾祸时，一般人都会奋不顾身地去救他。实际上，每个人都具有潜在的英雄品格，而意外事件和灾祸不过是催化剂，使人有了显露这种品格的机会，所以，我们常常看到一个人在灾难临头时会做出惊人的举动。

有些时候，人会发现自己的潜能，比如在某种突如其来的事件或压力下，发现了自己从未发现过的能力；有时读了一本富有感染力的书，或者由于朋友们的真挚鼓励，也能发现自己的内在力量。但无论用何种方法，通过何种途径，一旦激起内在力量后，你所做出的成绩一定会不同于以前。

所以我们说，每个人手里都有一张王牌，这张牌决定着你的牌运和未来，只要你能发现自己的潜能，就等于找到了自己的王牌，找到了决胜千里的底气和实力。

【每日一点】

你身上的"钻石宝藏"就是你的潜能。你身上的这些"钻石"足以使你的理想变成现实。你需要做的只是找到你的王牌，为实现自己的理想付出辛劳。只要你不懈地运用自己的潜能，你就能够做好你想做的一切，从而成为自己生活的主宰。

平时的积累，总会在你需要的时候大显身手

杜邦公司创始人伊雷尔的哥哥维克多可以说是一表人才，他口齿伶俐、头脑敏捷、身材挺拔、相貌英俊，外表上简直没什么缺点。他是一个社交明星，给每个人留下的第一印象都是完美的。但是熟悉他的人知道，他从来没有认认真真地办过一件事，就是答应别人的事，他也可能会忘掉。他仅仅是个吃喝玩乐的专家。如果派他外出考察，他回来后拿不出多少有价值的商业情报，却能绘声绘色地描述旅途中的美味佳肴和美女。伊雷尔做火药买卖时，维克多在纽约给他做代理。维克多凭社交手腕发展了一些客户，但是其中一位——拿破仑的弟弟杰罗姆，一位花花公子，却毁了他。在纵欲无度、花天酒地的生活中，他们俩很投缘，只要杰罗姆缺钱，维克多就慷慨地掏腰包。正是杰罗姆的一笔笔巨额借款，导致了维克多的贸易公司的破产。

伊雷尔则是截然相反的人。他身材不高，相貌平平，但在学习和工作中有股近乎痴迷的专注劲儿。小时候在法国，家境还很宽裕的时候，他受拉瓦锡的影响，对化学着了迷。那时候他父亲皮埃尔是路易十六王朝的商业总监，兼有贵族身份，谁也想不到这个家庭在未来的法国大革命中会险遭灭顶之灾。拉瓦锡和皮埃尔谈论化学知识的时候，小伊雷尔稳稳当当地坐在旁边，竖起耳朵听着。他对"肥料爆炸"的事尤其感兴趣。拉瓦锡喜欢这个安安静静的孩子，把他带到自己主管的皇家火药厂玩，教他配制当时世界上质量最好的火药。

若干年后，他们全家人为了逃脱法国大革命的血雨腥风，漂洋过海来到美国。他的父亲在新大陆上尝试过7种商业计划——倒卖土地、货运、走私黄金……全都失败了。在全家人垂头丧气的时候，年轻的伊雷尔苦苦思索着振兴家业的良策。他认识到，目前战火连绵，盗匪猖獗，从事商品流通有很大的风险，与其这样倒不如创办自己的实业。但是有什么可以生产的呢？这个问题萦绕在他脑海里，就连游玩时他也在想。有一天，他与美国陆军上校路易斯·特萨德到郊外打猎，他的枪哑了3次，而上校的枪一扣扳机就响。上校说："你应该用英国的火药粉，美国的太差劲。"一句话使伊雷尔茅塞顿开。他想："在战乱期间，世界上最需要的不就是火药吗？在这方面，我是有优势的，向拉瓦锡学到的知识会让我成为美国最好的火药商。"后来，他就靠着这股专注劲儿，克服了许多困难，把火药厂办了起来，并办成了举世闻名的杜邦公司。

【每日一点】

做任何事都不要太急功近利，有些积累看起来平时对我们的人生没有太大帮助，但你只要富有耐心，它们在关键时刻总能让你思如泉涌，助你一臂之力。

要有高瞻远瞩的眼光，不为他人的意见所左右

希腊船王奥纳西斯，曾是流落在街头的穷光蛋。他曾为了拥有一个面包而幻想了好久。

那时，不要说分布大城市里的高档豪宅和流动在街头的名牌轿车了，只要有一间能让他暂时避避风雨的草房，他都会感动得一塌糊涂，奥纳西斯几乎成了一名乞丐。可贵的是，他没有跟许多乞丐一样，一辈子碌碌无为地乞讨下去，盲目无奈地在城市寄生，而是用自己的汗水，换来了劳动所得，并善于抓住机会，终于成为一名具有真正实力的大富豪。

奥纳西斯从学徒工干起，没有工资，每天的工作只能换来简单的温饱。他性情沉默，为人极为低调，渐渐地受到老板的赏识，付给他比较高的工资。

以后，虽然自己有了一点积蓄，开始做生意，他也先干那些投资极少、人们所不愿干的电报公司的焊接工程，也经营过许多人所不愿涉及的烟草生意。当时在希腊的烟草生意是极为萧条的。

有一年，一场空前的经济灾难，使不计其数的大资本家破产，许多工厂纷纷关门，失业率激增，不少人沦落街头。但他却在这场经济危机中，奋起直追，把自己的事业推向了空前繁荣。这是为什么呢？

原来，这次发生在世界范围内的经济危机，使世界上许多国家的经济堕入深渊，百业萧条。海上运输业也在劫难逃。第二年初，奥纳西斯得知，加拿大一家公司为了渡过危机，准备拍卖8艘货船，10年前价值100万美元，如今仅以每艘3万美元的价格拍卖。他像猎鹰发现猎物一样，极为神速地前往加拿大商谈这笔生意。

这一反常举止令同行们瞠目结舌。因为当时海运业空前萧条，当年的海运量仅为经济危机前一年的35%。那些精明的老牌海运企业家们避之唯恐不及，奥纳西斯在这样的情况下投资海上运输，无异于将钞票白白抛入大海。许多人规劝他，有些人甚至认为他智商低，成就不了大事业。

奥纳西斯清醒地看到，商业的发展很像股票行情，总是有起有落，经济的复

苏和高涨终将代替眼前的萧条。危机一旦过去，物价就会从暴跌变为暴涨，如果能乘机买下便宜货，价格回升后再抛出去，转手就可赚到大钱。海运业虽暂受冲击，但交通非常重要，必有复苏之日，而且这一天肯定不远。

奥纳西斯谢绝了亲朋好友的劝阻，果断将这些船全部买下。

果然不出所料，经济危机过后，海运业的回升居于各业之首，奥纳西斯买下的那些船只，一夜之间身价倍增。

几年后，奥纳西斯一跃成为海上霸主，他的资产几百倍地翻滚增加。1945年，他跨入了希腊海运巨头的行列。

【每日一点】

做生意的人必须要具有高瞻远瞩的眼光，一旦认定目标就全力以赴。切不可把美好的光阴浪费在左右摇摆上，要记得举棋不定只会让你失去拥有财富的机遇。

集腋成裘，财富也是细雨汇江河

有两个年轻人一同去寻找工作，其中一个是英国人，另一个是犹太人。

他们怀着成功的愿望，寻找适合自己发展的机会。

有一天，当他们走在街上时，同时看到有一枚硬币躺在地上。英国青年看也不看就走了过去，犹太青年却激动地将它捡了起来。

英国青年对犹太青年的举动露出鄙夷之色："连一枚硬币也捡，真没出息！"

犹太青年望着远去的英国青年心中不免有些感慨："让钱白白地从身边溜走，真没出息！"

后来，两个人同时进了一家公司。公司很小，工作很累，工资也低，英国青年不屑一顾地走了，而犹太青年却高兴地留了下来。

两年后，两人又在街上相遇，犹太青年已成了老板，而英国青年还在寻找工作。

英国青年对此不可理解，说："你这么没出息的人怎么能这么快地发了财呢？"

犹太青年说："因为我不会像你那样绅士般地从一枚硬币上边走过去，我会珍惜每一分钱。而你连一枚硬币都不要，怎么会发财呢？"

【每日一点】

人生从来不会有一蹴而就的好事，财富的集敛尤其如此。不要做一夜暴富的黄粱美梦，财富人生从点滴的积累开始。

机遇＝挑战，没有零风险的好事

有两个乡下人准备外出打工。他们一个买了去上海的票，一个买了去北京的票，到了车站一打听才知道：上海人很精明，指个路都想收钱；北京人特别质朴，见了露宿街头的人会特别同情。

去上海的人想，还是北京好，挣不到钱也饿不死，幸亏车还没到，不然就掉进了火坑。

去北京的人想，还是上海好，给人带路都能挣钱，幸亏还没上车，不然真失去了致富的机会。

最后，两个人在换票地点相遇了，原来要去上海的去了北京，打算去北京的去了上海。

去北京的人发现，这里果然好。他初到那里的一个月，什么都没干，竟然没有饿着。银行大厅里的水可以白喝，大商场里欢迎品尝的点心也可以白吃。

去上海的人发现，上海到处都可以发财。只要想点办法，再花点力气，就可以衣食无忧。凭着乡下人对泥土的感情和认识，第二天，他在建筑工地装了10包含有沙子和树叶的土，以"花盆土"的名义，向找不见泥土而又爱花的上海人兜售。当天他在城郊往返6次，净赚了50元。一年后，他竟然凭着"花盆土"拥有了一间小小的门面。

在常年的走街串巷中，他又有了一个新的发现：一些商店楼面亮丽但招牌较脏，一打听才知道这是清洗公司只负责洗楼不负责洗招牌的结果。他立即抓住这一机会，买了人字梯、水桶和抹布，办起一家清洗公司，专门负责擦洗招牌。如今他的公司有了150多个员工，业务还发展到了附近的几个城市。

不久，他坐火车去北京旅游。在路边，一个捡破烂的人伸手向他乞讨，两人都愣住了，因为5年前，他们曾换过一次票。

【每日一点】

做任何事都带有冒险的成分，而机遇总是与挑战并肩战斗。如果你没有接受挑战的勇气，也就失去拥有成功的资格。

经商之道也是为人之道，要学会适时放弃

挪威的船王阿特勒·耶伯生出生在卑尔根的一个殷实家庭，其父克列斯蒂·耶伯生是当地的一个小船主，家庭经济生活比较富裕。他开始在一所教会学校读书，后就读于英国剑桥大学。毕业后，曾到奥斯陆、汉堡和纽约做过商业经纪人。

受家庭环境的影响，耶伯生从小就接受实业思想的熏陶。因此，早在青年时期他就表现出做生意的才能。1967 年 8 月，他父亲在旅游途中因出车祸而丧生，31 岁的耶伯生继承了父亲的产业，开始管理一家船业公司。从此他走上了经商的道路。

经过十几年的艰苦奋斗，耶伯生公司已从原来只有 7 条船的小公司，变成了拥有 120 多万吨的 90 条船的大型船队，并且在世界各地的油田、工厂和其他项目中拥有大量投资。目前，他到底有多少财产，连他自己也说不清楚："我唯一能说清的是，接受保险的财产大约是 57 亿克朗。"他的船运公司曾获得"挪威 1977 年最佳企业"称号，这在挪威航运界是独一无二的。

耶伯生父亲在世时曾尝试经营油船，在他接管一年后就果断决定卖掉油船，放弃运油行业。他的理由是：当时的船运公司没有实力，命运操纵在石油大亨们的手中，如果把本钱的大部分压在两三条大油船上实在没有把握。耶伯生退出运油业后，迅速将资金投在散装货物的运输业上，并与工业部门签订了长期的运输合同。

事实证明，耶伯生的分析判断是极其正确的。油船脱手后，虽然他没有领受 1973 年石油运输短暂兴旺的好处，但是当石油运输的投资家们在 20 世纪 70 年代中期连遭厄运打击时，他却稳如泰山，丝毫无损。

他以长期合同为基础，逐渐增置了 6000 ~ 60000 吨的散装船，为大企业运输钢铁产品和其他散装原料，积累了雄厚的资本。

耶伯生主张，发展挪威的航运业，必须面向世界，走向世界市场，如果把眼光仅仅停留在国内的航运业，将会自我消亡。他的信念是：必须坚决走出去，放弃过去，哪里有可利用的资本和待运的货物，就到哪里去。这就是他取得成功的最关键之处。

值得一提的是，华人首富李嘉诚先生在投资创富上的见地几乎和耶伯生如出一辙。李嘉诚投资地产，能攻能守，对攻守时机判断准确，已为业内公认。且看他在 1982 年股市地产陷入低潮之前，怎样评估形势，做出暂退的部署。

1982 ～ 1984年，全球经济不景气，对中国香港地区造成严重的冲击，工业衰退，股市暴跌，地产也一落千丈。结果，令投资地产者蒙受巨额的损失。

与此相反，李嘉诚的长江公司则采取稳健政策，暂时放弃，结果安然渡过这次经济危机。这得靠李嘉诚对形势的判断，独具慧眼，预见到地产业面临世界经济衰退和长期利息高涨的压力，1982年将会大幅度向下调整，并据此做出暂退的部署。

《李嘉诚成功之道》一书这样写道："他一旦发觉形势不妙，就从1980年开始，一方面尽量减少，甚至停止直接购入地皮；另一方面加速物业发展，尽快出售。"目的是令"各个公司的负债日益减少，现金充足，以应付任何意外的风波"。李嘉诚的财商之高，由此可见一斑。

【每日一点】

在商业上，适时的放弃，也是企业营运的重要手段。放弃是为了调整产业结构，保留实力，在形势不明朗时忍耐一会儿，不急进；在经济萧条时，放弃一部分业务，保证能渡过难关，到经济复苏时，再扩大投资。

聪明的生意人，总会把自己的企业打上文化的烙印

享誉全球的富豪，沃尔玛的创办人山姆·沃尔顿，他的经营理念与众不同。

沃尔顿先生曾经慷慨捐出数亿美元给美国5所大学。不过，人们在沃尔玛的网页上根本找不到沃尔顿先生的照片，外界只知道他现居住于阿肯色州故居附近，过着有节制而绝非穷奢极欲的生活。他对沃尔玛的全体员工都有着极其严格的要求：

1. 太阳下山规则

一个礼拜天的早上，阿肯色州一家沃尔玛连锁店的药剂师吉夫在家接到商店同事打来的电话，说他的一名客户（糖尿病患者）不小心把她购买的胰岛素扔进垃圾处理箱了。糖尿病人如果缺少了胰岛素，将是非常危险的。吉夫立即赶回商店，打开药房，填写了那名客户的处方，将药给病人送去。

这只是沃尔玛店员所严格遵守的"太阳下山"规则中的一条。

"太阳下山"规则是沃尔玛的创办人山姆从"今天干的事为何拖到明天"这句美国谚语中概括出来的，今天它仍是沃尔玛企业文化的重要组成部分，也是顾

客一提沃尔玛店员，无不伸大拇指的原因。

2.3 米原则

他服务客户的秘诀之一是该公司的"3米态度"，沃尔顿经常对店员说："我希望你向我保证，无论什么时候，当客户与你的距离在3米之内时，你就会注视着他的眼睛，问他是否需要你的帮助。"这就是现在店员们都牢记在心的3米态度。

事实上，沃尔顿的父亲山姆从年轻时就这样做了。他很有志向，又具有竞争精神。在密苏里大学上学时，山姆决定竞选大学学生会主席。用他的话说就是："我很早就学到了成为校园领袖的秘诀，那就是主动上前与人行道上的人说话。我总是注视着向我走来的人，并主动和他说话。如果我认识他，我就会叫着他的名字，即使我不认识他，我仍会和他说话。所以，我在大学里认识的学生比任何人都多。他们也认识我，并把我看成是他们的朋友。大学毕业参加工作，我一直用这种方法竞争领导职位。"

不仅如此，他还把这一处世哲学思想带到了百货业，沃尔顿在沃尔玛连锁店里继续贯彻这一商业理念。

3. 天天低价

"二战"时山姆当过兵，退役后他意识到自己想进入零售业。于是他开了一家小商店，学会了采购、定价、销售。这个时候他结识了来自纽约的一名生产代理商亨利·维尼尔，从他那里学到了定价第一课。

山姆事后介绍说："亨利卖女裤，一条只卖2美元。我们一直从同一地点购买同样的裤子，但一条卖2.5美元。我们发现，如果按亨利的卖价，裤子的销量会猛增。于是我学到了一个看似非常简单的道理：如果我用单价80美分买进东西，以1美元的价格出售，其销量竟然是以1.2美元出售的3倍！单从一件商品上看，我少赚了一半的钱，但我卖出了3倍的商品，利润实际上大多了。"直到今天，他的儿子对这一价格哲学也没有改变。

【每日一点】

文化，是植根于企业内部的最根本的原动力，也是一个企业长久制胜的有力武器，是企业区别于彼企业的重要标志。

一个聪明的生意人一定会给自己的企业打上文化的烙印。这是提升品牌竞争的有力手段，同时也是品牌品位的自我提升。商品与服务都不是永远的，只有文化才是永久持续的。

做生意就是与人打交道，形象是你的一封免费推荐信

艾斯蒂·劳达是世界化妆品王国中的皇后。她拥有几十亿美元的化妆品王国，是世界化妆品领域的主要代表。但艾斯蒂出身贫穷，并没有受过多少教育。最初，她以推销叔叔制作的护肤膏起家。为了使自己的产品能够多销售一些，她不得不走街串巷。后来，她决定将产品定位于高档次上。可是，起初她的推销却没有什么效果。后来，她终于忍不住问一个拒绝购买产品的客户："请问，您为什么拒绝购买我的产品呢？是我的推销技巧有什么问题吗？"

那位女士道："不是技巧有问题，推销要什么技巧？如果我觉得你在展示技巧，我就会将你赶出去。是你的形象不好。你根本就是一个低档次的人，让我怎么相信你的产品就是高档次的？"这位女士的话明显带有对艾斯蒂·劳达轻视甚至污辱的成分，但聪明的劳达却兴奋异常，认为自己找到了问题的关键：那就是产品的高档次，首先在于推销人，也就是自己的高档次。她想，换成自己也会是这样，推销人员本身的档次不高，自己也确实会怀疑产品的质量和品味。于是，她决心对自己的形象进行精心改造、包装。她模仿富贵名门和上层妇女，像她们一样穿着打扮，模仿她们的举止。另外，她注意培养自己的自信，让整个人看上去魅力四射。慢慢地，越来越多的人买下了她推销的产品。从此，她一发不可收拾，直至建立化妆品王国。

【每日一点】

你的服装缔造了你，人们会不自觉地通过你的形象去揣测你的品位、地位，等等。

做生意就是与人打交道，尤其应该在这方面下工夫。

发财的秘方就是忍耐，遗憾的是并非所有的人都能做到

有两个人偶然与神仙邂逅，神仙传授给他们酿酒之法，叫他们选端阳那天饱满起来的米，与冰雪初融时高山流泉的调和，倒入千年紫沙土烧制成的陶瓮盖紧，密闭七七四十九天，直到鸡叫3遍后方可启封。

像每一个传说里的英雄一样，他们历尽千辛万苦，跋涉千山万水，找齐了所有的材料，把梦想一起调和密封，然后潜心等待那注定的时刻。多么漫长的等待啊。

漫漫长路的终点终于触手可及,第49天到了。两人整夜都不能寐,等着鸡鸣的声音。远远地,传来了第一声鸡鸣,过了很久很久,依稀响起了第二声,第三遍鸡鸣到底什么时候才会来?其中一个再也忍不住了,他迫不及待地打开了陶瓷,他却惊呆了。

里面的一汪水,像醋一样酸,仿佛中药一般苦,但他所有的后悔加起来也不可挽回。他失望地把它洒在了地上。而另外一个,虽然欲望仿佛一把野火在他心里慢慢地燃烧,让他按捺不住想要伸手,但他却还是咬着牙,坚持等到第三遍鸡鸣响彻天宇,他终于尝到了甘甜清澈的酒。

【每日一点】

成功不会一蹴而就,财富更不会从天而降。想邂逅它们就要用恒心做向导,用耐心来赢取最后的甘甜。

想要追求财富,必须眼明手快

稍有炒股经验的人大概都知道巴菲特,他是美国当代最著名的投资家,也是美国唯一靠股票投资成为亿万富翁的人。

巴菲特终身信奉美国财务分析之父格莱姆的价值投资法,即成功投资的重要因素,取决于企业的实质价值和支付一个合理划算的交易价格,而不必在意最近或未来股市将会如何运行。巴菲特把企业分为两大类:一般商品型企业和特殊商品型企业。一般商品指消费者总是能买得到的商品,如果这类商品的价格提高,更多的商品就会生产出来。商品的高价格会无限制地吸引竞争者制造商品,直到无利可图为止。特殊商品指独此一家生产这种产品,他人没有能力竞争。一个大城市的日报是最好的例子,又如名牌饮料像可口可乐也是。外来的竞争者很难与特殊商品型企业竞争。巴菲特喜欢的就是这类特殊商品型企业,他于1989年以10亿美元购买了可口可乐公司6.3%的股票,3年翻了三番。

巴菲特在投资上奉行目标少而精的原则。他认为投资的公司一多,投资者对每家企业的了解就相对减少,所以他不主张投资过于分散。他认为,投资多元化说穿了是投资者对所投对象了解不足的一种保护性措施。在他40年的投资生涯里,只有12个投资目标,却使他拥有了现在的地位。

巴菲特在对新的目标确认前,将达到目标的可能性都作非常精确的估计,有了绝对获利的把握，他才会实施。1993 年，巴菲特购买了一家在内布拉斯加深受顾客欢迎的家具公司。这家公司的创办人是一位俄国移民，从未受过正式教育。有一天，巴菲特到她店里问她愿不愿意把家具公司卖给他，她当即开价 6000 万美元。巴菲特没有还价，径直回到办公室开了一张 6000 万美元的支票给她。这位老太太问他怎么没有请律师和会计师，巴菲特说他相信她。

在清点存货时，她才发现家具公司值 8560 万美元。不过一言既出，她不愿毁约，只是非常吃惊，因为巴菲特当时似乎想都没有多想一下。原来他早已认准家具公司值多少钱了。

【每日一点】

人在现实中通过努力实现自己的目标，正如希拉尔·贝洛克说："当你做着将来的梦或者为过去而后悔时，你唯一拥有的现在却从你手中溜走了。"虽然目标是朝着将来的，是有待将来实现的，但目标使我们能把握住现在。一旦瞄准机会，就要迅速，果断地下手，否则只会眼巴巴看它溜走。

因循守旧，一定会尝到失败的苦果

英国 GKN 公司始创于工业革命开始时期，到 19 世纪末，发展成为世界最大的钢铁企业之一。但是，随着钢铁工业的国有化，GKN 公司失去了主要支柱产业，只剩下一个空壳。

GKN 何去何从？围绕着 GKN 的前途问题，公司的高层管理人员争论不休。霍尔兹·沃恩当时在 GKN 公司内任会计师，有幸参与了这场争论。在经过缜密的调查后，霍尔兹·沃恩谨慎地向 GKN 公司董事会呈交了一份有关公司发展前途的战略报告。

按照霍尔兹·沃恩的报告得出的结论：GKN 公司将不再是一个钢铁集团公司，因此，公司应立即转向开发新产品。但是，GKN 公司刚刚创建了一家年产 600 万吨钢管的钢管厂，如果采纳霍尔兹·沃恩的建议，钢管厂将被取缔，所有投资都将化为乌有；再者，霍尔兹·沃恩不过是一名微不足道的会计师。在权衡"利弊"之后，GKN 公司的决策集团放弃了霍尔兹·沃恩的建议，仍按既定方针推进钢管厂的生产。

历史的进展完全证实了霍尔兹·沃恩的战略预测。仅仅过了两年，GKN 公司的钢管厂陷于困境，不得不停产。董事会的董事们在焦头烂额之际才想起了霍尔兹·沃恩，于是破格把他提升为公司的副总裁兼常务经理，霍尔兹·沃恩上任后就着手公司转向的工作。他买下比尔菲尔德公司，将该公司生产的一种新型产品投入欧洲和北美市场，又开发出一种廉价的运输机，使产品畅销全世界。不久，霍尔兹·沃恩又研制出新型战斗机"勇士"号，一举占领了英国军用机生产市场，为 GKN 公司带来了巨大的利润。

1980 年，霍尔兹·沃恩因业绩非凡而被公司任命为董事长。这时，英国的钢铁工业陷入一团糟的窘境，GKN 公司也因此受到冲击，面临新的严峻考验。

在新形势之下，霍尔兹·沃恩的同行们都认为这是工人罢工造成的，霍尔兹·沃恩在调集了各方面的资料进行研究后提出了一个完全不同的观点：这是英国工业衰退的先兆，更大的衰败即将来临。

霍尔兹·沃恩毫不犹豫地采取措施改变公司的产业结构。他先后卖掉了公司在澳大利亚的钢铁业股权和英国的传统机械公司，同时在法国、美国和英国本土创办了 5 家新公司。

对霍尔兹·沃恩的大胆举措，许多董事提出异议。霍尔兹·沃恩不为所动，坚持"我行我素"。不久，英国工业的全面衰败果然来临，GKN 公司因早有准备，使损失降到了最低。

【每日一点】

一切财富的机遇都来源于大胆的创新，敏锐的市场嗅觉。因循守旧，抱残守缺带来的只会是倒退与失败。

第三章

感悟修养：成就卓越的必修课程

给别人留一点面子，为自己留一条退路

三国名将关羽，过五关、斩六将，温酒斩华雄，匹马斩颜良，偏师擒于禁，擂鼓三通斩蔡阳。"百万军中取上将之首级，如探囊取物耳。"

然而，这位叱咤风云、威震三军的一世之雄，下场却很悲惨，居然被吕蒙一个奇袭，兵败地失，被人割了脑袋。

关羽兵败被斩的最根本原因是蜀吴联盟破裂，吴主兴兵奇袭荆州。吴蜀联盟的破裂，原因很复杂，但与关羽其人的骄傲有着密切的关系。

诸葛亮离开荆州之前，曾反复叮嘱关羽，要东联孙吴，北拒曹操。但他对这一战略方针的重要性认识不足。他瞧不起东吴，也瞧不起孙权，致使吴蜀关系紧张起来。关羽驻守荆州期间，孙权派诸葛瑾到他那里，替孙权的儿子向关羽的女儿求婚，"求结两家之好"，"并力破曹"。这本来是件好事，以婚姻关系维系补充政治联盟，历史上多有先例。如果放下高傲的架子，认真考虑一番，利用这一良机，进一步巩固蜀吴的联盟，将是很有益处的。但是，关羽竟然狂傲地说："吾虎女安肯嫁犬子乎？"

不嫁就不嫁嘛，又何如此出口伤人？试想这话传到孙权那里，孙权的面子如何挂得住？又怎能不使双方关系破裂？

关羽的骄傲，使自己吃了一个大大的苦果，被自己的盟友结束了生命。

我们在哀叹关羽的同时，应该深刻反思自己，要保持头脑清醒，防止忘乎所以，莫让关羽的悲剧在我们身上重演。

【每日一点】

俗话说：蚊虫遭扇打，只为嘴伤人。以尖酸刻薄之言讽刺别人，只图自己嘴

巴一时痛快，殊不知会引来意想不到的灾祸。人与人之间原本没有那么多的矛盾纠葛，往往只是因为有人逞一时之快，说话不加考虑，只言片语伤害了别人的自尊，让人下不来台，别人心中怎能不燃起一股邪火？有了机会，反咬一口，也是情理之中的事。

人生总有不如意，落井下石做不得

"患难之交才是真朋友"，这话大家都不陌生。晋代有一个人叫荀巨伯，有一次去探望朋友，正逢朋友卧病在床，这时恰好敌军攻破城池，烧杀掳掠，百姓纷纷携妻挈子，四散逃难。朋友劝荀巨伯："我病得很重，走不动，活不了几天了，你自己赶快逃命去吧！"

荀巨伯却不肯走，他说："你把我看成什么人了，我远道赶来，就是为了来看你。现在，敌军进城，你又病着，我怎么能扔下你不管呢！"说完便转身给朋友熬药去了。

朋友百般苦求，叫他快走，荀巨伯却端药倒水安慰他说："你就安心养病吧，不要管我，天塌下来我替你顶着！"

这时"砰"的一声，门被踢开了，几个凶神恶煞般的士兵冲进来，冲着他喝道："你是什么人？如此大胆，全城人都跑光了，你为什么不跑？"

荀巨伯指着躺在床上的朋友说："我的朋友病得很重，我不能丢下他独自逃命。"并正气凛然地说："请你们别惊吓着我的朋友，有事找我好了。即使要我替朋友而死，我也绝不皱眉头！"

敌军一听愣了，听着荀巨伯的慷慨言语，看看荀巨伯的无畏态度，很是感动，说："想不到这里的人如此高尚，怎么好意思侵害他们呢。走吧！"说着，敌军撤走了。

患难时体现出的正义能产生如此巨大的威力，说来不能不令人惊叹。

人的一生不可能一帆风顺，难免会碰到失利受挫或面临困境的情况，这时候最需要的就是别人的帮助，这种雪中送炭般的帮助会让他人记忆一生。

【每日一点】

乘人之危、落井下石必定是内心卑鄙、阴险的小人才做的事，君子对人不因他人得意而谄媚，也不因他人失意而轻慢。

打人莫打脸，骂人莫揭短

明太祖朱元璋出身寒微，做了皇帝后自然少不了有昔日的穷哥们儿到京城找他。这些人满以为朱元璋会念在老朋友的情分上给他们封个一官半职，谁知朱元璋最忌讳别人揭他的老底，以为那样有损自己的威信，因此对来访者大都拒而不见。

朱元璋儿时的一位好友，千里迢迢从老家凤阳赶到南京，几经周折才算进了皇宫。一见面，这位老兄便当着文武百官大叫大嚷起来："朱老四，你当了皇帝可真威风呀！还认得我吗？当年咱俩一块儿光着屁股玩耍，你干了坏事总是让我替你挨打。记得有一次咱俩一块儿偷豆子吃，背着大人用破瓦罐煮。豆子还没煮熟你就先抢起来，结果把瓦罐打烂了，豆子撒了一地。你吃得太急，豆子卡在喉咙里还是我帮你弄出来的。你忘了吗？"

这位老兄还在喋喋不休唠叨个没完，朱元璋却再也坐不住了，心想："此人太不知趣，居然当着文武百官的面揭我的短处，让我这个当皇帝的脸往哪儿搁？"盛怒之下，朱元璋下令把这个穷哥们儿杀了。

"为尊者讳"，这是官场的一条规矩。一个人，无论他原来的出身多么低贱，有过多么不光彩的经历，一旦当上了大官，爬上了高位，他身上便罩上了灵光，变得神圣起来。往昔那见不得人的一切，要么一笔勾销，永不许再提；要么重新改造、重新解释，赋予新的含义。这位穷哥们儿哪懂得这一点，自以为与朱元璋有旧交，居然当众揭了皇帝的老底，触犯了"逆鳞"，岂不是自找倒霉吗？

朱元璋原本是泥腿子出身，早年当过和尚，后来又参加过推翻元朝统治的红巾军起义。这些经历在朱元璋看来都是卑微的。朱元璋因当过和尚，对"光""秃"一类的字眼十分忌讳；因红巾军被统治者说成是"贼""寇"之类的组织，朱元璋便对这些字眼也极为反感。最具有代表性的例子是，杭州徐一在《贺表》里写了"光天之下，天生圣人，为世作则"几个字，朱元璋读了勃然大怒，说："生者僧也，骂我当过和尚。光是削发，说我是秃子。则者近贼，骂我做过贼。"于是，立即下令把徐一处死。洪武年间，大兴文字狱，唯一幸免的文人是翰林院编修张某。他在作贺表文里有"天下有道""万寿无疆"两句话，朱元璋看了发怒说："这老儿竟骂我是强盗呢！"差人把他逮来当面审讯。张某说："天下有道是孔子说的，万寿无疆出自诗经，说臣诽谤不过如此。"朱元璋被顶住了，无话可说，想了半天才说："这老儿还这般嘴硬，放掉罢。"左右侍臣私下议论："几年来才见饶了这一个人。"

【每日一点】

俗话说打人莫打脸，骂人莫揭短。中国人最爱面子，人活一张脸，树活一张皮。揭露他人不光彩的过去是对他人的不敬重，也是自讨没趣的做法。

繁花尽开花易落，得意之时莫忘形

唐朝郭子仪爵封汾阳王，王府建在首都长安的亲仁里。汾阳王府自落成后，每天都是府门大开，任凭人们自由进进出出，而郭子仪不允许其府中的人对此加以干涉。有一天，郭子仪帐下的一名将官要调到外地任职，来王府辞行。他知道郭子仪府中百无禁忌，就一直走进了内宅。恰巧，他看见郭子仪的夫人和他的爱女正在梳妆打扮，而王爷郭子仪正在一旁侍奉她们，她们一会儿要王爷递毛巾，一会儿要他去端水，使唤王爷就好像奴仆一样。这位将官当时不敢讥笑郭子仪，回家后，他禁不住讲给他的家人听，于是一传十，十传百，没几天，整个京城的人都把这件事当成笑话来谈论。郭子仪听了倒没有什么，他的几个儿子听了却觉得大丢王爷的面子，他们决定对父亲提出建议。

他们相约一齐来找父亲，要他下令，像别的王府一样，关起大门，不让闲杂人等出入。郭子仪听了哈哈一笑，几个儿子哭着跪下来求他，一个儿子说："父王您功业显赫，普天下的人都尊敬您，可是您自己却不尊重自己，不管什么人，您都让他们随意进入内宅。孩儿们认为，即使商朝的贤相伊尹、汉朝的大将霍光也无法做到您这样。"

郭子仪听了这些话，收敛了笑容，对他的儿子们语重心长地说："我敞开府门，任人进出，不是为了追求浮名虚誉，而是为了自保，为了保全我们全家人的性命。"

儿子们感到十分惊讶，忙问其中的道理。

郭子仪叹了一口气，说道："你们光看到郭家显赫的声势，而没有看到这声势有丧失的危险。我爵封汾阳王，往前走，再没有更大的富贵可求了。月盈而蚀，盛极而衰，这是必然的道理。所以，人们常说要急流勇退。可是眼下朝廷尚要用我，怎肯让我归隐，再说，即使归隐，也找不到一块能够容纳我郭府一千余口人的隐居地呀。可以说，我现在是进不得也退不得。在这种情况下，如果我们紧闭大门，不与外面来往，只要有一个人与我郭家结下仇怨，诬陷我们对朝廷怀有二心，就必然会有专门落井下石、妨害贤能的小人从中添油加醋，制造冤案。那时，我们郭家的九族老小都要死无葬身之地了。"

郭子仪所以让府门敞开，是因为他深知官场的险恶，正因为他具有很高的政治眼光，又有一定的德行修养，善于忍受各种复杂的政治环境，因此即使在自己功勋卓著的日子，也时时做好了准备应付可能发生的危险。

【每日一点】

《红楼梦》中有一段元春死后托梦的诗句："身后有余忘缩手，眼前无路想回头。"做人要永远为自己留条后路。永远记住花未全开、月未全圆才最好，一旦花怒放就要面临萎谢，所以人在得意之时切莫放纵自己。

将姿态放低，赢得他人敬重

在美国第 16 任总统林肯的故居里，挂着他的两张画像，一张有胡子，一张没有胡子。在画像旁边墙上贴着一张纸，上面歪歪扭扭地写着：

亲爱的先生：

我是一个 11 岁的小女孩，非常希望您能当选美国总统，因此请您不要见怪我给您这样一位伟人写这封信。

如果您有一个和我一样的女儿，就请您代我向她问好。要是您不能给我回信，就请她给我写吧。我有 4 个哥哥，他们中有两人已决定投您的票。如果您能把胡子留起来，我就能让另外两个哥哥也选您。您的脸太瘦了，如果留起胡子就会更好看。所有女人都喜欢胡子，那时她们也会让她们的丈夫投您的票。这样，您一定会当选总统。

格雷西
1860 年 10 月 15 日

在收到小格雷西的信后，林肯立即回了一封信。

我亲爱的小妹妹：

收到你 15 日的来信，非常高兴。我很难过，因为我没有女儿。我有 3 个儿子，一个 17 岁，一个 9 岁，一个 7 岁。我的家庭就是由他们和他们的妈妈组成的。关于胡子，我从来没有留过，如果我从现在起留胡子，你认为人们会不会觉得有点可笑？

真诚地祝愿你

亚·林肯

　　第二年2月，当选的林肯在前往白宫就职途中，特地在小女孩的小城韦斯特菲尔德车站停了下来。他对欢迎的人群说："这里有我的一个小朋友，我的胡子就是为她留的。如果她在这儿，我要和她谈谈。她叫格雷西。"这时，小格雷西跑到林肯面前，林肯把她抱了起来，亲吻她的面颊。小格雷西高兴地抚摸他又浓又密的胡子。林肯对她笑着说："你看，我让它为你长出来了。"

【每日一点】

　　伟人在高处还能够弯腰，恰恰证明了他的伟大。在他人面前将自己的姿态放得越低，越能赢得他人的敬重。

要与人为善，不要和人争斗

　　在风景如画的美国加利福尼亚，年轻的海洋生物学家布兰姆做了一个十分重要的观察实验。这天，他潜入深水以后，看到了一个奇异的场面：一条银灰色的大鱼离开鱼群，向一条金黄色的小鱼快速游去。布兰姆以为，这条小鱼已在劫难逃了。然而，大鱼并没有恶狠狠地向小鱼扑去，而是停在小鱼面前，平静地张开了鱼鳍，一动也不动。那小鱼见了，便毫不犹豫地迎上前去，紧贴着大鱼的身体，用尖嘴东啄啄西啄啄，好像在吮吸什么似的。最后，它竟将半截身子钻入大鱼的鳃盖中。几分钟以后，它们分手了，小鱼潜入海草丛中，那大鱼则轻松地追赶自己的同伴去了。在这以后的数月里，布兰姆进行了一系列的跟踪观察研究，他多次见到这种情景。看来，现象并不是偶然的。经过一番仔细的观察，布兰姆认为，小鱼是"水晶宫"里的"大夫"，它是在为大鱼治病。

　　鱼"大夫"身长只有三四厘米，这种小鱼色彩艳丽，游动时就像条飘动的彩带，因而当地人称它为"彩女鱼"。鱼"大夫"喜欢在珊瑚礁或海草丛生的地方游来游去，那是它们开设的"流动医院"。栖息在珊瑚礁中的各种鱼，一见到彩女鱼就会游过去，把它团团围住。有一次，布兰姆发现，几百条鱼围住了一条彩女鱼。这条彩女鱼时而拱向这一条，时而拱向另一条，用尖嘴在它们身上啄食着什么东西。而这些大鱼怡然自得地摆出了各种姿势，有的头朝上，有的头向下，也有的侧身横躺，甚至腹部朝天。这多像个大病房啊！

布兰姆把这条彩女鱼捉住，剖开它的胃，发现里面装满了各种寄生虫、小鱼以及腐蚀的鱼虫。为大鱼清除伤口的坏死组织，啄掉鱼鳞、鱼鳍和鱼鳃上的寄生虫，这些脏东西又成了鱼"大夫"的美味佳肴。这种合作对双方都很有好处，生物学上将这种现象称为"共生"。

在大海中，类似彩女鱼那样的鱼"大夫"共有 45 种，它们都有尖而长的嘴巴和鲜艳的色彩。

这些鱼"大夫"的工作效率十分惊人。有人在巴哈马群岛附近发现，那儿的一个鱼"大夫"，在 6 小时里竟接待了 300 多条病鱼。前来"求医"的大多是雄鱼，这是因为雄鱼好斗，受伤的机会较多；同时雄鱼比雌鱼爱清洁，除去脏东西后，它们便容光焕发，容易得到雌鱼的垂青。有趣的是，小小的彩女鱼在与凶猛的大鱼打交道时，不但没受到欺侮，还会得到保护呢。布兰姆对几百条凶猛的鱼进行了观察，在它们的胃里都没有发现彩女鱼。然而，他却多次看到，这些小鱼进入大鲈鱼张开的口中，去啄食里面的寄生虫。一旦敌人来临，大鲈鱼自身难保时，它便先吐出彩女鱼，不让自己的朋友遭殃，然后逃之夭夭，或前去对付敌人。

【每日一点】

人的存在，就像篓子里的一堆螃蟹，你中有我，我中有你，纵横交错，息息相关，又相互伤害。唯有与人为善，方能减少这种伤害。

失意人面前莫谈你的得意，这是对人起码的尊重

有一次，王丰约了几个朋友来家里吃饭，这些朋友彼此间都很熟识。王丰把他们聚拢来主要是想借着热闹的气氛让一位目前正陷于低潮的朋友心情好一些。

这位朋友不久前因经营不善结束了一家公司的经营，妻子也因为不堪生活的压力正与他谈离婚的事，内外交迫，他实在痛苦极了。

来吃饭的朋友都知道这位朋友目前的遭遇，大家都避免去谈与事业有关的事。

可是其中一位因为目前发了大财，赚了很多钱，酒一下肚忍不住就开始谈他的赚钱本领和花钱功夫，那种得意的神情连王丰看了都有些不舒服。王丰那位失意的朋友低头不语，脸色非常难看，一会儿去上厕所，一会儿去洗脸，后来还是提早离开了。

王丰送他出去，走在巷口时他愤愤地说："老吴有本事赚钱也不必在我面前

吹嘘嘛！"

【每日一点】

　　谁都有不顺心的时候，在他人失意时提及自己的得意，便于无形中伤害了别人的自尊。此时，尽力避免谈自己的成就，这是对他人的一种敬重。

为人处世要谦恭，莫在班门前弄斧

　　苏东坡在湖州做了3年官，任满回京。想当年，因得罪王安石，落得被贬的结局，这次回来应投门拜见才是。于是，便往宰相府去。

　　此时，王安石正在午睡，书童便将苏轼迎入东书房等候。

　　苏轼闲坐无事，见砚下有一方素笺，原来是王安石两句未完诗稿，题是咏菊。苏东坡不由笑道：

　　"想当年我在京为官时，此老下笔数千言，不假思索。3年后，却是江郎才尽，起了两句头便续不下去了。"

　　他把这两句念了一遍，不由叫道：

　　"呀，原来连这两句诗都是不通的。"

　　诗是这样写的：

　　"西风昨夜过园林，吹落黄花满地金。"

　　在苏东坡看来，西风盛行于秋，而菊花在深秋盛开，最能耐久，随你焦干枯烂，却不会落瓣。一念及此，苏东坡按捺不住，依韵添了两句：

　　"秋花不比春花落，说与诗人仔细吟。"

　　待写下后，又想如此抢白宰相，只怕又会惹来麻烦，若把诗稿撕了，不成体统。左思右想，都觉不妥，便将诗稿放回原处，告辞回去了。

　　第二天，皇上降诏，贬苏轼为黄州团练副使。

　　苏东坡在黄州任职将近一年，转眼便已深秋，这几日忽然起了大风。风息之后，后园菊花棚下，满地铺金，枝上全无一朵。苏东坡一时目瞪口呆，半晌无语。此时方知黄州菊花果然落瓣！不由对友人道：

　　"小弟被贬，只以为宰相是公报私仇。谁知是我错了。切记啊，不可轻易讥笑人，正所谓经一失，长一智呀。"

　　苏东坡心中含愧，便想找个机会向王安石赔罪。想起临出京时，王安石曾托自己取三峡之中峡水用来冲阳羡茶，由于心中一直不服气，早把取水一事抛在脑后。现在便想趁冬至节送贺表到京的机会，带着中峡水给宰相赔罪。

此时已近冬至，苏轼告了假，带着因病返乡的夫人经四川进发了。在夔州与夫人分手后，苏轼独自顺江而下，不想因连日鞍马劳顿，竟睡着了，及至醒来，已是下峡，再回船取中峡水又怕误了上京时辰，听当地老人道："三峡相连，并无阻隔。一般样水，难分好歹。"便装了一瓷坛下峡水，带着上京去了。

上京来，先到宰相府拜见宰相。

王安石命门官带苏轼到东书房。苏轼想到去年在此改诗，心下愧然。又见柱上所贴诗稿，更是羞惭，倒头便跪下谢罪。

王安石原谅了苏轼以前没见过菊花落瓣。待苏轼献上瓷坛，书童取水煮了阳羡茶。

王安石问水从何来，苏东坡道：

"巫峡。"

王安石笑道：

"又来欺瞒我了，此明明是下峡之水，怎么冒充中峡？"

苏东坡大惊，急忙辩解道："误听当地人言，三峡相连，一般江水，但不知宰相何以能辨别？"

王安石语重心长地说道：

"读书人不可轻举妄动，定要细心察理。我若不是到过黄州，亲见菊花落瓣，怎敢在诗中乱道？三峡水性之说，出于《水经补注》，上峡水太急，下峡水太缓，唯中峡缓急相伴，如果用来冲阳羡茶，则上峡味浓，下峡味淡，中峡浓淡之间，今见茶色半晌方见，故知是下峡。"

苏东坡敬服。

王安石又把书橱尽数打开，对苏东坡言道：

"你只管从这二十四橱中取书一册，念上文一句，我若答不上下句，就算我是无学之辈。"

苏东坡专拣那些积灰较多，显然久不观看的书来考王安石，谁知王安石竟对答如流。

苏东坡不禁折服：

"老太师学问渊深，非我晚辈浅学可及！"

苏东坡乃一代文豪，诗词歌赋，都有佳作传世，只因恃才傲物，口出妄言，竟 3 次被王安石所屈，从此再也不敢轻易讥笑他人了。

【每日一点】

谁我们不可能对万事万物都了如指掌，为人谦恭既是对他人的敬重，也是保护自己的良策。

弯曲是生存的哲学，大丈夫要能屈能伸

孟买佛学院是印度最著名的佛学院之一，这所佛学院的特点是建院历史悠久，拥有灿烂辉煌的建筑，还培养出了许多著名的学者。还有一个特点是其他佛学院所没有的，这是一个极其微小的细节。但是，所有进入过这里的人，当他再出来的时候，几乎无一例外地承认，正是这个细节使他们顿悟，正是这个细节让他们受益无穷。

这是一个很简单的细节，只是人们都没有在意：孟买佛学院在它的正门一侧，又开了一个小门，这个小门只有 1.5 米高、0.4 米宽，一个成年人要想过去必须学会弯腰侧身，不然就只能碰壁了。

这正是孟买佛学院给它的学生上的第一堂课。所有新来的人，教师都会引导他到这个小门旁，让他进出一次。很显然，所有的人都是弯腰侧身进出的，尽管有失礼仪和风度，但是却达到了目的。教师说，大门当然出入方便，而且能够让一个人很体面很有风度地出入。但是，有很多时候，人们要出入的地方，并不是都有着壮观的大门，或者，有大门也不是随便可以出入的。这个时候，只有学会了弯腰和侧身的人，只有暂时放下尊贵和虚荣的人，才能够出入。否则，有很多时候，你就只能被挡在院墙之外了。

孟买佛学院的教师告诉他们的学生，佛家的哲学就在这个小门里。其实，人生的哲学何尝不在这个小门里。人生之路，尤其是通向成功的路上，几乎是没有宽阔的大门的，所有的门都需要弯腰侧身才可以进去。

【每日一点】

太刚易折，这是千古不变的真理。大丈夫在世必须要能屈能伸，一个不成熟的男人想为他所从事的事业光荣献身；一个成熟的男人则希望能为他所从事的职业"苟且"地活着。

小聪明可得一时之快，大智慧方可一世欢畅

战国时楚王的宠臣安陵君，能说会道，很受楚王器重。但他并不遇事张口就说，而是很讲究说话的时机。他有一位朋友名叫江乙，对他说："您没有一寸土地，又没有至亲骨肉，然而身居高位，享受优厚的俸禄，国人见了您，无不整衣跪拜，无不接受您的号令，为您效劳，这是为什么呢？"

安陵君说："这是大王太抬举我了，不然哪能这样！"

江乙便不无忧虑地指出："用钱财相交的人，钱财一旦用尽，交情也就断了；靠美色相交的人，色衰则情移。因此，狐媚的女子不等卧席磨破，就遭遗弃；得宠的臣子不等车子坐坏，已被驱逐。如今您掌握楚国大权，却没有办法和大王深交，我暗自替您着急，觉得您的处境太危险了。"

安陵君一听，恍然大悟，毕恭毕敬地拜问江乙："既然这样，请先生指点迷津。"

江乙说："希望您一定要找个机会对大王说：'愿随大王一起死，以身为大王殉葬。'如果您这样说了，必能长久地保住权位。"

安陵君说："谨依先生之言。"

但是，过了很长时间，安陵君依然没有对楚王提起这话。江乙又去见安陵君，说："我对您说的那些话，您为何至今不对楚王说？既然您不用我的计谋，我就再不管了。"

安陵君答道："我怎敢忘却先生的教诲，只是一时还没有合适的机会。"

又过了些时日，机会终于来了。楚王到云梦打猎，一箭射死了一头狂怒奔来的野牛。百官和护卫欢声雷动，齐声称赞。楚王也高兴得仰天大笑，说："痛快啊！今天的游猎，寡人何等快活！待寡人万岁千秋之后，你们谁能和我共有今天的快乐呢？"

此时，安陵君抓住机会，泪流满面地走上前来，说："臣进宫就与大王同共一席，出宫与大王同乘一车，如果大王万岁千秋之后，我愿随大王奔赴黄泉，变作芦草为大王阻挡蝼蚁，那便是臣最大的荣幸。"

楚王闻言，大受感动，正式设坛封他为安陵君，对他更加宠信了。

【每日一点】

做人要有高瞻远瞩的长远眼光，不要因为眼前的一时之宠就得意忘形，也不要为了时下的一点失利就一蹶不振。小聪明是翻不起大浪花的，大智慧才可保你一世成功。

第四章

▼

感悟智慧：世界上最靠得住的就是智慧

就算你要帮助他人，也要讲究方法策略

有一家卖布丁的商店，每年到圣诞节的时候就将许多美味布丁摆放成一排。你可以选择最适合你口味的布丁，他们甚至还允许你先品尝，然后再做决定。

海特常常想，会不会有些根本不打算买布丁的人利用这个优惠的机会白吃呢？有一天，他向女店员提出了这个问题，才得知的确有这样的事情。

"有这样一位老先生，"她说，"他几乎每星期都来这儿尝一尝每一种布丁，尽管他从来不买什么，而且，我怀疑他永远也不会买。我从去年，甚至前年就记住他了。唉，如果他想来就让他来吧，我们也欢迎。而且，我希望有更多商店可让他去品尝布丁。他看上去好像确实需要这样，我想大家都不会在乎的。"

就在她正跟海特说着话的时候，一位上了年纪的先生一瘸一拐地来到柜台前，开始兴致勃勃地仔细打量起那一排布丁。

"哎，那就是我刚刚跟你说的那位先生，"女店员轻轻地对海特说，"现在你就看着他好了。"说完，又转身对老先生说："您想尝尝这些布丁吗，先生？您就用这把调羹好了！"

这位老先生衣着破旧，但很整洁。他接过调羹，开始急切地一个接一个地品尝布丁，只是偶尔停下来，用一块大大的手绢擦擦他发红的眼睛。

海特看到他的手绢已经完全破了。

"这种不错。"

"这种也很好，但稍稍油腻了一点。"

海特想：看起来，他真诚地相信自己最终会买下一个布丁。他一点也不觉得自己是在欺骗商店。可怜的老头！也许他过去有钱来挑选自己最爱吃的布丁，如今他已家境破落，所能做到的也只是这样品尝品尝了。

海特突然动了同情心，走到老人跟前说：

"对不起，先生，能赏个脸吗？让我为您买一只布丁吧。这会让我深感欣慰的。"

听完海特的话，老先生好像被刺了一下似的往后一跳，热血冲上他那布满皱纹的脸。

"对不起，"他说，他的神态比海特根据其外表想象出的要高傲得多，"我想我跟您并不相识。您肯定是认错人了。"

说完，老先生转身对女店员大声说道："劳驾，把这只布丁替我包好，我要带走。"他指了指最大的也是最贵的一只布丁。

女店员从架子上取下布丁，开始打包。这时，他掏出一只破旧的黑色小皮夹子，开始数起他那些零散而少得可怜的钱来，然后将它们放到柜台上。

【每日一点】

不尊重别人的自尊心，就好像一颗经不住阳光的宝石。一个真正会助人的人，在帮助他人时绝不会表现得像一个高高在上的施予者。这是对他人人格的一种尊重。

不可贪蝇头小利，免得为日后的生活设置障碍

清代康熙年间，北京城里延寿寺街上廉记书铺的店堂里，一个书生模样的青年站在离账台不远的书架边看书。这时账台前一位少年拿着一本《吕氏春秋》正在付书款，有一枚铜钱掉地滚到这个青年的脚边，青年斜睨眼睛扫了一下周围，就挪动右脚，把铜钱踩在脚底。不一会儿，那少年付完钱离开店堂，这个青年就俯下身去拾起脚底下的这枚铜钱。

凑巧，这个青年踩钱、取钱的一幕，被店堂里边坐在凳上的一位老翁看见了。他见此情景，盯着这个青年看了很久，然后站起身来走到青年面前，同青年攀谈，知道他叫范晓杰，还了解了他的家庭情况。原来，范晓杰的父亲在国子监任助教，他跟随父亲到了北京，在国子监读书已经多年了。今天偶尔走过延寿寺街，见廉记书铺的书价比别的书店低廉，所以进来看看。老翁冷冷一笑，就告辞离开了。

后来，范晓杰以监生的身份进入誊录馆工作，不久，他到吏部应考合格，被选派到江苏常熟县去任县尉官职。范晓杰高兴极了，便水陆兼程南下上任。到了南京的第二天，他先去常熟县的上级衙门江宁府投帖报到，请求谒见上司。当时，

江苏巡抚大人汤斌就在江宁府衙，他收了范晓杰的名帖，没有接见。范晓杰只得回驿馆住下。过一天去，又得不到接见。这样一连 10 天。

第 11 天，范晓杰耐着性子又去谒见，威严的府衙护卫官向他传达巡抚大人的命令："范晓杰不必去常熟县上任了，你的名字已经写进被弹劾的奏章，革职了。"

"大人，弹劾我，我犯了什么罪？"范晓杰莫名其妙，便迫不及待地问。

"贪钱。"护卫官从容地回答。

"啊？"范晓杰大吃一惊，自忖："我还没有到任，怎么会有贪污的赃证？一定是巡抚大人弄错了。"急忙请求当面向巡抚大人陈述，澄清事实。

护卫官进去禀报后，又出来传达巡抚大人的话："范晓杰，你不记得延寿寺街上书铺中的事了吗？你当秀才的时候尚且爱一枚铜钱如命，今天侥幸当上了地方官，以后能不绞尽脑汁贪污而成为一名戴乌纱帽的强盗吗？请你马上解下官印离开这里，不要使百姓受苦了。"

范晓杰这才想起以前在廉记书铺里遇到的老翁，原来就是正在私巡察访的巡抚大人汤斌。

【每日一点】

为人做事目光要长远，尤其是谋划大业必须有高瞻远瞩的眼光。为了眼前一点蝇头小利就如此作为，这种短视的行为直接反映出为人的心态。正如孔子所言："君子喻于义，小人喻于利。"

听懂他人的弦外之音，读懂对方的潜台词

沈万三是明朝初年江苏昆山一带有名的大富翁。他原名沈万三富，因当时民间习惯将名门望族中的人称作"秀"，连上姓名和排行，因此他又被称作沈万三秀。至于其中再嵌上一个"万"字，则是因为他拥有万贯家财。

沈万三竭力向刚刚建立的明王朝表示自己的忠诚，拼命地向新政府输银纳粮，讨好朱元璋，想给他留个好印象。

朱元璋于是下令要沈万三出钱修金陵的城墙。沈万三负责的是从洪武门到西门一段，占金陵城墙总工程量的三分之一。可沈万三不仅按质量提前完了工，而且还提出由他出钱犒劳士兵。

沈万三这样做，本来也是想讨好朱元璋，但没想到弄巧成拙。朱元璋一听，

当即火了，他说："朕有百万雄师，你犒劳得了吗？"

沈万三没听出朱元璋的弦外之音，面对如此诘难，他居然毫无难色，表示：

"即使如此，我依旧可以犒赏每位将士银子一两。"

朱元璋听了大吃一惊。在与张士诚、陈友谅、方国珍等武装割据集团争夺天下时，朱元璋就曾经由于江南豪富支持敌对势力而吃尽苦头。现在虽已建国，但国强不如民富，这使朱元璋感到无法忍受。如今沈万三竟然僭越，想代天子犒赏三军，仗着富有将手伸向军队，更使朱元璋火冒三丈。

但他没马上表露出怒意，只是沉默了一下，冷言道：

"军队朕自会犒赏，这事你就不必操心了。"

朱元璋决意治治沈万三的骄横之气。

一天，沈万三又来大献殷勤，朱元璋给了他一文钱。

朱元璋说："这一文钱是朕的本钱，你给我去放债。只以一个月作为期限，第二日起至第三十日止，每天取一对合。"

所谓"对合"是指利息与本钱相等。也就是说，朱元璋要求每天利息为百分之百，而且是利滚利。

沈万三虽然浑身珠光宝气，但腹中空空，财力有余，智慧不足。他心想，这有何难！第二天本利 2 文，第三天 4 文，第四天才 8 文。区区小数，何足挂齿？于是沈万三非常高兴地接受了任务。

可是，他回家仔细一算，不由得傻眼了，虽然到第十天本利总共也不过 512 文，可到第二十天就变成了 524288 文，而到第三十天也就是最后一天，总数竟高达 536870912 文。要交出 5 亿多文钱，沈万三只能倾家荡产了。

后来，沈万三果然倾家荡产，朱元璋下令将沈万三家庞大的财产全部抄没后，又下旨将沈万三全家流放到云南边地。

沈万三的悲剧恰恰是由他听不懂皇帝言外之意的结果，一味地奉承，但显然马屁拍错了地方，而且也没能领会朱元璋的意思，最后只有败北。

【每日一点】

听得懂"弦外之音"是为人处世的必要本领，也是一种交往之技，更是我们智慧的体现，因为它直接关系到我们人际关系的好坏和做事的成败。

别把眼睛长在头顶上，你并非全能全知

美国发明家爱迪生，年轻时曾和普林斯顿大学数学系毕业生阿普顿在一起工作，住在一个房间里。

阿普顿总觉得自己有学问，从不把卖报出身的爱迪生看在眼里。爱迪生是个沉默寡言的人，从不炫耀自己，对阿普顿的自负和处处卖弄学问，从心里感到厌烦。为了让阿普顿把态度放谦虚一些，有一次，爱迪生把一只梨形的玻璃灯泡交给阿普顿，请他算算容积是多少。

阿普顿拿着那个玻璃灯泡，轻蔑地一笑，心想："想用这个难住我，未免太天真了！"

他拿出尺子上下量了又量，还依照灯泡的样式列出一道道算式，数字、符号写了一大堆。他算得非常认真，画了一张张草图，脸上渗出了细细的汗珠。

过了一个多钟头，爱迪生见阿普顿还在那儿算个不停，便忍不住笑着说："不用那么费事，还是换个别的方法算吧！"

阿普顿仍固执地说："不用换，等一会儿我就能得到答案了。"

又过了半个钟头，阿普顿对自己的计算似乎还不放心，还在那里低头核算。爱迪生有些不耐烦了，拿过玻璃灯泡，倒满了水交给阿普顿说："去把这些水倒进量杯……"

不等爱迪生说完，阿普顿明白了什么是既简单又准确的方法，他那冒着汗的脸，刷地红了。他知道了，爱迪生确实不愧为伟大的发明家。

阿普顿是大学数学系的毕业生，计算是他的内行。当碰到"计算玻璃灯泡容积"的问题时，由于受他固有的思维方式影响，自然而然地拿出尺子对灯泡量了又量，算了又算，他根本不会想到打破定式，采用其他简便的方法。爱迪生则不同，他能突破习惯性思维的束缚，采用快捷的方法，立即精确地求得了灯泡容积的答案。

【每日一点】

每个人在做事之前都必须明确一个事实：你并不是万能的。明白了这一点，你做起事情来就会谦恭得多，也避免了因盲目自大带来的错误。

不为他人的意见所动，时间是检验一切的真理

他是英国一位年轻的建筑设计师，很幸运地被邀请参加了温泽市政府大厅的设计。他运用工程力学的知识，根据自己的经验，很巧妙地设计了只用一根柱子支撑大厅天顶的方案。

一年后，市政府请权威人士进行验收时，对他设计的一根支柱提出了异议。他们认为，用一根柱子支撑天花板太危险了，要求他再多加几根柱子。

年轻的设计师十分自信，他说："只要用一根柱子便足以保证大厅的稳固。"他详细地通过计算和列举相关实例加以说明，拒绝了工程验收专家们的建议。

他的固执惹恼了市政官员，年轻的设计师险些因此被送上法庭。

在万不得已的情况下，他只好在大厅四周增加了4根柱子。不过，这4根柱子全部都没有接触天花板，其间相隔了无法察觉的两毫米。

时光如梭，岁月更迭，一晃就是300年。

300年的时间里，市政官员换了一批又一批，市政府大厅坚固如初。直到20世纪后期，市政府准备修缮大厅的天顶时，才发现了这个秘密。

消息传出，世界各国的建筑师和游客慕名前来，观赏这几根神奇的柱子，并把这个市政大厅称作"嘲笑无知的建筑"。最为人们称奇的是这位建筑师当年刻在中央圆柱顶端的一行字：

自信和真理只需要一根支柱。

这位年轻的设计师就是克里斯托·莱伊恩，一个很陌生的名字。今天，能够找到有关他的资料实在微乎其微了，但在仅存的一点资料中，记录了他当时说过的一句话："我很自信。至少100年后，当你们面对这根柱子时，只能哑口无言，甚至瞠目结舌。我要说明的是，你们看到的不是什么奇迹，而是我对自信的一点坚持。"

【每日一点】

对权威应当尊重，但过分的尊重有时会贬低自己的才能。很多人在权威面前显得非常渺小，最大的原因，是他们对于自己的不肯定。

但是，自信不是要妄自尊大，它需要深厚的知识和经验积累作为其坚强后盾。

做事不可盲目冲动，因为有时美丽的假象会欺骗你

一只美丽的蝴蝶在朦胧的暮色中飞来飞去，尽情地享受着傍晚的清凉。突然，远处的一座房子里透出了一点闪亮的灯光，好玩的蝴蝶旋即飞过去想看个究竟。当它飞进房子里的时候，看见窗台上亮着一盏油灯，灯光就是从油灯那燃烧的火焰上发出来的。蝴蝶一边好奇地打量着油灯，一边绕着油灯上下飞舞着，它觉得这陌生的东西真是漂亮迷人啊！

单是欣赏还不够，蝴蝶决定要跟亮眼的火花认识一下，还要和它一起游戏，就像平时在公园里坐在花瓣上荡秋千似的玩耍一会儿。

它转过身子，朝着灯焰直飞了过去。突然，蝴蝶觉得身上一阵剧烈的刺痛，而且有一股气流把它向上推去。心惊肉跳的蝴蝶赶紧在小油灯旁停了下来，它吃惊地发现：自己的一条腿不见了，那漂亮的翅膀也被烧了一个很大的洞。

"怎么会发生这样的事呢？"蝴蝶莫名其妙地问自己。它左思右想，一时找不到答案。它压根就不会相信，如此漂亮迷人的火花会给它带来灾难。

蝴蝶从震惊中渐渐地清醒过来，它主观地断定灯光是绝对不会伤害自己的。它决心要和灯光交个朋友，好好地同它玩一玩。主意已定，蝴蝶就忍着剧痛，重新振翅飞了起来。

它围绕着油灯飞了好几个来回，始终觉得灯光丝毫也没有伤害自己的意思。于是，它放心大胆地向灯焰扑了过去，想在它上面荡秋千。谁知它一飞到火焰中，立即就跌进了油灯里。

"你太无情，太残酷了。"蝴蝶有气无力地对油灯说，"我看你是那样的迷人，一心想和你交个朋友，没想到你却是如此险恶狠毒。可惜我觉悟得太晚了，我为自己的愚蠢付出了代价！"

"可怜的蝴蝶！"油灯回答说，"不是我残酷无情，而是你自己太幼稚天真了，你把我当成了洒满月光的花朵，这难道是我的过错吗？我的使命是给人们带来光明，但是谁如果不了解我，不懂得谨慎地使用我，就会被我的火焰烧伤。"

【每日一点】

做事盲目冲动、感情用事常常会导致令人不能承受的严重后果。

冷静、理性理应成为我们的生活准则，用它们来指导我们做事往往会离成功较近。

朝三暮四的结局——一事无成

好多年前，有人要将一块木板钉在树上当隔板，贾金斯走过去想要帮那个人一把。他对那人说："你应该先把木板头子锯掉再钉上去。"于是，他找来了锯子。可他还没有锯两三下又撒手了，说要把锯子磨快些。

于是他又去找锉刀。接着又发现必须先在锉刀上安一个顺手的手柄。于是，他又去灌木丛中寻找小树，可砍树又得先磨快斧头。

磨快斧头需将磨石固定好，这又免不了要制作支撑磨石的木条。制作木条少不了木匠用的长凳，可这没有一套齐全的工具是不行的。于是，贾金斯到村里去找他所需要的工具。然而这一走，就再也不见他回来了。

后来人们发现，贾金斯无论学什么都是半途而废。他曾经废寝忘食地攻读法语，但要真正掌握法语，必须首先对古法语有透彻的了解，而没有对拉丁语的全面掌握和理解，要想学好古法语是绝不可能的。

贾金斯进而发现，掌握拉丁语的唯一途径是学习梵文，因此便一头扑进梵文的学习之中，可这就更加旷日费时了。

贾金斯从未获得过什么学位，他所受过的教育也始终没有用武之地。但他的先辈为他留下了一些本钱。他拿出 10 万美元投资办一家煤气厂，可造煤气所需的煤炭价钱昂贵，这使他大为亏本。于是，他以 9 万美元的售价把煤气厂转让出去，开办起煤矿来。可这又不走运，因为采矿机械的耗资大得吓人。因此，贾金斯把在矿里拥有的股份变卖成 8 万美元，转入了煤矿机器制造业。从那以后，他便像一个内行的滑冰者，在有关的各种工业部门中滑进滑出，没完没了。

他恋爱过好几次，可是每一次都毫无结果。他对一位姑娘一见钟情，十分坦率地向她表露了心迹。为使自己配得上她，他开始在精神品德方面陶冶自己。他去一所星期日学校上了一个半月的课，便自动逃遁了。两年后，当他认为问心无愧、可以启齿求婚之日，那位姑娘早已嫁给了一个愚蠢的家伙。

不久，他又如痴如醉地爱上了一位迷人的、有 5 个妹妹的姑娘。可是，当他上姑娘家时，却喜欢上了二妹，不久又迷上了更小的妹妹。到最后一个也没谈成功。

贾金斯一直在困惑着，他之所以困惑，是因为他不知道自己的失败是朝三暮四所导致的。

【每日一点】

意志力薄弱是许多人失败的原因，朝三暮四、朝秦暮楚是他们共同的特性，而一事无成是他们的宿命。

人的一生总会遇到责难，唯有智慧能帮助我们化解

1956年，在苏联共产党第二十次代表大会上，赫鲁晓夫做了"秘密报告"，揭露、批评了斯大林肃反扩大化等一系列错误，引起苏联人及全世界各国的强烈反响，大家议论纷纷。

由于赫鲁晓夫曾经是斯大林非常信任和器重的人，很多苏联人都怀有疑问：既然你早就认识到了斯大林的错误，那么你为什么早先从来没有提出过不同意见？你当时干什么去了？你有没有参与这些错误行动？

有一次，在党的代表大会上，赫鲁晓夫再次批判斯大林的错误。这时，有人从听众席上递来一张条子。赫鲁晓夫打开一看，上面写着："那时候你在哪里？"

这是一个非常尖锐的问题，赫鲁晓夫的脸上很难堪。他很难做出回答，但他又不能回避这个问题，更无法隐瞒这个条子，这样会使他丢面子，失去威信，让人觉得他没有勇气面对现实。他也知道，许多人有着同样的问题，更何况，这会儿台下成千双眼睛已盯着他手里的那张纸，等着他念出来。

赫鲁晓夫沉思了片刻，拿起条子，通过扩音器大声念了一遍条子的内容，然后望着台下，大声喊道：

"谁写的这张条子，请你马上从座位上站起来，走上台。"

没有人站起来，所有的人心怦怦地跳，不知赫鲁晓夫要干什么。写条子的人更是忐忑不安，后悔刚才的举动，想着一旦被查出来会有什么结果。

赫鲁晓夫重复了一遍他的话，请写条子的人站出来。

全场仍死一般的沉寂，大家都等着赫鲁晓夫的爆发。

几分钟过去了，赫鲁晓夫平静地说："好吧，我告诉你，我当时就坐在你现在的那个地方。"

【每日一点】

把烫手的山芋还给对方，这真是做事最高明的一招。有些话不方便明说，此时我们就要动用智慧，把难题巧妙地转嫁过去。

做事讲谋略，打蛇打七寸

汉代的朱博本是武将出身，后来调任地方做文官。他利用一些巧妙的手段，制服了地方上的恶势力，被人们传为美谈。在长陵一带，有个大户人家出身的人名叫尚方禁。他年轻时曾强奸别人的妻子，被人用刀砍伤了面颊。如此恶棍，本应重重惩治，只因他大大地贿赂了官府的功曹，不但没有被革职查办，反倒被调升为守尉。

朱博上任后，有人向他告发了此事。朱博立即召见了尚方禁。尚方禁心中七上八下，硬着头皮来见朱博。朱博仔细看尚方禁的脸，果然发现有疤痕，就让侍从退开，假装十分关心地询问究竟。

尚方禁做贼心虚，知道朱博已经了解了他的情况，就像小鸡啄米似的接连给朱博叩头，如实地讲了事情的经过，请求朱博的原谅。他头也不敢抬，只是一个劲地哀求道："请大人恕罪，小人今后再也不干那种伤天害理的事了。"

"哈哈哈……"朱博突然大笑道，"男子汉大丈夫，本是难免会发生这种事情的。本官想为你雪耻，给你个立功的机会，你会效力吗？"

于是，朱博命令尚方禁不得向任何人泄露这次的谈话内容，要他有机会就记录其他官员的一些言论，及时向朱博报告。尚方禁俨然成了朱博的耳目。

自从被朱博宽释并重用之后，尚方禁对朱博的大恩大德铭记在心，干起事来特别卖命，不久，就破获了许多起盗窃、强奸等犯罪案，使地方治安状况大为改观。朱博于是提升他为连守县县令。又过了一段时期，朱博突然召见那个当年收受尚方禁贿赂的功曹，对他进行了严厉的训斥，并拿出纸和笔，要那位功曹把自己受贿的事全部写下来，不能有丝毫隐瞒。

那功曹早已吓得像筛糠一般，只好提起笔写下自己的斑斑劣迹。

由于朱博早已从尚方禁那里知道了这位功曹贪污受贿的事，看了功曹写的交代材料，觉得大致不差，就对他说："你先回去好好反省反省，听候裁决。从今后，一定要改过自新，不许再胡作非为！"说完就拔出刀来。

那功曹一见朱博拔刀，吓得两腿一软，又是打躬又是作揖，嘴里不住地喊："大人饶命！大人饶命！"只见朱博将刀晃了一下，一把抓起那位功曹写下的罪状材料，将其撕成纸屑扔了。

自此后，那位功曹终日如履薄冰、战战兢兢，工作起来尽心尽责，不敢有丝毫懈怠。

【每日一点】

打蛇要打七寸，控制人要抓住他的把柄和弱点。否则，你的击打对他来说"无关痛痒"，将毫无用处。

做事不宜草率，但过分谨慎就会显得太小气

吉恩快 40 岁了，他受过良好的教育，有一份稳定的会计工作，一个人住在芝加哥，他最大的心愿就是早点结婚。他渴望爱情、友谊、甜蜜的家庭、可爱的孩子以及种种相关的事。他有几次差点就要结婚了，有一次只差一天就结婚了。但是每一次临近婚期时，吉恩都因不满他的女朋友而作罢。

有一件事可以证明这一点。两年前吉恩终于找到梦寐以求的好女孩，她端庄大方、聪明漂亮又体贴。但是，吉恩对于婚姻过于谨慎，他还要证实这件事是否十全十美。有一个晚上，当他们讨论婚姻大事时，新娘突然说了几句坦白的话，吉恩听了有点懊恼。

为了确定他是否已经找到理想的对象，吉恩绞尽脑汁写了一份长达 4 页的婚约，要女友签字同意以后才结婚。这份文件又整齐，又漂亮，看起来冠冕堂皇，内容包括他所能想象到的每一个生活细节。其中有一部分是宗教方面的，里面提到了哪一个教堂、上教堂的次数、每一次奉献金的多少；另一部分与孩子有关，提到他们一共要生几个小孩、在什么时候生。

他把他们未来的朋友、他太太的职业、将来住在哪里以及收入如何分配等，都不厌其烦地事先计划好了。在文件末尾又花了半页的篇幅详列女方必须戒除或必须养成的一些习惯，例如抽烟、喝酒、化妆、娱乐，等等。

准新娘看完这份最后通牒，勃然大怒，她不但把它退回，而且又附了一张便条，上面写道："普通的婚约上有'有福同享，有难同当'这一条，对任何人都适用，当然对我也适用。我们从此一刀两断！"

当吉恩向朋友谈起此事时还说："你看，我只是写一份同意书而已，又有什么错？婚姻毕竟是终身大事，你不能不谨慎啊！"

【每日一点】

有些事不必三思而后行，孔子说"再，斯可矣"，就是说思考两次就可以了。太谨慎就显得谨小慎微，这样的人难免会显得小气。

只要思想不滑坡，方法总比困难多

某公司成立以来，事业可谓蒸蒸日上。但因受经济危机的影响，今年的利润却大幅滑落。董事长知道，这不能怪员工，因为大家为公司拼命的程度丝毫不比往年差，甚至可以说，由于人人意识到经济的不景气，干得比以前更卖力。这也就愈发加重了董事长心头的负担，因为马上要过年，照往例，年终奖金最少加发3个月的工资，多的时候，甚至再加倍。今年可惨了，算来算去，顶多只能给一个月的工资做奖金。"这要是让多年来已被惯坏了的员工知道，士气真不知要怎样滑落！"董事长忧心忡忡地对总经理说。"许多员工都以为最少加两个月，恐怕飞机票、新家具都定好了，只等拿奖金出去度假或付账单呢！"总经理也愁眉苦脸了，"好像给孩子糖吃，每次都抓一大把，现在突然改成两颗，小孩儿一定会吵。""对了！"董事长突然灵机一动，"你倒使我想起小时候到店里买糖，总喜欢找同一个店员，因为别的店员都先抓一大把拿去秤，再一颗一颗往回扣。那个比较可爱的店员则每次都抓不足重量，然后一颗一颗往上加。说实在话，最后拿到的糖没什么差异，但我就是喜欢后者。"董事长已经有了主意。没过几天，公司突然传来小道消息——"由于营业不佳，年底要裁员，上层正在确定具体实施方案。"顿时人心惶惶了。每个人都在猜，会不会是自己。最基层的员工想："一定由下面杀起。"上面的主管则想："我的薪水最高，只怕从我开刀！"但是，不久之后，总经理就宣布："公司虽然艰苦，但大家乘同一条船，再怎么危险也不愿牺牲共患难的同事，只是年终奖金绝不可能发了。"

一听说不裁员，人人都放下心头的一块大石头，那不致卷铺盖的窃喜早胜过了没有年终奖金的失落。

眼看新年将至，人人都做了过个穷年的打算，取消了奢华的交往和昂贵的旅游计划。

突然，董事长召集各部门主管召开紧急会议。

看到主管们匆匆上楼，员工们面面相觑，心里都有点儿七上八下："难道又变了卦？"

没几分钟，主管们纷纷冲进自己的部门，兴奋地高喊着："有了！有了！还是有年终奖金，整整1个月，马上发下来，让大家过个好年！"

整个公司大楼爆发出一片欢呼，连坐在顶楼的董事长都感觉到了地板的震动。

【每日一点】

制造集体恐慌气氛，然后又告之万事大吉，这不失为控制人心的一大策略。但这仅是权宜之计，而非长久之计。

不做亏心事，不怕鬼敲门

一位名医，在当地享有盛誉。有一天，一位青年妇女来找他看病。检查后发现，她的子宫里有一个瘤，需要手术切除。

手术很快就安排好了。手术室里都是最先进的医疗器材，对这位有过上千次手术经验的名医来说，这只是个小手术。

名医切开病人的腹部，向子宫深处观察，准备下刀。但是，他突然全身一震，刀子停在空中，豆大的汗珠冒上额头，他看到了一件令他难以置信的事：子宫里长的不是肿瘤，而是胎儿！

他的手颤抖了，内心陷入矛盾的挣扎中，如果硬把胎儿拿掉，然后告诉病人，摘除的是肿瘤，病人一定会感激得恩同再造；相反，如果他承认自己看走眼了，那么，他将声名扫地。

经过几秒钟的犹豫，他终于下了决心，小心缝合刀口之后，回到办公室，静待病人苏醒。然后，他走到病人床前，对病人和病人的家属说："对不起！我看错了，你只是怀孕，没有长瘤，所幸及时发现，孩子安好，一定能生下个可爱的小宝宝！"

病人和家属全呆住了。隔了几秒钟，病人的丈夫突然冲过去，抓住他的衣领，吼道："你这个庸医，我要找你算账！"

孩子果然安好，而且发育正常，但医生被告得差点破产。

有朋友笑他，为什么不将错就错？就算说那是个畸形的死胎，又有谁能知道？

"老天知道！"名医只是淡淡一笑。

【每日一点】

品格是一种内在的力量，它的存在能直接发挥作用，而无需借助任何手段。

做一件只要我们能做到问心无愧，那么对生活、工作也就无所忧惧，正如孔子所言：君子坦荡荡，小人常戚戚。

凡事要尽力而为，也要量力而行

有一位武术大师隐居于山林中。

由于他的名声，人们都千里迢迢来拜访他，想跟他学些武术方面的窍门。

他们到达深山的时候，发现大师正从山谷里挑水。

他挑的不多，两只水桶都没有装满水。

按他们的想象，大师应该能够挑很大的桶，而且挑得满满的。

他们不解地问："大师，这是什么道理？"

大师说："挑水之道并不在于挑多，而在于挑得够用。一味贪多，适得其反。"

众人越发不解。

大师从他们中拉了一个人，让他重新从山谷里打了两满桶水。

那人挑得非常吃力，没走几步，就跌倒在地，水全都洒了，那人的膝盖也摔破了。

"水洒了，岂不是还得回头重打一桶吗？膝盖破了，走路艰难，岂不是比刚才挑得还少吗？"大师说。

"那么大师，请问具体挑多少，怎么估计呢？"

大师笑道："你们看这个桶。"

众人看去，大师在桶里画了一条线。

大师说："这条线是底线，水绝对不能高于这条线，高于这条线就超过了自己的能力和需要。起初还需要画一条线，挑的次数多了以后就不用看那条线了，凭感觉就知道是多是少。这条线可以提醒我们，凡事要尽力而为，也要量力而行。"

众人又问："那么底线应该定多低呢？"

大师说："一般来说，越低越好，因为低的目标容易实现，人的勇气不容易受到挫伤，相反能培养起更大的兴趣和热情，循序渐进，自然会挑得更多、挑得更稳。"

【每日一点】

"凡事要尽力而为，也要量力而行！"在我们树立自己高远目标的同时，也要画好自己的底线。永远别好高骛远，同样应避免鼠目寸光。

第五章

▼

感悟母爱：人间最温暖而无私的爱

及时表达爱，莫等子欲养而亲不在

斯匹克是一个从贫困乡村进城打工的小青年。在初来城里的日子里，斯匹克总是焦急地等待着母亲的信，一收到信，便急不可待地拆开，贪婪地读着。半年以后，他已是无精打采地拆信了，脸上露出讥诮的冷笑——信中那老一套的内容，不消看他也早知道了。

母亲每周都寄来一封信，开头总是千篇一律："我亲爱的宝贝小斯匹克，早上（或晚上）好！这是妈妈在给你写信，向你亲切问好，带给你我最良好的祝愿，祝你健康幸福！我在这封短信里首先要告诉你的是，感谢上帝，我活着，身体也好，这也是你的愿望。我还急于告诉你：我日子过得挺好……"

每封信的结尾也没有什么区别："信快结束了，好儿子，我恳求你，我祈祷上帝，你别和坏人混在一起，别赌博，要尊敬长者，好好保重自己……"

因此，斯匹克只读信的中间一段。一边读一边轻蔑地蹙起眉头，对妈妈的生活兴趣感到不可理解。尽写些鸡毛蒜皮，什么邻居的羊钻进了帕什卡的园子里，把他的白菜全啃坏了；什么乌捷没有嫁给罗什金，而嫁给了科利卡，等等。

斯匹克把看过的信扔进床头柜，然后就忘得一干二净，直到收到下一封母亲泪痕斑斑的来信，其中照例是恳求他看在上帝的面上写封回信。

这天，他又收到了母亲的信。斯匹克把刚收到的信塞进衣兜，穿过下班后变得喧闹的宿舍走廊，走进自己的房间。

今天发了工资。小伙子们准备上街，忙着熨衬衫、长裤，打听谁要到哪儿去，跟谁有约会，等等。

斯匹克故意慢吞吞地脱下衣服，洗了澡，换了衣。等同房间的人走光了以后，他锁上房门，坐到桌前。从口袋里摸出还是第一次领工资后买的记事本和圆珠笔，翻开一页空白纸，沉思起来。恰在一个钟头以前，他在回宿舍的路上遇见一位从家乡来的熟人。相互寒暄几句之后，那位老乡问了问斯匹克的工资和生活情况，便含着责备的意味摇着头说：

"你应该给你母亲寄点钱去。冬天眼看就到了。家里得烤火取暖……你是知道的。"

斯匹克自然是知道的。

他咬着嘴唇，在白纸上方的正中仔仔细细地写上了一个数字：126 美元。经过仔细计算，扣除还债、买衣服、娱乐、吃饭等，还剩余 10 美元。

斯匹克哼了一声。10 美元，给母亲寄去这么个数是很不像话的。他想："等下次领到预支工资再寄吧。"

他伸了个懒腰，想起了母亲的来信。他打着哈欠看了看表，掏出信封，拆开，抽出信纸。当他展开信纸的时候，一张 1 美元的纸币轻轻飘落在他的膝上……

【每日一点】

对父母或许不用昂贵的礼品，只要常回家看看，陪他们聊聊家常就让他们满足了。

妈妈要的不是财富，而是一句温馨的问候

在美国，每逢 5 月的第二个星期天，都要庆祝母亲节。这一天，孩子们给母亲送一张特别的母亲节贺片，也许是一些鲜花或者糖果，来表达对她的爱和感激之情。

为母亲们建立一个特别的节日的想法是怎么产生的呢？它完全来自一百多年前的一个叫作安娜·梅·贾维斯的妇女。

安娜出生于 1864 年 5 月，正是南北战争即将结束、林肯总统被刺之前。她是一个基督教牧师的女儿，是个文静的小姑娘。

成人以后，安娜在宾夕法尼亚州的费城为一家人寿保险公司工作。1906年，就在安娜 42 岁生日之后两星期，她的母亲去世了。那天是 5 月的第二个星期天。

安娜开始变了。她不再那样轻松自在、无忧无虑了。她现在只有一个生活目标——让她的母亲，以及全世界的母亲，在 5 月的第二个星期天得到敬意。

经过一年多的精心筹备，1908 年 5 月 10 日，在西弗吉尼亚的格拉夫顿，安娜举行了第一个母亲节的教堂纪念仪式。

第二年，费城——她生活和工作的地方正式宣布：5 月的第二个星期天为母亲节——这是首先确立母亲节的城市。又过了 3 年，西弗吉尼亚州——安娜的母亲居住过的地方，又把母亲节变成了全州性的节日。

一年以后，安娜获得了最大的成功：美国国会通过了一项被称为"合众国第 25 号决议"的公告，把 5 月的第二个星期天永久确立为整个美利坚合众国的母亲节。

但是，安娜并不满意；事实上她愤怒了。母亲节虽然确立了，但它已不再是孩子们向母亲表示谢意和敬意的纯朴的时刻。相反，它变成了商业的庆典——商店怂恿人们给他们的母亲购买大量贵重礼物的大好时机。

商店大做广告，让人们觉得，如果不送给母亲一张特别的、昂贵的节日贺片，或者一些鲜花，那就是罪过。商店告诉孩子们，他们应该给母亲买华贵的穿戴，或者新奇的家庭摆设，来显示他们对母亲是多么的爱。母亲节成了一种责任或债务，而不是对母亲的爱和感激之情的自由表达了。

安娜决心同这种商品化的倾向进行斗争。这时她已经 50 岁了。她辞去了在保险公司的工作，把她的余生全部用来抵制那一天——她本是出于对母亲的敬意才建立起来的日子——的商品化倾向。她辞职时领到了 10 万美元，她把这笔钱全部用来促使人们重新回到母亲节的初衷上去。无论在哪儿发现适当的机会，她都要前去向人们宣讲。但是，她根本改变不了那些商人的头脑，她更改变不了已经商品化了的美国社会的习惯。因为大多数人发现，与其花费时间去探望母亲，和她聊聊天儿，帮她洗洗餐具、干点儿家务事，并且直接告诉她"我爱你，妈妈"，倒不如买一张母亲节贺片，或者一些鲜花、糖果送给她来得更容易。

"你应该送她有用的东西，有永久意义的东西。"安娜说，"许多母亲睡在比石头还硬的床垫上。也许她需要一副新眼镜，需要舒适的鞋子，或者需要更好的照明设备。她晚上睡得暖和吗？是不是盖鸭绒被了？或许她的楼梯需要修理了？做子女的应当关心这些。"

安娜一刻也没有停息。她不停地讲，不停地写，一直到有一天，她太老了，老态龙钟，精疲力竭，再也说不出一句话来。她双目失明，两耳失聪；她钱财罄尽，一文不名。宾夕法尼亚州政府在老人之家里给她找了间屋子住下。老人之家就坐落在费城郊外的西切斯特。然而，在那期间，直到1948年11月安娜离开人世，她的家人在母亲节的时候一次也没有来看望过她。

这个故事令人悲哀的是：尽管安娜·梅·贾维斯发起了母亲节，并为保持其纯洁的意义而奋斗了一生，但她个人却从未得益于其中。安娜终身未婚，也从未做过母亲；她没有任何儿女在母亲节那天来向她表示他们的爱。她完全是为别人——那些做了母亲或将要做母亲的人，那些将要为她们的孩子而度过一生的人，耗尽了全部的生命。

【每日一点】

母亲为我们操劳一生，需要的不是我们物质上的回报，而是情感上的安抚和慰藉；遗憾的是，许多做子女的却常常忽略这并不难满足的要求。

有一个人会甘愿替我们受苦，她的名字叫母亲

从前，有个年轻人与母亲相依为命，生活相当贫困。

后来年轻人由于苦恼而迷上了求仙拜佛。母亲见儿子整日念念叨叨、不事农活的痴迷样子，苦劝过几次，但年轻人对母亲的话不理不睬，甚至把母亲当成他成仙的障碍，有时还对母亲恶语相向。

有一天，这个年轻人听别人说起远方的山上有位得道的高僧，心里不免仰慕，便想去向高僧讨教成佛之道，但他又怕母亲阻拦，便瞒着母亲偷偷从家里出走了。

他一路上跋山涉水，历尽艰辛，终于在山上找到了那位高僧。高僧热情地接待了他。

听完他的一番自述，高僧沉默良久。当他向高僧问佛法时，高僧开口道："你想得道成佛，我可以给你指条道。吃过饭后，你即刻下山，一路到家，但凡遇有赤脚为你开门的人，这人就是你所谓的佛。你只要悉心侍奉，拜他为师，成佛是非常简单的事情！"

年轻人听了非常高兴，谢过高僧，就欣然下山了。

第一天，他投宿在一户农家，男主人为他开门时，他仔细看了看，男主人没有赤脚。

第二天，他投宿在一座城市的富有人家，更没有人赤脚为他开门。他不免有

194

些灰心。

第三天，第四天……他一路走来，投宿无数，却一直没有遇到高僧所说的赤脚开门人。他开始对高僧的话产生了怀疑。快到自己家时，他彻底失望了。日落时，他没有再投宿，而是连夜赶回家。到家门时已是午夜时分。疲惫至极的他费力地叩动了门环。屋内传来母亲苍老惊悸的声音："谁呀？"

"是我，妈妈。"他沮丧地答道。

门很快打开了，一脸憔悴的母亲大声叫着他的名字把他拉进屋里。在灯光下，母亲流着泪端详他。

这时，他一低头，蓦地发现母亲竟赤着脚站在冰凉的地上！

刹那间，灵光一闪，他想起高僧的话。他突然什么都明白了。

年轻人泪流满面，"扑通"一声跪倒在母亲面前。

【每日一点】

母亲对于孩子的爱是出于一种本能，她们的天性使得她们对我们呵护备至、疼爱有加。相信你的母亲就是那个甘愿为你受苦而毫无怨言的女人。

永远敞开的大门

在美国的德克萨斯州，一个小女孩像很多其他的孩子一样，厌倦了枯燥的家庭生活、厌倦了看起来"无休止"的父母的管制。

于是，她偷偷一个人离开了家，去追寻自己所谓的理想——她要成为世界名人。可外面的世界并不像小女孩想的那样，在经历多次挫折后，小女孩花光了从家里带出来的所有钱，最后，她只能走上街头开始乞讨——她觉得自己没有脸回家了。就这样，许多年过去了，女孩的父亲因病离开了，母亲也老了，可女孩仍过着乞讨的生活。

这期间，母亲曾尝试通过各种途径找她，可无济于事。不过尽管过去了这么多年，母亲仍没有放弃，每当母亲听说女儿的下落，就会不辞辛苦地找遍全城的每个街区、每条街道。母亲到过每一个收容所，她哀求道："请让我把这幅画贴在这儿，好吗？"画上是一位面带微笑、满头白发的母亲，下面有一行手写的字："我仍然爱着你……快回家！"

过了一段时间，女孩懒洋洋地晃进一家收容所，那儿等着她的是一份免费午餐。她排着队，心不在焉，双眼漫无目地从告示栏里扫过。就在那一瞬，她看到一张熟悉的面孔："那不是我的母亲吗？"

她挤出人群，上前观看。不错！那就是她的母亲，底下有行字："我仍然爱着你……快回家！"她站在画前，泣不成声："这会是真的吗？"这时，天已黑了下来，但她不顾一切地向家奔去。当她赶到家的时候，已经是凌晨了。站在门口，女儿迟疑了一下，该不该进去？终于她敲响了门，奇怪！她只是轻轻地敲了敲门，门就自己开了，怎么没锁？！不好！一定有贼闯了进去。记挂着母亲的安危，她马上冲进卧室，却发现母亲正安然地睡觉。她把母亲摇醒，喊道："是我！是我！妈妈，我回来了！"

母亲不敢相信自己的眼睛。她擦干眼泪，一看果真是女儿。母女俩紧紧抱在一起，女儿问："门怎么没有锁？我还以为有贼闯了进来。"

母亲温柔地说："自从你离家出走后，这扇门就再也没有上过锁。"

【每日一点】

任何时候，家永远都是你的栖息之港，等在家里的父母会随时为你开门。父母的爱是伟大的，它没有任何附加条件。无论你是优秀还是普通，甚至是残疾，父母是那个永远视你如宝贝的人，父母是那个为你的一点点进步就无比自豪的人，父母是那个能大度地原谅你的无知的人，父母是那个永远不会抛弃你的人。

母亲所做的一切，从来没有奢望回报

有一个美国旅行者在非洲撒哈拉沙漠看到这样的一幕：

无人区里有一只母骆驼带着几只小骆驼一路低着头，不时地停下来闻着干燥的沙子。按照常识，美国人知道这是骆驼在找水喝。

它们显然渴坏了，几只小骆驼无精打采地走着。在太阳的炙烤下，它们的眼睛血红血红的，看起来它们有些支撑不住了。

旅行者还发现，小骆驼们紧紧地挨着骆驼妈妈，而母骆驼总是不断地驱赶孩子们走在它的阴影里。

终于，它们来到一个半月形的泉边停住了。几只小骆驼兴奋异常，打着响鼻。

可是，泉水离地面太远了，站在高处的几只小骆驼不论怎么努力，也无法把嘴凑到泉水边上去。

惊人的一幕发生了。那只骆驼妈妈围着它的孩子们转了几圈，突然纵身跃入深潭。水终于涨高了，刚好能让小骆驼们喝着。

【每日一点】

世上没什么比母爱更无私、更高尚、更纯洁的了。为了自己的孩子，母亲会不惜一切，甚至毫不犹豫地献出自己的生命。

认真回想一下，你为你的母亲洗过脚吗

日本一个名牌大学毕业生应聘于一家大公司。社长审视着他的脸，出乎意料地问："你替父母洗过澡擦过身吗？"

"从来没有过。"青年很老实地答道。"那么，你替父母捶过背吗？"

青年想了想，说："有过，那是我在读小学的时候，那时母亲还给了我10块钱。"

在诸如此类的交谈中，社长只是安慰他别灰心，会有希望的。青年临走时，社长突然对他说："明天这个时候，请你再来一次。不过有一个条件，刚才你说从来没替父母擦过身，明天来这里之前，希望你一定要为父母擦一次，能做到吗？"这是社长的吩咐，因此青年一口答应。

青年虽大学毕业，但家境贫寒。他刚出生不久父亲便去世，从此，母亲做佣人拼命挣钱。孩子渐渐长大，读书成绩优异，考进东京名牌大学。学费虽令人生畏，但母亲毫无怨言，继续帮佣供他上学。直到今日，母亲还去帮佣。

青年回到家，母亲还没有回来。母亲出门在外，脚一定很脏，他决定替母亲洗脚。母亲回来后，见儿子要替她洗脚，感到很奇怪。于是，青年将自己必须替母亲洗脚的原委说了一遍。母亲很理解，便按儿子的吩咐坐下，等儿子端来水，把脚伸进水盆里。青年右手拿着毛巾，左手去握母亲的脚，他这才感到母亲的双脚已经像木棒一样僵硬，他不由得抱着母亲的脚潸然泪下。读书时他心安理得的花着母亲如期送来的学费和零花钱，现在他才知道，那些钱是母亲的血汗钱。

第二天，青年如约去那家公司，对社长说："现在我才知道母亲为了我受了很多的苦，您使我明白了在学校里没有学过的道理，如果不是您，我还从来没有

握过母亲的脚，我只有母亲一个亲人，我要照顾好母亲，再不能让她受苦了。"

社长点了点头，说："明天你到公司上班吧。"

【每日一点】

我们从出生到成年，一生受过父母太多的恩情与照顾，而我们对父母的回报，与他们的爱比较实在是微乎其微，微不足道。学着做一点力所能及的事，学着孝敬父母，孝顺不是光有心就足够了，还要用行动来表明。

孝心无价，不要为自私寻找堂皇的借口

老一辈无产阶级革命家陈毅一生十分尊敬父母。投身革命后，虽然常年远离家乡，但总是千方百计给家里捎信，让父母知道自己的近况，向父母请安问好，并向他们讲述革命的道理。新中国成立后，父母没同陈毅一起居住。陈毅除每月给父母寄足够的生活费用外，仍在百忙中亲笔给父母写信，聊叙家事，宽慰老人。

1962 年，陈毅已 62 岁，担任国务院副总理、外交部长等要职。这年春天，他工作途经成都。当时，他母亲年过八旬，重病在身，住在成都弟弟家中。当天下午，他就与妻子张茜前去看望。由于老人病重，有时小便失禁。陈毅刚到母亲房中，恰遇母亲换下一条尿裤。母亲担心让儿子见到污浊之物，便不停挥手、使眼色，要身边一位侍候她的保姆把尿裤藏起来。保姆慌忙中将裤子扔到了床下。

陈毅拉住母亲的手问道："娘，你们把啥子东西扔到床下了？"

母亲连连摇头说："没啥子，不关你的事。快坐下，给娘谈点别的吧！"

保姆也连连摇头说："没，没啥呀！"

陈毅笑了笑，对母亲说："娘，您怎么对我也保起密来了？"说着，弯下身去，要看个究竟。母亲见瞒不住儿子，只好将事情的缘由说了。

陈毅听罢，非常感慨地说："娘！您久病在身，我没能在您身边侍候，心里说不出的难受。这裤子应该马上拿去洗了，还藏着干什么！"

说着，他一手拿过裤子，并对保姆说："我母亲的病如此沉重，平时不知给你们添了多少麻烦！今天，就让我去洗吧！"

保姆怎么也不让，母亲也赶紧拦阻。陈毅诚恳地说："娘，我不是说着玩的，您就允了吧。我小时，您不知给我洗过多少尿裤屎裤啊，儿子怎么做，也难报答养育之恩。"

接着，对妻子张茜笑道："我们家乡有句俗话，'婆媳亲，全家和'。你这个常年不能照顾婆婆的媳妇，也该尽点孝道。今天我们俩一起来洗这条裤子好不好？"

【每日一点】

不要以为给父母钱就算是尽孝道，能养只是五成孝。在父母有生之年，尽我们所能帮助父母减轻烦忧，给他们带去欢乐这是做儿女应尽的责任。

才能并不能让母亲幸福，孝心比什么都重要

3个妇女在打井水。

一位老人坐在石头上休息。

一个妇女对另一个说道：

"我的儿子很机灵，力气又大，谁也比不上他。"

"可我的儿子会唱歌，唱得像夜莺一样悦耳，谁也没有他这样好的歌喉。"另一个妇女说。

第三个妇女默不作声。

"你为什么不谈谈自己的儿子呢？"两个邻居问她。

"有什么好说的呢？"她说，"我儿子什么特长也没有！"

说着，她们装满水桶，提着走了。老人也跟着她们走去。她们走走停停，她们手臂疼痛，水溅了出来，背也酸了。

忽然迎面跑来了3个男孩，一个孩子翻着斤斗，他母亲露出欣赏的神色。另一个孩子像夜莺一般欢唱着，妇女们都凝神倾听。第三个跑到母亲跟前，从她手里接过两只沉重的水桶，提着走了。

妇女们问老人道：

"喂，怎么样？我们的儿子怎么样？"

"呵呵，他们在哪儿？"老人答道，"我只看到了一个儿子！"

【每日一点】

一个儿子就算再能干，如果没有孝心或者不能及时行孝，那还不及一位虽然没有太多才干却很贴心的子女。

感谢父母的点滴关爱，要知道那并不是理所当然

一天晚上，燕子跟妈妈吵架了，她伤心而愤怒，一气之下离家出走。但是，走了一段路，她发现自己竟然一分钱都没带，连打电话的钱都没有！

走着走着，她肚子饿了，看到前面有一个面摊，煮出的面香喷喷的，一定很好吃！可是，她没钱啊！

过了一段时间，面摊老板看到燕子还站在那边，一直没有离去，就问她："小姑娘，你是不是要吃面啊？"

"但是……但是我忘了带钱。"燕子很不好意思地回答。

面摊老板热情地说："没关系，我可以请你吃呀！来，我给你做碗面条吃吧，怎么样？"

"太好了！"燕子已经饿得摇晃了。

不一会儿，老板端来了一碗面条和一碟小菜。燕子吃了几口，忍不住掉下了眼泪。"小姑娘，你怎么了？"老板问道。

"哦，我没事，我只是感激！"燕子边擦眼泪，边对老板说，"您是陌生人，我们又不认识，只不过在路上看到我，就对我这么好，煮面给我吃！但是……我妈，我跟她吵架了，她竟然把我赶出来了，还不让我再回去了。您是陌生人都能对我这么好，而我妈，竟然对我这么绝情！"

老板听了，委婉地劝说她："小姑娘，你怎么会这样想呢！你想想看，我只不过煮了一碗面给你吃，你就这么感激我，而你妈呢？煮了10多年的面，洗了10多年的衣服给你，你怎么不感激她呢？你怎么还要跟她吵架呢？"

燕子听了这话，当场愣住了！

"是啊！陌生人煮了一碗面，我都如此感激，而妈妈辛苦地把我养大，也煮了10多年的面给我吃，我为什么没有感激她呢？"

"而且，只是因为一件鸡毛蒜皮的小事，甚至是不值一提，我就跟妈妈大吵了一架，唉……"匆匆吃完面，燕子鼓起勇气，朝家走去，她恨不得飞回家对妈妈说："妈！对不起，我错了！"

燕子在自家那条熟悉的弄堂口，看到妈妈那疲惫而又熟悉的身影，正焦急地左右张望。

看到燕子回来了，妈妈惊喜地叫道："燕子啊！你让妈急死了！赶紧回家吧！饭已经做好了，菜都快凉了！妈以后不再跟你吵架了，好吧？"

此时，燕子的眼泪不争气地涌了出来，在模糊的视线中，她看到了妈妈一双泛红的双眼。

【每日一点】

我们业已习惯父母为我们所做的一切：一顿可口的饭菜，一次次关爱的叮咛，生病时不舍昼夜地守护……我们把它视为理所当然，但是我们是否可以换上一颗感恩的心呢？多多体贴我们的父母吧。

人间最美的绝唱，大抵来自母爱

在土耳其旅游途中，巴士行经 1999 年大地震的地方，导游趁此说了一个感人却也令人感伤的故事。故事发生在地震后的第二天。

地震后，许多房子都倒塌了，各国来的救难人员不断搜寻着可能的生还者。两天后，他们在缝隙中看到一幕不可置信的画面——一位母亲，用手撑地，背上顶着不知有多重的石块；一看到救难人员便拼命哭喊着："快点救我的女儿，我已经撑了两天，我快撑不下去了……"她 7 岁的小女儿，就躺在她用手撑起的安全空间里。

救难人员大惊，全力地搬移她上面、周围的石块，希望尽快解救这对母女，但是石块那么多、那么重，怎么也无法快速到达她们身边。媒体到这儿拍下画面，救难人员一边哭、一边挖，辛苦的母亲一面苦撑等待着……

通过电视、通过报纸，土耳其人都心酸地掉下泪来。更多的人放下手边的工作，投入救援行动。

救援行动从白天进行到深夜，终于，一名高大的救难人员够着了小女儿，将她拉出来，但是——她已气绝多时。母亲急切地问："我的女儿还活着吗？"以为女儿还活着，是她苦撑两天的唯一理由和希望。

这名救难人员终于受不了了，放声大哭："对，她还活着，我们现在要把她送到医院急救，然后也要把你送过去！"他知道，如果母亲听到女儿已死去，必定失去求生意志，松手让土石压死自己，所以骗了她。

母亲疲累地笑了，随后，她也被救出送到医院，她的双手一度僵直无法弯曲。

隔天，土耳其报纸头条是一幅她用手撑地的照片，标题是"这就是母爱"。

长得壮硕的导游说:"我是个不轻易动感情的人,但是看到这则报道,我哭了。以后每次带团经过这儿,我都会讲这个故事。"其实不只他哭了,在车上的人们,也哭了。

【每日一点】

人间因为有了母爱,才有了爱与伟大的字眼。母亲创造了一切,也奉献了所有。我们普天下为人子女者都要尽自己的孝道,让她们的心灵得到慰藉。

第六章

感悟父爱：有一种爱深沉博大如海洋

在父亲的有生之年，请大声地表达你对他的爱

卡耐基在为成年人上的一堂课上，曾给全班出过一道家庭作业。作业内容是："在下周以前去找你所爱的人，告诉他你爱他。那些人必须是你从没对他说过这句话的人，或者是很久没听到你说这些话的人。"

在下一堂课程开始之前，卡耐基问他的学生们是否愿意把他们对别人说爱而发生的事和大家一同分享。卡耐基非常希望跟往常一样有个女人先当志愿者。但这个晚上，一个男人举起了手，他看来有些激动。

男人从椅子上站起身，开始说话了："卡耐基先生，上礼拜你布置给我们这个家庭作业时，我对你非常不满。我并没感觉有什么人需要我对他说这些话。还有，你是什么人，竟敢教我去做这种私人的事？但当我开车回家时，我想到，自从5年前我的父亲和我争吵过后，我们就开始彼此避免见面，除非在圣诞节或其他家庭聚会中非见面不可。即使见面，我们还是几乎不交谈。所以，回到家时，我告诉我自己，我要告诉父亲我爱他。

说来也很怪，做了这决定时，我胸口上的重量似乎减轻了。

第二天，我一大早就急忙起床了。我太兴奋了，所以几乎一夜没睡着，我很早就赶到办公室，两小时内做的事比从前一天做的还要多。

9点钟时，我打电话给我父亲。他听电话时，我只是说：'爸，今天我可以过去吗？有些事我想告诉您。'我父亲以暴躁的声音回答：'现在又是什么事？'我跟他保证，不会花很长的时间，最后他同意了。五点半，我到了父母家，按门铃，祈祷我父亲会出来开门。我怕是我母亲来开门，而我会因此丧失勇气。但幸运的是，我爸来开了门。

我没有浪费一丁点儿的时间——踏进门就说：'爸，我只是来告诉你，我爱你。'

父亲听了我的话，不禁哭了，伸手拥抱我说：'我也爱你，儿子，原谅我竟一直没能对你这么说。'

这一刻如此珍贵，我祈盼它凝止不动。父亲和我又拥抱了一会儿，长久以来我很少感觉这么好过。

但这不是我要说的重点。两天后，那从没告诉我自己有心脏病的父亲忽然病发，在医院里结束了他的一生。我并没想到他会如此。

如果当时我迟疑着没有告诉我父亲，我就可能没有机会了！所以我要告诉全班的是：你知道必须做，就不要迟疑。把时间拿来做你该做的，现在就去做！"

【每日一点】

爱，需要大声地表达，不论是对你的爱人还是父母！然而，我们对情人热切的表达已经够多了，却从未向伟大的父母表达过。现在就去做，你的一句话对你父母来说，胜过他们拥有的任何一件珍宝！

父亲也许不擅长表达爱，但并不代表他不爱你

丽达觉得爸爸不懂得怎样表达爱，使他们一家人融洽相处的是妈妈。爸爸只是每天上班下班，而妈妈把丽达做过的错事开列清单，然后由他来责骂她。

有一次，丽达偷了一块糖果，他要她送回去，并向卖糖的道歉，但妈妈却明白她只是个孩子。

丽达在运动场打秋千跌断了腿，在前往医院途中一直抱着她的，是妈妈。

爸爸把汽车停在急诊室门口，他们叫他驶开，说那空位是留给紧急车辆停放的。爸爸听了便叫嚷道："你以为这是什么车？旅游车？"

在丽达的生日会上，爸爸总是显得有点不大相称。他只是忙于吹气球，布置餐桌，做杂务。把插着蜡烛的蛋糕推过来让她吹的，是妈妈。

丽达翻阅相册时，同学总是问："你爸爸是什么样子的？"天晓得！他老是忙着替别人拍照。她和妈妈笑容可掬地一起拍的照片，多得不可胜数。

丽达还记得有一次妈妈叫爸爸教她骑自行车。她叫爸爸别放手，但他却说是应该放手的时候了。她摔倒之后，妈妈跑过来扶她，爸爸却挥手要妈妈走开。丽达当时生气极了，决心要给他点颜色看。于是，她马上再爬上自行车，而且自己骑给他看。他只是微笑。

丽达念大学时，所有的家信都是妈妈写的。每次她打电话回家，爸爸似乎都想跟她说话，但结果总是说："我叫你妈来听。"

丽达结婚时，掉眼泪的是妈妈。爸爸只是大声擤了一下鼻子，便走出房间。

她从小到大都听他说："你到哪里去？什么时候回家？自行车有没有气？……不，不准去。"爸爸好像完全不知道怎样表达爱。

丽达生下第一个孩子以后忽然想到："会不会是爸爸已经表达了爱，而我却未能察觉？"

【每日一点】

父母之爱，并不体现在口头上，而是体现在行动上，体现在日复一日的默默奉献中。

孝敬老人是义务，莫要因为金钱破坏家庭关系

从前有个老人，妻子去世以后一直人过着孤单的生活。他一生都是个辛苦工作的裁缝。但时运不佳，他身无分文。现在他太老了，已经不能做活儿了。他的双手抖得厉害，根本无法穿针；而且老眼昏花，缝不直一条线。他有 3 个儿子，都已经长大成人，结了婚有了各自的家。他们忙于自己的生活，只是每周回来和父亲吃一顿饭。

渐渐地，老人的身体越来越虚弱了，儿子看他的次数也越来越少。他心想："他们不愿意陪在我的身边，因为他们害怕我会成为他们的累赘。"他彻夜不眠为此而担心，最后他想出了一个办法。

第二天早上，他找到木匠朋友，给自己做了一个大箱子。然后他又跟锁匠朋友要了一把旧锁头。最后他找到卖玻璃的朋友，把朋友手头所有的碎玻璃都要过来。

老人把箱子拿回来，装满碎玻璃，紧紧地锁住，放了饭桌下面。当儿子们又过来吃饭的时候，他们的脚踢到了箱子上面。

他们向桌子底下看，问他们的父亲："里面是什么？"

"噢，什么也没有，"老人说，"只是我平时省下的一些东西。"

儿子们轻轻动了动箱子想知道它有多重，他们踢了踢箱子，听见里面发出响声。"那一定是他这些年积攒的金子。"儿子们窃窃私语。

他们经过讨论，认为应该保护这笔财产。于是他们决定轮流和父亲一起住，照顾他。第一周年轻的小儿子搬到父亲家里，照顾父亲，为他做饭。第二周是二

儿子，再下一周是大儿子，就这样过了一段时日。

最后年迈的父亲生病去世了。儿子们为他举办了体面的葬礼，因为他们知道饭桌下面有一笔财产，为葬礼稍微挥霍一些他们还承担得起。

葬礼结束后，他们满屋子搜，找到了钥匙。打开箱子后，他们看到的当然是碎玻璃。

"好恶心的诡计，"大儿子说，"对自己的儿子做出这么残忍的事情！"

"但是他还能怎么做？"二儿子伤心地问，"我们必须对自己诚实，如果不是为了这个箱子，直到他去世也不会有人注意他。"

"我真为自己感到羞愧，"小儿子抽泣着，"我们逼着自己的父亲欺骗我们，因为我们没有遵从小的时候他对我们的教诲。"

但是大儿子还是把箱子翻过来，想看清楚在玻璃中是不是真的没有值钱的东西，他把所有的碎玻璃都倒在地上。顿时3个儿子都噤声无言——箱子底下刻着一行字：孝敬父母！

【每日一点】

因为有了利益才去孝顺父母，这真是令人心寒的现象。父母为我们操劳一生，到老来只是希望能有个安详的晚年，我们做儿女的理应做好这一切。

爱你在心口难开，有时爱的表达也可以沉默

在海林格的记忆中，父亲一直就是瘸着一条腿走路的，他的一切都平淡无味。所以，他总是想，母亲怎么会和这样的一个人结婚呢？

一次，市里举行中学生篮球赛。海林格是队里的主力。他找到母亲，说出了他的心愿，他希望母亲能陪他同往。母亲笑了，说："这肯定不成问题。我和爸爸都会去的。"海林格听罢摇了摇头，说："我不是说父亲，我只希望你去。"母亲很是惊奇，问这是为什么，他勉强地笑了笑，说："我总认为，一个残疾人站在场边，会使得整个气氛变味儿。"母亲叹了一口气，说："你是嫌弃你的父亲了。"父亲这时正好走过来，说："这些天我得出差，有什么事，你们商量着去做就行了。"

比赛很快就结束了，海林格所在的队得了冠军。在回家的路上，母亲很高兴，说："要是你父亲知道了这个消息，他一定会很高兴的，"海林格沉下了脸，说："妈妈，我们现在不提他好不好？"母亲接受不了他说的话，尖叫起来，说："你

必须要告诉我这是为什么！"海林格满不在乎地笑了笑，说："不为什么，就是不想在这时提到他。"母亲的脸色凝重起来，说："孩子，这话我本来不想说，可是，我再隐瞒下去，很可能就会伤害到你的父亲，你知道你父亲的腿是怎么瘸的吗？"海林格摇了摇头，说："我不知道。"母亲说："那一年你才两岁，父亲带你去花园里玩，在回家的路上，你左奔右跑。忽然，一辆汽车急驰而来，你父亲为了救你，左腿被碾在轮下。"海林格顿时呆住了，说："这怎么可能呢？"母亲说："这怎么不可能？不过这些年你父亲不让我告诉你罢了。"

二人慢慢地走着。母亲说："有件事可能你还不知道，你父亲就是威廉，你最喜欢的作家。"海林格惊讶地蹦了起来，说："你说什么？我不信！"母亲说："其实这件事你父亲也不让我告诉你，你不信可以去问你的老师。"海林格急急地向学校跑去。老师面对他的疑问，笑了笑，说："这都是真的。你父亲不让我们透露这些，是怕影响你的成长。现在你既然知道了，那我就不妨告诉你，你父亲是一个伟大的人。"

两天以后，父亲回来，海林格问父亲："你就是大名鼎鼎的威廉吗？"父亲愣了一下，然后就笑了，说："我就是写小说的威廉。"海林格拿出一本书来，说："那你先给我签个名吧！"父亲看了他片刻，然后拿起笔来，在扉页上写道："赠海林格，生活其实比什么都重要。威廉。"

多年以后，海林格成为一名出色的记者，如果有人让他介绍自己的成功之路，他就会重复父亲的那句话：生活其实比什么都重要。

【每日一点】

最深沉、博大的爱总是"含情脉脉"，就在心底，因为害怕一旦说出来就会给被爱者心灵的负担。

无论你的爸爸是什么出身，你要做的就是尊重他的出身

美国总统林肯，在他当选总统那一刻，整个参议院的议员都感到尴尬，因为林肯的父亲是个鞋匠。

当时美国的参议员大部分出身名门望族，自认为是上流、优越的人，从未料到要面对的总统是一个卑微的鞋匠的儿子。

于是，林肯站上演讲台的时候，有一位态度傲慢的参议员站起来说："林肯

先生，在你开始演讲之前，我希望你记住，你是一个鞋匠的儿子。"

所有的参议员都大笑起来，为自己虽然不能打败林肯但能羞辱他而开怀不已。

等到大家的笑声停止，林肯说："我非常感激你使我想起我的父亲。他已经过世了，我一定会永远记住你的忠告——我永远是鞋匠的儿子！我知道我做总统永远无法像我父亲做鞋匠做得那么好。"

参议院陷入一片静默。林肯转头对那个傲慢的参议员说："就我所知，我父亲以前也为你的家人做过鞋子，如果你的鞋子不合脚，我可以帮你改正它，虽然我不是伟大的鞋匠，但我从小就跟父亲学到了做鞋子的艺术。"

然后他对所有的参议员说："对参议院里的任何人都一样，如果你们穿的那双鞋是我父亲做的，而它们需要修理，我一定尽可能帮忙。但是有一件事是可以确定的，我无法像他那么伟大，他的手艺无人能比。"说到这里，林肯流下了眼泪，所有的嘲笑声全部化成了赞美的掌声。

林肯没有成为伟大的鞋匠，但成了伟大的总统。他伟大的特质，正是他永远不忘记自己是鞋匠的儿子，并以此为荣。

【每日一点】

出身的高低并非衡量一个人成功与否的标准，成功的关键在于我们对于自己出身的态度，即对于过去的态度。不要忘记，我们的现在正是在我们的过去中孕育的，否定过去，就等于否定现在；而肯定过去，你也就肯定了现在的自己！

孝顺不是一个名词，而是一个有实际行动的动词

他本在一家外企供职，然而，一次意外使他的左眼突然失明。为此，他失去了工作，到处求职却因"形象问题"连连碰壁。"挣钱养家"的担子落在了他那"白领"妻子的肩上，天长日久，妻子开始鄙夷他的"无能"，像功臣一样对他颐指气使、居高临下。

她日渐感到他的老父亲是个负担，拖鼻涕淌眼泪让人看着恶心。为此，她不止一次跟他商量把老人送到老年公寓去，他总是不同意。有一天，他们为这件事在卧室吵了起来，妻子嚷道："那你就跟你爹过，咱们离婚！"他一把捂住妻子的嘴说："你小声点儿，当心让爸听见！"

第二天早饭时，父亲说："有件事我想跟你们商量一下，你们每天上班，孩子又上学，我一个人在家太冷清了，所以，我想到老年公寓去住，那里都是老人。"

他一惊，父亲昨晚果真听到他们争吵的内容了！"可是，爸——"他刚要说些挽留的话，妻子瞪着眼在餐桌下踩了他一脚。他只好又把话咽了回去。

第二天，父亲就住进了老年公寓。

星期天，他带着孩子去看父亲，进门便看见父亲正和他的室友聊天。父亲一见孙子，就心肝肉地又抱又亲，还抬头问儿子工作怎样，身体好不好……他好像被人打了一记耳光，脸上发起烧来。"你别过意不去。我在这里挺好，有吃有住还有的玩……"父亲看上去很满足，可他的眼睛却渐渐涌起一层雾来。为了让他过得安宁，父亲情愿压制自己的需要——那种被儿女关爱的需要。

几天来，他因父亲的事寝食难安。挨到星期天，他又去看父亲，刚好碰到市卫生局的同志在向老人宣传无偿捐献遗体器官的意义，问他们有谁愿意捐。很多老人都在摇头，说他们这辈子最苦，要是死都不能保个全尸，太对不起自己了。这时，父亲站了起来，他问了两个问题：一是捐给自己的儿子行不行？二是趁活着捐可不可以——"我不怕疼！我也老了，捐出一个角膜生活还能自理，可我儿子还年轻呀，他因为这只失明的眼睛失去了多少求职的机会！要是能将我儿子的眼睛治好，我就是死在手术台上，心里都是甜的……"所有人都停止了谈笑，把震惊的目光投向老泪纵横的父亲。屋子里静静的，只听见父亲的嘴唇在抖。他已说不出话来，一股看不见的潮水瞬间将他围裹住。他满脸泪水，迈着庄重的步伐，一步步走到父亲身边，和父亲紧紧地抱在一起。

当天，他就不顾父亲的反对，为父亲办好有关手续，接他回家。至于妻子，他已做好最坏的打算。临走时，父亲一脸欣慰地与室友告别。室友一把眼泪一把鼻涕地埋怨自己的儿子不孝，赞叹他父亲的福气。父亲说："别这样讲！俗话说，庄稼是别人的好，儿女是自己的亲，打断骨头连着筋。自己的儿女，再怎么都是好的。你对小辈宽宏些，孩子们终究会想过来的……"说话间，父亲还用手给他捋捋衬衣上的皱褶，疼爱的目光像一张网，将他兜头罩下。他再次哽咽，感受如灯的父爱，在他有限的视力里放射出无限神圣的亮光。

【每日一点】

父辈以他们的宽容承载着晚辈的伤害，对此我们难道可以无动于衷吗？父母对子女的爱，就像流水，一直在流；而子女对父母的爱，就像风吹树叶，风吹一下，就动一下，风不吹，就不动。趁他们有生之年赶快尽一点自己的心意，莫要等到子欲养亲不在时再后悔。

第七章

▼

感悟爱情：大自然赐给人类最好的礼物

当你正年轻，请你处理好爱情与事业的关系

莫扎特年轻时，倾慕过好多位秀丽、美貌的姑娘，但时间都不太长。当他 21 岁时，与母亲一起外出进行第二次演奏旅行。在去巴黎的途中，路经曼汗城，莫扎特邂逅了一个芳名阿蕾霞的德国少女。这位少女有着银铃般优美的歌喉，莫扎特整个心都被她迷住了。他就以教阿蕾霞的声乐为借口，说服母亲在曼汗停留了相当长的时间。少女为了报答莫扎特的盛情，把芳心默许给他，莫扎特为此大为感动，表示愿意娶阿蕾霞为妻，帮助她成为歌剧明星，并把这一想法写信告诉父亲。母亲目睹这一切，感到如此下去，势必影响巴黎之行，就在儿子的信后，悄悄加了一段意味深长的补白："这位姑娘很会唱歌是真的。可是我们不能忘记自身的利害。"父亲来信，对莫扎特提出婉转警告："你想要成为将来被世人淡忘的平凡的音乐家呢，还是做一位留名青史、受人祝福的第一流音乐家？你愿意做时常被美貌所迷、不多几时死于床铺上、让妻儿流浪街头的人，还是做一名基督徒，过幸福的生活，重视名誉与自主，给予家族以安乐？"接着父亲又以强烈的语气道："必须马上前往巴黎，不得迟延。然后加入伟大人物的行列。若是不能成为恺撒，就不必做人。"在父亲的忠告下，莫扎特强忍悲伤，终于向阿蕾霞告别，和母亲踏上巴黎之途。

【每日一点】

年轻人血气方刚、风华正茂，最易感情冲动。此时老为了一时的冲动放弃自己的学业、事业，肯定会为将来的悔恨埋下伏笔。

正确处理好爱情与事业的关系，用理性指导生活，这是我们共同的任务。

爱情离不开面包，但爱情又不能只有面包

小郭38岁了还没有结婚。

15年前，他大学毕业，分配到一个新闻单位搞摄影。那时住的是集体宿舍，因为年轻，几个人吵吵闹闹，也不觉得孤单寂寞，因此，对房子问题也就没有什么特别的认识。

忽然有一天，宿舍中的一个伙伴儿找了个女朋友，神秘兮兮的，经常趁大家不在，两个人躲在里面亲热。搞得大家回来时都特别地小心谨慎，恐怕遇见什么。

于是，小郭就想，要是每人有一套房子那就好了。有了房子，就有了属于自己的天地与隐私。

后来，小郭也找到了一个女朋友。他们下馆子、逛公园、看电影，坐在河边上谈婚论嫁。最后两人意识到了一个严重的问题：没有房子无法结婚。

单位没有房子，这是小郭的一块心病，于是他想换单位。可换单位却没有换女朋友那么容易，换来换去，单位没有换成，却把女朋友换得见面3天就没感觉了。他怕谈房子，他怕一谈房子就会什么都黄了。他想，如果分不上房子，就再也不谈女朋友了。

这世上有些事真怪，你不想要的东西，说不定很轻易就可得到，你想得发疯的东西，你就是真的疯了也不一定就有你的份儿。比如小郭想要房子，可他们单位就偏偏没房给他。他一气之下，下海了。下海干什么？自己挣钱，买房。心中有了希望，眼前有了奔头。肩扛一部摄像机，与人合办公司，策划创意，摄制广告。小郭为房而奋斗的脚步迈开了。

36岁的时候。小郭终于买了一套100多平方米的房子。他胜券在握地说："我可以认真地找一个好老婆了，谁也不会在房子上挑剔我了。"

小郭结识新女友的第二天就往家里带。一切都很顺利，他忽然意识到了一个重要的问题："女友是喜欢我这人呢还是这房呢？进房容易出房难。要是感情不和而分手呢？这房子会不会一人一半呢？"

小郭用一双明察秋毫的眼睛打量那些与他亲近的女友，发现她们越来越可疑。

经过思想斗争，他做出了决定：提高警惕，保卫房子。宁愿不结婚，也不能轻易将这用血汗换来的房子丢了。

女朋友一个个都走了。小郭感到最舒畅的时候是一个人在自己的房子里走来走去。走累了他就躺在沙发上看肥皂剧，手中拿着一本《结婚指南》，用不了1分钟，

房子里就会传出他的鼾声。

【每日一点】

谈感情如果脱离物质，就会沦为柏拉图式的真空状态；但如果过分在意物质，又会让自己成为它的奴隶。所以，美好的状态就在于这二者之间，过犹不及。

过度在意对方的外表美，会让你失去对方

英俊的王子因得罪了女巫，被下咒变成了一只丑陋的青蛙。女巫说，除非青蛙遇上一位真心爱他的女孩儿，否则魔咒永远不能破解。

幸运的是，青蛙终于遇上了美丽的公主，并以他的善良征服了公主的心。公主说："我相信你，我也愿意爱你，可你必须答应我，无论将来我变成什么样子，无论是美丽或丑陋、贫穷或富有、健康或疾病，你都将永远爱我，并不舍不弃。"青蛙当然同意。于是公主吻了他。公主像是预感到某个不好的结局，在吻他的时候，一滴清泪流下来，落在青蛙的唇边。

魔咒终于解除了。青蛙在刹那间变回了英俊的王子，他欣喜若狂。可意外的事情发生了，王子发现公主不见了。公主原先站着的位置被一只丑陋的癞蛤蟆所取代。蛤蟆跳起来，跳到他的脚背，仰起头来望他。蛤蟆的眼中有泪。青蛙不敢相信，他有狂呼的冲动。

这时女巫出现了，她得意地笑："她根本不是什么公主，她原本就是一只癞蛤蟆。世人皆以为公主吻了青蛙后，两人从此过上幸福的生活。这种结局太平淡如水。所以我安排了一只癞蛤蟆变成公主，由她吻你来解除你的魔咒，同时，她也将变回一只癞蛤蟆，这就是她爱上你的代价。如果她不愿意吻你，那么她将永远成为一个公主，享尽万般宠爱。可惜，她是个傻瓜。她明知道自己的结局，可她仍然选择了爱你。现在，你兑现自己的诺言，跟一只蛤蟆一生一世吧，别忘了，这是你答应过她的！哈哈哈，哈哈哈……"

王子崩溃了，他不能接受这个事实。这个恶毒的女巫把他从地狱扯上天堂，再从天堂拉下地狱，让他在快乐与绝望的两极中备受折磨。这才是女巫的真正企图。王子望了望脚背上的蛤蟆，他想，自己怎么可能爱她呢？他愤怒而绝望地大叫，冲了出去。悲剧发生了，他在错足之间，踩死了蛤蟆。蛤蟆惨叫一声，把他惊得回首。更加不可置信的事情发生了，蛤蟆又变回了美丽的公主。只是，她死了，她死在

他无情的脚下。

女巫笑得更狂更得意："你以为游戏就结束了？不！游戏才刚刚开始。你这个自以为是的青蛙，让我告诉你事情的真相吧。她并不是一只蛤蟆，她是个真正的公主。她变成蛤蟆也是我的诅咒之一，只要你愿意回吻她，她才可以由蛤蟆变回公主。

可是你不愿，你接受不了她的丑陋，你宁可杀死她也不愿意爱她！哈哈，这就是你所谓的真爱吗？"

王子痛哭："你杀了我吧！你杀了我吧！！"

女巫轻蔑地说："我不杀你。你这个怯懦而自私的胆小鬼，我让你活着，在悔恨与痛苦中度过一生！"

公主死在王子的脚下，而王子在内心的谴责中一蹶不振。临死前，他反复念叨着这样一句话："我只记得她眼中的一滴眼泪，我只记得她眼中的一滴眼泪。"

【每日一点】

人往往可以原谅自己的丑陋，却不能接受他人的丑陋。不要轻易相信眼前的"事实"，因为它极有可能是一幕假象。过度在意容貌之美只怕会令真爱失色，灵魂空虚。

爱之花不断需要给养，否则等待它的只有枯萎

一位悲伤的少女求见莎士比亚。

"莎士比亚先生，你曾写出了人世间那么多凄美动人的爱情故事，现在，我有件关于爱情方面的事请教您，希望您能帮助我。"

"喔，可怜的孩子，请说吧。"莎士比亚说。

少女停顿了一下，忧伤的声调令人心碎：

"我爱他，可是，我马上就要失去他了。"少女几欲流泪。

"孩子，请慢慢从头说吧，怎么回事？"莎翁慈祥地说。

"我与他深深相爱着。他以他的热情，日复一日地用鲜花表达着对我的爱。每天早上，他都会送我一束迷人的鲜花；每天晚上，他都要为我唱一首动听的情歌。"

"这不是很好吗？"莎士比亚说。

"可是，最近一个月来，他有时几天才送一束花，有时根本就不为我唱歌了，

放下花就匆匆离去了。"

"唔？问题出在哪儿呢？你对他的爱有回应吗？"

"我从心里深深爱着他，但是，我从来没有表露过我对他的爱，我只能以冰冷掩饰内心的热情。现在他对我的热情也在慢慢逝去，我真怕，真怕有一天我会失去他。先生，请告诉我，我该怎么办？"

莎士比亚听完少女的诉说，从屋里取出一盏油灯，沾了一点儿油，点燃了它。

"这是什么？"少女问。

"油灯。"

"要它做什么？"

"别说话，让我们看着它燃烧吧。"莎士比亚示意少女安静。

灯芯嘶嘶地燃烧着，冒出的火苗欢快而明亮，它的光亮几乎映亮了整个屋子。

然而灯油越来越少，灯芯的火焰也越来越小，光线变弱了。

"呀！该添油了！"少女道。可是莎士比亚示意少女不要动，任凭灯芯把灯油烧干，最后，连灯芯也烧焦了，火焰终于熄灭了，只留下一缕青烟在屋中飘绕。

少女看着一缕青烟迷惑不解。

"爱情也像这油灯，当灯芯烧焦之后，火焰自然就会熄灭了。你应该知道，现在你该怎么去做了。"莎士比亚说。

少女明白了："我要去向他表白，我爱他，不能失去他。我要为我的爱情之灯加油去了。"

少女谢过莎士比亚，匆匆走了。

【每日一点】

爱的付出是相互的，爱情不是靠一个人维持的。时常向对方表达我们对他或她的爱慕与关心，常常为你爱情的灯注入新的灯油，它才全然闪出欢快而明亮的火花。

自信是爱情之门的钥匙，没有它你只能在门外徘徊

某大学周末舞会，女孩子是秀发披肩、亭亭玉立的大二学生，她像一朵6月的新莲在沸腾的舞池中，裙裾翩翩飞舞，飘逸而芬芳。在目光的包围和无休止的旋转后，她累了，坐在一隅休息。

这时，一个男孩儿走过来向她微微鞠躬，伸出手："我可以请你跳一曲吗？"

他彬彬有礼，像一个古代的王子，让人不忍拒绝。带着一丝疲倦，她站了起来。当两个人面对面地站在舞池中静等音乐响起的片刻，她突然发现：那个男生竟然似乎比她矮一点点。也许并不真的比她矮，但是女孩子觉得，如果哪个男生与她等高，那就已经是很矮了。

"我比你还高啊！"女孩子轻轻地说，笑着，像小时候与小伙伴比高矮时得胜后的高兴的样子。其实她是心无城府的，因为她从小便比身边所有的朋友长得高，已习惯了在与他们的比较中骄傲地笑。但眼前的男孩子并不是自己的朋友，只是舞会上偶尔邂逅的舞伴。女孩子立刻为自己的口无遮拦而后悔。她的脸刷地一下红了。一切发生得太快了，男孩子有点猝不及防。稍稍愣了一下，脸上的笑还来不及褪去，新的一波笑意竟浮了上来。他不愠不恼地说："是吗？那我迎接挑战。"

后面4个字稍稍有点重。女孩子无语，歉意地笑，躲过他的目光，但却有点紧张地捕捉来自他的信息。就见他下意识地挺直了腰胸，轻描淡写地说："把我所发表过的文章垫在我的脚底下，我就比你高了。"原来，他也有他的骄傲。舞会后，他们成了恋人。

后来，因为阴差阳错，他们并没能走到一起，但是，女孩儿却从来没有忘记过他，没有忘记当年在舞会上的那一幕情景，尤其是那两句不卑不亢的话："那我迎接挑战。""把我所发表过的文章垫在我的脚底下，我就比你高了。"

【每日一点】

人生的道路有时就像是跨栏跑的跑道，面对阻碍你前进的一个一个"跨栏"，逃避是不能解决问题的，只有勇敢地面对那些迎面而来的挑战，你才会自信地面对一切挑战，你强大时困难就退缩，面对爱情时尤其如此。

迟来的表白，让爱蹉跎一生

男孩暗恋女孩，女孩喜欢男孩。

男孩没有勇气，有爱难表；女孩碍于羞涩，有情难诉。

一天，两天。一年，两年。

男孩女孩在周围人眼里，俨然是一对恋人。男孩女孩心里更清楚：他们是被冥冥中早已注定的缘分连在一起的，他们原本就是恋人，只不过都在静心等待对方的爱情表白。

女孩闭口不提爱男孩，因为她是女孩。男孩迟早要说爱女孩，因为他是男孩。

女孩生日那天，男孩特意定做了一个精美的音乐盒送给她。女孩清甜的脸上泛起一片绯红。她接过盒子，逃回屋子里急切切地打开，里面流出了优美的音乐。

女孩一脸困惑，因为她没有找到男孩的爱情表白。

当音乐第二次奏出，女孩关掉音乐盒，泪盈于睫，哭了一夜。

原来，男孩不爱女孩。因为盒子里没有他对她的爱情表白。

女孩开始躲避男孩，男孩也在疏远女孩。

以后，男孩随父母迁到北方。女孩依旧留在南方。

后来，他们再没见过面。

再后来，男孩娶了另一个女孩，女孩嫁给了另一个男孩。

有那么一天，已为人妻的女孩收拾屋子时，不经意间翻出那个音乐盒。看到盒子，便触动了她的心事。再一次打开，里面又响起那段熟悉的音乐。

望着盒子，她摇摇头："他怎么会不爱我呢？"

当音乐第二次结束，盒子里突然传出了男孩的声音："I love you！如果你也爱我，请告诉我。"

她愕然。大颗的泪珠绝望地落到地板上，她知道，此时的爱情表白已经迟了许久。

如果你给心爱的人送了与音乐有关的礼物，请你一定把爱情表白放在音乐前面。有时，爱情成功与否，也许只差一段音乐的时间。

【每日一点】

假如你不让树木长叶、开花、结果，它便会枯死；假如你不让爱表现自己，爱便会呛死于自己的血液中。

含蓄或许是种别样的能力，但对于爱情这个奇妙的事物，过分含蓄有可能让你错失良机。勇敢的表白虽然不一定换来良果，但犹豫一定会使你后悔莫及。

许多让我们迷惘的问题，不如交给时间

从前有一个小岛，上面住着快乐、悲哀、知识和爱，还有其他各种情感。

一天，情感们得知小岛快要下沉了。于是，大家都准备船只，离开小岛。只有爱留了下来，她想坚持到最后一刻。

过了几天，小岛真的要下沉了，爱想请人帮忙。

这时，富裕摇着一艘大船经过。

爱说："富裕，你能带我走吗？"

富裕答道："不，我的船上有许多金银财宝，没有你的位置。"

爱看见虚荣在一艘华丽小船上："虚荣，帮帮我吧！"

"我帮不了你。你全身都湿透了，会弄坏我这漂亮的小船。"

悲哀过来了，爱向她求助："悲哀，让我跟你走吧！"

"哦……爱，我实在太悲哀了，想自己一个人待一会儿！"悲哀答道。

快乐走过爱的身边，但是她太快乐了，竟然没有听见爱在叫她！

突然，一个声音传来："过来！爱，我带你走。"

这是一位长者。爱大喜过望，竟忘了问他的名字。登上陆地以后，长者独自走开了。

爱对长者感恩不尽，问另一位长者知识："帮我的那个人是谁？"

"他是时间。"知识老人答道。

"时间？"爱问道，"为什么时间要帮我？"

知识老人笑道："因为只有时间才能理解爱有多么伟大。"

【每日一点】

当两情相悦时或许看不清爱的深浅，不必急于寻找到答案，因为随着岁月的流逝，能留下来的必定是刻于心上的记忆。

失恋不失态，留一点美好回忆在心中

一家新开业的礼品店热闹了一阵后，慢慢地静了下来。年轻的姑娘黛丝刚把凌乱的柜台整理好，一位20多岁的男青年进了店。他瘦瘦的脸颊，戴副近视镜，他冷冰冰的目光在店中搜索，最后落在窗边那只柜台里。黛丝顺着男青年的目光看去，见他正盯着一只绿色玻璃龟出神。

她走过去轻声问道："先生，你喜欢这只龟吗？我拿出来给你看。"

男青年似乎对看与不看并不在意，伸手把钱包掏出来，问道："多少钱一只？"

"20元。"

"啪"，青年不假思索地把钞票拍在柜台上。

面对黛丝递过来的乌龟，青年人眯起眼睛慢慢地欣赏着，脸上的肌肉时不时地抽动一下，继而一丝笑容勉强地跳了出来。他自言自语道："好，把它作为结婚礼物是再好不过了。"青年人的脸兴奋得有点扭曲，两眼灼灼闪光。

黛丝在一旁细心地观察着青年人，她对青年人自言自语的那句话感到极大的震惊。虽然她刚刚离开校门不久，但她知道那种东西若出现在婚礼上，无疑是投下一枚重磅炸弹。女孩表情平静地问道："先生,结婚的礼物应当好好包装一下的。"说完弯腰到柜台下找着什么。"真不巧，包装盒用完了。"女孩说道。

"那怎么行，明天一早我就要急用的。"

女孩忙说："不要紧，您先到别处转一下，20分钟以后再来，我包装好了等你，保证让你满意，"

20分钟以后，青年人如约取走了那盒包装得极精美的礼物，像战士奔赴战场一样，去参加他以前曾经深深爱过的一位姑娘的婚礼。

婚礼的第二天晚上，青年人终于等到了姑娘打来的电话，当他听到那久违而又熟悉的声音时，双腿一软竟坐在了地板上。

这一天他度日如年，是在悔恨和自责的心态中熬过的。他像一个等待法官宣判的罪人一样，等待着姑娘对他的怒斥。可他万万没想到，电话中传来的却是姑娘甜甜的道谢声："我代表我的先生，感谢你参加我们的婚礼，尤其是你送来的那份礼物，更让我们爱不释手……"爱不释手？他简直不相信自己的耳朵，他不知通话是怎么结束的。

青年人度过了一个不眠之夜。清早，他来到礼品店，进门一眼就看见那只乌龟还安详地躺在柜台里，此时他似乎一切都明白了。

对青年人的突然出现，黛丝的确有些感到意外。望着他那红肿的眼睛，发现里面已不再是那绝望的冷酷。青年人嘴唇哆嗦了一下，似乎要说些什么。突然他走到黛丝面前深深地鞠了一躬，等他再抬头时，已是泪流满面。他哽咽地说道："谢谢你，谢谢你阻止我滑向那可怕的深渊。"

黛丝见青年人已经明白了一切，从柜台里取出一个盒子，打开后交给了他，轻声说道："这才是你送去的真正礼物。"原来那是一尊水晶玻璃心，两颗相交在一起的、什么力量也无法把它们分开的水晶玻璃心。此时，一缕晨光透过窗子照在水晶心上，折射出一串绚丽的七彩光来。

青年人惊叹道："太美了，实在太美了。这么贵重的礼物，我付的钱一定是不够的。"

黛丝忙打断他说道："论价值它们是有差别的，但它如果能了却你们以前的恩恩怨怨，化干戈为玉帛，那它也就物有所值了。至于两件礼物之间所差的那点钱，也不必想它，将来你还会遇到更好的姑娘，那时候你再到我的店里多买些礼物送给她，就算感谢我了。"

【每日一点】

不必报复过去的爱，当爱已成往事时。

何不把过去压缩成一片馨香的花瓣，将它深埋于心底，让它时刻散发出一缕沁人芬芳。如果不能继续，就学着大度放手、学着祝福。

犹豫是爱情的天敌，面对爱要勇敢地追求

荷兰足球明星克鲁伊夫曾5次被评为"荷兰足球先生"，3次被评为"欧洲足球先生"。他风度翩翩，言谈举止十分讲究。他曾收到许多姑娘的情书，但他没有理会，因为他要在绿茵场上奔跑。一次，他收到一个用裘皮精装的日记本。每一页上都只有一个名字，他自己亲笔写的名字——克鲁伊夫。一直翻到最后才有一篇文章，那秀丽流畅的笔迹使克鲁伊夫惊诧不已，他一口气读完了它：

……我已经看过你踢的100多场球，每一场都要求你签名，而且也得到了，我多么幸运啊！当然，对于拥有无数崇拜者的你来说，我是微不足道的一个，'爱是群星向天使的膜拜'，我多么希望你对我已经有一点印象啊……

坦率地说，我爱你，这封信花了我整整一个星期，我曾经在月下彷徨，曾经在玫瑰园惆怅，也曾经在公园徘徊，好多次想迎着你，我毕竟才19岁，少女的羞涩仍不时漾上脸来，心中只有恐惧和向往……现在，爱神驱使我寄出了这个本子。

……如果你不能接受我奉上的爱情，请把这个本子还给我，那上面'克鲁伊夫'的名字会给我破碎的心一半的慰藉，那另一半就是你，我多么想也得到那另一半啊……"

这封信的字里行间流露出的真挚感情，深深打动了克鲁伊夫，他终于留下了本子。一星期后，克鲁伊夫和丹妮·考斯特尔相会了，21岁的世界足球明星和19岁的美丽姑娘一见钟情，成为一段佳话。

【每日一点】

莎士比亚说，犹豫和怯懦是爱情的大敌，当爱来临，请勇敢地射出爱神之箭。如果心中有了爱的萌动，那么就要勇于表达你的爱。否则，白白浪费了机遇。默默地等待固然美好，但韶华易逝，时不我待，"莫待无花空折枝"。

爱是一捧沙，攥得越紧失去越多

一个即将出嫁的女孩，向她的母亲提了一个问题："妈妈，婚后我该怎样把握爱情呢？"

"傻孩子，爱情怎么能把握呢？"母亲诧异道。

"那爱情为什么不能把握呢？"女孩疑惑地追问。

母亲听了女孩的问话，温情地笑了笑，然后慢慢地蹲下，从地上捧起一捧沙子，送到女儿的面前。女孩发现那捧沙子在母亲的手里，满满的，没有一点流失，没有一点撒落。接着母亲用力将双手握紧，沙子立刻从母亲的指缝间泻落下来。当母亲再把手张开时，原为那捧沙子已所剩无几，其团团圆圆的形状，也早已被压得扁扁的，毫无美感可言。

女孩望着母亲手中的沙子，领悟地点点头。

【每日一点】

爱情像一朵娇嫩的花，如果你将它密封，不给它自由呼吸的空间，那么它一定会因"缺氧"而窒息、死亡。

第八章

感悟婚姻：比企业更难经营的是婚姻

婚姻如同数学，矛盾是几何级数增长

某家政学校的最后一门课是"婚姻与经营和创意"，主讲老师是学校特地聘请的一位研究婚姻问题的教授。他走进教室，把随手携带的一叠图表挂在黑板上，然后，他掀开一张挂图，上面用毛笔写着一行字：

婚姻的成功取决于两点：一是找个好人；二是自己做一个好人。

"就这么简单，至于其他的秘诀，我认为如果不是江湖偏方，也至少是些老生常谈。"教授说。

这时台下嗡嗡作响，因为下面有许多学生是已婚人士。不一会儿，终于有一位 30 多岁的女子站了起来，说："如果这两条没有做到呢？"

教授翻开挂图的第二张，说："那就变成 4 条了。"

一、容忍，帮助，帮助不好仍然容忍。

二、使容忍变成一种习惯。

三、在习惯中养成傻瓜的品性。

四、做傻瓜，并永远做下去。

教授刚把这 4 条念完，台下就喧哗起来，有的说不行，有的说这根本做不到。等大家静下来，教授说："如果这 4 条做不到，你又想有一个稳固的婚姻，那你就得做到以下 16 条。"

接着教授翻开第三张挂图。

一、不同时发脾气。

二、除非有紧急事件，否则不要大声吼叫。

三、争执时，让对方赢，

四、当天的争执当天化解。

五、争吵后回娘家或外出的时间不要超过 8 小时。

六、批评时的话语要出于爱。

七、随时准备认错道歉。

八、谣言传来时，把它当成玩笑。

九、每月给他或她一晚自由的时间。

十、不要带着气上床。

十一、他或她回家时，你一定要在家。

十二、对方不让你打扰时，坚持不去打扰。

十三、电话铃响的时候，让对方去接。

十四、口袋里有多少钱要随时报账。

十五、坚持消灭没有钱的日子。

十六、给你父母的钱一定要比给对方父母的钱少。

教授念完，有些人笑了，有些人则叹起气来。教授听了一会儿，说："如果大家对这 16 条感到失望的话，那你只有做好下面的 256 条了。总之，两个人相处的理论是一个几何级数理论，它总是在前面那个数字的基础上进行二次方。"

接着教授翻开挂图的第四页，这一页已不再是用毛笔书写，而是用钢笔，256 条，密密麻麻。教授说："婚姻到这一地步就已经很危险了。"这时台下响起了更强烈的喧哗声。

【每日一点】

婚姻成功最大的秘诀便是把所有的灾难看成意外事件，而任何意外事件都不当作灾难。

信任是幸福的基石，没有它婚姻大厦会摇摇欲坠

他是个爱家的男人。他纵容她婚后仍保有着一份自己喜爱的工作，他纵容她周末约同事回家打通宵的麻将，他纵容她拥有不下厨的坏习惯，他纵容她在半夜挑逗他那已沉睡的身躯，他始终都扮演着一个好男人的典范，好得让她这个做妻子的自惭形秽。

她第一次怀疑他，是从一把钥匙开始的。她虽然不是个百分之百的好老婆，但总能从他的一举一动了解他的情绪，从一个眼神了解他的心境。

他原有4把钥匙,楼下大门、家里的两扇门以及办公室等4把。不知从何时起,他口袋里多了一把钥匙。她曾试探过他,但他支支吾吾闪烁不定的言词,令她更加的怀疑这把钥匙的用途。

她开始有意无意的电话追踪,偶尔出现在他办公室,名为接他下班实为突击检查,她开始将工作摆在第二位,周末也不再约同事回家打牌,还买了一堆烹饪的录像带和食谱,想专心地做个好老婆,可是一切似乎太迟了。

他愈来愈沉默,愈来愈不让她懂得他心里想什么,他常常独自一个人在半夜醒来,坐在阳台上吹了整夜的风,他变得不大说话,精神有点恍惚,有一次居然连公文包都没带就去上班,他真的变了很多,唯一没有变的是他对她的温柔和体谅,但她的猜疑始终没有稍减。在夜以继日的追查下,她终于发现那把钥匙的用途,是用来开启银行保险箱的,于是她决定追查到底,她悄悄地偷出了那把钥匙进了银行。

当钥匙一寸一寸地伸进那小孔,她慌张又迫于知道答案的谜底,谜题即将揭晓。首先映入眼帘的是一个珠宝盒,她深深地吸了一口气,缓缓地打开盒盖,然后,心里甜甜地笑了起来:“这个傻瓜。”那是他们两人第一次合照的相片。照片之后是一叠情书,算一算一共28封,全是她在热恋时期写给他的,这个时候甜蜜是她脸上唯一的表情。珠宝盒底下是一些有价证券,有价证券底下是份遗嘱,她心想:“待会儿出去一定要骂一骂他,才30出头立什么遗嘱。”虽然如此,她还是很在意那份遗嘱的内容。她翻开封面,内容写着×××阳明山的别墅和存款的20%留给父母,存款的10%给大哥,有价证券的30%捐给老人机构,其余所有的动产、不动产都写着一个名字。

她哭了,因为这个名字不是别人,正是她自己。所有的疑虑都烟消云散,他是爱她的,而且如此忠诚。正当她收拾起所有动作,准备回家为他筹备丰盛晚宴时,突然,一个信封从两叠有价证券里掉下来,那已经褪去的猜疑,又复萌了,她迅速地抽出信封里的那张纸,是一张诊断书,在姓名栏处她看到了先生的名字,而诊断栏上是4个比刀还锋利的字:“骨癌中期”。

【每日一点】

婚姻中的任何猜疑都会变成一把锋利的刀剑,将幸福的面纱一剑击穿。

他的事业，最需要你的支持

1910 年，华莱士想到一个办杂志的新办法，他计划把一些浓缩的文章编辑在一起，命名为《读者文摘》。他做了一份样本，寄给全国多家杂志社，但没有人感兴趣，华莱士灰心到极点。

这时他遇见一位长老会传道人的女儿丽娜·比尔·阿基森，不久二人便坠入爱河。丽娜相信华莱士的梦想，她鼓励他不要放弃这了不起的想法，在她的支持之下，华莱士开始向可能的订户寄发征订信件。

1921 年 10 月份，丽娜嫁给了华莱士。当两人蜜月回家，便收到一叠表示有兴趣的回信，于是他们开始编辑第一卷第一期，并于 1922 年 2 月份正式发行。华莱士把丽娜算作杂志的创办人、编辑和拥有人之一。这份小小的杂志随着岁月成长，目前，《读者文摘》至少用 18 种语言发行，并成为全世界最畅销的杂志。

华莱士与丽娜不仅是夫妻，更是真诚的朋友。他们相互鼓励、支持和信任，他们并肩努力，使梦想得以实现，而且互相尊重。

华莱士曾说："我认为是丽娜使《读者文摘》得以问世。"同时，丽娜也如此谈论华莱士。

【每日一点】

夫妻之间如能做到志同道合当然是好，倘若不能如此也要做到互相支持对方的事业。婚姻的大厦有多种因素建筑，理解、支持是其中之一，缺少它，这座大厦一定会倾斜，甚至倒塌。

爱到深处无怨尤，宽容能救赎迷失的灵魂

女人有了外遇，要和丈夫离婚。丈夫不同意，女人便整天吵吵闹闹。没有办法，丈夫只好答应妻子的要求。不过，离婚前，他想见见妻子的男朋友。妻子满口答应。第二天一大早，女人便把一个高大英俊的中年男人带回家来。

女人本以为丈夫一见到自己的男朋友必定气势汹汹地争吵。可丈夫没有，他很有风度地和男人握了握手。然后，他说他很想和她男朋友交谈一下，希望妻子回避一下。女人只得听从丈夫的建议。站在门外，女人心里七上八下，生怕两个男人在屋内打起来。然而结果证明，她的担心完全是多余的。几分钟后，两个男

人相安无事地走了出来。

送男友回家的路上，女人忍不住问："我丈夫和你谈了些什么？是不是说我的坏话。"

男人一听，停下了脚步，他惋惜地摇摇头说："你太不了解你丈夫了，就像我不了解你一样！"

女人听完，连忙申辩道："我怎么不了解他，他木讷，缺少情趣，家庭保姆似的简直不像个男人。"

"你既然这么了解他，就应该知道他跟我说了些什么。"

"说了些什么？"女人非常想知道丈夫说的话。

"他说你心脏不好，但易暴易怒，结婚后，叫我凡事顺着你；他说你胃不好，但又喜欢吃辣椒，叮嘱我今后劝你少吃一点辣椒。"

"就这些？"女人有点吃惊。

"就这些，没别的。"

听完，女人慢慢低下了头。男人走上前，抚摸着女人的头发，语重心长地说："你丈夫是个好男人，他比我心胸开阔。回去吧，他才是真正值得你依恋的人，他比我和其他男人更懂得怎样爱你。"

说完，男人转过身，毅然离去。

自从这次风波过后，女人再也没提过离婚二字，因为她已经明白，她拥有的这份爱，就是世界上最好的那份。

【每日一点】

人无完人，每一个错误的背后绝不只是一种因素，所以尝试用一颗博大的心来宽容对方的错。

夫妻间的相处，如果抱着容不得一点沙子的态度，恐怕就是神仙眷侣也要分道扬镳。

爱情不是游戏，婚姻也不是一场赌局

他与她青梅竹马。

4岁，他开始喜欢她。

9岁，在学校读书，她受了委屈会去找他，再没同学敢欺负她。

18 岁，他们相约考入同一所大学，每天一起上课，一起去学校食堂吃饭。她有不开心的事了，依然会去找他，把他当作自己的大哥一样。

19 岁，他对她说："做我的女朋友吧。"她点点头答应了，感觉很幸福。

21 岁，他们分手了。她流着泪问他："你真爱上了别的女孩子？"他点点头，有点无奈。她又问："她很漂亮吗？"他淡淡地答："你能肯定我们就是最合适的吗？我不想把这么美好的青春只给一个人。你难道不想再试试除我而外的其他男人吗？"

毕业之后，他们一直没有任何联系。

25 岁，她成了当红的女主播，他也在一家电视台做幕后翻译。这些年，他恋爱一场又一场，每次结束一段感情，都会想起她。

26 岁，她结婚，只是觉得疲倦，好想找个肩膀靠一靠。她主播的节目，他会小心避开，他怕看见电视里的她。她事业很好，却是个生活一团糟的女子，家务也不会做。家里尽管有了佣人，她的丈夫依然处处对她不满。

有一晚，他们吵了嘴，她开车出去在街上转了一晚，不知为什么，想起他，眼泪忽然落了下来。

29 岁，她离婚。

31 岁那年，他辗转找到她的电话号码，犹豫很久才打过去，这已是他们分手的第 10 个年头。10 年，可以改变一个人很多，对事情的看法，也完全不一样了。

31 岁那年，她与他在酒店的大厅见面，往事历历在目。经过这些年的波折，都知道了生命中值得珍惜的情感并不多。两个人用了 10 年的青春，绕了很大一圈又回到了起点。

32 岁，他们结婚了。

婚后很幸福。她因为经历过一次失败的婚姻，已懂得如何心疼一个男人。他也对失而复得的这份爱情倍感珍惜。10 年的经历，他们终于懂得了这份婚姻对彼此的重要。

【每日一点】

人的一生总会有犯糊涂的时候，兜兜转转却发现终点又回到起点。也许这就是成长与成熟的代价。

一个高明的婚姻经营者，绝不是一个吹毛求疵的人

几个女人坐在一起，讨论人生。她们不约而同地对自己的婚姻感到不满意。闻说城中有一位显道法师，专门为人指点迷津，于是众女带着心中疑难，前往求教。

法师："各位对你们的丈夫有何不满？"

甲女："我丈夫与我毫不沟通，他连我喜欢些什么都不知道，更不用说晓得我想些什么了。我们同桌吃饭，但我觉得彼此距离犹如隔了一条大河。"

法师："那你当初为何嫁他？"

甲女："他对我殷勤呀。"

乙女："你的丈夫不晓得你心中想些什么，那还罢了。我的丈夫就可恶极了，他明知道我心中想些什么，对他如何期望，可是他就偏和我抬杠——我想他走路，他却坐下。"

法师："当初他是怎样打动你的心的？"

乙女："当初他以我喜欢的方式来爱我，愿意为我做任何事，但现在他以他自己喜欢的方式来'爱'我，只愿意做他自己喜欢的事。"

法师笑："最初他投你所好，是缘于形势；现在是'还我本色'，'真我流露'了。"

丙女："我的丈夫更加不像样。别人给女人家用，总是付出家用的全部，可是他非常计较，什么都只给一半。哪有男人付出一半家用的呢？况且他赚钱比我多，为何就不大方一点，自己把家用全付了？"

法师："你赚多少钱？"

丙女："有 8000 元左右。"

法师："当初你们恋爱的时候，出外消费如何付账？"

丙女："AA 制，各付各的。可是现在我是他的妻子呀，为什么他就不肯为我牺牲呢？况且他付得起呀。"

法师对众女说："好吧，我给你们一个锦囊，一个月后，情况就会有所改善。"

众女接过锦囊后打开一看，是一张字条，上面写着："要把丈夫当朋友。"

一个月后，众女欢天喜地前往找法师。

甲女："法师的锦囊果然了得。那天我生日，丈夫送我一朵荷花那样大的绢花，可真搞笑。我是只喜欢鲜花，最讨厌绢花的啊！要是平日我一定很生气。可是，我想起法师说的话，想到朋友记得你的生日，已经很有心，何况还知道你喜欢花。哪管它绢花还是鲜花！我不知有多开心。"

乙女："可不是，我自从得了法师的锦囊后，脑筋顿然开窍，我向来哪有要求朋友投我所好的？也从不勉强别人做自己不喜欢做的事。对朋友无求，彼此往来，就轻松得多。求人不如求己，何必生气？"

丙女："对了，我向来很少向朋友借钱，更不要说用朋友的钱了。我自己又不是付不起家用，何必丈夫养我？"

法师："你们都有慧根，不愧是城中的聪明女子。"

众女悟出 3 个道理：一是待人不可持双重标准，待夫亦然；二是如果想多个朋友，乃可结婚；三是若要追求理想婚姻，只可自己同自己结婚。

【每日一点】

爱的表现是无私奉献，但爱的实质却是无限索取。待人如己，待己如人，倘若能做到这些，那么夫妻之间就少了不少矛盾。

不必追究他的过去，因为你已拥有他的现在与未来

就在凯莉·切斯荷姆的结婚一周年纪念日及 25 岁生日前夕，她发现自己并没有如她想象的那么了解她的丈夫。这一发现是由她的丈夫戴维每天早晨去淋浴时哼的小调产生的。戴维作为网球手，总能拿到高分，可是要作为一个歌手，只会扯着嗓子尖叫。

在他们婚后不久的日子里，凯莉是那么喜悦，以至她确信自己欣赏那荒唐可笑的音调，并不介意戴维嘶哑的嗓音。

然而，随着时间的流逝，这支歌开始让她不安、烦乱。干吗老唱这个，不唱别的？

在她涮洗碗碟时，丈夫歌词中的"玛丽·安"仍缠绕着她。她知道有关戴维在高中时代的罗曼史，也了解他大学时的恋人。在他们相爱的日子里，凯莉也曾对戴维提到过自己的一两个旧情人，但谁也没有成为她的歌乐声中不朽的小伙子。

婚后一年，她找到了和戴维的共同爱好。然而，她却对玛丽·安一无所知。玛丽·安犹如一扇拒她而入的门。

几天后的晚上，凯莉和戴维被西蒙和爱丽丝老两口请去吃了晚饭，在他们手挽手散步回家的路上，凯莉对戴维说道：

"跟我谈谈她。"

"谈谁？"

"玛丽·安。"

"怎么想起这个？"

"她是我大学里的戏剧课教师。"戴维说。

"迷你的老太太？"她松了口气。

"并不太老，大概比我大4岁。"在家门口，他掏出钥匙边开门边说，"她是另一个我想与之结婚的女人。这就是你真正想知道的，是吗？真有那么严重？"

她在他之前走进了屋子，小心地掩饰着自己。这突然而来的一阵嫉妒，使她感到自己幼稚而愚蠢。

"不过她拒绝了我。"戴维微笑着说。

"她很漂亮吗？"凯莉嘴上这样问，心里却希望她并非如此。

"她有修长的身材，加上那黑头发和大眼睛，很迷人。"戴维说，"当然，她是一个常因精彩表演而被观众掌声打断的演员。"

"她后来的情况怎么样？"

"不知道。你干吗问这些？这已经是好多年以前的事了。"

"我想我是嫉妒了。"她笑着承认道。

戴维微笑着伸出手臂搂住了她。

"你是我非常信赖的妻子。"他吻了吻她的鼻尖，"每个人心中都有一块属于自己的特殊的角落，你只不过是听厌了我的歌。"

【每日一点】

谁都有自己的过去，但若想婚姻幸福就不要翻阅对方从前的历史，不管它是多么诱人。

不要抱怨你的命运，婚姻是两个人共同维系的结果

一位年轻貌美的少妇曾向人们诉说自己5年不愉快的婚姻生活。她的丈夫是保险公司的职员，因为一句话惹她生气，她便大发雷霆地说道："你怎么可以这样说，我可是从来没有向你说过这样的话。"当他们提到孩子时，这位少妇说："那不公平，我从不在吵架时提到孩子。""你整天不在家，我却得和孩子看家。"她在婚姻生活中处处要公平，难怪她的日子过得不愉快，整天都让公平与不公平的问题搅扰自己，却从不反省自己，或者设法改变这种不切实际的要求。如果她对

此多加考虑的话，相信她的婚姻生活会大大改观的。

还有一位夫人，她的丈夫有了外遇，使她感到万分伤心，并且弄不明白为什么会这样？她不断地问自己："我到底有什么错儿？我哪一点配不上他？"她认为丈夫对她不忠实在是太不公平。终于，她也效仿自己的丈夫有了外遇，并且认为这种报复手段可谓公平。但是，同愿望相反，她的精神痛苦并未减轻。

【每日一点】

婚姻是两个人共同投资的一项事业，如果惨遭倒闭，那绝不是一方的过，而是两位经营者共同的责任。

去掉虚伪的面具，我们才能赤诚相对

雍容华贵的公主爱上了一个小伙子，很快，他们踩着玫瑰花铺就的红地毯步入了结婚殿堂。不久，公主成了女王。

随着岁月的流逝，女王渐渐感到自己衰老了，花容月貌慢慢失色，不得不靠一层又一层的化妆品挽回昔日的风采。

"不，女王的尊严和威仪绝不能因为相貌的萎靡而减损。"女王在心中给自己下达了圣旨，同时她也对所有的臣民，包括自己的丈夫下达了苛刻的规定：不准在女王没化妆的时候偷看女王的容颜。

一个非常迷人的清晨，柳绿花红，女王的丈夫早早起床在皇家园林中散步。忽然，随着几声悦耳的啁啾鸟鸣，女王的丈夫发现树端一窝小鸟出世了。多么可爱的小鸟啊！他再也抑制不住内心的喜悦，飞跑进宫，一下子推开了女王的房门。女王刚刚起床，还没来得及洗漱，她猛然一惊，仓促间露出了一张毫无粉饰的白脸。

结局不言而喻，即使是万众敬仰的女王的丈夫，犯下了戒律，也必须与庶民同罪——偷看女王的真颜只有死路一条。

女王的心中充满了悲哀，她不忍心丈夫因为一时的鲁莽和疏忽就惨遭杀害，但她又绝不能容忍世界上任何一个人知道她的秘密。执行斩首的那一天，女王泪水涟涟地去探望丈夫，这些天以来，女王一直渴望知道一件事，错过今日，也就永远揭不开谜底了。终于，女王问道："没有化妆的我，一定又老又丑吧？"

丈夫深情地望着妻子说："相爱这么多年，我一直企盼着你能够洗却铅华，甚至摘下皇冠，让我们的灵魂赤诚相融。现在我终于看到了一个真实的妻子，终于可以以一个丈夫的胸怀爱她的一切美好和一切缺陷。在我的心中，我的妻子永远是美丽的。"

【每日一点】

戴上面具去看人难免看不清，而别人更会对你敬而远之。对于生活在一起的夫妻而言，有什么能比真诚更重要呢？

不要在生活中不停抱怨，给他喘口气的缝隙

拿破仑·彭纳派德是拿破仑的侄子，他与美女尤金妮·德伯相爱并成婚。他的顾问们认为，她不过是一位不重要的西班牙伯爵的女儿。但拿破仑反驳说："那又怎么样？"她的青春、她的优雅、她的美貌、她的诱惑，使他充满了神仙般的幸福。"我已经喜欢了一位我所敬爱的女人，"他说道，"她不是一位我不了解的女人。"

拿破仑和他的新婚妻子拥有健康、财富、势力、美貌、名誉、爱情与信仰——一切幸福的条件。但是，他们婚姻没过多久，那炽热的圣火就熄灭了，直至化为灰烬。拿破仑可以使尤金妮成为皇后，他可以倾尽美丽法国的所有，或献出他爱情的全部力量，甚至他皇位的势力，但他无法做到一点：使她停止喋喋不休。

出于嫉妒和多疑，尤金妮轻慢他的命令，甚至不许他有秘密。正当他处理国事时，她闯入他的办公室，阻挠他最重要的讨论。她常常到她姐姐家抱怨她的丈夫。她拒绝他独处，永远怕他与别的妇人交往。抱怨、哭泣、喋喋不休，甚至恫吓，并强行进入他的书房，向他发怒、谩骂。拿破仑，这个法国的皇帝，纵然有许多富丽堂皇的宫殿，但却不能找到一个小橱，以让自己在那里静一下自己的心。

尤金妮与拿破仑的婚姻失败归于沟通的失败，可怜的是尤金妮并不知晓闭嘴的功效。沉默地聆听总是比不断地讲话更受人欢迎。

【每日一点】

简·奥斯汀说"女人总有废话和多虑"，确实如此。对女人来说，沉默就是美丽的宝石，但她们很少佩戴它。

女人要的不是锦衣玉食，而是掌握自己命运的自由

从前，一个年轻的国王被邻国的老国王俘虏，老国王本应该杀死他的，但是被他的年轻和乐观所感动，于是提出一个能让年轻国王存活的要求：必须在一年中回答一个问题，女人到底要什么？

年轻的国王答应了，他回到自己的国家后，四处打听，妓女、佣人、大臣、厨师、妻子……但没有人能够答出。

有人提议去问一个出名的女巫，但是她要的代价会非常高！可是随着时间的临近，年轻的国王只好去询问女巫。

女巫要求年轻的国王答应把她嫁给全国最杰出的青年才俊，也就是国王的好朋友温加！年轻的国王十分不愿意这样做，女巫又老又丑，粗鲁无理，浑身散发着恶臭。

可是，温加为了国王的生命，答应了，于是年轻的国王得到了答案：
女人需要的是能够掌握自己的命运！

婚礼如期举行，大家都为温加感到可惜，最让人无法忍受的是女巫在婚礼上的表现：她随意地露出粗糙的皮肤，用手抓东西往嘴里噎，放屁，讲粗口……温加毫无怨言，任由妻子。

在众人的惋惜中到了新婚之夜，温加依然优雅地走进新房，让他惊讶的是，白天丑陋无比的女巫变成了世界上最美丽温柔的女子，那是因为温加白天的表现可以让他有一个选择：

"妻子要么白天变成女巫，晚上是美人；要么晚上变成女巫，白天是美人！"

男人，谁会不虚荣呢？谁会不希望让人家看到自己的妻子是世界上最美丽温柔的呢？可是谁又不希望夜晚一起安寝的是世界上最美丽温柔的呢？

面对如此残酷的选择，聪明的温加如此回答他的妻子："你自己决定吧！"奇迹出现了，女巫回答他："女人要的就是掌控自己命运的自由，既然你把这选择的权利交给我，那么我就选择无论白天还是黑夜都做你温柔漂亮的妻子！"

【每日一点】

自由是人类最宝贵的权利，为了能得到掌控自己命运的自由，许多人付出了一生的奋斗。摆脱"附属品"的地位是所有女人的目标，因此在婚姻中互相尊重是幸福必不可少的因素。没有这种尊重，幸福也就无从说起。

婚姻如同一只小鸟，不用心经营就要飞走

女作家刘燕敏有篇载于《青年文摘》上的文章，名叫《婚姻鸟》，全文如下：

我和先生结婚 10 周年那天，一位移居加拿大的朋友给我寄来一份礼物，美国赫利克斯娱乐公司出品的一张游戏盘，名字叫《别让那只鸟飞了》。

我不会玩游戏，也没有玩游戏的习惯，因此自收到那份礼物，就把它作为一份纪念品收藏了起来。一天，8 岁的儿子在我书房里乱翻，发现有一张游戏盘，就拿走了它。玩过之后，对我说："妈，这里面有一只鸟，弄不好就会从窗口里飞走，一飞走，游戏就砸了。"

在儿子的提醒下，我打开了那张盘。这时才知道，它是一张针对成人而开发的大型游戏软件，总投资 8500 万美元。

游戏的场面是我从未见过的，打开之后，映入眼帘的是一栋具有皇家风范的豪宅，豪宅里各项生活设施应有尽有。游戏者进去之后，可以以主人的身份在这里生活。想打高尔夫，可以去高尔夫球场；想看书，可以走进书房；想喝咖啡，可以让仆人给你送去；想举行舞会，可以邀请包括麦当娜在内的 100 位世界级影视明星；想去旅行吗？车子就在门口。上了车，沿着门口的路，你可以去埃及、巴黎、非洲、中国等世界任何一个地方；假若你有一位情人，还可以秘密地约他（她）出来，到附近的海滨或南美的哥伦比亚大草原。总之，在这里，你可以随心所欲地生活，可以按照自己的意愿想怎么样就怎么样。

但是与现实不同的是，这栋豪宅里有一只鸟在飞，它嘴巴上叼着一只篮子，从客厅飞向卧室，又从卧室飞向书房，飞向餐厅，飞向别墅的每一个房间。它轻盈展翅，来回穿梭，使它经过的房间给人一种大海般的宁静。

这只鸟有一个特点，那就是不论你外出旅行，还是在家读书，或是在公司处理商务，你都不能忘记往这只鸟的篮子里放东西，假如你忘了，到了一定的时间，它就会从某个窗口飞出去，一旦发生这种情况，屏幕上就会出现这么一个画面：豪宅倒塌，野草丛生；夕阳下，一个孤独的身影慢慢地消失在黑暗中。

向那只篮子里放些什么东西，才不会使鸟儿飞走、使豪宅倒塌呢？游戏里有一份菜单，那上面有包括金钱、花朵、微笑、哭泣、吻在内的 120 种日常用品和日常行为。它是赫利克斯公司耗时 3 年，从全球 50 万对金婚老人那里征集来的。每一件东西，每一个行为都按得票的多少，被赋予了不同的时间价值，有的代表 1 个月，有的只代表 3 分钟。至于哪种代表 1 个月，哪种代表 3 分钟，上面没有说明，

完全由游戏者根据自己对它们的认识来判定。

自从打开这个游戏，我就被它迷住了，只要有空，我就要玩上一阵。起初，由于不知该向鸟儿的篮子里放些什么，那栋豪宅经常被我弄得从屏幕上消失。有一次，实在是不知该怎样侍候它，就随便挑了一个吻放了篮子里，结果大出意料，它不仅让我在大书房里看了整整一下午的书，有几次它甚至还把篮子放在我的书桌上，然后自己跳到里面打一个盹。还有一次，我送给它一个亲密的拥抱和惜别，就去了墨西哥的古玛雅城市遗址——奇琴伊察。这次更出乎我的意料，半个月后，我回来了，鸟儿不仅没有飞走，当我到达家门口时，它还热情地迎接了我。

这到底是怎样的一只鸟儿呢！我送它金钱，它只在家里待3分钟，我送他一枝花朵，它竟可以待上3个小时。后来我终于发现，它是一只婚姻鸟，并且它有许多不起眼的救星。一个轻吻、一个微笑、一个拥抱、一句关切的话语、一份小小的礼物、一段短暂的离别，都可以把它留下。

现在我已能非常熟练地玩这个游戏，并且越玩越觉得它不再是一个游戏，而是50万对金婚老人在婚姻生活中的感悟和发现。它在告诉我，一句微不足道的赞许、一杯顺手递去的热茶、一枝3角钱的玫瑰，这些日常生活中微不足道的东西，具有滋养婚姻的神奇力量。

前不久，一位朋友结婚，我又把它作为礼物，转赠了出去。我想，我应该让更多的人从这个游戏中悟出婚姻的一些道理。

【每日一点】

婚姻的成败对人生的成败有直接的影响，它的幸福与否也关系到人生的幸福指数高低。

经营婚姻需要智慧、技巧，一切的甜蜜、浪漫手段。

第九章

▼

感悟友情：朋友是人生的财富

奥运会上的真正赢家，是有大气度的人

1936 年的柏林，希特勒对 12 万观众宣布奥运会开始。他要借世人瞩目的奥运会，证明雅利安人种的优越。

当时田径赛的最佳选手是美国的杰西·欧文斯。但德国有一位跳远项目的王牌选手鲁兹·朗，希特勒要他击败杰西·欧文斯——黑种的杰西·欧文斯，以证明他的种族优越论——种族决定优劣。

在纳粹的报纸一致叫嚣把黑人逐出奥运会的声浪下，杰西·欧文斯参加了 4 个项目的角逐：100 米、200 米、4×100 米接力和跳远。跳远是他的第一项比赛。

希特勒亲临观战。鲁兹·朗顺利进入决赛。轮到杰西·欧文斯上场，他只要跳得不比他最好成绩少过半米就可进入决赛。第一次，他逾越跳板犯规；第二次他为了保险起见从跳板后起跳，结果跳出了从未有过的坏成绩。

他一再试跑，迟疑，不敢开始最后的一跃。希特勒起身离场。

在希特勒退场的同时，一个瘦削、有着湛蓝眼睛的雅利安种德国运动员走近欧文斯，他用生硬的英语介绍自己。其实他不用自我介绍，没人不认识他——鲁兹·朗。鲁兹·朗结结巴巴的英文和善意的笑容松弛了杰西·欧文斯全身紧绷的神经。鲁兹·朗告诉杰西·欧文斯，最重要的是取得决赛的资格。他说他去年也曾遭遇同样情形，用了一个小诀窍解决了困难。果然是个小诀窍，他取下杰西·欧文斯的毛巾放在起跳板后数厘米处，从那个地方起跳就不会偏失太多了。杰西·欧文斯照做，几乎破了奥运纪录。几天后的决赛，鲁兹·朗破了世界纪录，但随后杰西·欧文斯以微弱的优势胜了他。

贵宾席上的希特勒脸色铁青，看台上情绪昂扬的观众倏忽沉静。场中，鲁兹·朗跑到杰西·欧文斯站的地方，把他拉到聚集了 12 万德国人的看台前，举起他的

手高声喊道："杰西·欧文斯！杰西·欧文斯！杰西·欧文斯！"看台上经过一阵难挨的沉默后，忽然齐声爆发："杰西·欧文斯！杰西·欧文斯！杰西·欧文斯！"杰西·欧文斯举起另一只手来答谢。

等观众安静下来后，他举起鲁兹·朗的手朝向天空，声嘶力竭地喊道："鲁兹·朗！鲁兹·朗！鲁兹·朗！"全场观众也同声响应："鲁兹·朗！鲁兹·朗！鲁兹·朗！"没有诡谲的政治，没有人种的优劣，没有金牌的得失，选手和观众都沉浸在君子之争的感动里。

杰西·欧文斯创的8.13米的纪录保持了24年。他在那次奥运会上荣获4枚金牌，被誉为世界上最伟大的运动员之一。

多年后，杰西·欧文斯回忆说，是鲁兹·朗帮助他赢得4枚金牌，而且使他了解，单纯而充满关怀的人类之爱，是真正永不磨灭的运动员精神，他所创的世界纪录终有一天会被继起的新秀突破，而这种运动员精神永不磨灭。

【每日一点】

卢梭说：敦厚温和的性情是产生于自爱，而偏执妒忌的性情是产生于自私。大度的人会因朋友的胜利而高兴，心胸狭窄的人则会因朋友的脸上多个痘而心生嫉妒。

难忘的友情，我只记取该记取的部分

著名作家阿里，有一次与朋友吉伯、马沙一同外出旅行。3人行经一处山谷时，马沙一不小心失足滑落，眼看就要掉下深谷，机敏的吉伯拼命拉住他的衣襟，将他救起。为了永远记住这一救命之恩，马沙在附近的大石头上用刀镌刻下一行大字：某年某月某日，吉伯救了马沙一命。

3人继续旅行几日，来到一条河边。两人为了一件小事吵了起来。吉伯一气之下打了马沙一耳光。马沙控制住自己，没有还手。一口气跑到沙滩上，用力在沙滩上又写下一行大字：某年某月某日，吉伯打了马沙一耳光。

不寻常的旅行结束了。有一天，阿里不解地问马沙："你为什么要把救你的事刻在石头上，而把打你的事写在沙滩上？"马沙很平静地回答："我将永远感激并记住吉伯救过我的命。至于他打我的事，我想让它随着沙子的流动逐渐忘得一干二净。"

【每日一点】

忘记应当忘记的一切伤害与不快，记起不该遗忘的所有感动与欢笑，这是一种豁达的人生态度。

太亲易疏，学会保持适当的距离

在文坛，流传着一个关于两位文学大师的故事：

加西亚·马尔克斯是 1982 年诺贝尔文学奖获得者，巴尔加斯·略萨则是近年来被人们说成是随时可能获得诺贝尔文学奖的西班牙籍秘鲁裔作家。他们堪称当今世界文坛最令人瞩目的一对冤家。他俩第一次见面是在 1967 年。那年冬天，刚刚摆脱"百年孤独"的加西亚·马尔克斯应邀赴委内瑞拉参加一个他从未听说过的文学奖项的颁奖典礼。

当时，两架飞机几乎同时在加拉加斯机场降落。一架来自伦敦，载着巴尔加斯·略萨，另一架来自墨西哥城，它几乎是加西亚·马尔克斯的专机。两位文坛巨匠就这样完成了他们的历史性会面。因为同是拉丁美洲"文学爆炸"的主帅，他们彼此仰慕、神交已久，所以除了相见恨晚，便是一见如故。

巴尔加斯·略萨是作为首届罗慕洛·加列戈斯奖的获奖者，来加拉加斯参加授奖仪式的，而马尔克斯则专程前来捧场。所谓殊途同归，他们几乎手拉着手登上了同一辆汽车。他们不停地交谈，几乎将世界置之度外。马尔克斯称略萨是"世界文学的最后一位游侠骑士"，略萨回称马尔克斯是"美洲的阿马迪斯"；马尔克斯真诚地祝贺略萨荣获"美洲诺贝尔文学奖"，而略萨则盛赞《百年孤独》是"美洲的《圣经》"。此后，他们形影不离地在加拉加斯度过了"一生中最有意义的 4 天"，制订了联合探讨拉丁美洲文学的大纲和联合创作一部有关哥伦比亚——秘鲁关系小说。略萨还对马尔克斯进行了长达 30 个小时的"不间断采访"，并决定以此为基础撰写自己的博士学位论文。这篇论文也就是后来那部砖头似的《加夫列尔·加西亚·马尔克斯：弑神者的历史》(1971 年)。

基于这种情况，拉美权威报刊及时推出了《拉美文学二人谈》等专题报道，从此两人会面频繁、笔交甚密。于是，全世界所有文学爱好者几乎都知道：他俩都是在外祖母的照看下长大的，青年时代都曾流亡巴黎，都信奉马克思主义，都是古巴革命政府的支持者，现在又有共同的事业。

作为友谊的黄金插曲，略萨邀请马尔克斯顺访秘鲁。后者谓之求之不得。在秘鲁期间，略萨和妻子乘机为他们的第二个儿子举行了洗礼；马尔克斯自告奋勇，做了孩子的干爹。孩子取名加夫列尔·罗德里戈·贡萨洛，即马尔克斯外加他两个儿子的名字。

但是，正所谓太亲易疏。多年以后，这两位文坛宿将终因不可究诘的原因反目成仇、势不两立，以致1982年瑞典文学院不得不取消把诺贝尔文学奖同时授予马尔克斯和略萨的决定，以免发生其中一人拒绝领奖的尴尬。当然，这只是传说之一。有人说他俩之所以闹翻是因为一山难容二虎，有人说他俩在文学观上发生了分歧或者原本就不是同路。更有甚者有人说略萨怀疑马尔克斯看上了他的妻子。这听起来荒唐，但绝非没有可能。后来，没有人能再把他们撮合在一起。

【每日一点】

君子之交淡如水，中国古老的箴言早已让我们明白太亲易疏的道理。友情也不能一气用光，用心经营才是首选，而方法就是文火慢炖。

经受生死考验的友情，才能历久弥新

古希腊，有一个叫皮西厄斯的年轻人，触犯了暴君奥尼修斯。他被推进了监狱，即将处死。皮西厄斯说："我只有一个请求，让我回家乡一趟，向我热爱的人告别，然后我一定回来伏法。"

暴君听完，笑了起来。

"我怎么能知道你会遵守诺言呢？"他说，"你只是想骗我，想逃命。"

这时，一个名叫达芒的年轻人说："噢，国王！把我关进监狱，代替我的朋友皮西厄斯，让他回家乡看看，料理一下事情，向朋友们告别。我知道他一定会回来的，因为他是一个从不失信的人。假如他在您规定的那天没有回来，我情愿替他死。"

暴君很惊讶，竟然有人这样自告奋勇。最后他同意让皮西厄斯回家，并下令把达芒关进监牢。

光阴流逝。不久，处死皮西厄斯的日期临近了，他却还没有回来。暴君命令狱吏严密看守达芒，别让他逃掉了。但是达芒并没有打算逃跑。他始终相信他的朋友是诚实而守信的。

他说："如果皮西厄斯不准时回来，那也不是他的错。那一定是因为他身不由己，受了阻碍不能回来。"

这一天终于到了，达芒做好了死的准备。他对朋友的信赖依然坚定不移。他说，为自己信赖的人去死，他不悲伤。

狱吏前来带他去刑场。就在这时，皮西厄斯出现在门口。暴风雨和船只遇难使他耽搁了。他一直担心自己来得太晚。他亲热地向达芒致意，达芒很高兴，因为他终于准时回来了。

暴君还不算太坏，还能看到别人的美德。他认为，像达芒和皮西厄斯这样互相热爱、互相信赖的人不应该受不公正的惩罚。

于是，就把他俩释放了。

"我愿意用我的全部财产，换取这样一位朋友。"暴君说。

【每日一点】

有人说："一个人倒霉至少有这么一点好处：可以认清谁是真正的朋友。"人们常说患难见真情，平时在酒桌上称兄道弟的人未必能在关键时刻挺身而出，替你解忧。

友不贵多，人生得一知己足矣

春秋时期，伯牙擅长弹奏古琴，钟子期擅长听音辨意。有一次，伯牙来到泰山 (今武汉市汉阳龟山) 北面游览时，突然遇到了暴雨，只好滞留在岩石之下，心里寂寞忧伤，便拿出随身带的古琴弹了起来。刚开始，他弹奏了反映连绵大雨的琴曲；接着，他又演奏了山崩似的乐音。恰在此时，樵夫钟子期忍不住在临近的一丛野菊后叫道："好曲！真是好曲！"

原来，在山上砍柴的钟子期也正在附近躲雨，听到伯牙弹琴，不觉心旷神怡，在一旁早已聆听多时了，听到高潮时便情不自禁地发出了由衷的赞赏。

伯牙听到赞语，赶紧起身和钟子期打过招呼，便又继续弹了起来。伯牙凝神于高山，赋意在曲调之中，钟子期在一旁听后频频点头："好啊，巍巍峨峨，真像是一座高峻无比的山啊！"

伯牙又沉思于流水，隐情在旋律之外，钟子期听后，又在一旁击掌称绝："妙啊，浩浩荡荡，就如同江河奔流一样呀！"

伯牙每奏一支琴曲，钟子期就能完全听出它的意旨和情趣，这使得伯牙惊喜异常。他放下了琴，叹息着说："好啊！好啊！您的听音、辨向、明义的功夫实在是太高明了，您所说的跟我心里想的真是完全一样，我的琴声怎能逃过您的耳朵呢？"

二人于是结为知音，并约好第二年再相会论琴。可是第二年伯牙来会钟子期时，得知钟子期不久前已经因病去世。伯牙的痛苦难以用语言表达，于是就摔破了自己从不离身的古琴，从此不再抚弦弹奏，以谢平生难得的知音。

【每日一点】

真正的朋友是琴瑟相知、默契非常，我们的人生果真能像伯牙遇到钟子期一样遇到另一位知音，那真要感叹一句：高山流水，夫复何求？

因为她是我的朋友，所以为她做任何事都是值得的

这是一个发生在越南孤儿院里的故事。

由于飞机的狂轰滥炸，一颗炸弹被扔进了这个孤儿院，几个孩子和一位工作人员被炸死了。还有几个孩子受了伤。其中有一个小女孩儿流了许多血，伤得很重！

幸运的是，不久后一个医疗小组来到了这里，小组只有两个人：一个女医生，一个女护士。

女医生很快对伤员进行了急救，但在那个小女孩儿那里出了一点问题：因为小女孩儿流了很多血，需要输血，但是她们带来的不多的医疗用品中没有可供使用的血浆。于是，医生决定就地取材，她给在场的所有人验了血，终于发现有几个孩子的血型和这个小女孩儿是一样的。可是，问题又出现了，因为那个医生和护士都只会说一点点的越南语和英语，而在场的孤儿院的工作人员和孩子们只听得懂越南语。

于是，女医生尽量用自己会的一点点的越南语加上一大堆的手势告诉那几个孩子："你们的朋友伤得很重，她需要血，需要你们给她输血！"终于，孩子们点了点头，好像听懂了，但眼里却藏着一丝恐惧！

孩子们没有人吭声，没有人举手表示自己愿意献血！女医生没有料到会是这样的结局，一下子愣住了！为什么他们不肯献血来救自己的朋友呢？难道刚才对

他们说的话他们没有听懂吗？

忽然，一只小手慢慢地举了起来，但是刚刚举到一半却又放下了，好一会儿又举了起来，再也没有放下！

医生很高兴，马上把那个小男孩儿带到临时的手术室，让他躺在床上。小男孩儿僵直着躺在床上，看着针管慢慢地插入自己的细小的胳膊，看着自己的血液一点点地被抽走，眼泪不知不觉地就顺着脸颊流了下来。医生紧张地问是不是针管弄疼了他，他摇了摇头，但是眼泪还是没有止住。医生开始有一点慌了，因为她总觉得有什么地方肯定弄错了，但是到底错在哪里呢？针管是不可能弄伤这个孩子的呀！

关键时候，一个越南的护士赶到了这个孤儿院。女医生把情况告诉了越南护士。越南护士忙低下身子，和床上的孩子交谈了一会儿，不久后，孩子竟然破涕为笑。

原来，那些孩子都误解了女医生的话，以为她要抽光一个人的血去救那个小女孩儿。一想到不久以后就要死了，所以小男孩儿才哭了出来！医生终于明白为什么刚才没有人自愿出来献血了！但是她又有一件事不明白了，"既然以为献过血之后就要死了，为什么他还自愿出来献血呢？"医生问越南护士。

于是越南护士用越南语问了一下小男孩儿，小男孩儿不假思索就回答了。答案很简单，只有几个字，但却感动了在场所有的人。

他说："因为她是我最好的朋友！"

【每日一点】

朋友间必须是患难相济，那才能说得上真正友谊。

人生的绚丽，不能缺少友情的滋润

萨克雷高烧不退。透视后发现胸部有一个拳头大小的阴影，医生怀疑是肿瘤。

同事们纷纷去医院探视。回来的人说："有一个女的，名叫德丽丝，特地从纽约赶到加州来看萨克雷，不知是萨克雷的什么人。"又有人说："那个叫德丽丝的可真够意思，一天到晚守在萨克雷的病床前，喂水喂药端便盆，看样子跟萨克雷可不是一般关系呀。"

就这样，去医院探视的人几乎每天都能带来一些关于德丽丝的花絮，不是说她头碰头给萨克雷试体温，就是说她背着人默默流泪。更有人讲了一件令人不可思议的奇事，说萨克雷和德丽丝一人拿着一把叉子敲饭盒玩。德丽丝敲几下，萨克雷就敲几下，敲着敲着，两个人就神经兮兮地又哭又笑。心细的人还发现，对于德丽丝和萨克雷之间所发生的一切，萨克雷的妻子居然没有表现出一丝一毫的醋意。于是，就有人毫不掩饰地艳羡起萨克雷的艳福来。

10天后，萨克雷的病得到了确诊，肿瘤的说法被排除。不久，萨克雷就喜气洋洋地回来上班了。有人问起了德丽丝的事。

萨克雷说："德丽丝是我以前的邻居。大地震的时候，德丽丝被埋在了废墟下面，大块的楼板在上面一层层压着，德丽丝在下面哭。邻居们找来木棒铁棍要撬开楼板，可说什么也撬不动，就说等着用吊车吊吧。德丽丝在下面哭得嗓子都哑了——她怕呀，她父母的尸体就在她的身边。

天黑了，人们纷纷谣传大地要塌陷，于是就都抢着去占铁轨。只有我没动。我家就我一个人活着出来了，我把德丽丝看成了可依靠的人，就像德丽丝依靠我一样。我对着楼板的空隙冲下面喊：'德丽丝，天黑了，我在上面跟你做伴，你不要怕呀……现在，咱俩一人找一块砖头，你在下面敲，我在上面敲，你敲几下，我就敲几下——好，开始吧。'她敲一下，我便也敲一下，她敲几下，我便也敲几下……渐渐地，下面的声音弱了，断了，我也迷迷瞪瞪地睡去。不知过了多长时间，下面的敲击声又突然响起，我慌忙捡起一块砖头，回应着那求救般的声音。德丽丝颤颤地喊着我的名字，激动得哭起来。第二天，吊车来了，德丽丝得救了——那一年，德丽丝11岁，我19岁。"

女同事们鼻子有些酸，男同事们一声不吭地抽烟。在这一份纯洁无瑕的生死情谊面前，人们为自己庸俗的心中无端飘落下来的尘埃而感到汗颜。也就在这短短一瞬间，大家倏然明了，生活本身比所有挖空心思的浪漫揣想都更迷人。

【每日一点】

幸福的时候需要忠诚的友谊，患难的时候尤其需要。

过分的依赖，会让甜蜜的友情变成沉重的负担

黛博拉对朋友嘉莉总是言听计从。这一回，她听了嘉莉的意见，把她的厨房糊上一层最新式的红白条墙纸。"我们一块去商店选中了这种墙纸，因为嘉莉喜欢这一种，说这种墙纸能使整个房间活跃起来。我听了她的话。而现在，是我在

这个蜡烛条式的牢房里做饭。我讨厌它！我怎么也不习惯。"她感到，这次的折腾既花费了钱，又一时无法改变。

黛博拉意识到自己不仅是对选墙纸一事愤怒，而且气愤自己又受了嘉莉意志的摆布。

同样也是嘉莉，说黛博拉的儿子太胖了，劝她叫儿子节食。她还说她的房子太小，使她为此又花了一笔钱。

黛博拉问题的关键在于学会尊重自己的意见。过去她的意见总要事先接受嘉莉的审查或者某个类似嘉莉的人物的审查。后来她有了进步，尽管嘉莉说那双鞋的跟太高，价格也太贵，她还是买了那双高跟鞋。黛博拉回忆说："我差点儿又让她说服了。但我还是买了，因为我喜欢，您可以想象当时嘉莉的脸色多难看！"最有趣的是，最后嘉莉自己也买了一双同样的鞋，因为鞋样很时髦。

黛博拉现在所做的调整只是与另一个女人的关系的界限。她仍然把嘉莉当作好朋友。

并不是每个人都有类似的朋友，在特殊情况下，有的人愿意受朋友的控制，这是因为他缺乏主见，产生了对朋友的依赖，而过分的依赖会让朋友产生反感。

苏珊是位年轻妇女，她愿意让一位朋友摆布她的生活。与黛博拉不同的是，苏珊却是主动要求受控制。当她的垃圾处理装置出毛病后，她给好朋友玛莎打电话，问她怎么办。订阅的杂志期满后，她也去问玛莎是否再继续订。有时她不知晚饭该吃什么时，也给玛莎挂电话问她的意见。玛莎一直像个称职的母亲一样，直到有一天出了乱子。那天，玛莎的一个儿子摔了一跤，手臂划了个口子，需要缝针。苏珊又打电话问问题了。由于非常疲倦，玛莎严厉地说道："天哪！看在上帝的分上，苏珊，你就不能自己想想办法？就这一次！"说完就挂了电话。

苏珊对玛莎的拒绝感到迷惑不解，她说："我还以为玛莎是我的朋友呢。"

【每日一点】

依靠他人施舍来的幸福最不可靠，因为他人会随时取回这样"恩赐"。为人一世，应当及早明白做人要靠自己的道理，将依赖拿走，同时也减轻被依赖者的负担。

第十章

▼

感悟幸福：拥有幸福就是成功

幸福不要指望他人给，它只掌握在你自己手中

传说，西边有座山，山上生长着一种仙果，吃了可以包除百病，起死回生。

一天，一个瞎子和一个瘸子结伴去寻找那种仙果。他们一直走呀走，途中他们翻山越岭，历经千辛万苦，头发开始斑白。有一天，那瘸子对瞎子说："天哪！这样下去哪有尽头？我不干了，受不了了。""老兄，我相信不远了，会找到的，只要心中存有希望，会找到的。"瞎子说。可瘸子执意要待在途中的山寨中，瞎子便一个人上路了。

由于瞎子看不见，不知道该走向何处，他碰到人便问，人们也好心地指引他。他身上捉襟见肘，遍体鳞伤，可他心中的希望未曾改变。

终于有一天，他到达了那座山，他全力以赴向上爬，快到山顶的时候，他感觉自己浑身充满了力量，好像年轻了几十岁，他向身旁摸索，便摸到了果子一样的东西，放在嘴里咬一口，天哪！他复明了，什么都看见了，绿绿的树木，花儿鲜艳，小溪清澈，果子长满了山坡，他朝溪水俯身看去，自己竟变成了一个英俊年轻的小伙子！

准备离去的时候，他没有忘记替同行而来的瘸子带上两个仙果，到山寨的时候，他看到瘸子拄着拐棍，变成了一个头发花白的老头。瘸子认不出他了，因为他已是一个年轻的小伙子了。当他们相认后，瘸子吃下那果子，却未起任何变化。他们终于知道，只有靠自己的行动，才能换来成功和幸福。

【每日一点】

幸福不要指望他人给，它只掌握在你自己手中。

人一生要遇到的四位"妻子"，能相伴终身的那位是自己

有一个国王有 4 位妻子。

国王最喜欢他的第四个妻子，国王给她最漂亮的衣服，给她买最华贵的饰品，给她吃最昂贵的食物。

国王也喜欢他的第三个妻子，经常带她到邻国访问，每次有什么重大事宜国王都带着她去参加。

尽管国王不是很喜欢他的第二个妻子。但是，他的第二个妻子对他忠心耿耿，为他聚敛财富。每当国王有伤心的事情，总是到第二个妻子面前诉说，而第二个妻子也会帮她解决这些问题，直到国王不再伤心。

国王不喜欢他的第一个妻子，可是第一个妻子深深地爱着国王。无论国王在国内还是在国外，第一个妻子都竭尽全力，为国王的地位财产去努力。她希望国王能够喜欢她，所以毫无怨言，一心一意地为国王的地位和财富努力守护着。

有一天国王生病了，病得非常严重。国王知道自己很快就要死了，就把第四个妻子叫到跟前，对她说："我最爱你，我死后你能否跟我一齐走。"第四个妻子说："我才不跟你去，你死后，我会很快忘掉你的。"

国王非常伤心，于是他叫来第三个妻子，对她说："我很爱你，我死后你和我一齐走吧！"第三个妻子说："我不会跟你去的，你死后我很快会嫁人。"

国王非常伤心，于是招来第二个妻子。他对这个妻子说："我喜欢你，你能否跟我一齐走进坟墓。"第二个妻子说："我不能，但可以为你下葬。"

这时国王听到一个声音从身后传来。"我愿意跟你去。"国王回身一看，原来是他的第一个妻子。国王非常感动，于是哽咽地对第一个妻子说："我应该很早就爱你，可是我却忽略了你！"

其实我们每一个人都像那个国王。我们的第一个"妻子"是我们的身体，第二个"妻子"是我们的亲朋，第三个"妻子"是金钱地位，我们第四个"妻子"是我们的名利。

【每日一点】

人的一生到了最终什么也不能带走，你会发现一切"到头来不过是为他人作嫁衣裳"，只有我们的这具"臭皮囊"才能陪自己终老。

真正的不幸不是困住你的身，而是被仇恨困住你的心

一个人在他 23 岁时为人陷害，在牢房里待了 9 年，后来冤案告破，他终于走出了监狱。出狱后，他开始了数年如一日地反复控诉、咒骂："我真不幸，在最年轻有为的时候竟遭受冤屈，在监狱度过本应最美好的一段时光。那样的监狱简直不是人居住的地方，狭窄得连转身都困难。唯一的细小窗口里几乎看不到阳光，冬天寒冷难忍，夏天蚊虫叮咬……真不明白，上帝为什么不惩罚那个陷害我的家伙，即使将他千刀万剐，也难解我心头之恨啊！"

73 岁那年，在贫病交加中，他终于卧床不起。弥留之际，牧师来到他的床边："可怜的孩子，去天堂之前，忏悔你在人世间的一切罪恶吧。"

牧师的话音刚落，病床上的他声嘶力竭地叫喊起来："我没有什么需要忏悔，我需要的是诅咒，诅咒那些施予我不幸命运的人……"

牧师问："您因受冤屈在监狱待了多少年？离开监狱后又生活了多少年？"他恶狠狠地将数字告诉了牧师。

牧师长叹了一口气："可怜的人，您真是世上最不幸的人，对您的不幸，我真的感到万分同情和悲痛！他人囚禁了你区区 9 年，而当你走出监牢本应获取永久自由的时候，您却用心底里的仇恨、抱怨、诅咒囚禁了自己整整 41 年！"

【每日一点】

真正困住一个人的不是外在的环境，而是他的内心。放下怨恨你才真正走出了囚禁你的心灵监狱。

心是快乐之根，你是幸福之源

终南山麓，水清草美。据说这一带出产一种快乐藤，凡是得到这种藤的人，一定喜形于色、笑逐颜开，不知道烦恼为何物。

曾经有一个人，为了得到不尽的快乐，不惜跋山涉水，去找这种藤。他历尽千辛万苦，终于到了终南山麓，在险峻的山崖上，他找到了这棵快乐藤。可是他虽然得到这种藤，却发现他并没有得到预想中的快乐，反而感到一种空虚和失落。

这天晚上，他在山上一位老人的屋中借宿，面对皎洁的月光，他发出了一声长长的叹息。

老人闻声而至，问他：

"年轻人，什么事让你这样叹息呀？"

于是，他说出了心中的疑问：为什么已经得到快乐藤的自己，却没有得到快乐呢？

老人一听就乐了，说：

"其实，快乐藤并非终南山才有，而是人人心中都有。只要你有快乐的根，无论走到天涯海角，都能够得到快乐。"

老人的话让这个年轻人顿觉耳目一新，就又问：

"什么是快乐的根呢？"

老人就说：

"心就是快乐的根。"

【每日一点】

没有不能快乐的人，只有不肯快乐的心。一个人的内心是什么颜色，他的世界就是什么状态。

幸福源自珍惜，快乐是因为拥有

一天，上帝突发奇想："假如让现在世界上的每一位生存者再活一次，他们会怎样选择呢？"于是，上帝授意给世界众生发一答卷，让大家填写。

答卷收回后，令上帝大吃一惊，请看他们各自的回答——

猫："假如让我再活一次，我要做一只鼠。我偷吃主人一条鱼，会被主人打个半死。而老鼠呢，可以在厨房翻箱倒柜，大吃大喝，人们对它也无可奈何。"

鼠："假如让我再活一次，我要做一只猫。吃皇粮，拿官饷，从生到死由主人供养，时不时还有我们的同类给它送鱼送虾，很自在。"

猪："假如让我再活一次，我要当一头牛。生活虽然苦点，但名声好。我们似乎是傻瓜懒蛋的象征，连骂人也都要说蠢猪。"

牛："假如让我再活一次，我愿做一头猪。我吃的是草，挤的是奶，干的是力气活，有谁给我评过功，发过奖？做猪多快活，吃罢睡，睡罢吃，肥头大耳，生活赛过神仙。"

鹰："假如让我再活一次，我愿做一只鸡，渴有水，饿有米，住有房，还受主人保护。我们呢，一年四季漂泊在外，风吹雨淋，还要时刻提防冷枪暗箭，活得多累呀！"

鸡："假如让我再活一次，我愿做一只鹰，可以翱翔天空，任意捕兔捉鸡。而我们除了生蛋、报晓外，每天还胆战心惊，怕被捉被宰，惶惶不可终日。"

最有意思的是人的答卷。

不少男人一律填写为："假如让我再活一次，我要做一个女人，可以撒娇、可以邀宠、可以当妃子、可以当公主、可以当太太、可以当妻妾……最重要的是可以支配男人，让男人拜倒在石榴裙下。"

不少女人的答卷一律填写："假如让我再活一次，一定要做个男人可以蛮横、可以冒险、可以当皇帝、可以当王子、可以当老爷、可以当父亲……最重要是可以驱使女人。"

上帝看完，气不打一处来："这些家伙只知道盲目攀比，太不知足了。"他"哧哧"把所有答卷全都撕碎，喝道："一切照旧！"

【每日一点】

真正的幸福来自我们眼下所拥有的一切。幸福源自珍惜，生活不是攀比。

中国有句古老的话，"人比人，气死人"，同时亦有"知足常乐"的说法。人生的许多悲剧的产生，都是因为许多人不懂得珍惜，盲目将己之短与他人之长作比较。如果希望获得快乐，就要学会爱自己所有。

世界小姐的光明不是别人偷走的，而是她自己迷失了

奥地利小姐韦格斯托弗 1987 年荣登世界小姐的宝座。她本是奥地利一所大学艺术系的学生，酷爱油画，参选那年正准备办个人画展的，由于经费没有着落，就在她男友的鼓励下报名参加了选美，因为只要进入初选赛就可以获得 5000 美元奖金。谁知她进入比赛就一发而不可收，过关斩将，直抵美国大西洋赌城拉斯维加斯，登上世界小姐的宝座。回国后，韦格斯托弗已是一位身价百万的小姐。

按说办画展不该有问题了，可是，不行。因为有其他更重要的事等着她去做，有更多的钱等着她去赚。从开业庆典到慈善出访，从影视片约到总统就职，几乎每一刻都有具体的安排，她虽然恋着她的油画和男友，但已身不由己，因为她已不再是那位艺术系的学生，而是一位世界级明星。

就在她事业最辉煌的时候，她患了一种叫克里曼特综合征的病。这种病的最致命之处是使人的视力逐步衰退，直至失明。这一消息见报后，她的崇拜者从四面八方给她寄来药物和偏方，其中有一个叫帕迪的南非小孩给她寄来了一包土。他说，他见当地人吃这种土来治这种病。韦格小姐根本不可能相信这种愚昧的方法，然而，在尝试过所有现代医疗方案后，她不得不听从医生的劝告吃这种土，果然，她的病情得到了控制，并最终恢复了健康。

后来，她嫁给美国的一位富翁，不过她和那位富翁的婚姻没有维持多久。据说，接下来她又结过 5 次婚，但没有一人能使她倾心相爱。不久，她自杀了。

【每日一点】

对这个故事，一百个人也许有一百个观点和看法。我们可以因为从事不感兴趣的职业而致富，也可以服用我们不相信的药物而治好病，但是，我们绝不能做到和我们不爱的人生活在一起而感到幸福。爱情就是这么一种奇特的东西，如果你心中没有，你就找不到任何让自己快乐的理由。

播撒美丽，收获幸福

美国的诺曼·麦克伊斯文讲过这样一个故事：

有一次，我换班的时候在外面扫地，看见一名老妇坐在角落。她身穿旧式印花洋装，褪色的黄毛衣，一双褴褛的黑鞋。那一晚奇冷无比，我不禁注意到她没穿袜子。

我问她怎么不穿袜子，她说她连一双袜子也没有。我低头看着这位瘦弱的老妇，我知道她需要的东西很多，不过那时我能给她的就是一双温暖的袜子。我脱下运动鞋，拉下白色的新袜子，就在停车场上把袜子穿在了她的脚上。我想这只不过是举手之劳，可是她的回答叫我终身难忘。她用充满爱意的眼神抬头看着我，仿佛祖母看着自己的孙子，她说："谢谢你。十分感谢你。如果有什么是我最爱的，那就是晚上睡觉有双暖和的脚。这种感觉我已经不记得了。"那晚我开车回家，内心洋溢着喜悦。

隔天晚上我在那间热汤供应站轮班时，有两名警察走进来。他们想打探一个女人的消息，她的邻居发现她死了。他们拿那个女人的照片给我看，她就是接受了我的袜子的那个人。

我难过地问："发生了什么事？"

警察告诉我，她是个老寡妇，没家人也没什么朋友。她住在一间没有暖气的简陋房子里，就在两条街外。有位邻居偶尔去看她，就发现她死了。警察抬起头来继续说："你知道吗？验尸官处理尸体的时候，我也在场。很奇怪，我看到她一脸祥和。她面部的表情既满足、安详又平静。我希望我走的时候也能看起来像那个样子。"

我想起了我把袜子穿在她脚上时她所说的话："如果有什么是我最爱的，那就是晚上睡觉时有双暖和的脚。"

【每日一点】

如果没有一个人给予另一个人的关爱，这个世界将是一片冷漠，毫无幸福可言，更没有什么值得我们留恋的。

怀有一颗感恩的心，生活到处充满温暖的味道

假如将全世界的人口压缩成一个100人的村庄，那么这个村庄将有：

57名亚洲人，21名欧洲人，14名美洲人和大洋洲人，8名非洲人；52名女人和48名男人，30名基督教徒和70名非基督教徒，89名异性恋和11名同性恋，6人拥有全村财富的89%，而这6人均来自美国，80人住房条件不好，70人为文盲，50人营养不良，1人正在死亡，1人正在出生，1人拥有电脑，1人(对，只有一人)拥有大学文凭。

如果我们以这种方式认识世界，我们就可以理解下列信息：

如果你今天早晨起床时身体健康，没有疾病，那么你比其他几千万人都幸运，他们甚至看不到下周的太阳。

如果你从未尝试过战争的危险、牢狱的孤独、酷刑的折磨和饥饿的煎熬，那么你的处境比其他5亿人更好。

如果你能随便进出教堂或寺庙而没有任何被恐吓、强暴和杀害的危险，那么你比其他30亿人更有运气。

如果你的冰箱里有食物可吃，身上有衣可穿，有房可住，有床可睡，那么你比世界上75%的人更富有。

如果你在银行有存款，钱包里有现钞，口袋里有零钱，那么你属于世界上8%

最幸运的人。

如果你父母双全没有离异，那你就是很稀有的地球人。

如果你读了以上的文字，说明你就不属于 20 亿文盲中的一员，他们每天都在为不识字而痛苦。

去工作而不要以挣钱为目的，去爱首先忘记所有人对你的不好；去跳舞而不管是否有他人关注；去唱歌而不要想是不是唱得动听；去生活就像这个世界是天堂。你若能够这样做，一定比生活在真正的天堂还幸福。

【每日一点】

幸福只产生在自认为自己幸福的人身上。生活永远是比上不足，比下有余，知足者常乐。

幸福的意义在于付出，而不是索取

以色列有两个内海——加利利海和死海。

死海在海平面下 392 米的低处，它的周围是一片无垠的沙漠，对岸则是约旦的领土。死海的水中含有很高的盐分，盐的比重很大，当人掉进去时，身体会自然浮起而不会淹死。死海的水中无鱼，也没有其他任何生物。

加利利海是一个淡水湖，里面含有很多生物，因耶稣基督曾在此地渔猎而享有盛名。海中盛产一种"圣彼得鱼"，这种鱼虽然外观丑陋，可是肉味鲜美，已成该地名产。加利利海边餐厅林立，都以售圣彼得鱼为主，来游览的旅客们常常因此大饱口福。

加利利海的岸边，老树枝叶茂密，树上百鸟云集，啼声悦耳，真是一个充满生趣的美丽世界！

相形之下，死海就没有这么活跃。死海没有任何生物生存在其中，周围也没有半棵树，更听不到鸟儿的歌声。连死海上空的空气，都让人觉得沉重。从来没有一只住在沙漠上的动物，到岸边去喝水。因为如此，人们才会将其命名为"死海"吧。

两者为什么形成如此差别呢？

先哲们的解释是：加利利海不像死海——只知收，而不知出。

约旦河流入加利利海之后，又流了出来，最后归之死海。

　　加利利海接受了多少东西，也会给别人多少东西，所以它经常是活生生的。而每一滴水，到了死海之后，都要被占有。死海把所有的东西都据为己有，只知进而不知退，因此它才会有一片死气沉沉的景象。

　　世间的事情都一样，只有付出，才有回报。只取不予的做法，是永远不会有成就的。死海因为从未不分给别人什么，它才会"死"在那里，人生也如此。

【每日一点】

　　人生的价值体现在奉献的多寡，而非索取的多少。付出的人永远比索取的人富有，因为只知索取的人贫困不堪，否则缘何不知馈赠？

下篇
每天努力一点点

目标越高，成功越快

远大的目标是成功的磁石

理想是人的追求，什么样的理想，将决定你成为什么样的人。

被誉为发明之父的爱迪生，小时候只上了几个月的学，就被老师辱骂为愚蠢糊涂的低能儿而退学了。爱迪生为此十分伤心，他痛哭流涕地回到家中，要妈妈教他读书，并出语惊人地说："长大了一定要在世界上做一番事业。"这句话出自当时被认为是愚钝儿的爱迪生之口，未免显得荒唐可笑。但是，正是由于爱迪生自小就确立了一个远大志向，惊人的目标使他越过前进道路上的坎坎坷坷，成为举世闻名的发明家。

爱迪生具有丰富的想象力。有一天，他抬头仰望鸟在天空中自由翱翔，心想，鸟能飞，人为什么不能飞呢？他紧皱眉头思索着，忽然想到，如果人的身体里充满气体，不也会像气球一样飞上天吗？于是他在家里的地窖里做试验，发现有一种药粉能产生气体，他让小伙伴米吉利喝下去，可是，不多一会儿，米吉利肚子剧痛，大声哭喊，差点送了命。

爱迪生的爸爸知道后，打了他一顿。不许他再搞实验了。爱迪生一听急得要哭，说："我要是不做实验，怎么能研究学问？怎么能做出一番事业来呢？"妈妈听了他的话，感动得只好收回禁令。爱迪生在一生中获得专利水平的发明1390项，成为享誉世界的伟大发明家实现了他长大了要在世界上做一番事业的宏愿。

美国哈佛大学对一批大学毕业生进行了一次关于人生目标的调查，结果如下：

27%的人，没有目标；60%的人，目标模糊；10%的人，有清晰而短期目标；3%的人，有清晰而长远的目标。

25年后，哈佛大学再次对这批学生进行了跟踪调查，结果是：

那3%的人，25年间始终朝着一个目标不断努力，几乎都成为社会各界成功

255

人士、行业领袖和社会精英；10%的人，他们的短期目标不断实现，成为各个领域中的专业人士，大都生活在社会中上层；60%的人，他们过着安稳的生活，也有着稳定的工作，却没有什么特别的成绩，几乎都生活在社会的中下层；剩下27%的人，生活没有目标，并且还在抱怨他人，抱怨社会不给他们机会。

要成功就要设定目标，没有目标是不会成功的。目标就是方向，就是成功的彼岸，就是生命的价值和使命。

2001年的亚洲首富孙正义，23岁那一年得了肝病，在医院住院期间，他读了4000本书，每年读了2000本书。他大量地阅读，大量地学习。

在出院之后，他写了40种行业规划，但最后选择了软件业。事实上，他的选择是对的，软件行业使他成为了亚洲首富。

选好行业之后，他开始创业。创业初期，条件艰苦，他的办公桌是用苹果箱拼凑而成的。他招聘了两名员工。有一次，他和两名员工一起分享他的梦想，他说："我25年后要赚100兆日币，成为亚洲首富。"这是孙正义的梦想，但在两名员工看来却是件不可思议的事情。他们对孙正义说："老板，请允许我们辞职，因为我们不想和一位疯子一起工作。"

事实上，孙正义的梦想实现了，他成了亚洲首富。

志当存高远，是我国三国时期的著名政治家和军事家诸葛亮的一句名言。诸葛亮在青年时代就具备了远大的志向，在未出茅庐之前就自比管仲、乐毅，就想干一番大事业。远大的志向加上良好的机遇，使他成就了一番伟业。

著名作家高尔基说过："我常常重复这一句话：一个人追求的目标越高，他的能力就发展得越快，对社会就越有益。我确信这是个真理。这个真理是我的全部生活经验，是我观察、阅读、比较和深思熟虑了一切之后才确定下来的。"高尔基用自己的一生验证了自己的这段名言。

做高尚的梦，并且飞向你的梦想。你的梦想预示着未来你会成为什么样。你的理想是未来的预兆。只要你对自己诚实，对自己的理想诚实，最终你梦想的世界就会变成现实。

你的环境也许并不舒适，但只要你怀有理想，并为实现它而奋斗，那么，你的环境会很快改变。詹姆斯·E·艾伦说过，最伟大的成就在最初的时候曾经是一个梦。橡树沉睡在果壳里，小鸟在蛋里等待，在一个灵魂最美丽的梦想里，一个慢慢苏醒的天使开始行动。梦想，是现实的情侣。

梦想是所有成就的出发点，很多人之所以失败，就在于他们从来都没有梦想，并且也从来没有踏出他们的第一步。

钢铁大王卡内基原本是一家钢铁厂的工人，但他凭着制造及销售比其他同行更高品质的钢铁的明确目标，而成为全美最富有的人之一，并且有能力在全美国小城镇中捐资盖图书馆。

他的梦想已不只是一个愿望而已，已形成了一股强烈的欲望。只有发掘出你的强烈欲望才能使你获得成功。

研究这些已获得成功的富豪时，你会发现，他们每一个人都有自己的梦想，都已定出达到梦想的计划，并且花费最大的心思和付出最大的努力来实现他们的梦想。

我们每个人都希望得到更好的东西——如金钱、名誉、尊重，但是大多数的人都仅把这些希望当作一种愿望而已，如果知道希望得到的是什么，如果对实现自己的梦想的坚定性已到了执着的程度，而且能以不断的努力和稳妥的计划来支持这份执着的话，那你就已经是在实践梦想了。所以说，认识愿望和强烈欲望之间的差异是极为重要的。

谚语云：如果你只想种植几天，就种花；如果你只想种植几年，就种树；如果你想流传千秋万世，就种植观念！

对于你来说，你的过去或现在是什么样并不重要，你将来想要获得什么成就才是最重要的。你必须对你的未来怀有远大的理想，否则你就不会做成什么大事，说不定还会一事无成。

理想是同人生奋斗目标相联系的有实现可能的想象，是人的力量的源泉，是人的精神支柱。如果没有理想，岁月的流逝只意味着年龄的增长。

有了远大的理想，还要有看得清、瞄得着的射击靶。目标必须是明晰的、具体的、现实的、可以操作的，当然，这是为理想服务的短期目标。只有实现一个个短期目标，才能筑起成功的大厦。

一位美国的心理学家发现，在为老年人开办的疗养院里，有一种现象非常有趣：每当节假日或一些特殊的日子，像结婚周年纪念日、生日等来临的时候，死亡率就会降低。他们中有许多人为自己立下一个目标：要再多过一个圣诞节、一个纪念日、一个国庆日，等等。等这些日子一过，心中的目标、愿望已经实现，继续活下去的意志就变得微弱了，死亡率便立刻升高。生命是可贵的，并且只有在它还有一些价值的时候去做应该做的事，去实现自己的目标，人生才会有意义。

要攀到人生山峰的更高点，当然必须要有实际行动，但是首要的是找到自己的方向和目的地。如果没有明确的目标，更高处只是空中楼阁，望不见更不可及。如果我们想要使生活有突破，到达很新且很有价值的目的地，首先一定要确定这些目的地是什么。只有设定了目的地，人生之旅才会有方向、有进步、有终点、有满足。

明白了你的命运来自你的奋斗目标，就会给自己一个希望，就在你的内心祈祷，你对自己说：我一定要做个伟大的人。只要你这样想这样做，你就一定会像你所想象的那样，成为一个伟大的人。

让我们为自己找一个梦想，树立一个目标吧，因为人生因梦想而伟大！

【每日一点】

梦想是所有成就的出发点，很多人之所以失败，就在于他们从来都没有梦想，并且也从来没有踏出他们的第一步。

对成功要有强烈的企图心

你需要一个强有力的渴望，才能让你走上另一台阶。

史蒂夫·乔布斯以 1300 美元起家，在不到 5 年的时间里，推出的苹果个人电脑席卷了全球。到 1980 年，年仅 25 岁的他已拥有数亿美元的个人资产，成了有史以来最年轻的白手起家的亿万富翁。

他被总统称赞为"美国人心目中的英雄"。有人问他成功的秘诀是什么。他说："我没有什么秘诀，我只是强烈要求自己去做自己想做的事情。"是的，强烈的企图心，一定要的决心，让他成为"美国人心目中的英雄"。

乔布斯 1955 年 2 月 24 日出生于美国旧金山。他小时候淘气、聪明又好动。1961 年，因工作需要，他们全家搬到地处硅谷的山景镇。从此，乔布斯就生活在这个充满着世界上最新科学技术与最先进的管理知识的环境里，耳濡目染中，他的性格也表现出硅谷人的特点——敢于创新、富于竞争和冒险精神。

有一天，邻居赖瑞带了一只原始的碳制麦克风回家，接上电池，挂上喇叭，就可以发出声音。这可把乔布斯给迷住了，一个劲地向赖瑞问些奇怪的问题。赖瑞不胜其烦，干脆把麦克风送给他，让他自己去仔细研究。此后，乔布斯每天晚上都泡在家中，一点一滴地汲取有关电子的知识。

赖瑞见这个小家伙聪明好学，就推荐他参加惠普公司的"发现者俱乐部"。

在这里乔布斯第一次见到了电脑。一见到电脑，乔布斯就迷上它。那天晚上，俱乐部展示了一种新式桌上电脑，让大家打着玩。乔布斯一边玩，一边梦想自己要有这么一台电脑该多好呀！

在一次同学聚会上，乔布斯与比他年长 5 岁的渥兹尼克见面。渥兹尼克是学校电子俱乐部的会长，是个天生的电子设计师。乔布斯与他一见如故。

乔布斯经渥兹尼克介绍加入了学校电子俱乐部，成了一名"电子迷"。高二时，他利用课余时间到一家名为哈尔德克的电子商店打工。

渥兹尼克工作之余，整天都埋头于设计新型电脑，而乔布斯则更多地在思考如何在电脑上赚点钱。他们有一个共同的愿望，就是拥有一台自己的电脑。就是这个强烈的愿望，使他们推出了价廉物美的个人电脑。

这台电脑严格地讲只是装在木箱里的一块电路板，但有 8K 储存器，能显示高分辨率图形。虽然简单，却相当诱惑人，俱乐部成员纷纷提出要订购这种电脑。

1974 年 4 月 1 日愚人节，乔布斯、渥兹尼克等人签署了一份协议，共同创办一家新的电脑公司。为了纪念乔布斯当年在苹果园打工的历史，公司取名苹果 (Apple)，标志是一个被咬了一口的苹果，因为"咬"(Bite) 与"字节"(Byte) 同音。他们生产的第一款电脑也就命名为"苹果 1"(Apple1)。

因为强烈的企图心，从而成就了一位电脑巨子，世界超级富豪。

我们要有对成功的强烈渴望，要有"我一定要成功"的信念，而不是"我想成功"。企图心是一种一定要得到的心态，是一定要的决心。只要我们下定决心，并且为这个决心负责，为这个决心全力以赴，成功离我们就很近了。

梦想和现实之间，总有那么一段距离。如果总希望一觉醒来就能梦想成真，这无异于白日做梦。把梦想变成现实，就要从现在开始确定一个目标，有成功的强烈愿望，并靠坚定的信念去拼搏，这样才可能成为生活的幸运儿。

你或许会不解，到底迈克·乔丹拼命不懈的动力来源于何处？那是发生于他念高中一年级时一次在篮球场上的挫败，激起他决心不断地向更高的目标挑战。就在这个目标的推动下，飞人乔丹一步步成为全州、全美国大学，乃至于 NBA 职业篮球历史上最伟大的球员之一，他的事迹一一改写了篮球比赛的纪录。

当你问起 NBA 职业篮球高手"飞人"迈克·乔丹，是什么因素造成他不同于其他职业篮球运动员的表现，而能多次赢得个人或球队的胜利？是天分吗？是球技吗？抑或是策略？他会告诉你说："NBA 里有不少有天分的球员，我也可算是其中之一，可是造成我跟其他球员截然不同的原因是，你绝不可能在 NBA 里再找到像我这么拼命的人。我只要第一，不要第二。"

三百六十行，行行出状元。不管你以后要从事哪一行的工作，都要努力成为行业里出类拔萃的人。如果一个人对成功有强烈的企图心，想不成功都很难！

记住：目标＋行动＋企图心＝成功。

【每日一点】

我们要有对成功的强烈渴望，要有"我一定要成功"的信念，而不是"我想成功"。企图心是一种一定要得到的心态，是一定要的决心。只要我们下定决心，并且为这个决心负责，为这个决心全力以赴，成功离我们就很近了。

定位改变人生

切合实际的定位可以改变我们的人生。

一个乞丐站在一条繁华的大街上卖钥匙链，一名商人路过，向乞丐面前的杯子里投入几枚硬币，匆匆而去。

过了一会儿后，商人回来取钥匙链，对乞丐说："对不起，我忘了拿钥匙链，因为你我毕竟都是商人。"

一晃几年过去了，这位商人参加一次高级酒会，遇见了一位衣冠楚楚的老板向他敬酒致谢，并告知说："我就是当初卖钥匙链的那位乞丐。"并且告诉商人，生活的改变，得益于商人的那句话。

在商人把乞丐看成商人那一天起，乞丐猛然意识到，自己不只是一个乞丐，更重要的是，还是一个商人。于是，他的生活目标发生很大转变，他开始倒卖一些在市场上受欢迎的小商品，在积累了一些资金后，他买下一家杂货店，由于他善于经营，现在已经是一家超级市场的老板，并且开始考虑开第 13 家分店。

这个故事告诉我们：你定位于乞丐，你就是乞丐；你定位于商人，你就是商人，不同的定位成就不同的人生。

一个人能否成功，在某种程度上取决于自己对自己的评价，这种评价有一个通俗的名词——定位。在心中你给自己定位是什么，你就是什么，因为定位能决定人生，定位能改变一个人的命运。

一件商品、一项服务、一家公司，甚至是一个人，都需要定位。

人生重要的是找到自己的位置，并做好所有这个位置要做的事情。坐在自己的位置上，最心安理得，也最长久。

在暴风雨过后的一个早晨，海边沙滩的浅水洼里留下许多被昨夜的暴风雨卷上岸来的小鱼。它们被困在浅水里，虽然近在咫尺，却回不了大海。被困的小鱼有几百条，甚至几千条。用不了多久，浅水洼里的水就会被沙粒吸干，被太阳蒸干，这些小鱼都会被干死。

海边有三个孩子。第一个孩子对那些小鱼视而不见。他在心里想，这水洼里有成百上千条的鱼，以我一人之力是根本救不过来的，我何必白费力气呢？

第二个孩子在第一个水洼边弯下腰去——他在拾起水洼里的小鱼，并且用力把它们扔回大海。第一个孩子讥笑第二个孩子："这水洼里这么多鱼，你能救得了几条呢？还是省点力气吧。"

"不，我要尽我所能去做！"第二个孩子头也不抬地回答。

"你这样做是徒劳无功的，有谁会在乎呢？"

"这条小鱼在乎！"第二个孩子一边回答，一边拾起一条小鱼扔进大海。"这条在乎，这条也在乎！还有这一条、这一条、这一条……"

第三个孩子心里在嘲笑前面两个家伙没有脑子，天上掉馅饼，多好的发财机会呀，干吗不紧紧抓住呢？于是，第三个孩子埋头把小鱼装进用自己的衣服做成的布袋里……

多年后，第一个孩子做了医生。他当班的时候，因为嫌病人家属带的钱太少而拒收一位生命垂危的伤者，致使伤者因没有得到及时的治疗而眼睁睁地看着他死去！迫于舆论压力，医院开除了见死不救的他。他心里觉得委屈，他想到了多年前海滩上的那一幕，他始终不认为自己错了。"那么多的小鱼，我救得过来吗？"他说。

第二个孩子也做了医生。他医术高明，医德高尚，对待患者不论有钱无钱，都精心施治。他成了当地群众交口称赞的名医。他的脑子里也经常浮现出多年前海滩上的那一幕。"我救不了所有的人，但我还是可以尽我所能救一些人的，我完全可以减轻他们的痛苦。"他常常对自己说。

第三个孩子开始经商，他很快就发了横财。暴发后，他又用金钱开道，杀入官场，并且一路青云直上，最后，他因贪污受贿事发，被判处死刑。刑场上，他的脑子里浮现出多年前海滩上的那一幕：一条条小鱼在布袋里挣扎，一双双绝望的眼睛死死地瞪着他……

要找到自己的定位，必须首先了解自己的性格、脾气，了解了自己才能对自己有一个合适的定位。

每个人都可以在社会中寻找到适合自己的行业，并且把它做好。但并不是每个行业你都能做得最好，你需要寻找一个你最热爱、最擅长，能够做得最好的行业。

职业生涯定位就是自己这一辈子到底要成为一个什么样的人，自己的生命目的是什么，自己的核心价值观是什么。什么工作才是自己最好的工作，什么工作自己才能做得最好。

一个人的职业定位清晰，可以坚定自己的信念，可以明确自己的前进方向，可以发挥自己的最大潜能，可以实现自己的最大价值。毕竟，人生有限，我们没有太多的时间浪费在左右飘摇当中。

有一次，一个青年苦恼地对昆虫学家法布尔说："我不知疲劳地把自己的全部精力都花在我爱好的事业上，结果却收效甚微。"

法布尔赞许说："看来你是位献身科学的有志青年。"

这位青年说："是啊！我爱科学，可我也爱文学，对音乐和美术我也感兴趣。我把时间全都用上了。"

法布尔从口袋里掏出一块放大镜说："先找到自己的定位，弄清自己到底喜欢什么，然后把你的精力集中到一个焦点上试试，就像这块凸透镜一样！"

马克思认为，研究学问，必须先找好自己的定位，然后在某处突破一点。歌德曾这样劝告他的学生："一个人不能骑两匹马，骑上这匹，就要丢掉那匹，聪明人会把凡是分散精力的事情置之度外，只专心致志地去学一门，这一门一定是最适合他的，并且学一门就要把它学好。"

凡大学者、科学家，无一不是先找准自己的定位，然后"聚焦"成功的。就拿法布尔来说，他为了观察昆虫的习性，常达到废寝忘食的地步。有一天，他大清早就俯在一块石头旁。几个村妇早晨去摘葡萄时看见法布尔，到黄昏收工时，她们仍然看到他伏在那儿，她们实在不明白："他花一天工夫，怎么就只看着一块石头，简直中了邪！"其实，为了观察昆虫的习性，法布尔不知花去了多少个这样的日日夜夜。

找到自己感兴趣的东西，找准自己的定位，是一个人成功的前提。

人必须对自己有一个定位，无论是生活、学习、工作，只要有了一个正确的定位，就好像有了基础一样，定位越准，我们成功的可能性就越大。拉马克1744年8月1日生于法国毕加底，他是兄弟姊妹11人中最小的一个，最受父母宠爱。拉马克的父亲希望他长大后当个牧师，就送他到神学院读书，后来由于德法战争爆发，拉马克当了兵。他因病退伍后，爱上了气象学，想自学当个气象学家，整天仰首望着多变的天空。

后来，拉马克在银行里找到了工作，想当个金融家。很快地，拉马克又爱上了音乐，整天拉小提琴，想成为一个音乐家。这时，他的一位哥哥劝他当医生，拉马克学医 4 年，可是对医学没有多大兴趣。正在这时，24 岁的拉马克在植物园散步时遇上了法国著名的思想家、哲学家、文学家卢梭，卢梭很喜欢拉马克，常带他到自己的研究室里去。在那里，这位"南思北想"的青年深深地被科学迷住了。从此，拉马克花了整整 11 年的时间，系统地研究了植物学，写出了名著《法国植物志》。35 岁时，他当上了法国植物标本馆的管理员，之后的 15 年，他依然研究植物学。

当拉马克 50 岁的时候，开始研究动物学。此后，他为动物学花了 35 年时间。也就是说，拉马克从 24 岁起，用 26 年时间研究植物学，35 年时间研究动物学，成了一位著名的生物学家。他最早提出了生物进化论。

在给自己定位时，有一条原则不能变，即你无论做什么，都要选择你最擅长的。只有找准自己最擅长的，才能最大限度地发挥自己的潜能，调动自己身上一切可以调动的积极因素，并把自己的优势发挥得淋漓尽致，从而获得成功。

一个人只要找好自己的定位，然后为自己设定一个目标，用行动去实现自己的梦想，相信你以后也一定会和拉马克一样，成绩辉煌！

【每日一点】

人必须对自己有一个定位，无论是生活、学习、工作，只要有了一个正确的定位，就好像有了基础一样，定位越准，我们成功的可能性就越大。

没试过不要说不行

绝不放弃万分之一的可能，相信你终有一天会成功；轻易放弃一分希望，得到的将是失败。

迈克·兰顿生长在不正常的家庭里，父亲是个犹太人（十分排斥天主教徒），而母亲却偏偏是个天主教徒（却又十分排斥犹太人）。在他小的时候，母亲经常闹着要自杀，当火气来时便抓起挂衣架追着他毒打。因为生活在这样的环境里，他自幼就有些畏怯而身体瘦弱。

迈克读高中一年级时的一天，体育老师带着他们班的学生到操场教他们如何掷标枪，而这一次的经验从此改变了他后来的人生。在此之前，不管他做什么事都是畏畏缩缩的，对自己一点自信都没有，可是那天奇迹出现了，他奋力一掷，只见标枪越过了其他同学的成绩，多出了足足有 30 英尺（约 9.14 米）。就在那一刻，迈克知道了自己的未来大有可为。在日后面对《生活》杂志的采访时，他回想道："就在那一天我才突然意识到，原来我也有能比其他人做得更好的地方，当时便请求体育老师借给我这支标枪，在那年整个夏天里，我就在运动场上掷个不停。"

迈克发现了使他振奋的未来，而他也全力以赴，结果有了惊人的成绩。

那年暑假结束返校后，他的体格已有了很大的改变，而在随后的一整年中他特别加强重量训练，使自己的体能提升。在高三时的一次比赛中，他掷出了全美国中学生最好的标枪记录，因而也使他赢得了体育奖学金。

有一次，他因锻炼过度而严重受伤，经检查证实，必须永久退出田径场，这使他因此失去了体育奖学金。为了生计，他不得不到一家工厂去担任卸货工人。

不知道是不是幸运之神的眷恋，有一天他的故事被好莱坞的星探发现，问他是否愿意在即将拍摄的一部电影《鸿运当头》中担任配角。当时这部影片是美国电影史上所拍的一部彩色西部片，迈克应允加入演出后从此就没有回头，先是演员，然后演而优则导，最后成为制片人，他的人生事业就此一路展开。一个美梦的破灭往往是另一个未来的开始，迈克原先有在田径场上发展的目标，而这个目标引导他锻炼强健的体格，后来的打击却又磨炼了他的性格，这两种训练未料却成了他另外一个事业所需的特长，使他有了更耀眼的人生。

没试过，就不要轻易否定自己，没试过，千万不要说自己不行。做什么事情，都要有尝试的勇气，都要勇于创造。迈克如果没投第一枪，在投了第一枪后如果没有勤奋地去努力，他是不会成功的。不轻易放弃哪怕一丁点的希望，去尝试，去发现自己的长处，相信人会越来越出色，因为这是一种精神，一种人生态度。

这是一个崇尚开拓创新的时代，人人都渴望能证实自我。正因为如此，我们更应该勇敢地去尝试。哪怕最后失败了也并不可怕，由于恐惧失败而畏缩不前才真正可怕。

要战胜自己，改变目前的状态，就不要放弃尝试各种的可能。

以精益求精的态度，不放弃尝试种种的可能，终会有成果。

也许，我们的人生旅途上沼泽遍布，荆棘丛生；也许，我们追求的风景总是山重水复，不见柳暗花明；也许，我们前行的步履总是沉重、蹒跚；也许，我们需要在黑暗中摸索很长时间，才能找寻到光明；也许，我们虔诚的信念会被世俗的尘雾缠绕，而不能自由翱翔；也许，我们高贵的灵魂暂时在现实中找不到寄放的净土……那么，我们为什么不可以以勇敢者的气魄，坚定而自信地对自己说一声"再试一次"，永不放弃万分之一的可能性。

一位 90 岁的老太太被问到会不会弹钢琴。她回答说："我不知道。"对方茫然："我不懂你的意思，为什么你不知道？"老太太微笑着说："因为我没试过。"是的，没有试过就不能说不会。我们有许多天赋未曾发挥，因为我们不肯尝试。

很多人都听过美国民谣歌王卡罗·金的歌，为他的温柔动人的嗓音倾倒。但是有许多人不知道，卡罗·金原本是个钢琴手。有一天晚上，他在西岸俱乐部演出，主唱者在最后一分钟称病告假。俱乐部老板生气地大嚷："没有演唱者，今天就不算工资。"从那晚开始，卡罗·金摇身一变成为歌手。

下一次别人问你会不会某项事情时，别急着说："不会。"再仔细想想，或许你该试试看，也许你的某项天分就会被发掘出来。

再试一试，哪怕你已经经历了很多次失败，有什么要紧？再试一试，大不了以后的结果和现在一样，自己同样毫无损失。所以，在关键时候，要告诉自己，再试一试。

"肯德基"创始人，美军退役上校山德士的创业史与史泰龙相映成趣。山德士从军队退役时，妻子携幼女离他而去。家里只有他一个人，生活感到十分寂寞。他总想做点事情。但戎马生涯大半生，除了操枪弄炮，实在没有什么过人之处。

年过花甲的他想到了自己曾经试验出的炸鸡秘方，想到马上做到，于是他便找了几家餐馆要求合作，但都遭到了拒绝。于是，他开着自己那辆破旧的"老爷车"，从美国的东海岸到西海岸，历时两年多时间，推开过 1008 家餐馆的大门，都没有成功。军人试着推开了第 1009 家餐馆的大门，这家老板被他的精神打动，买下了炸鸡的秘方。山德士以秘方作为投资，得到了这家餐馆的股份，由于经营得法，从此，"肯德基"遍布美国，传遍世界。

是的，绝不放过下一次尝试的机会，没有尝试，就永远不会有进步。相信自己一定能够搬动大山。鲍勃·莫瓦德告诉我们：你无法坐在原地，却想在岁月的沙滩上留下你的足印，而谁又愿在岁月的沙滩上只留下自己臀部的痕迹？

【每日一点】

再试一试，哪怕你已经经历了很多次失败，有什么要紧？再试一试，大不了以后的结果和现在一样，自己同样毫无损失。所以，在关键时候，要告诉自己，再试一试。

冒险是成功的催化剂

没有冒险者就没有成功者，让我们敢于做第一个吃螃蟹的人吧！

朱利安就是一位敢于冒险的人。他生于美国，在德国长大。当他26岁时，来到美国纽约，选择了钢材原料与工具的进出口贸易作为自己的奋斗目标。这种业务就属于那种以自己的资金为赌注来做生意的冒险行业。

他所从事的行业充满风险和危机。事实上，钢铁市场行情涨落确实非常极端，常使从业者坐立难安！

一名青年胆敢单枪匹马来到一处陌生的地方从事如此充满冒险的工作，他的勇气从何而来？

古列特说："这种与钢铁有关的买卖发展需要很长的一段时间，且长久以来一直由厂商所垄断，像我这种'外来人'要想分一杯羹，可以说是毫无机会可言。因此，我必须冒险一搏。"

"冒险一搏才能赢"，就是古列特勇气与毅力的来源，其公司的建立便是植根在这种坚强的心理基础之上。

在他的公司创立不久，他被征召入伍了，但是战争结束后，他扩大营运规模，无论大大小小的钢铁制品他皆负责经营。一年的时间中，他至少有一半的时间在外奔波，忙于寻找新顾客与拓展新市场，并在投资与经营手段上连连走出一招招的冒险妙招，使公司的业务量直线上升。他有时甚至远渡重洋，飞往各国，与客户洽商。多年来，他一直过着一个星期工作6天、一天工作12小时的生活，辛劳远超过一般常人，但他仍然每天都充满干劲、决心不改。

到20世纪50年代末，古列特的公司已成长到每年有1000万美元的业务，收益在100万美元以上，他个人一年的平均所得达40万美元之多。

可以说，其公司业绩已相当可观。如果古列特没有当初的冒险之心，今天就没有这种成果。

古列特由于本身十分乐于迎接迎面而来的挑战，所以他敢于冒险去创造机会而与幸运之神相遇。

要想获取成功，就要有冒险的精神，用积极的心态，全神贯注地做好准备，随时出击，牢牢地抓住机会。

不会冒险的人永远不会成功。

每个人都面临着危险，即使扎根在一个点上原地不动。然而，当冒险的结果不太令人满意的时候，人们常常会说："还是躺在床上保险。"其实，即使是到任何地方的旅行都潜藏着冒险，小到丢失自己的行李，大到作为人质，被劫持到世界的某个遥远角落。

有很多人似乎都习惯于"躺在床上"过一辈子，因为他们从来不愿去冒险，不管是在生活中，还是在事业上。但是，当你横穿马路时，当你在海里游泳时，当你乘坐飞机时都潜藏着冒险。

从有文字记载以来，冒险总是和人类紧紧相连。虽然火山喷发时所产生的大量火山灰掩埋了整个村镇，虽然肆虐的洪水袭卷了家园，但人们仍然愿意回去继续生活，重建家园。飓风、地震、台风、龙卷风、泥石流以及其他所有的自然灾害都无法阻止人类一次又一次勇敢地面对可能重现的危险。

事实上，我们总是处在这样那样的冒险境地。"没有冒险的生活是毫无意义的生活。"我们必须要横穿马路才能走到另一边去；我们也必须依靠汽车、飞机或轮船之类的交通工具才能从一个地方到达另一个地方。但是，这并不意味着所有的冒险都毫无区别，恰当的冒险与愚蠢的冒险有着明显的不同。

如果你想成为一个生意上的冒险者，如果你渴望成功，你就应该分清这两种类型的冒险之间到底有什么样的差异。有一位功成名就的人这样说："那种只在腰间系一根橡皮绳，就从大桥或高楼上纵身跳下的做法是一种愚蠢的冒险，即使有人很喜欢那样做。同样，所谓的钻进圆木桶漂流尼亚加拉大瀑布，所谓的驾驶摩托车飞越并排停放的许多辆汽车，在我看来，这些都是愚蠢的冒险，只有那些鲁莽的人才会干这种事情。尽管我知道有人不同意我的看法。"

无论在学业事业或生活的任何方面，我们都可能需要尝试恰当的冒险。在冒险之前，我们必须清楚地认识那是一种什么样的冒险，必须认真权衡得失——时间、金钱、精力以及其他牺牲或让步。如果你从来没有想过冒险，那么你的日子就像一潭死水，你永远无法激起波澜，永远无法取得成功。

松下幸之助在22岁时开始创业，当时他对未来能否成功并无把握；一步跨向充满挑战的世界，他感到非常迷茫。

然而，松下渴望成功的念头却十分强烈，同时也做了万一失败的心理准备，反正车到山前必有路，万一失败，再另谋生路就是了。

如果你失败了，有何打算？

松下幸之助毫不犹豫地回答：怎么办？真若走投无路，就去卖面吧！而且我要卖比别人都好吃的面。同时也打定"万一失败"，纵然身无一物，也有东山再起的决心。

"敢冒最大的风险，才能赚最多的钱。"

"劳埃德"是英国保险公司中名气最大、信誉最高、资金最雄厚、历史最悠久、赚钱最多的一家。它年承担保险金额为 2670 亿美元，保险费收入达 60 亿美元。

其公司一直坚守着"在传统商场上争取最新形式的第一名"的信条。事实也是如此，劳埃德公司总能敏捷地认识和接受新鲜事物。

1866 年，汽车诞生，劳埃德在 1909 年率先承接了这一形式的保险。在还没有"汽车"这一名词的情况下，劳埃德将这一保险项目暂时命名为"陆地航行的船"。

1984 年，由美国航天飞机施放的两颗通讯卫星曾因脱离轨道而失控，其物主在劳埃德公司保了 18 亿美元的险。劳埃德眼看要赔偿一笔巨款，于是出资 550 万美元，委托美国"发现号"航天飞机的宇航员，在 1984 年 11 月中旬回收了那两颗卫星。经过修理之后，这两颗卫星已在 1985 年 8 月被再次送入太空。这样，劳埃德不仅少赔了 7000 万美元，而且向他的投资者说明：卫星保险从长远看还是有利可图的。

冒险就是要我们去承担风险，许多时候，风险会让我们去努力改进目前的状况，向更高的方向发展。

丰田汽车的举措就充分说明了冒险才会富有的道理。1916 年丰田因应日本贸易市场化的要求，必须与美国等外国汽车短兵相接，面对此竞争逆境，所有的日本工厂被要求降价 20%。

当时松下通信工业供应丰田汽车的收音机，因此也接到降价的要求。

于是，松下问其管理人员："现在每台赚多少呢？"

其管理人员回答说："大概只赚 3%。"

"太少了，3% 本身就是个问题，现在又要降价 20%，这岂不太糟糕了吗？"

经过再三研究，毫无有效对策。于是大家主张以办不到为由，再跟丰田讨价还价。

然而，松下个人却从根本上做策略性的思考：为什么丰田要这么要求？不配合的话，则会有怎样的不良后果？

既然以目前的情形再降 20% 根本不可能，那么只有另辟蹊径，做根本的改变。

经再三研究，松下做出了以下决定：

性能和外观绝不可改变，在这个原则下，全面变更设计，希望在降价20%之后依然有合理的利润。这样做，可能会有暂时的损失，然而这并非仅只是为了丰田，而是为了维持与发展日本工业，大家都要尽力而为。

后来松下公司不但依丰田要求而降价，又借着这次的升级压力，促进其产品的革命与根本的改良，获得更大的合理利润。

做一个敢于冒险的人！向自己挑战！

世界上没有一件可以完全确定或保证的事。成功的人与失败的人，他们的区别并不在于能力或意见的好坏，而是在于是否相信判断，是否具有适当冒险与采取行动的勇气。

冒险不是盲目草率的行为，不是瞎闯、蛮干，不是随心所欲，而是要有目标、有计划、有实施方法和步骤的实践活动。冒险必须建立在对客观事物正确分析、判断的基础上，采用科学的冒险方法，否则，就无法实现成就事业的目标。

冒险的基本方法是确立可行的目标，发挥科学的分析判断能力，积蓄冒险的力量，实施冒险的应变策略，付诸冒险的实际行动。

在敢于冒险的同时，还要善于运筹，注意避免危险结果的发生。因此，在冒险时要遵循以下原则：

首先，要发挥分析判断能力。

在实际的决策过程中，所涉及的因素非常复杂，这就要求人们要有高超的分析判断能力，能够把所有的因素综合在一起作出正确的判断，要选择最有希望的方案。

其次，要运用各种主客观条件，尽量化险为夷。

要减少冒险的风险性，一个可行的办法就是通过试点实验收集有关信息资料，或者利用已有的历史资料，加上你可靠的分析与判断，把一些未知的不确定的因素转化为可以把握的确定因素，从而将冒险转化为安全的进取。

最后，要备好预案。

冒险中随时会有一些偶然性、不确定性的危险发生，这是难以预料和避免的，如果只有一个方案，"一锤子买卖"，这就要冒很大的风险，因此，要预备好必要的应变方案。只有这样，才能在可能出现的不测事故发生时，自如洒脱地灵活应对，做到"东方不亮西方亮"，"断了前路有后路"。

年龄和冒险精神之间，存在一种关联。经验越丰富，人就越谨慎；财富越多，人就越想求稳，这是人性的基本组成部分。你这辈子获得的成功越多，就越想躺在功劳簿上睡大觉。

虽然你还是原来的你，但是你发现自己已经变得不那么愿意承担风险，也不那么争强好胜了。你可能发现自己身上增添了不少循规蹈矩、稳扎稳打、步步为营的倾向。这是很危险的。

因此，如果你身上还残留有不少的冒险精神，你就不要稳扎稳打，步步为营。对企业，特别是现代技术发展突飞猛进的行业来说，过分规避风险往往会带来致命的伤害。在当今世界，又有哪一个行业的技术发展不迅猛呢？

在现实生活中，我们会发觉"看着黑"，但是走下去"未必如此"，往往是走到黑暗"近"处的时候，就会发现，原来并不太黑，甚至根本就是"亮"的。

青少年要勇于冒险，年轻人有失败的资本。因为年轻，不要害怕失败。勇敢地去闯，冒险会让你更出色。

【每日一点】

世界上没有一件可以完全确定或保证的事。成功的人与失败的人，他们的区别并不在于能力或意见的好坏，而是在于是否相信判断，是否具有适当冒险与采取行动的勇气。

不为自己设限

只有那些不断超越自己的人，才能不断取得伟大的成功。

著名心理学家和心理治疗医生艾琳·C·卡瑟拉在其《全力以赴——让进取战胜迷茫》一书中讲了这样一个病例：

在奥斯卡金像奖发奖仪式次日的凌晨三时，她被奥斯卡奖获得者克劳斯从沉睡中唤醒，克劳斯进门后举着一尊奥斯卡奖的金像哭着说："我知道再也得不到这种成绩了。大家都发现我是不配得这个奖的，很快都会知道我是个冒牌的。"克劳斯认为他所获得的成功"是由于碰巧赶上了好时间、好地方，有真正的能人在后边起了作用"的结果。他不相信自己获得奥斯卡奖是多年锻炼和勤奋工作的结果。尽管他的同事通过评选公认他在专业方面是最佳的，但他却不相信自己有多么出色和创新的地方。

卡瑟拉在治疗病人中还发现，有位国际知名的芭蕾女明星每过一段时间，她就要在有演出的那天发一顿脾气，把脚上的芭蕾鞋一甩，饭也不吃，从 250 双跳舞鞋中她找不到一双合脚的；还有一位知名的歌剧演员，有时候一准备登台就觉得嗓子发堵；有一位著名运动员，他的后脊梁过一段时间就痛起来，影响他发挥竞技能力。卡瑟拉认为，这些严重影响成功的症状是由于经不住成功而引起的。

成功不但会引起以上心理障碍，成功有时还会给人带来自满自大的消极后果。有人对43位诺贝尔奖获得者做了跟踪调查，发现这些人获奖前平均每年发表的论文数为5至9篇，获奖后则下降为4篇。有的政治家取得一系列成功后，因过分自信而造成重大失误；有的作家写出一两篇佳作后，再无新作问世，原因固然很多，但不能正确对待成功，不能不说是一个重要原因。

这些都是成功人士无法超越自己的案例。因为无法超越自己，为自己设了太多的限制，他们害怕失去目前拥有的，他们认为无法超越已取得的成就。因为你不相信自己的能力，在前进途中为自己设了限制，他们只会止步不前。

我们平常人呢？如果不能不断超越自我，会怎样？

对于现代人来说，知识面越广越好，得到的信息越多越好。如果不时时超越已取得的成就，就很容易变成鼠目寸光的人。鼠目寸光不但不利于自己事业的发展，而且很难在竞争激烈的现代社会立足，最终只能为大时代所抛弃。

有些老医生，自从出了医科学校之后，诊病下药无不用些老法子，于是渐渐步入没落之途了。他们明明应该把门面重新漆一漆了，明明应该去使用新发明的医疗器械及最近出现的著名药品了，但他们都不做改变。他们从不肯稍微划出些时间来看些新出版的刊物，更不肯稍费些心机去研究实验种种最新的临床疗法。他所施用的诊疗法，都是些显效迟缓、陈腐不堪的老套，他所开出来的药方，都是不易见效的、人家用得不愿再用了的老药品。他们一点也没留意到，医院早已来了一位青年医生，已有了最新的完善设备，所用的器械无不是最新的一种；开出来的药方，都写着最新发明的药品；所读的都是些最新出版的医学书报。同时他的诊所的陈设也是新颖完美，病人走进去看了都很满意。于是老医生的病人，渐渐都跑到这位青年医生那里去了。等他发觉了这个情形，已经悔之不及了。

"自我设限"是人生的最大障碍，如果想突破它，我们就必须不怕碰壁。这就需要我们有积极的进取心了。

进取心包括你对自己的评价和你对未来的期望。你必须高屋建瓴地看待自己，否则，你就永远无法突破你为自己设定的限度。你必须幻想自己能跳得更高，能达到更高的目标，以督促自己努力得到它，否则，你永远也不能达到。如果你的态度是消极而狭隘的，那么，与之对应的就是平庸的人生。不要怀疑自己有实现目标的能力，否则，就会削弱自己的决心。只要你在憧憬着未来，就有一种动力驱使你勇往直前。

进取心还要求我们不断挑战自我，在做事中挑战自我。

李嘉诚来到塑胶裤带公司做一名推销员时，塑胶裤带公司有 7 名推销员，数李嘉诚最年轻，资历最浅，而另几位是历次招聘中的佼佼者，经验丰富，已有固定的客户。

显而易见，这是一种不在同一条起跑线上的竞争，是一种劣势条件下的不平等的竞争。

李嘉诚不甘下游，不想输于他人，他给自己定下目标：3 个月内，干得和别的推销员一样出色；半年后，超过他们。李嘉诚自己给自己施加压力，有了压力，才会奋发拼搏。

坚尼地城在港岛的西北角，而客户多在港岛中区和隔海的九龙半岛。李嘉诚每天都要背一个装有样品的大包出发，乘巴士或坐渡轮，然后马不停蹄地行街串巷。李嘉诚认为，别人做 8 个小时，我就做 16 个小时，开始别无他法，只能以勤补拙。

要做好一名推销员，一要勤勉，二要动脑——李嘉诚对此有深切的体会。正是这两点，使他后来居上，销售额不仅在所有推销员中遥遥领先，达到第二名的7 倍！

李嘉诚做事，从来是不做则已，要做就做得最好，不是完成自己的本职工作就算了，而是在推销的本职工作内干出了非凡的业绩的同时，还利用推销的行业特点，捕捉了大量的信息。

他注重在推销过程中收集市场信息、并从报刊资料和四面八方的朋友那儿了解塑胶制品在国际市场的产销状况。

经过调研之后，李嘉诚把香港划分成许多区域，把每个区域的消费水平和市场行情都详细记在本子上。他对哪种产品该到哪个区域销售，销量应该是多少，一清二楚。

李嘉诚经过详尽的分析，得出了自己的结论，然后建议领导该上什么产品，该压缩什么产品的批量。

李嘉诚推销不忘生产，他协助领导以销促产，使塑胶公司生机益然，生意一派红火。

只有充分掌握市场状况，至少对这一行业未来一到二年的发展前景有了准确的预测，着手每一件事情时，才会简单得多，准确得多。

注重行情，研究资讯，是商场决策的基本要素，年纪轻轻的李嘉诚在这方面已显示了其过人的从商资质。

李嘉诚因此于一年后被跃升为部门经理，统管产品销售。这一年，李嘉诚年仅 18 岁。

两年后，他又晋升为总经理，全盘负责日常事务。

李嘉诚对推销已是十分内行，但生产及管理对他来说却是非常陌生的领域。

不怕不懂，就怕不学。李嘉诚深知自己的薄弱环节所在。因此，他很少坐在总经理办公室，大部分时间都蹲在现场，身着工装，和工人一道摸爬滚打，熟悉生产工艺流程。

对于每道工序李嘉诚都要亲自尝试，他兴致很高，一点也不觉得苦和累。

有一次，李嘉诚站在操作台上割塑胶，不小心把手指割破了，一时鲜血直流。

十指连心，疼痛钻心。但李嘉诚吭都没吭一声，迅速缠上绷带，就像什么事都没发生一样，又继续操作。

后来，伤口发炎肿胀，他才到诊所去看医生。

许多年后，一位记者向李嘉诚提及此事说："你的经验，是以血的代价换得的。"

李嘉诚微笑着说："大概不好这么说，那都是我愿意做的事，只要你愿做某件事情，就不会在乎其他的。"

李嘉诚自小受儒家思想的熏陶和影响，谦逊持重。其实，就客观而言，记者的话并没有夸大其词。

到了这一步，李嘉诚似乎应该心满意足了，然而，在他的人生字典中没有满足二字。正干得顺利的他，再一次跳槽，重新投入社会，以自己的聪明才智，开始新的人生搏击。

只不过，这一次，李嘉诚不是到另一家企业去打工，而是要开创自己的事业——他要办一个工厂，自己当领导！

经过了多年的痛苦经历和磨炼，李嘉诚很快地成熟了。他像喷薄欲出的一轮红日，积累了太多的能量，而终于到了横空出世的时候。古往今来，无数人都有过与李嘉诚相类似的痛苦经历，但是能够成就大业的人毕竟寥寥无几。为什么呢？因为他们不会挑战自己。

当"知足常乐"成为一些人生活信条的时候，"否定自己"就显得很有震撼力。确实，安于现状也能暂时得到一些世俗的幸福，但随之而来的，可能是懒散与麻木。

甚至可以这样说：开除自己，是对智力与勇气的挑战。

若从字面上说，开除自己，还有这样一层意思：如果你是个见了毛毛虫也要打哆嗦的人，那么，请开除自己的懦弱；倘若你是一个毫不利人、专门利己的人，那么，请开除自己的自私……同样道理，我们还可以开除自己的浅薄、浮躁、虚伪、狂妄——总之，你尽可能地开除自己的缺点好了，使自己不断地趋于完美，就像一棵不断修枝剪蔓的树，唯一的目标，就是为了日后做一棵高大挺拔的栋梁之材。

把自己从相对安逸的环境中开除出去，再开除自己身上的缺点，那么，你离成功的彼岸，肯定会越来越近。不管怎么说，开除自己，就是在给自己提供压力的同时，也提供了更多的希望与机遇。

而只有那些不断超越自己的人，才能不断取得伟大的成功。牛顿把自己看作是在真理的海洋边拣贝壳的孩子。爱因斯坦取得成绩越大，受到称誉越多，越感到无知，他把自己所学的知识比作一个圆，圆越大，它与外界未知领域的接触面也就越大。科学无止境，奋斗无止境，人类社会就是在不满足已有的成功中不断进步的。

李小龙很喜欢下面这首诗，相信你也会喜欢。

认 为

如你"认为"自己会败，你已败了，
如你"认为"自己不敢，你就不敢。
如你"想"赢，却"认为"赢不了，
几乎可以断定你与胜利无缘。
如你"认为"自己会输，你已输了。
证诸寰宇我们发现，
成功始于人之"意志"，
一切决于"心念"之间。
如你"认为"自己落后，你必如此。
你需拥有"意念"登高，
于"相信"自己之后，
方能赢得荣耀目标。
人生战役并非总是偏向，
力量较强或速度快者，
迟早胜利将归于他们——

"自认"会赢之勇者！

【每日一点】

　　"自我设限"是人生的最大障碍，如果想突破它，我们就必须不怕碰壁。这就需要我们有积极的进取心了。

决心取得成功比任何一件事情都重要

　　要成功的人才是真正在成功之前下过坚定决心的人。下定决心，不仅能体现一个人果决的勇气、决断时的自信、坚定不移的志气，更会锻造出自己的魅力，从而赢得他人的信任。只有下定决心成功，才会目标明确、现实可行。也只有下定决心的人，才会在成功的路上不断地检讨自己，改变自己，创造条件，适应环境要求；才能获得深刻的驱动力，而不顾任何艰难险阻，义无反顾，锲而不舍，持之以恒。

　　世界顶级的推销员与培训大师汤姆·霍普金斯曾告诉他的学员们说："成功有三个最重要的秘诀，第一个就是下定决心；第二个还是下定决心；第三个当然还是下定决心。"

　　这是霍普金斯成功的经验之谈，因为就在他刚刚进入推销行业的时候，他常常因为害怕敲别人家门或跟陌生人谈论产品时被拒绝，故而业绩一直无法突破。直到有一天，他上了一个课程，在课堂上老师告诉他："下一次还有一个课程非常棒，那个课程可以帮助我们激发所有的潜能，让自己能够成为顶尖人物。"

　　霍普金斯说："我很想听下个课程，但我没有钱，等我存够了钱再上。"

　　这时候老师却对他说："你到底是想成功，还是一定要成功？"他回答说："我一定要成功。"老师又问："假如你一定要成功的话，请问你会怎么处理这个事情？"于是霍普金斯回答："我会立刻借钱来上课。"

　　从此，霍普金斯发现了自己一直业绩平平的原因，是自己从来没有真正地下过决心。于是在下一次推销之前，他从公司里找了一位同事并带他下楼，他对同事说："你看着，假如我无法向对面那个陌生人推销产品的话，我过马路时就被车撞死。"

　　他说完这句话的时候，脑海里一片空白，根本不知道他即将如何推销。但他还是硬着头皮走过去，开始与陌生人交谈，于是他使出了浑身解数向那位陌生人推销产品，经过 20 分钟的苦口婆心之后，不可思议的事情发生了：他终于卖出了产品！后来，霍普金斯在分析他的人生是怎么改变的时候，发现答案只有四个字，那就是"下定决心"。

所以，人生从你下定决心的那一刻就已经开始改变，你所做出的任何一个决定都决定着你的人生。

【每日一点】

下决心是一种运用能力的过程，是一个人综合素质的折射。一个人能否成功，很大程度上取决于自己的决心。抓住机遇，下定决心，离成功也就不远；优柔寡断，踌躇不决则会错过良机，与成功失之交臂。

第二章

▼

励志改变人生，打造强者心态

心态对了，状态就对了

美国的一位牧师正在家里准备第二天的布道。他的小儿子在屋里吵闹不止，令人不得安宁。牧师从一本杂志上撕下一页世界地图，然后撕成碎片，丢在地上说："孩子，如果你能将这张地图拼好，我就给你1元钱。"

牧师以为这件事会使儿子花费一上午的时间，但是没过10分钟，儿子就敲响了他的房门。牧师惊愕地看到，儿子手中捧着已经拼好了的世界地图。

"你是怎样拼好的？"牧师问道。

"这很容易，"孩子说，"在地图的另一面有一个人的照片。我先把这个人的照片拼到一起，再把它翻过来。我想，如果这个人是正确的，那么，世界地图也就是正确的。"

牧师微笑着给了儿子1元钱，"你已经替我准备好了明天的布道，如果一个人的心态是正确的，他的世界就是正确的。"

心态决定状态，你的心态对了，状态也就不会错了。

【每日一点】

心态决定状态，你的心态对了，状态也就不会错了。

心态决定你的人生，不要试图和自己过不去

有两个都有着亚洲血统的孤儿，后来都被来自欧洲的外交官家庭所收养。两个人都上过世界各地有名的学校。但他们两个人之间存在着不小的差别：其中一位是四十出头的成功商人，他实际上已经可以退休享受人生了；而另一个是学校

教师，收入低，并且一直觉得自己很失败。

有一天，他们在一起吃晚饭。晚餐在烛光映照中开场了，不久话题进入了在国外的生活。因为在座的几个人都有过周游列国的经历，所以他们开始谈论在异国他乡的趣闻轶事。随着话题的一步步展开，那位学校教师开始越来越多地讲述自己的不幸：她是一个如何可怜的亚细亚孤儿，又如何被欧洲来的父母领养到遥远的瑞士，她觉得自己是如何的孤独。

开始的时候，大家都表现出同情。随着她的怨气越来越重，那位商人变得越来越不耐烦，终于忍不住在她面前把手一挥，制止了她的叙述："够了！你说完了没有？！你一直在讲自己有多么不幸。你有没有想过如果你的养父母当初在成百上千个孤儿中挑了别人又会怎样？"

学校教师直视着商人说："你不知道，我不开心的根源在于……"然后接着描述她所遭遇的不公正待遇。

最终，商人朋友说："我不敢相信你还在这么想！我记得自己 25 岁的时候无法忍受周围的世界，我恨周围的每一件事，我恨周围的每一个人，好像所有的人都在和我作对似的。我很伤心无奈，也很沮丧。我那时的想法和你现在的想法一样，我们都有足够的理由报怨。"他越说越激动。"我劝你不要再这样对待自己了！想一想你有多幸运，你不必像真正的孤儿那样度过悲惨的一生，实际上你接受了非常好的教育。你负有帮助别人脱离贫困漩涡的责任，而不是找一堆自怨自艾的借口把自己围起来。在我摆脱了顾影自怜，同时意识到自己究竟有多幸运之后，我才获得了现在的成功！"

那位教师深受震动。这是第一次有人否定她的想法，打断了她的凄苦回忆，而这一切回忆曾是多么容易引起他人的同情。

商人朋友很清楚地说明他二人在同样的环境下历经挣扎，而不同的是他通过清醒的自我选择，让自己看到了有利的方面，而不是不利的阴影。"凡墙都是门"，即使你面前的墙将你封堵得密不透风，你也依然可以把它视作你的一种出路。

人，就是一条河，河里的水流到哪里都还是水，这是无异议的。但是，河有狭、有宽、有平静、有清澈、有冰冷、有混浊、有温暖等现象，而人也一样。

【每日一点】

同样的人生境遇在不同心态的人眼里会有截然不同的看法，你有什么样的心态，也就拥有什么样的人生。

决心取得成功比任何一件事情都重要

下决心是一种运用能力的过程，是一个人综合素质的折射。一个人能否成功，很大程度上取决于自己的决心。抓住机遇，下定决心，离成功也就不远；优柔寡断，踌躇不决则会错过良机，与成功失之交臂。

有人曾经对许多遭受失败和获得成功的人分别进行分析，发现在做事过程中，因犹豫不决或没有下决心而失败的人占很大比例。而相当一部分成功者，其最优秀的品格之一就是遇事果断坚决，敢于下决心，最终把握住了机遇，从而获得了成功。

按照弗洛伊德的理论，人生来就有"做伟人"的欲望。人为成功而来，也为成功而活。但"想成功"与"要成功"却是有着天壤之别的。所以，我们在生活中会看到很多人都在说："我很想成功！"但却没有看到他们真正地下决心。要知道，成功不是喊叫出来的，也不是写出来的，成功是下决心做出来的！

很多想成功的人，对成功只是存在一种向往或一种侥幸心理。他们的目标要么游移不定，要么好高骛远，不着边际，因而很难整合现有资源，很难有计划和方法；要么迟迟不动，要么行动不坚决、不彻底、不持久，一遇挫折，立即为自己找个"本来就是想想而已"的借口，下台了事。

要成功的人才是真正在成功之前下过坚定决心的人。下定决心，不仅能体现一个人果决的勇气、决断时的自信、坚定不移的志气，更会锻造出自己的魅力，从而赢得他人的信任。只有下定决心成功，才会目标明确、现实可行。也只有下定决心的人，才会在成功的路上不断地检讨自己，改变自己，创造条件，适应环境要求；才能获得深刻的驱动力，而不顾任何艰难险阻，义无反顾，锲而不舍，持之以恒。

世界顶级的推销员与培训大师汤姆·霍普金斯曾告诉他的学员们说："成功有三个最重要的秘诀，第一个就是下定决心；第二个还是下定决心；第三个当然还是下定决心。"

这是霍普金斯之所以成功的经验之谈，因为就在他刚刚进入推销行业的时候，他常常因为害怕敲别人家门或跟陌生人谈论产品时被拒绝，故而业绩一直无法实现突破。直到有一天，他上了一个课程，在课堂上老师告诉他："下一次还有一个课程非常棒，那个课程可以帮助我们激发所有的潜能，让自己能够成为顶尖人物。"

霍普金斯说："我很想听下个课程，但我没有钱，等我存够了钱再上。"这时候老师却对他说："你到底是想成功，还是一定要成功？"他回答说："我一定要成功。"老师又问："假如你一定要成功的话，请问你会怎么处理这个事情？"于是霍普金斯回答："我会立刻借钱来上课。"

从此，霍普金斯发现了自己一直业绩平平的原因，是自己从来没有真正地下过决心。于是在下一次推销之前，他从公司里找了一位同事并带他下楼，他对同事说："你看着，假如我无法向对面那个陌生人推销产品的话，我走过马路来就被车撞死给你看。"

他说完这句话的时候，脑海里一片空白，根本不知道他即将如何推销。但他还是硬着头皮走过去，开始与陌生人交谈，于是他使出了浑身解数向那位陌生人推销产品，经过20分钟的苦口婆心之后，不可思议的事情发生了：他终于卖出了产品！

后来，霍普金斯在分析他的人生是怎么改变的时候，发现答案只有四个字，那就是"下定决心"。

莎士比亚说："我记得，当恺撒说'做这个'的时候，就意味着事情已经做了。"

所以，人生从你下定决心的那一刻就已经开始改变，你所作出的任何一个决定都决定着你的人生。

【每日一点】

要成功的人才是真正在成功之前下过坚定决心的人。下定决心，不仅能体现一个人果决的勇气、决断时的自信、坚定不移的志气，更会锻造出自己的魅力，从而赢得他人的信任。

信念达到了顶点，就能够产生惊人的效果

信念是欲望人格化的结果，是一种精神境界的目标。信念一旦确定，就会形成一种成就某事或达到某种预期的巨大渴望，这种渴望所激发出来的能量，往往会超出我们的想象。由信念之火所点燃的生命之灯是光彩夺目的。

信念不但能够唤起一个人的信心，更能够延续一个人的信心，它既是信心的开始，也是信心的归宿。但是，信心时常有，信念却不常有，所以成功的人总是少数。随大流的人，把握不住自己的人，看不清趋势的人，即使找到信心，也发展不到信念。急功近利的人会在信心走向信念的过程中崩溃，浮躁的人会葬送从信心走

向信念的坦途。

成功者的人生轨迹告诉我们：信念，是立身的法宝，是托起人生大厦的坚强支柱；信念，是成功的起点，是保证人追求目标成功的内在驱动力。信念，是一团蕴藏在心中的永不熄灭的火焰，是一条生命涌动不息的希望长河。

著名的黑人领袖马丁·路德·金说过："这个世界上，没有人能够使你倒下，如果你自己的信念还站立着的话。"所以，信念的力量，在于使身处逆境的你，扬起前进的风帆；信念的伟大，在于即使遭受不幸，亦能召唤你鼓起生活的勇气；信念的价值在于支撑人对美好事物一如既往地孜孜以求。

当然，如果一个人选择了错误的信念，那必将是对生命致命的打击，起码也会让人导致平庸。错误的信念会夺去你的能量、你的欲望和你的未来。曾有研究者做过这样一个实验：他们把善于攻击鲦鱼的梭鱼放在一个玻璃钟罩里，然后把这个玻璃钟罩放进一个养着鲦鱼的水箱中。罩里的梭鱼看到鲦鱼后，立刻发动了几次攻击，结果它敏感的鼻子狠狠地撞到了玻璃壁上。几次惨痛的尝试之后，梭鱼最终放弃，并完全忽视了鲦鱼的存在。当钟罩被拿走后，鲦鱼们可以自由自在地在水中四处游荡，即使当它们游过梭鱼鼻子底下的时候，梭鱼也继续忽视它们。由于一个建立在错误信念基础之上的死结，这条梭鱼终因不顾周围丰富的食物而把自己饿死了。在现实生活中，又有多少错误的信念成了束缚我们的玻璃钟罩呢？

人生是一连串选择的结果，而选择一个正确的信念，会成就我们的一生。弥尔顿说过："心灵是自我作主的地方。在心灵中，天堂可以变成地狱，地狱也可以变成天堂。"人们的生活由自己选定，而幸福，抑或悲哀，全在于心灵的阴晴。强者的天总是蓝的，因为他们坚信乌云终将被驱散；弱者的眼里总是风霜雨雪，漫布着无奈、无望、无尽的悲哀与叹息。人生的变数很多，然而，不管外界多么的不易把握，只要心中升腾着信念的火焰，艰难险阻就都将不复存在。

【每日一点】

信念，是立身的法宝，是托起人生大厦的坚强支柱；信念，是成功的起点，是保证人追求目标成功的内在驱动力。信念，是一团蕴藏在心中的永不熄灭的火焰，是一条生命涌动不息的希望长河。

自信能使一个人征服他相信可以征服的东西

年轻是一种很重要的资源，这种资源专属于青年人。自信能引爆年轻的力量，希望能诠释年轻的真意。充满自信与希望，每个人就都能把握未来。

所以，对于年轻人，自信和敢于希望是必要的，一个人在年轻的时候，宁肯自负一点，也要自信一点。只有学会自信，我们才会有勇气对未来的生活充满希望和憧憬，也只有这样，人生才会丰富而充满激情。

既然"自信和希望是青年的特权"，那我们就应该好好地去享受这份特权，应当摒弃自卑与懦弱的性格。年轻人，应该要用足够的时间去做自己想做的事情，要用足够的精力与自信去实现自己的目标和希望。这就是年轻人的"特权"，把握住这种独特的优势，不灰心，不退却，前途必然无比宽阔和明亮。

希望必然是由自信所带来，所以年轻人学会自信是首要的事情。

一些年轻人之所以缺乏自信、甚至自卑，就在于对自己有过高的、不切实际的期望。有了愿望却总是无法实现，有了目标却总是达不到，这样就会一次次地信心受打击，甚至迁怒于别人，怨恨社会。事实上只要他们降低期望，把目标定得切合实际，多几次成功，就能够将心态纠正过来。

自信需要不断地实践，并从实践中获得积极的反馈。

自信在于准备充分。心里没底，当然难以积聚信心。准备包括情况的了解、知识的积累、特征信息的收集以及必要的计划、物质和关系准备。但是，高明的领导者往往在情景不明朗、准备不充分的情况下也能够积聚信心，积聚力量，并把信心坚决地表达出去，表现得信心十足，充分地感染下级，让大家同心协力，共渡难关，突破瓶颈。

生活是个两面体，站在一个视点我们可以看到它的阴暗面，站在另外一个视点上，又能看到它的积极向上的灿烂的一面。这或许是个悖论，但作为年轻人，我们的任务就是去揭示这些悖论，绕开陷阱，把握它的朝阳的一面，对自己充满信心，对前途充满希望。

一个年轻人跟一位非常有名的画师学绘画，学了几年之后，老师建议他举办一次个人画展。为了虚心向观众求教，他在一幅他自认为较好的画的旁边放了一支笔和一张纸条，上曰：如果您认为此画有败笔之处，请在上面作标记。结果画展第一天就有很多人在上面做了无数个标记。年轻人看了，认为自己根本就不是搞绘画的料，他大为泄气，自信心受到极大打击，不想再继续做下去。老师看到他这个样子，哈哈大笑。

第二天，老师让年轻人另准备一幅水准一般的作品挂在展览室内，在作品的旁边仍放着一支笔和一个纸条，不过这次纸条的内容跟上一次不一样：如果您觉得此幅作品有精妙之处，请做上标记。到了晚上，年轻人惊奇地发现，他的这幅画上被做上了密密麻麻的标记，他兴奋不已，原来自己的画还是蛮受欢迎的嘛。

这个故事说明了这样一个道理：当你因触及生活的阴暗面而感到灰心泄气的时候，请记住这样一句话：我还年轻，我有自信，有希望——这是我的特权！

【每日一点】

自信是一个人取得任何成功的前提条件，一个没有自信的人，不可能指望他完成任何事情。希望必然是由自信所带来，所以年轻人学会自信是首要的事情。

保持平常心，坦然面对生活

一种事物之所以能够存在，源于客观对它的需求，因此它的出现从某种意义上说就是合理的。只要认同这种合理，即是对自己的接受以及对周围的人和事物的认同。这是一种豁达的心态和比较现实的作风，是我们每个人都应该具备的一种品格。

换言之，认同自己和认同别人及世间的一切事物，就必然能够懂得黑格尔所说的"存在即是合理"的道理。

认同自己，这是一个肯定自己存在价值的过程，它所表现出来的不仅仅是一个人的自信，更是一个人坚强不屈的毅力和斗志，是一个人最大精神价值的体现。而认同别人及世间的一切事物，无疑是承认了事物的多样性，只要我们承认了这种多样性，我们就会保持一种开放的心态。承认事物的多样性以及合理性，又能反过来使人们坚信自己存在的必要性，坚持一种"天生我才必有用"的价值观念，从而为自己去赢得一个靓丽的人生，也会为社会做出自己应有的贡献。

懂得认同，承认事物的合理性，首先体现出来的是一种包容万物的博大胸怀，而拥有博大胸怀是人生取得成功的一个重要前提。我们常看到现实中有许多人习惯抱怨社会不公，认为许多事情不合理，其实大可不必，崇尚自由平等只是人的一种追求和向往，世界上是不会有绝对的自由和平等的。所以，当我们看到了一些自己难以理解或接受的丑恶现象时，我们首先就是要去承认它，认同它存在的合理性与必然性，因为这是我们革除这种丑恶的前提。

在这里，黑格尔无疑给我们提供了一种深刻认识世界的辩证法，也即道家所讲的"阴在阳之内，不在阳之对"的道理。所以，一个人如想要做到大善，心中必先要容得下大恶；一个人如果想要获得别人的赞誉，首先也必须能够承受别人的讥毁；一个人想要获得大成功，也必须能够承受大失败。古今中外成大事者，莫不如此。

承认一切事物的合理性，还能够让我们在看待事物与处理问题时保持一个平静客观的心态，并能够让我们坦然地面对生活。以一种大胸怀去看待一切事物及现象，就不至于让我们对生活产生偏激或片面的看法，也能够让我们在分析和处理问题时，以平和的心态找出现象的前因后果，从而妥善有效地解决问题。更重要的是，这种大胸怀可以让我们时刻保持一颗平常心，坦然面对人生的雨疏风骤、云卷云舒。

当然，需要指出的是，承认一切事物及现象存在的合理性，并不仅仅是要我们去麻木或冷漠地接受一切事物。承认一切事物及现象存在的合理性，也并不等于让我们在一切事情面前都要无所作为。在我们认识了事物发展的趋势和规律后，我们可以加速事物的质变。这里重要的是把握好度，事物刚出现你就想改变和否定是不可能的。而当不利于我们进一步存在的事物出现后，如果我们依然不想着去改变和否定，更是一种愚蠢的作为。

凡是存在的都是合理的。虽然某种程度上说有失偏颇，但它其实是一种洞若观火的境界，我们只有这样认为了，才不会为挫折和非难徒生许多烦恼与哀怨，而会以积极乐观大无畏的精神状态去迎接生活中所遇到的一切，从而做最好的自己，而不留下遗憾。

【每日一点】

当我们看到了一些自己难以理解或接受的丑恶现象时，我们首先就是要去承认它，认同它存在的合理性与必然性，因为这是我们革除这种丑恶的前提。

顽强能创造令人难以想象的奇迹

顽强不等于顽固，它是因"顽"而"强"。"顽"是一种执着，一种坚定的信念，一种不达目的誓不罢休的决心和勇气，"强"是"顽"的效果表达，是我们生存和发展的必备条件。

只有顽强的人，才会对自己的行为动机和目的有清醒而深刻的认识。只有顽强的人，才能在复杂的情境中，冷静而迅速地做出判断，毫不迟疑地采取坚决的措施和行动。也只有顽强的人，在碰到挫折和失败的时候，会主动调节自己的消极情绪，控制自己的言行，不灰心、不丧气、不焦躁；面对成功和胜利，不骄傲、不自满。

在很多情况下，我们与成功无缘，并不是我们不聪明，而是缺乏顽强的意志。顽强的意志不但能帮助我们走出失败的阴影，更能帮助我们养成良好的习惯，实现人生的目标。顽强的"妙不可言"之处就在于它能激发人的潜能，促使人创造超乎自己想象的业绩。

海伦·凯勒的事迹正说明了这一点。海伦·凯勒看不见东西，听不到声音，但在她的一生中做了许多事情。她的成功给其他人带来了希望。

海伦·凯勒于 1880 年 6 月 27 日出生在美国亚拉巴马州北部的一个小镇上。在一岁半之前，海伦·凯勒和其他孩子一样，她很活泼，很早就会走路和说话了。但在 19 个月大的时候，她因为一次高烧而导致了失明及失聪。从此，她的世界充满了寂静和黑暗。

从那时起到 7 岁前，海伦只能用手比画进行交流。但是她学会在寂静黑暗的环境中怎样生活。她有着很强的渴望，她自己想做什么，谁也挡不住她。她越来越想和别人交流，用手简单地比划已经不够用了。她的内心深处有一种什么东西要爆发，因为她的举止已难以让人理解。当她母亲管束她时，她会哭叫闹喊。

在海伦 6 岁时，她父亲从波士顿的珀斯盲人研究院请来了一位女老师，名叫安妮·沙利文。海伦·凯勒就是在这位令她终身不忘的老师的指导下，在以后的日子里凭借着自己顽强的毅力，学会了手语，学会了说话，学会了多门外语，并在哈佛大学完成了自己的学业。但海伦认为，这些只不过是她许多成功的开始。

就在自己的老师去世后不久，海伦·凯勒跑遍美国大大小小的城市，周游世界，为残障的人到处奔走，全心全力为那些不幸的人服务，最终成为一位世界知名的残障教育家。

海伦·凯勒终生致力服务于残障人士，并写了很多的书，其中写于 1993 年的散文《假如给我三天光明》是最为著名的一篇。

命运虽然给予了海伦·凯勒许多的不幸，她却并不因此而屈服于命运。她凭借着自己顽强的毅力，奋勇抗争，最终冲破了人生的黑暗与孤寂，赢得了光明和欢笑。美国《时代周刊》评价海伦·凯勒为"人类意志力的伟大偶像"。

海伦·凯勒的成功让我们认识到顽强的意志对于一个残疾人的意义，那么，对于一个四肢健全的人，海伦·凯勒让我们感到汗颜。其实，很多人只比海伦·凯勒少了一种不屈不挠的骨气，一种持之以恒的耐力和一种顽强不屈的意志力。他们也恰恰不明白，人生中永远都是困难重重，只有具有顽强意志的人，才能成功！

【每日一点】

顽强不等于顽固，它是因"顽"而"强"。"顽"是一种执着，一种坚定的信念，一种不达目的誓不罢休的决心和勇气，"强"是"顽"的效果表达，是我们生存和发展的必备条件。

进取心是不竭的动力

永不知足是要求自己上进的第一步，是要让自己不满足于停留在现有的位置上。永不知足可以帮助你迈出关键的第一步。

到 NBA 去打球，是每一个美国少年最美好的梦想，他们渴望像乔丹一样飞翔。

当年幼的博格斯说出自己同样的梦想时，同伴们竟然把肚子都笑疼了。博格斯的身高只有 160 厘米，在两米都算矮个儿的 NBA 里，这充其量只是一个侏儒。

但博格斯却没有因为别人的嘲笑而放弃自己的梦想。"我热爱篮球，我决心要打 NBA。"他把所有的空余时间都花在篮球场上。其他人回家了，他仍然在练球，别人都去沐浴夏日的阳光，他却坚持在篮球场上。

他每日都告诫自己：我要到 NBA 去打球。他让自己的血液里都流淌着进取的精神。他深知，像他这样的身高，要到 NBA 去必须得有自己的"绝活"。他努力锻炼自己的长处：像子弹一样迅速，运球不发生失误，比别人更能奔跑。

博格斯是夏洛特黄蜂队中表现最优秀、失误最少的后卫队员，他常常像一只小黄蜂一样满场飞奔。他控球一流，远投精准，在巨人阵中他也敢带球上篮。而且，他是所有 NBA 球员中断球最多的队员。

博格斯是 NBA 中有史以来创纪录的矮子。他把别人眼中的不可能变成了现实。博格斯曾经自豪地说："我的血液中流淌着进取的精神，所以，我能实现我的梦想。"

比尔·盖茨对年轻人说得最多的一句话就是——"永不知足"。他之所以会取得如此大的成功，就是因为他不满足于所取得的成绩，不断进取，始终激励自己向前发展，最后终于实现了自己的理想，到达了他所向往的地位。

新闻界的"拿破仑"——伦敦《泰晤士报》的大老板诺思克利夫爵士，最初在每月只能拿到 80 元的时候，他对自己的处境非常地不满。后来，《伦敦晚报》和《每日邮报》皆为他所有的时候，他还是感到不满足，直到他得到了伦敦《泰晤士报》之后，他才稍稍觉得有点满足。

就算成了《泰晤士报》的大老板，诺思克利夫爵士还是不肯善罢甘休。他要利用《泰晤士报》揭露官僚政府的腐败，打倒几个内阁，推翻或拥护几个内阁总理（亚斯查尔斯和路易乔治），而且不顾一切地攻击昏迷不醒的政府……由于他的这种大胆的努力，提高了不少国家机关的办事效率，在某种程度上还改革了整个英国的制度。

不管你目前的职位有多高，都不要满足于现状，应该告诉自己："我的职位应在更高处。"

进取心从不允许我们休息，它总是激励我们为了更美好的明天而奋斗。由于人的成长是无限的，所以我们的进取心和愿望也是无法满足的。如果历史地来看，我们目前所到达的高度足以令人羡慕，但是，我们却发现今日所处的位置和昨日的位置一样，无法让我们完全满足，更高的理想和目标不断在向我们召唤。

百年哈佛主张这样的人生哲学：信心和理想乃是人们追求幸福和进步的最强大推动力。

进取心是激发人们抗争命运的力量，是完成崇高使命和创造伟大成就的动力。一个具备了进取心的人，就会像被磁化的指针那样显示出矢志不移的神秘力量。

人生的进步与成功，正是有了进取心和意志力——这种永不停息的自我推动力，才激励着人们向自己的目标前进。对这种激励的需要是我们人生的支柱，为了获得和满足这种需要，我们甚至愿意以放弃舒适和牺牲自我为代价。

向上的力量是每一种生命的本能，这种东西不仅存在于所有的昆虫和动物身上，埋在地里的种子中也存在着这样的力量，正是这种力量刺激着它破土而出，推动它向上生长，向世界展示美丽与芬芳。

这种激励也存在于我们人类的体内，它推动我们去完善自我，去追求完美的人生。

【每日一点】

进取心是激发人们抗争命运的力量，是完成崇高使命和创造伟大成就的动力。一个具备了进取心的人，就会像被磁化的指针那样显示出矢志不移的神秘力量。

在卢梭毕业的学校中，苦难是受益最大的一所

在法国里昂的一次宴会上，人们对一幅是表现古希腊神话还是历史的油画发生了争论。主人眼看争论越来越激烈，就转身找他的一个仆人来解释这幅画。使客人们大为惊讶的是：这仆人的说明是那样清晰明了，那样深具说服力。辩论马上就平息了下来。

"先生，您是从什么学校毕业的？"一位客人对这个仆人很尊敬地问。

"我在很多学校学习过，先生，"这年轻人回答，"但是，我学的时间最长、收益最大的学校是苦难。"

这个年轻人为苦难的课程付出的学费是很有益的。尽管他当时只是一个贫穷低微的仆人，但不久以后他就以其超群的智慧震惊了整个欧洲。

他就是那个时代法国最伟大的天才——法国哲学家和作家卢梭。

凡是天生刚毅的人必定有自强不息的精神。但凡在年轻时遭遇苦难而能做到坚忍不拔的人，在以后的人生道路上多半会走得更豁达、从容。

【每日一点】

换一种眼光看，人生遭受的苦难其实是一笔巨大的财富，因为正是苦难磨炼了人的斗志，启迪了人的思想和智慧。

每个人都有两个简历，一个叫成功，另一个叫失败

1832 年，林肯失业了。这显然使他很伤心，但他下决心要当政治家，当州议员。糟糕的是，他竞选失败了。在一年里遭受两次打击，这对他来说无疑是痛苦的。

接着，林肯着手自己开办企业，可一年不到，这家企业又倒闭了。在以后的17 年间，他不得不为偿还企业倒闭时所欠的债务而到处奔波，历尽磨难。

随后，林肯再一次决定参加竞选州议员，这次他成功了。他内心萌发了一丝希望，认为自己的生活有了转机："可能我可以成功了！"

1835 年，他订婚了。但离结婚还差几个月的时候，未婚妻不幸去世。这对他精神上的打击实在太大了，他心力交瘁，数月卧床不起。1836 年，他得了神经衰弱症。

1838 年，林肯觉得身体状况良好，于是决定竞选州议会议长，可是他却失败

了。1843 年，他又参加竞选美国国会议员，但这次仍然没有成功。

林肯虽然一次次地尝试，但却是一次次地遭受失败：企业倒闭、情人去世、竞选败北。要是你碰到这一切，你会不会放弃—放弃这些对你来说是重要的事情？

林肯没有放弃，他也没有说："要是失败会怎样？"1846 年，他又一次参加竞选国会议员，最后终于当选了。

两年任期很快过去了，他决定要争取连任。他认为自己作为国会议员表现是出色的，相信选民会继续选举他。但结果很遗憾，他落选了。

因为这次竞选他赔了一大笔钱，林肯申请当本州的土地官员。但州政府把他的申请退了回来，上面指出："作本州的土地官员要求有卓越的才能和超常的智力，你的申请未能满足这些要求。"

接连又是两次失败。在这种情况下你会坚持继续努力吗？你会不会说"我失败了"？

然而，林肯没有服输。1854 年，他竞选参议员，但失败了；两年后他竞选美国副总统提名，结果被对手击败；又过了两年，他再一次竞选参议员，还是失败了。

林肯尝试了 11 次，可只成功了两次，他一直没放弃自己的追求，他一直在做自己生活的主宰。1860 年，他当选为美国总统。

没有什么人会轻易地平步青云，在成功的背后隐匿着许多他人所不了解的辛酸与苦楚，个中滋味也许只有当事人自己清楚。

【每日一点】

没有人在他整个一生中只有成功，没有失败，成功总是在遭受了无数失败后，才姗姗来迟。

当上帝关上了那扇门，他还会为你开一扇窗

1967 年夏天，美国跳水运动员乔妮·埃里克森在一次跳水事故中，身负重伤，除脖子之外，全身瘫痪。

乔妮哭了，她躺在病床上辗转反侧。她怎么也摆脱不了那场噩梦，为什么跳板会滑？为什么她会恰好在那时跳下？不论家里人怎样劝慰她、亲戚朋友们如何安慰她，她总认为命运对她实在不公。

出院后，她叫家人把她推到跳水池旁。她注视着那蓝盈盈的水波，仰望那高

高的跳台。她，再也不能站立在那洁白的跳板上了，那蓝盈盈的水波再也不会溅起朵朵美丽的水花拥抱她了，她又掩面哭了起来。从此她被迫结束了自己的跳水生涯，离开了那条通向跳水冠军领奖台的路。

她曾经绝望过。但是，她拒绝了死神的召唤，开始冷静思索人生意义和生命的价值。

她借来许多介绍前人如何成才的书籍，一本一本认真地读了起来。她虽然双目健全，但读书也是很艰难的，只能靠嘴衔根小竹片去翻书，劳累、伤痛常常迫使她停下来。休息片刻后，她又坚持读下去。通过大量的阅读，她终于领悟到："我是残了，但许多人残了后，却在另外一条道路上获得了成功，他们有的成了作家，有的创造了盲文，有的创造出美妙的音乐，我为什么不能？"于是，她想到了自己中学时代曾喜欢画画。"我为什么不能在画画上有所成就呢？"这位纤弱的姑娘变得坚强起来了，变得自信起来了。她捡起了中学时代曾经用过的画笔，用嘴衔着，练习画画。

这是一个多么艰辛的过程啊。用嘴画画，她的家人连听也未曾听说过。

他们怕她不成功而伤心，纷纷劝阻她："乔妮，别那么死心眼儿了，哪有用嘴画画的，我们会养活你的。"可是，他们的话反而激起了她学画的决心，"我怎么能让家人养活我一辈子呢？"她更加刻苦了，常常累得头晕目眩，汗水把双眼弄得咸咸的，而且辣痛，有时委屈的泪水把画纸也弄湿了。为了积累素材，她还常常乘车外出，拜访艺术大师。多年过后，她的辛勤劳动没有白费，她的一幅风景油画在一次画展上展出后，得到了美术界的好评。

不知为什么，乔妮又想到要学文学。她的家人及朋友们又劝她了："乔妮，你绘画已经很不错了，还学什么文学，那会更苦了你自己的。"她是那么倔强、自信，她没有说话，她想起一家刊物曾向她约稿，要她谈谈自己学绘画的经过和感受，她用了很大力气，可稿子还是没有写成，这件事对她刺激太大了，她深感自己写作水平差，必须一步一个脚印地去学习。

这是一条满是荆棘的路，可是她仿佛看到艺术的桂冠在前面熠熠闪光，等待她去摘取。

是的，这是一个很美的梦，乔妮要圆这个梦。终于，这个美丽的梦成了现实。1976年，她的自传《乔妮》出版了，轰动了文坛，她收到了数以万计的热情洋溢的信。两年后，她的《再前进一步》一书又问世了，该书以作者的亲身经历，告诉残疾人，应该怎样战胜病痛、立志成才。后来，这本书被搬上了银幕，影片的主角由她自己扮演，她成了千千万万个青年自强不息、奋斗不止的榜样。

英国一名叫索斯的传教士说："失败不是气馁的来源，而是新鲜的刺激。"

确实如此，上帝不会把所有的门窗同时关死，他总会留下一线希望、一线生机，等待我们去发现。

【每日一点】

山重水复疑无路，柳暗花明又一村。人生永远没有所谓的绝路，只要你愿意整装出发，总会有路可走。

面对困难，你强它便弱

一个女儿对她的父亲抱怨，说她的生命是如何痛苦、无助，她是多么想要健康地走下去，但是她已失去方向，整个人惶惶然然，只想放弃。她已厌烦了抗拒、挣扎，但是问题似乎一个接着一个，让她毫无招架之力。

父亲二话不说，拉起心爱的女儿，走向厨房。他烧了3锅水，当水沸腾之后，他在第一个锅里放进萝卜，第二个锅里放了一颗蛋，第三个锅则放进了咖啡。

女儿望着父亲，不明所以，而父亲只是温柔地握着她的手，示意她不要说话，静静地看着滚烫的水，以炽热的温度煮着锅里的萝卜、蛋和咖啡。一段时间过后，父亲把锅里的萝卜、蛋捞起来各放进碗中，把咖啡过滤后倒进杯子，问："你看到了什么？"

女儿说："萝卜、蛋和咖啡。"

父亲把女儿拉近，要女儿摸摸经过沸水烧煮的萝卜，萝卜已被煮得软烂；他要女儿拿起这颗蛋，敲碎薄硬的蛋壳，她细心地观察着这颗水煮蛋；然后，他要女儿尝尝咖啡，女儿笑起来，喝着咖啡，闻到浓浓的香味。

女儿谦虚而恭敬地问："爸，这是什么意思？"

父亲解释：这3样东西面对相同的环境，也就是滚烫的水，反应却各不相同：原本粗硬、坚实的萝卜，在滚水中却变软了；这个蛋原本非常脆弱，它那薄硬的外壳起初保护了液体似的蛋黄和蛋清，但是经过滚水的沸腾之后，蛋壳内却变硬了；而粉末似的咖啡却非常特别，在滚烫的热水中，它竟然改变了水。

"你呢？我的女儿，你是什么？"父亲慈爱地问虽已长大成人，却一时失去勇气的女儿，"当逆境来到你的门前，你有何反应呢？你是看似坚强的萝卜，痛苦与逆境到来时却变得软弱、失去了力量吗？或者你原本是一颗蛋，有着柔顺易变的心？你是否原是一个有弹性、有潜力的灵魂，但是在经历死亡、分离、困境之后，变得僵硬顽强？也许你的外表看来坚硬如旧，但是你的心灵是不是变得又苦又倔又固执？或者，你就像是咖啡？咖啡将那带来痛苦的沸水改变了，当它的温度高达100摄氏度时，水变成了美味的咖啡，当水沸腾到最高点时，它就越加美味。如果你像咖啡，当逆境到来、一切不如意的时候，你就会变得更好，而且将外在的一切转变得更加令人欢喜。懂吗，我的宝贝女儿？你要让逆境摧折你，还是你主动改变，让身边的一切变得更美好？"

在人生的道路上，谁都会遇到困难和挫折，就看你能不能战胜它。战胜了，你就是英雄，就是生活的强者。

【每日一点】

在人生的道路上，谁都会遇到困难和挫折，就看你能不能战胜它。战胜了，你就是英雄，就是生活的强者。

第三章

只有想不到，没有做不到

走出囚禁思维的栅栏

世界上没有两片完全相同的树叶，同样，世界上也没有两个完全相同的人。每个人自身的独特性，造成其别具一格的思维方式，每个人都可以走出一条与众不同的发展道路来。但保持个性的同时，也应追求突破创新，否则，你将陷入自身的思路的"圈套"当中。

每个人都会有"自身携带的栅栏"，若能及时地从中走出来，实在是一种可贵的警悟。独一无二的创新精神，勇于进取，绝不自损、自贬，在学习生活中勇于独立思考，在日常生活中善于注入创意，在职业生活中精于自主创新，正是能够从自我囚禁的"栅栏"里走出来的鲜明标志。形成创造力自囚的"栅栏"，通常有其内在的原因，是由于思维的知觉性障碍、判断力障碍以及常规思维的惯性障碍所导致的。知觉是接受信息的通道，知觉的领域狭窄，通道自然受阻，创造力也就无从激发。这条通道要保持通畅，才能使信息流丰盈、多样，使新信息、新知识的获得成为可能，使得信息检索能力得到锻炼，不断增长其敏锐的接收能力、详略适度的筛选能力和信息精化的提炼能力，这是形成创新心态的重要前提。判断性障碍大多产生于心理偏见和观念偏离。要使判断恢复客观，首先需要矫正心理视觉，使之采取开放的态度，注意事物自身的特性而不囿于固有的见解或观念。这在新事物迅猛增殖、新知识快速增加的当今时代，尤其值得重视。

要从自囚的"栅栏"走出来，还创造力以自由，首先就要还思维状态以自由，突破常规思维。在此基础上，对日常生活保持开放的、积极的心态，对创新世界的人与事，持平视的、平等的姿态，对创造活动，持成败皆为收获、过程才最重要的精神状态，这样，我们将有望形成十分有利于创新生涯的心理品质，并且及时克服内在消极因素。

成功的人往往是一些不那么"安分守己"的人，他们绝对不会因取得一些小小的成绩而沾沾自喜，获得一点小成功就停下继续前行的脚步。因此，只有突破旧我，才能获得又一次的蜕变，人生才会呈现更好的局面。

一位雕塑家有一个12岁的儿子。儿子要爸爸给他做几件玩具，雕塑家只是慈祥地笑笑，说："你自己不能动手试试吗？"

为了制好自己的玩具，孩子开始注意父亲的工作，常常站在大台边观看父亲运用各种工具，然后模仿着运用于玩具制作。父亲也从来不向他讲解什么，放任自流。

一年后，孩子初步掌握了一些制作方法，玩具造得颇像个样子。这样，父亲偶尔会指点一二。但孩子脾气倔，从来不将父亲的话当回事，我行我素，自得其乐。父亲也不生气。

又一年，孩子的技艺显著提高，可以随心所欲地摆弄出各种人和动物形状。孩子常常将自己的"杰作"展示给别人看，引来诸多夸赞。但雕塑家总是淡淡地笑，并不在乎。

有一天，孩子存放在工作室的玩具全部不翼而飞，父亲说："昨夜可能有小偷来过。"孩子没办法，只得重新制作。

半年后，工作室再次被盗。又半年，工作室又失窃了。孩子有些怀疑是父亲在捣鬼：为什么从不见父亲为失窃而吃惊、防范呢？

一天夜晚，儿子夜里没睡着，见工作室灯亮着，便溜到窗边窥视，只见父亲背着手，在雕塑作品前踱步、观看。好一会儿，父亲仿佛做出某种决定，一转身，拾起斧子，将自己大部分作品打得稀巴烂！接着，父亲将这些碎土块堆到一起，放上水重新混合成泥巴。孩子疑惑地站在窗外。这时，他又看见父亲走到他的那批小玩具前！父亲拿起每件玩具端详片刻，然后，将儿子所有的自制玩具扔到泥堆里搅和起来！当父亲回头的时候，儿子已站在他身后，瞪着愤怒的眼睛。父亲有些羞愧，吞吞吐吐道："我，是，哦，是因为，只有砸烂较差的，我们才能创造更好的。"

10年之后，父亲和儿子的作品多次同获国内外大奖。

父亲不愧是位雕塑家，他不但深谙雕塑艺术品的精髓更懂得如何雕塑儿子的"灵魂"。每一个渴望成功的人都必须谨记：只有不断突破自我，超越以往，你才能开创出更美好、更辉煌的人生来。

【每日一点】

　　成功的人往往是一些不那么"安分守己"的人，他们绝对不会因取得一些小小的成绩而沾沾自喜，获得一点小成功就停下继续前行的脚步。因此，只有突破旧我，才能获得又一次的蜕变，人生才会呈现更好的局面。

不按常理出牌

　　当传统与规则已经不再适应新情况时，你就应该学会解放思想，不拘泥于常识及常规，善于变化，另辟蹊径。只有这样，你才能化缺点为优点，化弊端为有利，化腐朽为神奇。

　　创新作为一种最灵动的精神活动，最忌讳的就是呆板和教条，任何形式的清规戒律，都会束缚其手脚，使其无法大展所长，只有敢于打破常规、标新立异的人，才能真正有所作为，才能敞开胸怀拥抱成功。

　　天才大都是能够自创法则的人。随着时代的发展，尤其是网络的普及，在如今瞬息万变的现代社会中，传统和经验的意义已经远远没有过去那么重要了，时代更加突出了创新的意义，创新重于经验！

　　对于年轻人来说，更是如此。年轻人要想成功，就必须敢于标新立异，推陈出新。在这里，美国商界奇才尤伯罗斯为我们做出了一个很好的榜样。

　　1984年以前的奥运会主办国，几乎是"指定"的。对举办国而言，往往是喜忧参半。能举办奥运会，自然是国家民族的荣誉，还可以乘机宣传本国形象，但是以新场馆建设为主的大规模硬件软件投入，又将使政府负担巨大的财政赤字。1976年加拿大主办蒙特利尔奥运会，亏损10亿美元，当时预计这一巨额债务到2003年才能还清；1980年，前苏联莫斯科奥运会总支出达90亿美元，具体债务更是一个天文数字。奥运会几乎变成了为"国家民族利益"而举办，为"政治需要"而举办。赔本已成奥运定律。

　　鉴于其他国家举办奥运的亏损情况，洛杉矶市政府在得到主办权后即做出一项史无前例的决议：第23届奥运会不动用任何公用基金，因此而开创了民办奥运会的先河。

　　尤伯罗斯接手奥运之后，发现组委会竟连一家皮包公司都不如，没有秘书、没有电话、没有办公室，甚至连一个账号都没有。一切都得从零开始，尤伯罗斯决定破釜沉舟。他以1060万美元的价格将自己的旅游公司股份卖掉，开始招募雇佣人员，把奥运会商业化，进行市场运作。

第一步，开源节流。

尤伯罗斯认为，自 1932 年洛杉矶奥运会以来，规模大、虚浮、奢华和浪费成为时尚。他决定想尽一切办法节省不必要的开支。首先，他本人以身作则不领薪水，在这种精神感召下，有数万名工作人员甘当义工；其次，沿用洛杉矶现成的体育场；最后，把当地的 3 所大学宿舍做奥运村。仅后两项措施就节约了十几亿美元。

第二步，举行声势浩大的"圣火传递"活动。

奥运圣火在希腊点燃后，在美国举行横贯美国本土的 1.5 万公里圣火接力跑。用捐款的办法，谁出钱谁就可以举着火炬跑上一程。全程圣火传递权以每公里3000 美元出售，1.5 万公里共售得 4500 万美元。尤伯罗斯实际上是在卖百年奥运的历史、荣誉等巨大的无形资产。

第三步，别具一格的融资、营利模式。

尤伯罗斯创造了别具一格的融资和盈利模式，让奥运会为主办方带来了滚滚财源。尤伯罗斯出人意料地提出，赞助金额不得低于 500 万美元，而且不许在场地内包括其空中做商业广告。这些苛刻的条件反而刺激了赞助商的热情。一家公司急于加入赞助，甚至还没弄清所赞助的室内赛车比赛程序如何，就匆匆签字。尤伯罗斯最终从 150 家赞助商中选定 30 家。此举共筹到 1.17 亿美元。

最大的收益来自独家电视转播权转让。尤伯罗斯采取美国三大电视网竞投的方式，结果，美国广播公司以 2.25 亿美元夺得电视转播权。尤伯罗斯又首次打破奥运会广播电台免费转播比赛的惯例，以 7000 万美元把广播转播权卖给美国、欧洲及澳大利亚的广播公司。

门票收入，通过强大的广告宣传和新闻炒作，也取得了历史最高水平。

第四步，出售与本届奥运会相关的吉祥物和纪念品。

尤伯罗斯联合一些商家，发行了一些以本届奥运会吉祥物山姆鹰为主要标志的纪念品。通过这四步卓有成效的市场运作，在短短的十几天内，第 23 届奥运会总支出 5.1 亿美元，盈利 2.5 亿美元，是原计划的 10 倍。尤伯罗斯本人也得到47.5 万美元的红利。在闭幕式上，时任国际奥委会主席的萨马兰奇向尤伯罗斯颁发了一枚特别的金牌，报界称此为"本届奥运最大的一枚金牌"。

突破是创新的核心。创新不是对过去的简单重复和再现，它没有现成的经验可借鉴，也没有现成方法可套用，它是在没有任何经验的情况下去努力探索。

在通常情况下，人们按照自己的常规思路，经历了千万次的试验，还是没有取得成功；有时取得成功却全不费工夫，这种突然而至的东西就往往包含着意想不到的创造性，甚至会迫使人们放弃以前数年辛苦得来的成果。当你处于山穷水尽的境况时，建议你不妨打破常规不按常理出牌。这样，你才有可能在相反的方向很容易地找到问题的答案。

对于成功者来说，经验与创新是相辅相成，缺一不可的。我们不能厚此薄彼，而应在创新的同时仍然要重视常规的经验，并且在常规的基础上，寻求突破创新。

下面的方法有助于你另辟蹊径，从成功的经验中得到启示：

1. 能在平常的事情上思考求变

能够另辟蹊径的人，其思维富有创造性，善于从习以为常的事物中图新求异，去认识世界，改造世界。

2. 不为现行的观点、做法、生活方式所牵制

巴尔扎克说："第一个把女人比作花的是聪明人，第二个再这样比喻的人就是庸才了，第三个人则是傻子了。"

现行的汽车防盗系统国内外已有不少，许多厂家使尽浑身解数仍然不尽如人意。总参某炮兵研究所青年工程师杨文昭在广泛吸取国内外同类产品优点的同时，大胆创新，另辟蹊径，运用双密码保险、抗强电磁干扰、无电源持续报警和声控自动熄火等新技术，研究出了汽车防盗系列产品，被定为首家"国际"产品。敢于向现行的成果和规则挑战，独闯新路，使杨文昭获得了机会，也获得了成功。

3. 学习他人，超越他人

抱着"他山之石可以攻玉"的想法，盲目模仿他人的经验，并不能获得成功。要养成独立思考的习惯，自己在观察事物、观察别人成功经验的同时，独创出自己之所见。

4. 别出心裁，有自己独到的见解

"大家都想到一块去了"，这并非都是良策。例如，曾经满天飞的广告词尽是"实行三包""世界首创""饮誉天下"，但效果如何呢？美国一家打字机厂家的广告语"不打不相识"，一语双关，顾客纷至沓来。

【每日一点】

对于成功者来说，经验与创新是相辅相成，缺一不可的。我们不能厚此薄彼，而应在创新的同时仍然要重视常规的经验，并且在常规的基础上，寻求突破创新。

挣脱"自我设限"

生活中的无数障碍，看似无法逾越，其实只不过因为你在内心中限制了自己，你要试着打破它。只要你能够突破自我的"设限"，你便可以超越困难，突破阻挠，完成自己的愿望。

生活中，一次次的受挫、碰壁后，奋发的热情、欲望就被"自我设限"压制、扼杀。对失败惶恐不安，却又习以为常，丧失了信心和勇气，渐渐养成了懦弱、犹豫、害怕承担责任、不思进取、不敢拼搏的习惯，成为你内心的一种限制。

一旦有了这样的习惯，你将畏首畏尾，不敢尝试和创新，随波逐流，与生俱来的成功火种也就随之熄灭了。

要挣脱自我设限，关键在自己。西方有句谚语说得好："上帝只拯救能够自救的人。"成功属于愿意成功的人。如果你不想去突破，挣脱固有想法对你的限制，那么，没有任何人可以帮助你。不论你过去怎样，只要你调整心态，明确目标，乐观积极地去行动，那么你就能够扭转劣势，更好地成长。

丹尼斯加入某保险公司快一年了，他始终忘不了工作第一天打的第一个电话。当他热情地拨通电话，联络自己的第一个客户时，没想到他刚说明了自己的工作身份，对方就非常生硬地打断了他的话，不但拒绝了他的推销，更是将他骂了一顿，声称自己身体很好，不需要什么保险。从那以后，再打电话推销时，丹尼斯心中便有了阴影，说话没有任何立场，讲解吞吞吐吐，自然没有人愿意向他买保险。心里的阴影越来越大，他甚至不再愿意去摸电话。工作近一年的时间，他一份保单都没有签成。他开始想，自己或许并不适合这份工作，自己的口才不好，没有打动别人的能力，他灰心极了。经理鼓励他要自己给自己机会，没有谁生来就注定成功，也没有人会一直失败。听了经理的话，丹尼斯鼓足勇气，决定搏一搏。丹尼斯找出一个曾经联系过却被拒绝的客户资料，仔细研究他的需要，选择了一份适合他的险种。一切准备妥当后，他拨通了对方的电话，他的自信和真诚征服了那个客户，对方买下了他推销的保险。丹尼斯终于打破了自我设限，尝到了成功的滋味。

其实，自我设限远远没有你想象的那样恐怖，更不是牢不可破的。只要你摒弃固有的想法，尝试着重新开始，你便会对以前的忧虑和消极的态度报以自嘲。

生活中，有无数人是在阅读一本激励人心的书或是一篇感人至深的励志美文时突然感到灵光一闪，蓦地发现了一个崭新的自我。如果没有这样的书或文章，他们可能会永远对自身的真实能力懵懂无知。任何能够使得我们真正认识自己、能够唤醒我们的全部潜能的东西都是无价之宝。

问题在于，我们中绝大多数人从来没有被唤醒过，或者是直到晚年才真正认识自身的能力——但往往是为时已晚，再也不可能有大的作为了。因此，非常重要的一点就是，我们在年轻时就应当对自身的潜能有一个清醒的认识，唯其如此，我们才能有效地发掘生命的潜力，在最大意义上实现自我的价值。

大多数人在撒手人寰、离开这个世界时，还有相当大的一部分潜能压根儿就没有被开发。他们只是使用了自身能力中很小的一部分，而其他更珍贵的财富却白白地闲置在那儿，原封未动。

因此，最大化地开发一个人的潜能，已成为每个人一生要面对的重要命题。那如何才能让潜能淋漓尽致地开发出来呢？其实，潜能开发的途径有许多，但从成功学的角度而言，主要有 4 个方面，即"诱、逼、练、学"。

1. "诱"就是引导

寻求更大领域、更高层次的发展，是人生命意识里的根本需求。"这山望着那山高""喜新厌旧"是人的本性。因此，具有主体自觉意识的自我，有理性的自我，是绝不愿意停留在任何一种狭小的、有限的状态之中的，而总是想要不断开拓以取得更大的发展和成功，从而更好地生存。这种炽热的、旺盛的发展需要，是成功渴望的表现，是潜能蓄势待发的前兆。只要对这种发展意识给予有益的暗示、引发、规划和培育，就能很好地激发、释放潜能。

2. "逼"就是逼迫

人是一个复杂的矛盾体，既有求发展的需要，又有安于现状、得过且过的惰性。能够卧薪尝胆、自我警醒的人少之又少。更多的人需要的是鞭策和当头棒喝式的触动，而"逼"就是"最自然"的好办法。人们常说的"压力就是动力"，就是这个意思。因此，被逼不是"无奈"，被逼是福。

逼自己，就是战胜自己，必须比自己的过去更新；逼自己，就是超越竞争，必须比别人更新。别人想不到，我要想到；别人不敢想，我敢想；别人不敢做，我来做；别人认为做不到，我一定要做到。潜能的力量，是巨大的！人的潜能也遵循着"马太效应"，越开发使用就越多越强。

3. "练"就是练习

此处特指专家为开发人的潜能而专门设计的练习、题目、测验、训练，如脑筋急转弯、一分钟推理等，多做有益。另外，还包括"潜意识理论与暗示技术""自我形象理论与观想技术"，"成功原则和光明技术""情商理论与放松入静技术"，等等。

4. "学"就是学习

学习是增加潜能基本储量及促使潜能发挥的最佳方法。知识丰富必然联想丰富，而智力水平正是取决于神经元之间信息连接的面和信息量。

在认识了你的潜能之后，你就必须去开发、挖掘你的潜能。只要你对自己有足够的信心，那么你就能够将这种潜能发挥到极致。

你的内心包含着巨大的潜能，它有着无限的力量。你必须唤醒心中这个酣睡的巨人，因为它比阿拉丁神灯的所有神灵更为有力——那些神灵都是虚构的，而你的潜能是真实的。

【每日一点】

其实，自我设限远远没有你想象的那样恐怖，更不是牢不可破的。只要你摒弃固有的想法，尝试着重新开始，你便会对以前的忧虑和消极的态度报以自嘲。

废除无谓的执着

执着是一种很好的品质，但有的时候并不一定是好事。无论是做人，还是做事，都要学会创新。因为，只有创新才会找到方法，才会获得一条捷径。

创新，就是以变化自己为途径，通向成功。哲学家讲："你改变不了过去，但你可以改变现在；你想要改变环境，就必须改变自己。"

种子落在土里长成树苗后最好不要轻易移动，一动就很难成活。而人就不同了，人有脑子，遇到了问题可以灵活地处理，用这个方法不成就换一个方法，总有一个方法是对的。做人做事要学会创新，不能太死板，要具体问题具体分析。前面已经是悬崖了，难道你还要跳下去吗？不要被经验束缚了头脑，要冲出惯性思维的樊篱。执着很重要，但盲目的执着是不可取的。

俗话说："变则通，通则久！"所以在生活中，人应该学着变通，不能死钻牛角尖，此路不通就换条路，千万不能一条路走到黑，生活不是一成不变的，人也应该求新求变。

记载商鞅思想言论的《商君书》中有一段名言，大意是："聪明的人创造法度，而愚昧的人受法度的制裁；贤人改革礼制，而庸人受礼制的约束。"圣人创造"规矩"，开创未来，常人遵从"规矩"，重复历史。为什么孔子是圣人，而他的三千弟子不是？原因就在于思想是否解放，是否敢于创新，敢于自主地、实事求是地思考分析问题。

许多成功人士一生不败，关键就在于用了为人处世的创新之道，进退之时，俯仰之间，都超人一等，让他人暗自佩服，以之为师。

学会为人处世的创新之道不是"空头支票"，而是决定你能否从人群中脱颖而出的第一关键；凡不知为人处世的创新之道者，一定会在许多重要时刻碰得头破血流，跌入失败之境地。

学会创新，是做人做事之诀窍。尤其是当你身处困境之时，灵活创新的能力能为你带来成功的机会。

在生活和工作中，当我们遇到障碍，经过努力仍然没有进展的时候，就要想想是不是可以从其他角度来解决这一问题。换个角度去思考问题，往往能将你带到一个柳暗花明的新境界。在面对问题时，不能只是盲目的执着，也不能只从问题的直观角度去思考，要不断挖掘自己的潜力，从不同的角度寻找解决问题的办法，这样往往就会使问题出现新的转机。

下面的这个故事就阐释了这个道理。

杨亮是一家大公司的高级主管，他面临一个两难的境地。一方面，他非常喜欢自己的工作，也很喜欢工作带来的丰厚薪水——他的位置使他的薪水只增不减。但是，另一方面，他非常讨厌他的上司，经过多年的忍受，他发觉已经到了忍无可忍的地步了。在经过慎重思考之后，他决定去猎头公司重新谋求一个别的公司高级主管的职位。猎头公司告诉他，以他的条件，再找一个类似的职位并不费劲。

回到家中，杨亮把这一切告诉了他的妻子。他的妻子是一个教师，那天刚刚教学生如何重新界定问题，也就是把你正在面对的问题换一个角度考虑，把正在面对的问题完全颠倒过来看——不仅要跟你以往看这问题的角度不同，也要和其他人看这问题的角度不同。她把上课的内容讲给了杨亮听，杨亮听了妻子的话后，一个大胆的主意在他脑中浮现了。

第二天，他又来到猎头公司，这次他是请猎头公司替他的上司找工作。不久，杨亮的上司接到了猎头公司打来的电话，请他去别的公司高就，尽管他完全不知道这是他的下属和猎头公司共同努力的结果，但正好这位上司对于自己现在的工作也厌倦了，所以没有考虑多久，他就接受了这份新工作。

这件事最奇妙的地方，就在于上司接受了新的工作，结果他目前的位置就空出来了。杨亮申请了这个位置，于是他就坐上了以前他上司的位置。

在这个故事中，杨亮本意是想替自己找份新工作，以躲开令自己讨厌的上司。但他的妻子让他懂得了如何从不同的角度考虑问题，结果，他不仅仍然干着自己喜欢的工作，而且摆脱了令自己无法忍受的上司，还得到了意外的升迁。

作为有理想、有抱负的现代人，我们应努力培养自己突破创新的能力。这就需要我们在平常的工作生活中，不断收集各种信息，对于身边发生的一切事情，都必须从不同的角度去思考，发掘一切机会，这样才有可能在自己的工作和事业上开创出一片新的局面。

俗话说："穷则变，变则通。"当某路走不通时，不要再一味"坚持"，而要变换思路，换个角度去思考。这个世界上，没有什么东西是永远静止不前的，我们的思维要学会创新，才能跟上时代的步伐。

【每日一点】

在面对问题时，不能只是盲目的执着，也不能只从问题的直观角度去思考，要不断挖掘自己的潜力，从不同的角度寻找解决问题的办法，这样往往就会使问题出现新的转机。

摆脱思维定式

在创新思维活动的过程中，打破常规思维的惯性，是大脑思维必不可少的一项环节。有时，只要对问题改变一下设想，调整一下进入角度，解决问题的思路就会不期而至。

思维定式即常规思维的惯性，它是一种人人皆有的思维状态。当它在支配常态生活时，还似乎有某种"习惯成自然"的便利，所以它对于人的思维也有好的一面。但是，当面对创新的事物时，如若仍受其约束，就会形成对创造力的障碍。

大象能用鼻子轻松地将一吨重的物体抬起来，但我们在看马戏表演时却发现，这么巨大的动物，却安静地被拴在一个小木桩上。

因为它们自幼小无力时开始，就被沉重的铁链拴在无法动的铁桩上，当时不管它用多大的力气去拉，这铁桩对幼象而言，是太沉重的东西，当然动也动不了。不久，幼象长大，力气也增加，但只要身边有桩，它总是不敢妄动。

这就是思维定式。长大后的象，可以轻易将铁链拉断，但因幼时的经验一直留存至长大，所以它习惯地认为"绝对拉不断"，所以不再去拉扯。人类也是如此，虽被赋予称为"头脑"（无限能力）的最强大的武器，但因自以为是而不用武器，于是徒然浪费"宝物"。由此可知，不只是动物，人类也因未排除"固定观念"的偏差想法，而只能以常识性、否定性的眼光来看事物，自以为是地认为"我没有那样的才能"，终于白白浪费掉大好良机。除了这种静止地看待自己的形而上学的错误，用僵化和固定的观点认识外界的事物，有时也会带来危害。比如，通常我们都知道，海水是不能饮用的，可是如果抱定了这种观念，而不去尝试一下，也可能会犯下错误。

一次，一艘远洋海轮不幸触礁，沉没在汪洋大海里，幸存下来的9位船员拼死登上一座孤岛，才得以幸存下来。

但接下来的情形更加糟糕，岛上除了石头，还是石头，没有任何可以用来充饥的东西。更为要命的是，在烈日的暴晒下，每个人口渴得冒烟，水成为最珍贵的东西。

尽管四周是水——海水，可谁都知道，海水又苦又涩又咸，根本不能用来解渴。现在9个人唯一的生存希望是老天爷下雨或别的过往船只发现他们。

但是，没有任何下雨的迹象，天际除了海水还是一望无边的海水，没有任何船只经过这个死一般寂静的岛。渐渐地，他们支撑不下去了。

8个船员相继渴死，当最后一位船员快要渴死的时候，他实在忍受不住地扑进海水里，"咕嘟咕嘟"地喝了一肚子海水。船员喝完海水，一点儿也觉不出海水的苦涩味，相反觉得这海水非常甘甜，非常解渴。他想：也许这是自己渴死前的幻觉吧，便静静地躺在岛上，等着死神的降临。

他睡了一觉，醒来后发现自己还活着，船员非常奇怪，于是他每天靠喝这岛边的海水度日，终于等来了救援的船只。

后来人们化验这海水发现，由于有地下泉水的不断翻涌，所以，这里的海水实际上是可口的泉水。

习以为常、耳熟能详、理所当然的事物充斥着我们的生活，使我们逐渐失去了对事物的热情和新鲜感。经验成了我们判断事物的唯一标准，存在的当然变成了合理。随着知识的积累、经验的丰富，我们变得越来越循规蹈矩，越来越老成持重，于是创造力丧失了，想象力萎缩了，思维定式已经成为人类超越自我的一大障碍。

标新立异者常常能突破自己的思维定式，反常用计，在"奇"字上下功夫，拿出出奇的经营招数，赢得出奇的效果。

亨利·兰德平日非常喜欢为女儿拍照，而每一次女儿都想立刻得到父亲为她拍摄的照片。于是有一次他就告诉女儿，照片必须全部拍完，等底片卷回，从照相机里拿下来后，再送到暗房用特殊的药品显影。而且，在副片完成之后，还要照射强光使之映在别的像纸上面，同时必须再经过药品处理，一张照片才告完成。兰德在向女儿做说明的同时，内心却问自己："等等，难道没有可能制造出'同时显影'的照相机吗？"对摄影稍有常识的人，在听了他的想法后都异口同声地说："哪儿会有可能。"并列举一打以上的理由说："简直是一个异想天开的梦。"但兰德却没有因此而退缩，以此为契机，兰德不畏艰难地研制出了"拍立得相机"。这种相机的作用完全依照女儿的希望，因而，兰德企业就此诞生了。

老观念不一定对，新想法不一定错，只要突破思维定式，你也会像兰德一样成功。

当你陷于惯性思维中时，除不质疑让自己改变的能力外，你必须质疑一切。解决惯性思维问题的方案有 3 个步骤，即发现、确信、改正。

1. 发现惯性思维

你可能会在很晚的时候才发现你在进行惯性思维。当你在进行自己的创作时，也许你每天都念叨着自己的小说，每天都写作，一年后，你却发现有 400 页不知所云。你必须养成习惯，经常回顾自己所做的努力，看看自己已经做了什么，以及你将要做什么，并以此来确定你仍然在沿着正确的方向前进，而不是误入歧途。

2. 承认在进行惯性思维

这一条做起来就比说出来难得多了。这需要承认你已经犯下了一个错误，但人们经常不愿意这样做。想一想你最近一次对某个问题思考得殚精竭虑的状况吧。你是否回头看看并承认了这个事实？你是否停了下来，等待情况改天出现好转？或者你是不是在不好的创意产生后，另外想出一个好的办法，试图让时间和单纯的努力得到回报？这种事情很难做到，并且具有讽刺性：你越是规矩死板，那么你想阻止自己的损失、停止愚蠢做法的可能性就越小，结果你所做的一切，不过是让你在思维的牛角尖里钻入得更深而已。

3. 从惯性思维中走出来

一位美国学者说，一个普通的读完大学的学生，将经受 2600 次测试、测验和考试，于是寻求"标准答案"的想法在他的思想中变得根深蒂固。对某些数学问题而言，这或许是好的，因为那儿确实只有一个正确的答案。困难在于，生活中的大部分问题不是这样的。生活是模棱两可的，有很多正确的答案。如果你认为只有一个正确答案，那么当你找到一个时，你就会停止寻找。如果一个人在学校里一直受这种"唯一标准答案"的教育，那么长大毕业后进入工作单位时，当别人告诉他说"请你发明一种新的产品"，或者"请你开拓新的市场"，他将如何应付呢？这突然而来的"发挥创造力，搞创造性的东西"，在学校里根本没有人教过，他怎么会知道呢？当然就只能束手无策、面红耳赤地说不出话来了。

富有创造力的人必然懂得，要变得更有创造力，一开始就得发现众多可能性。每一种可能性都有成功的希望。有些习惯和行为有助于创造力发挥作用，有些则会严重破坏创造力。寻找唯一的答案就会遇到阻力，而寻找多种可能性则会推动创造力的行动。

【每日一点】

随着知识的积累、经验的丰富，我们变得越来越循规蹈矩，越来越老成持重，于是创造力丧失了，想象力萎缩了，思维定式已经成为人类超越自我的一大障碍。

甩掉"金科玉律"的束缚

我们从小就会被教导不能做这，不能做那，久而久之就形成了一种固定的观念。这些观念成为了我们行走社会的"金科玉律"，它们让我们少受挫折的同时，也常常阻碍着我们去开拓新的人生格局。这些观念禁锢着我们的大脑，侵蚀着我们的潜能。因此，要改变命运，我们就得先从改变观念开始。

大家都记得这句金科玉律："想要别人怎样对待你，就先怎样对待别人。"这可能是一句大家从小就学到，且会拿来教导孩子的至理名言。

遗憾的是，若把这句名言应用到组织问题上，问题可就大了。

这句金科玉律的假定是，你喜欢的对待方式会跟其他人喜欢的对待方式一样。这就是"先怎样对待别人"的立论。把这种观点应用在解决组织问题时，就等于是说在协调冲突、决策和收集信息上，你会跟大家的看法一致。

很多人把这句名言当成个人生活的策略。我们也这样处理周遭发生的事。但把这句名言当成策略，很可能会陷入本位主义的泥潭。因为这句名言假定，自己的看法就是他人的看法。因此，自己所想的，就是适当、正确的。如果你就是在这种金科玉律教导下长大的，难免会养成这种思考逻辑。不过，如果你以不同的观点思考，就能开启许多前所未有的成功之门。

我们被自己对世界的偏见所蒙蔽，看不到个人见解的可笑和荒谬。这种狭隘的观念，直接影响了我们在处理变革引发的差异时，采取的决策和行动。

如果你认为所有看待事情的观点是绝不相同的，那在处理变革差异的冲突及协商决策时，会相当危险。尤其在一意孤行地盲从自己的观点，不考虑他人时，情况便会更危险。

要真正有效处理变革所引起的差异，就得具备求同存异的能力，适时从别人的观点和立场来看事情。要这么做就必须把先前的金科玉律改变一下，换成新版的："以别人想被对待的方式对待他们。"其实，只要观念上稍微调整一下，变革的成效就有天壤之别的。

在我们生活的世界中，存在着各种各样的"应该""必须"等条条框框，它们编织了一个很大的误区，将现实生活中的人们网罗其中，而我们很多人往往习以为常、不假思索地照"章"行事。

我们每个人都生活在一个社会群体中，因此，我们不可能是一个完全孤立的个体，我们的思想和行为可能时时受到世俗的约束与制约。对于这些规则和方针，你也许不以为然，但同时又无法摆脱束缚，无法确定自己应该遵循哪些适用的规则和方针。

任何事物都不是绝对的。任何规则或法律都不能保证在各种场合均能适用，或取得最佳效果。相比之下，具体情况具体分析的原则应成为我们生活和行事的准则。然而，你可能会发现，违反一条不适用的规定或打破一种荒谬的传统却很困难，甚至不可能。顺应社会潮流有时的确不失为一种生存的手段，然而如果走向极端，这也会成为一种神经过敏症。在某些情况下，按条条框框办事甚至会使你情绪低落、忧心忡忡。

林肯曾经说过："我从来不为自己确定永远适用的政策。我只是在每一具体时刻争取做最合乎情理的事情。"他没有使自己成为某项具体政策的奴隶，即使对于普遍性政策，他也并不强求在各种情况下都加以实施。

如果一种规定或规矩妨碍着人们的精神健康，阻碍着人们去积极生活，它就是不健康的。如果你知道这种规矩是消极而令人讨厌的，而你又一直遵守规矩，那你就陷入了人生的另一种误区——你放弃了自我选择的自由，让外界因素控制了自己。生活中有两种类型的人，即外界控制型与内在控制型。认真分析一下自己属于哪种类型，这将有助于你进一步审视自己生活中的大量误区性条条框框。

杰克是一位公司员工，他经常与妻子在家争吵，以至于发生婚姻危机。后来，他找到一位心理咨询专家，听了杰克的诉说后，专家给他提出了一条建议："不要总是试图向你妻子表明她错了，你不妨只同她讨论而不去辩明谁对谁错。只要你不再强求她接受你的意见，你也就不必自寻烦恼，不必为证实自己是正确的而无休止地争吵了。"后来，杰克试着做了，果然很奏效。一旦遇到相反的观点和看法，他不再与妻子争论不休，要么与之讨论，要么回避不谈。一段时间以后，夫妻关系明显得到了改善。

其实，各种是非观念都代表着一种"应该"框框。这些条条框框会妨碍你，当你的条条框框与他人发生冲突时，尤其如此。在我们的生活中不乏一些优柔寡断之人，他们无论大事还是小事都难以做出决定。究其原因，人们之所以优柔寡断，因为他们总希望做出正确的选择，他们以为通过推迟选择便可以避免犯错误，从而避免忧虑。有一位患者去求助心理医生，当医生问他是否很难做出决定时，他回答道："嗯……这很难说。"

你或许觉得自己在很多事情上也难以做出决定，甚至在小事上也是如此。这是习惯于以是非标准衡量事物的直接后果。如果当你要做出某些决定时，能抛开一些僵化的是非观念，而不顾忌什么是是非非，你将轻而易举地做出自己的决定。如果你在报考大学时竭力要做出正确的选择，则很可能不知所措，即使做出决定后，也还会担心自己的选择可能是错误的。因此，你可以这样改变自己的思维方法："所谓最好、最合适的大学是不存在的，每一所大学都有其利与弊。"这种选择谈不上对与错，仅仅是各有不同而已。

衡量是否更适合生活的标准并不在于能否做出正确的选择。你在做出选择之后，控制情感的能力则更为明确地反映出自我抑制能力，因为一种所谓正确的标准包含着我们前面谈到的"条条框框"，而你应当努力打破这些条条框框。这里提出的新的思维方法将在两个方面对你有所帮助：一方面，你将完全摆脱那些毫无意义的"应该"标准；另一方面，在消除了是非观念误区之后，你便能够更加果断地做出各种决定。

生活是不断变化的，观念也要不断地更新。无数的事实告诉我们，成功的喜悦总是属于那些思路常新、不落俗套的人。因此，想别人所不敢想，做别人所不敢做，往往会为我们创造意想不到的机遇。

【每日一点】

在我们生活的世界中，存在着各种各样的"应该""必须"等条条框框，它们编织了一个很大的误区，将现实生活中的人们网罗其中，而我们很多人往往习以为常、不假思索地照"章"行事。

摧毁专家们的旧图画

生活中有很多权威和偶像，他们会禁锢你的头脑，束缚你的手脚。如果盲目地附和众议，就会丧失独立思考的习性；如果无原则地屈从他人，就会被剥夺自主行动的能力。

任何知识都是相对的，它们具有先进性，也有自己的局限性。有些人虽然知识不多，但初生牛犊不怕虎，思想活跃，敢于奋力拼搏，反而增加了成功的希望。权威人士常因为头脑中有了定型的见解和习惯，甚至是自己苦心研究得到的有效成果，因而紧紧抱住不放，遇到同类事项总是以习惯为标准去衡量，而不愿去思考别人的意见，哪怕是更好更有效的办法。结果，曾经先进过的东西或习惯有时反而会成为创新的障碍。

将一杯冷水和一杯热水同时放入冰箱的冷冻室里，哪一杯水先结冰？很多人都会毫不犹豫地回答："当然是冷水先结冰了！"非常遗憾，错了。发现这一错误的是一个非洲中学生姆佩姆巴。

1963 年的一天，坦桑尼亚的马干马中学初三学生姆佩姆巴发现，自己放在电冰箱冷冻室的热牛奶比其他同学的冷牛奶先结冰。这令他大惑不解，并立刻跑去请教老师。老师则认为，肯定是姆佩姆巴搞错了。姆佩姆巴只好再做一次试验，结果与上次完全相同。

不久，达累斯萨拉姆大学物理系主任奥斯玻恩博士来到马干马中学。姆佩姆巴向奥斯玻恩博士提出了自己的疑问，后来奥斯玻恩博士把姆佩姆巴的发现列为大学二年级物理课外研究课题。随后，许多新闻媒体把这个非洲中学生发现的物理现象，称为"姆佩姆巴效应"。

很多人认为是正确的，并不一定就真的正确。像姆佩姆巴碰到的这个似乎是常识性的问题，我们稍不小心，便会像那位老师一样，做出自以为是的错误结论。

著名的实用主义哲学家威廉·詹姆斯，曾经谈过那些从来没有发现他们自己的人。他说一般人只发展了 10% 的潜在能力。"他具有各种各样的能力，却习惯性地不懂得怎么去利用。"

告诉自己：你是独一无二的，你是最棒的，做最独特、最棒的自己才是我们的选择。

洛威尔说：“茫茫尘世、芸芸众生，每个人必然都会有一份适合他的工作。”

在个人成功的经验之中，保持自我的本色及以自身的创造性去赢得一个新天地，是最有意义的。

权威的意见固然有他的缘由所在，然而权威只能作为我们人生的参考，却不能取代我们对于自己人生的独立思考。权威可能今天是权威，不代表永远是权威。更何况，权威有很多，你是听信哪个呢？权威不代表真理！如果你多问几句，这是真的吗？如果你改变一下，这次不这样做，结果会是怎样？如果你说不，又会是怎样？不要害怕自己的决定会是错的，因为权威们也不知道真正的事实到底是什么，他们也是以自己的经验做判断。相信自己的决断是正确的，你也实现了自我突破。自我突破走出自己的一条路，是面对权威做出的正确选择，也是实现自我价值的出路所在。

著名物理学家杨振宁谈到科学家的胆魄时曾说：“当你老了，你会变得越来越习惯于舒服……因为一旦有了新想法，马上会想到一大堆永无休止的争论。而当你年轻力壮的时候，却可以到处寻找新的观念，大胆地面对挑战。”为什么有些大人物成名之后辉煌难再？其重要原因之一恐怕就在这里。反对研制飞机的那些科学大师们就是这样。因此，我们应该不向习惯低头，敢于挑战权威。

【每日一点】

权威的意见固然有他的缘由所在，然而权威只能作为我们人生的参考，却不能取代我们对于自己人生的独立思考。权威可能今天是权威，不代表永远是权威。

不断创新，成功就会降临

一个没有创新能力的人是可悲的人，一个没有创新意识的人是缺少希望的人。一个人若想改变当前的境遇，必须不断创新。只有锐意创新，成功才会降临到你头上。

日本有一家高脑力公司。公司上层发现员工一个个萎靡不振，面色憔悴。经咨询多方专家后，他们采纳了一个最简单而别致的治疗方法——在公司后院中用圆滑光润的800个小石子铺成一条石子小道。每天上午和下午分别抽出15分钟时间，让员工脱掉鞋在石子小道上随意行走散步。起初，员工们觉得很好笑，更有许多人觉得在众人面前赤足很难为情，但时间一久，人们便发现了它的好处，原来这是极具医学原理的物理疗法，起到了一种按摩的作用。

一个年轻人看了这则故事，便开始着手他火红的生意。他请专业人士指点，选取了一种略带弹性的塑胶垫，将其截成长方形，然后带着它回到老家。老家的小河滩上全是光洁漂亮的小石子。在石料厂将这些拣选好的小石子一分为二，一粒粒稀疏有致地粘满胶垫，干透后，他先上去反复试验感觉，反复修改了好几次后，确定了样品，然后就在家乡批量生产。后来，他又把它们分为好几个规格，产品一生产出来，他便尽快将产品鉴定书等手续一应办齐，然后在一周之内就把能代销的商店全部上了货。将产品送进商店只完成了销售工作的一半，另一半则是要把这些产品送进顾客手里。随后的半个月内，他每天都派人去做免费推介员。商店的代销稳定后，他又开拓了一项上门服务：为大型公司在后院中铺设石子小道；为幼儿园、小学在操场边铺设石子乐园；为家庭装铺室内石子过道、石子浴室地板、石子健身阳台等。一块本不起眼的地方，一经装饰便成了一块小小的乐园。

紧接着，他将单一的石子变换为多种多样的材料，如七彩的塑料、珍贵的玉石，以满足不同人士的需要。

800 粒小石子就此铺就了一个人的成功之路。

不要担心自己没有创新能力，慧能和尚说："下下人有上上智。"创新能力与其他能力一样，是可以通过教育、训练而激发出来并在实践中不断得到提高的。它是人类共有的可开发的财富，是取之不尽、用之不竭的"能源"，并非为哪个人、哪个民族、哪个国家所专有。

因此，人人都能创新。

你现在需要做的就是不断激发自己的创新能力，多一些想法，多一些创造。那么成功迟早会来临。

培育创新能力要克服创新障碍，更要懂得方法。该如何培育创新能力呢？下面的 4 个步骤将给你提供帮助。

1.全面深入地探讨创新环境

创新不是在真空中产生，而是来自艰苦的工作、学习和实践。如果你正为一项工作绞尽脑汁，想在这个具体的问题上有所建树，那么，你需要全身心地投入到这项工作中，对其关键的问题和环节做深入的了解，对这项工作进行批判的思考，通过与他人讨论来搜集各种各样的观点，思考你自己在这个领域的经验。总之，要全面深入地探讨创新环境，为创新准备"土壤"。

2. 让脑力资源处于最佳状态

在对创新环境有了全面的认识之后，就可以把你的精力投入到手头的工作上来了。要为你的工作专门腾出一些时间，这样你就能不受干扰,专注于你的工作了。当人们专注于创新的这个阶段时，他们一般就完全意识不到发生在他们周围的事，也没有了时间的概念。当你的思维处于这种最理想的状态时，你就会竭尽全力地做好你的工作，挖掘以前尚未开发的脑力资源——一种深入的、"大脑处于最佳工作状态"的创新思路。

让脑力资源处于最佳状态，对于"思想做好准备"是很必要的，我们可以通过以下几种方式来做到让脑力资源处于最佳状态：

（1）调节。当我们进入教堂，我们就会使自己适应这里的气氛，表现出专注和认真，你可以用同样的方式来调节你在学习环境中的注意力，在选择学习环境时，要考虑到它是否有利于你专心。

（2）心理习惯。每个人都具有大量的习惯性的行为，有的行为是积极的，有的则是消极的，大多数则居于两者之间。学习需要全身心地集中和投入，这意味着你要改掉影响全身心投入的坏习惯，如同时总想做好几件事，或用有限的时间去完成很重要的任务。同时，要使脑力资源处于最佳状态，还包括要养成新的心理习惯：找一个合适的地方，调配足够的时间，以及进行认真的和有创意的思考。这些新的习惯可能需要你付出更大的努力，耗费更大的心血，但是，这些行为很快就会成为你自然的和本能的一部分。

（3）冥想。大脑充斥着思想、感情、记忆、计划——所有这一切都在竞争，想引起你的注意。在你整日沉浸于来自方方面面的刺激，需要从身心上做出反应时，这种大脑"吵架"的现象更为严重。为了专注于从事创新，你需要净化和清理你的大脑。做到这一点的一个有效的方法就是做冥想练习。

3. 运用技巧促使新思维产生

创新的思考要求你的大脑松弛下来，在不同的事情之间寻找联系，从而产生不同寻常的可能性。为了把自己调整到创新的状态上来，你必须从你熟悉的思考模式，以及对某事的固定成见中摆脱出来。为了用新的观点看问题，你必须能打破看问题的习惯方式。为了避免习惯的束缚，你可以用以下几种技巧来活跃你的思维。

（1）群策攻关法。群策攻关法是艾利克斯·奥斯伯恩于1963年提出的一种方法：与他人一起工作从而产生独特的思想，并创造性地解决问题。在一个典型的群策攻关期间，一般是一组人在一起工作，在一个特定的时间内提出尽可能多的思想。提出了思想和观点以后，并不对它们进行判断和评价，因为这样做会抑制思想自由地流动，阻碍人们提出建议。批判的评价可推迟到后一个阶段。应鼓励人们在创造性地思考时，善于借鉴他人的观点，因为创造性的观点往往是多种思想交互作用的结果。你也可以通过运用你思想无意识的流动，以及你大脑自然的联想力，来迸发出你自己的思想火花。

（2）创造"大脑图"。"大脑图"是一个具有多种用途的工具，它既可用来提出观点，也可用来表示不同观点之间的多种联系。你可以这样来开始你的"大脑图"：在一张纸的中间写下你主要的专题，然后记录下所有你能够与这个专题有联系的观点，并用连线把它们连起来。让你的大脑自由地运转，跟随这种建立联系的活动。你应该尽可能快地思考，不要担心次序或结构，让其自然地呈现出结构，要反映出你的大脑自然地建立联系和组织信息的方式。一旦完成了这个过程，你能够很容易地在新的信息和你不断加深理解的基础上，修改其结构或组织。

4.留出充裕的酝酿时间

把精力专注于你的工作任务之后，创新的下一个阶段就是停止你的工作，为创新思想留出酝酿时间。虽然你的大脑已经停止了积极的活动，但是，你的大脑仍在继续运转——处理信息，使信息条理化，最终产生创新的思想和办法。这个过程就是大家都知道的"酝酿成熟"的阶段，因为它反映了创新思维的诞生过程。当你在从事你的工作时，你从事创新的大脑仍在运转着，直到豁然开朗的那一刻，酝酿成熟的思想最终会喷薄而出，出现在你大脑意识层的表面上。最常见的情况是这样的，当参加一些与某项工作完全无关的活动时，这个豁然开朗的时刻常常会来临。

创新并不神秘，但它的力量却异常的强大和神奇。为了在现代竞争中占据一席之地，不断地创新是唯一的出路。

【每日一点】

一个没有创新能力的人是可悲的人，一个没有创新意识的人是缺少希望的人。一个人若想改变当前的境遇，必须不断创新。只有锐意创新,成功才会降临到你头上。

换一个角度，换一片天地

有时候，人只要稍微改变一下思路，人生的前景、工作的效率就会大为改观。

当人们遇到挫折的时候，往往会这样鼓励自己："坚持就是胜利。"有时候，这会让我们陷入一种误区：一意孤行，不撞南墙不回头。因此，当我们的努力迟迟得不到结果的时候，就要学会放弃，要学会改变一下思路。其实细想一下，适时地放弃不也是人生的一种大智慧吗？改变一下方向又有什么难的呢？

一位中国商人在谈到卖豆子时，显示出了一种了不起的激情和智慧。

他说：如果豆子卖得动，直接赚钱好了。如果豆子滞销，分三种办法处理：

第一，将豆干沤成豆瓣，卖豆瓣。

如果豆瓣卖不动，腌了，卖豆豉；如果豆豉还卖不动，加水发酵，改卖酱油。

第二，将豆子做成豆腐，卖豆腐。

如果豆腐不小心做硬了，改卖豆腐干；如果豆腐不小心做稀了，改卖豆腐花；如果实在太稀了，改卖豆浆。如果豆腐卖不动，放几天，改卖臭豆腐；如果还卖不动，让它长毛彻底腐烂后，改卖腐乳。

第三，让豆子发芽，改卖豆芽。

如果豆芽还滞销，再让它长大点，改卖豆苗；如果豆苗还卖不动，再让它长大点，干脆当盆栽卖，命名为"豆蔻年华"，到城市里的各间大中小学门口摆摊和到白领公寓区开产品发布会，记住这次卖的是文化而非食品。如果还卖不动，建议拿到适当的闹市区进行一次行为艺术创作，题目是"豆蔻年华的枯萎"，记住以旁观者身份给各个报社写个报道，如成功可用豆子的代价迅速成为行为艺术家，并完成另一种意义上的资本回收，同时还可以拿点报道稿费。如果行为艺术没人看，报道稿费也拿不到，赶紧找块地，把豆苗种下去，灌溉施肥，3个月后，收成豆子，再拿去卖。

如上所述，循环一次。经过若干次循环，即使没赚到钱，豆子的囤积相信不成问题，那时候，想卖豆子就卖豆子，想做豆腐就做豆腐！

换个思路，换个角度，变通一下，总会有新的方向和市场。一条路走到黑只会是头破血流，不妨绕道而行，自己的状况也会取得突破。

对于每个人来说，思维定式使头脑忽略了定式之外的事物和观念。而根据社会学、心理学和脑科学的研究成果来看，思维定式似乎是难以避免的。不过经实验证明，人类通过科学的训练还是能够从一定程度上削弱思维定式的强度的，那么，这种训练方法是什么呢？答案是：尽可能多地增加头脑中的思维视角，拓展思维的空间。

美国创造学家奥斯本是"头脑风暴法"的发明人。为了促进人们大胆进行创造性想象、提出更多的创造性设想，奥斯本提出著名的思想原则，以激励人们形成"激烈涌现、自由奔放"的创造性风格。

1. 自由畅想原则

指思维不受限制，已有的知识、规则、常识等种种限定都要打破，使思维自由驰骋。破除常规，使心灵保持自由的状态，对于创造性想象是至关重要的。

例如，从事机械行业的人习惯于用车床切割金属。在车床上直接切割部件的是车刀，它当然要比被切割的金属坚硬。那么，切割世界上已知最硬的东西该怎么办呢？显然无法制出更硬的车刀，于是，善于进行自由畅想的技师发明了电焊切割技术。

2. 延迟评判原则

指在创造性设想阶段，避免任何打断创造性构思过程的判断和评价。日本一家企业的管理者在给下属布置任务时指出：只要是有关业务的合理性建议，一律欢迎，不管多么可笑，想说就说出来。但他强调，绝不允许批评别人的建议。虽然开始大家有些拘谨，但后来气氛越来越活跃。结果，征集到了100多条合理性建议，企业的发展因此出现了大幅度的飞跃。

3. 数量保障质量原则

指在有限的时间内，提出一定的数量要求，会给设想的人造成心理上的适当压力，往往会减少因为评判、害怕而造成的分心，提出更多的创造性设想。在实践中，奥斯本发现，创造性设想提的越多，有价值的、独特的创造性设想也越多，创造性设想的数量与创造性设想的质量之间是有联系的。数量保障质量原则就是利用了这一规律。

4. 综合完善原则

指对于提出的大量的不完善的创造性设想，要进行综合和进一步加工完善的工作，以使创造性设想更加完善和能够实施。

奥斯本的四项原则，虽然是用于小组创造活动的，但是，这四条原则保障创造性设想过程能够顺利进行，因此，对于个人进行创造性思维启发是巨大的。

要解决一切困难是一个美丽的梦想，但任何一个困难都是可以解决的。一个问题就是一个矛盾的存在，只要在矛盾之中，尝试着拓展思路去看问题，寻找到一个合适的矛盾介点，就可以迎来一个柳暗花明的新局面。

【每日一点】

有一位哲人曾经说过："我们的痛苦不是问题的本身带来的，而是我们对这些问题的看法而产生的。"这句话很经典，它引导我们学会解脱，而解脱的最好方式是面对不同的情况，用不同的思路去多角度地分析问题。因为事物都是多面性的，视角不同，所得的结果就不同。

善于打破游戏规则

研究行销管理的专家们曾经提出过一个观点：竞争会造成限制。这个意思是说，传统上一般人习惯用"硬碰硬"的方式与人正面竞争，但是这种短兵相接的方式并不见得是最有效的制胜之道。因为当你正面去竞争的时候，等于你完全认同这个游戏，并愿意遵守某些固定的规则与观念，你的思想就会受制于某一个框框，反而阻碍你发挥自己的创造力。

绝大多数人宁愿相信，遵守既定规则是非常重要的概念，否则，如果人人都想打破规矩，岂不是天下大乱？然而，管理专家强调，这只是一种鼓励突破思考的方法，让你更精确、有效地达到目标。换句话说："要打破的是规则，而不是法律。"

通常情况下，具有突破性思维的人，他们和行业规则格格不入，对每件事都产生质疑，不喜欢墨守成规，偏爱自由闯荡。

专门从事运动心理学研究的美国斯坦福大学教授罗伯特·克利杰在他的著作《改变游戏规则》中指出："在运动场上，很多运动选手创造的佳绩，都是因为打破了传统的比赛方法。"杰出的运动选手普遍具有这种"改变游戏规则"的特征。

根据罗伯特·克利杰的结论：突破思考是一种心态，可以鼓励人不断学习，不停地创造。所以，如果你想改变习惯，尝试新的挑战，那就突破规则，改变游戏方法吧！

所谓改变游戏规则，就是要掌握主控权。要改变规则不难，关键在于有没有求变的决心。一般人遇到没有把握的状况常常会犹豫，所以说人最大的敌人是自己。通常情况下，你决定"变"还是"不变"的标准是，如果你从以前的经验中找不到任何成功的例子，你就做最坏的打算——可以赔多少？只要赔得起你就做，更何况你可能会赢。

是否求变，还有一个规则：愈是有许多人说不，就愈该改变。在 1993 年美国大选中，克林顿曾经说过一句话："我们要改变游戏规则！"而老布什总统却说："我有丰富的经验！"也许老布什落选的一个重要原因是输在"往后看"，而不是"向前看"。

这个世界里充满了那些追随者、依附者、模仿者，他们喜欢遵循旧的轨道，喜欢以他人之思想为思想。但是社会所需要的却是那些有创新精神的人，能够抛弃走熟了的途径，而闯入新天地的人——那些离开了先例旧方而医治病人的医师，那些用别出心裁的方法办理讼案的律师，那些把新的理想、新的方法带进教室的教师，等等。

不要害怕你自己成为"创始人"。不仅仅要做一个人，还要做一个新的人，独立的人，不要老想仿效你的祖父、你的父亲、你的邻居。要知道，没有人能够因仿效他人而得到成功。成功是不能从抄袭、模仿中得来的。成功是个人的创造，是由创始的力量所造成的，所以我们要勇于去做成功路上的创始者。

日本的"经营之神"松下幸之助，就是这样一位富有智慧、善于洞察未来的成功人物，每当人们问及他成功的秘诀时，他总是淡淡一笑，说："靠的是比别人稍微走得快了一点。"1917 年，松下幸之助在确立自己事业的方向上，靠的就是在自己智慧基础上形成强烈的超前意识。严格地讲，松下幸之助能同电器结下不解之缘并没有内在的必然联系。他的祖上经营土地，父亲从事米行，而他进入社会首先是涉足商业，所有这些都与电器制造业相隔甚远，况且有关电的行业在当时是凤毛麟角。然而，松下深信电作为一种新式能源，在给人类带来方便的同时，也会带来更多的需求。灿烂的电气时代如同电灯一样将会照亮人类生活的每个角落，因此，投身电器制造，也一定会前途灿烂。尽管在创业伊始，他就受到挫折和打击。然而，这种超前意识使松下有了坚强的信念和必胜的信心。正是由于"稍微走得快了一点"，"松下电器"从无到有，从小变大。

第二次世界大战结束后，世界又恢复了新的和平。遭受战争创伤的人民，在新的和平环境里又重新燃起生活和工作的热情。松下幸之助看到"新文明"将带来世界性的家电热。对于"松下电器"，既是一次发展壮大难得的机会，也是一次艰巨而又严峻的挑战。松下幸之助正是凭借着"稍微走得快了一点"，大刀阔斧地进行机构调整和技术改革，从而使"松下电器"得到了前所未有的发展。

20 世纪 50 年代，松下幸之助第一次访问美国和西欧时发现：欧美强大的生产主要基于民主的体制和现代的科技，尽管日本在上述方面还相当落后，然而这一趋势将是历史的必然。松下幸之助正是把握住了这一超前趋势，在日本产业界率先进行了民主体制改革。政治上给予产业充分的自主权，建立了合理的劳资体制和劳资关系。经济上他改革了日本的低工资制，使员工工资超过欧洲，接近美国水平，并建立了必要的退休金，使员工的物质利益得到充分满足。劳动制度上实现每周5天工作日，这在当时的日本还是第一家。松下幸之助认为：这一改革并非单纯增加一天休息，而是为了进一步促进产品的质量，好的工作成就产生愉快的假日；愉快的假日情绪会导致更出色的工作效率。只有这样，生产才能突飞猛进，效益才能日新月异。

"时势造英雄"，被改变了的环境就是一种新的时势，新的发展机遇。无论是地理环境、交际环境，还是职业环境、人文环境，每一次改变都为我们提供了一个新的广阔的发展空间。

世界上的每种职业、每种业务，都有可以改进的余地。有创新力量的人，永远不患无人欢迎，不患无用武之地。我们应努力成为有思想、有创新能力、有推陈出新的方法和主张的人。

【每日一点】

我们知道很多的游戏规则是我们自己制订的，结果这些规则反而使我们丧失了创造力。因此，你一定要记住：做任何事，没有规则不行，但过于因循守旧、墨守成规也不行，要善于改变众人所遵循的规则，开辟出新的蹊径，去创造辉煌的人生。

第四章

▼

方法总比问题多

没有笨死的牛，只有愚死的汉

俗话说："山不转，路转；路不转，人转。"我国古书《易经》也说："穷则变，变则通。"的确，天无绝人之路，遇到问题时，只要肯找方法，上天总会给有心人一个解决问题、取得成功的机会。

人们都渴望成功，那么，成功有没有秘诀？其实，成功的一个很重要的秘诀就是寻找解决问题的方法。俗话说："没有笨死的牛，只有愚死的汉。"任何成功者都不是天生的，只要你积极地开动脑筋，寻找方法，终会"守得云开见月明"。

世间没有死胡同，就看你如何寻找方法，寻找出路。且看下文故事是如何打破人们心中"愚"的瓶颈，从而找到自己成功的出路。

当你驾车驶在路上，眼看就要到达目的地了，这时车前突然出现一块警示牌，上书4个大字："此路不通！"这时你会怎么办？

有人选择仍走这条路过去，大有不撞南墙不回头之势。结果可想而知，已言明"此路不通"，那个人只能在碰了钉子后灰溜溜地调转车头返回。这种人在工作中常常因"一根筋"思想而多次碰壁，空耗了时间和精力，却无法将工作效率提高一丁点，结果做了许多无用功。

有人选择停车观望，不再向前走，因为"此路不通"，却也不调头，或者是认为自己已经走了这么远，再回头心有不甘且尚存侥幸心理，若我走了此路又通了岂不亏了；或者是想如果回头了其他的路也不通怎么办？结果停车良久也未能前进一步。这种人在工作中常常会因懦弱和优柔寡断而丧失机会，业绩没有进展不说，还会留下无尽的遗憾。

还有另一类人，他们会毫不犹豫地调转车头，去寻找另外一条路。也许会再次碰壁，但他们仍会不断地进行尝试，直到找到那条可以到达目的地的路。这种人是工作中真正的勇者与智者，他们懂得变通，直到寻找到解决问题的办法，并且往往能够取得不错的业绩。

A地由于一些工厂排放污水，使很多河流污染严重，以致下游居民的正常生活受到了威胁，环保部门联合有关当局决定寻找解决问题的办法。他们考虑对排污工厂进行罚款，但罚款之后污水仍会排到河流中，不能从根本上解决问题。有人建议立法强令排污工厂在厂内设置污水处理设备。本以为问题可以得到彻底解决，但在法令颁布之后发现污水仍不断地排到河流中。而且，有些工厂为了掩人耳目，对排污管道乔装打扮，从外面不能看到破绽，可污水却一刻不停地在流。

之后，当地有关部门立刻转变方法，采用著名思维学家德·波诺提出的设想：立一项法律——工厂的水源输入口，必须建立在它自身污水输出口的下游。

看起来是个匪夷所思的想法，经事实证明却是个好方法。它能够有效地促使工厂进行自律：假如自己排出的是污水，输入的也将是污水，这样一来，能不采取措施净化输出的污水吗？

面对问题，成功者总是比别人多想一点，老王就是这样的人。

老王是当地颇有名气的水果大王，尤其是他的高原苹果色泽红润，味道甜美，供不应求。有一年，一场突如其来的冰雹把将要采摘的苹果砸开了许多伤口，这无疑是一场毁灭性的灾难。然而面对这样的问题，老王没有坐以待毙，而是积极地寻找解决这一问题的方法，不久，他便打出了这样的一则广告，并将之贴满了大街小巷。

广告上这样写道："亲爱的顾客，你们注意到了吗？在我们的脸上有一道道伤疤，这是上天馈赠给我们高原苹果的吻痕——高原常有冰雹，只有高原苹果才有美丽的吻痕。味美香甜是我们独特的风味，那么请记住我们的正宗商标——伤疤！"

从苹果的角度出发，让苹果说话，这则妙不可言的广告再一次使老王的苹果供不应求。

世上无难事，只怕有心人。面对问题，如果你只是沮丧地待在屋子里，便会有禁锢的感觉，自然找不到解决问题的正确方法。如果将你的心锁打开，开动脑筋，勇敢地走出自己固定思维的枷锁，你将收获很多。

真正杰出的人，都富有积极的开拓和创新精神，他们绝不会在没有努力的情况下，就找借口逃避。条件再难，他们也会创造解决的条件；希望再渺茫，他们也会找出许多办法去寻找希望。因为他们相信：没有笨死的牛，只有愚死的汉。

只要积极开动脑筋，寻找方法，总能找到解决之道，冲出困境。

【每日一点】

世上无难事，只怕有心人。面对问题，如果你只是沮丧地待在屋子里，便会有禁锢的感觉，自然找不到解决问题的正确方法。如果将你的心锁打开，开动脑筋，勇敢地走出自己固定思维的枷锁，你将收获很多。

三分苦干，七分巧干

很多人认为，只有苦干才能成功。但无数成功者的经验表明，一个人要走向成功不能只会苦干，更要学会巧干。因为现在是"巧干"升值的时代，比别人会巧干的人会少走弯路，更快地走向成功。

人们常说：一件事情需要三分的苦干加七分的巧干才能完美。意思是做事要注重寻找解决问题的方法，用巧妙灵活的方法解决难题，不要一味地蛮干。也就是说，"苦"的坚韧离不开"巧"的灵活。一个人做事，若只知下苦工夫，则易走入死道，若只知用巧，则难免缺乏"根基"，唯有三分苦加上七分巧才能更容易达到自己的目标。王勉就是深知此道理的人。

王勉是一家医药公司的推销员。一次他坐飞机回公司，竟遇到了意想不到的劫机。通过各界的努力，问题终于得以解决。就在要走出机舱的一瞬间，他突然想到：劫机这样的事件非常重大，应该有不少记者前来采访，为什么不好好利用这次机会宣传一下自己公司的形象呢？

于是，他立即从箱子里找出一张大纸，在上面写了一行大字："我是××公司的王勉，我和公司的××牌医药品安然无恙，非常感谢搭救我们的人！"

他打着这样的牌子一出机舱，立即就被电视台的镜头捕捉住了。他立刻成了这次劫机事件的明星，很多家新闻媒体都争相对他进行采访报道。

等他回到公司的时候，受到了公司隆重的欢迎。原来，他在机场别出心裁的举动，使得公司和产品的名字几乎在一瞬间家喻户晓了。公司的电话都快打爆了，客户的订单更是一个接一个。董事长当场宣读了对他的任命书：主管营销和公关的副总经理。事后，公司还奖励了他一笔丰厚的奖金。

王勉的故事，说明了一个道理：做任何事情，都要将"苦"与"巧"巧妙结合。正所谓"三分苦干，七分巧干"，"苦"在卖力，"巧"在灵活地寻找方法，只有这样，才最容易找到走向成功的捷径。陈良的故事就说明了这个道理。

陈良出生在一个穷困的山村，从小家里就很困难。17岁那年，他独自一人带着8个窝窝头，骑着一辆破自行车，从小山村到离家100公里外的城里去谋生。

城里的工作本来就不好找，加上他连高中都没有毕业，学历这么低，要想找到一份好的工作是难上加难。

他好不容易在建筑工地上找到了一份打杂的活。一天的工钱是两元钱，这只够他吃饭，但他还是想尽办法每天省下一元钱接济家人。

尽管生活十分艰难，但他还是不断地鼓励自己会有出人头地的一天。为此，他付出了比别人更多的努力。两个月后，他被提升为材料员，每天的工资加了一元钱。

靠着自己的不懈努力，他初步站稳了脚跟。之后，他就开始重视方法。他认为：要在新单位站稳脚跟，更多地得到大家的认可，就不能只靠苦干，更要靠巧干。那么，怎样才能做到这点呢？

冥思苦想之后，他终于想到了一个点子。工地的生活十分枯燥，他想，能不能让大家的业余生活过得丰富一点呢？想到这里，他拿出自己省下来的一点钱，买了《三国演义》《水浒传》等名著，认真阅读后，就给大家讲故事。这一来，晚饭后的时间，总是大家最开心的时间。每天，工地上都洋溢着工友们欢乐的笑声。

一天，老板来工地检查工作，发现他有非常好的口才，于是决定将他提升为公关业务员。

一个小点子付诸实践后就能有这样的效果，他极受鼓舞。于是，他便将主动找方法，并运用到工作的各个方面。

对工地上的所有问题，他都抱着一种主人翁的心态去处理。夜班工友有随地小便的习惯，怎么说都没有用，他便想尽各种方法让大家文明上厕；一个工友性格暴躁，喝酒后要与承包方拼命，他想办法平息矛盾，做到使各方都满意……

别看这些都是小事，但领导都看在眼里。慢慢地，他成了领导的左膀右臂。

由于他经常主动找方法，终于等来了一个创业的良机。有一天，工地领导告诉他，公司本来承包了一个工程，但由于各种原因，难度太大，决定放弃。

作为一个凡事都爱"三分苦干，七分巧干"的人，他力劝领导别放弃。领导看着他充满热情，突然说了一句话："这个项目我没有把握做好。如果你看得准，由你牵头来做，我可以为你提供帮助。"

他几乎不敢相信自己的耳朵：这不是给自己提供了一个可以自行创业的绝好

机会吗？他毫不犹豫地接下了这个项目，然后信心百倍地干了起来。

但遇到的困难是出乎意料的，仅仅是报批程序中需要盖的公章就有 15 个，但他还是想尽办法，一个个都盖下来了。终于项目如期完成了，他掘到了人生的第一桶金。

不久，他便成立了自己的建筑公司，并且事业做得越来越大。

【每日一点】

一个人，如果想提高自己的工作效率和工作绩效，其关键之道，不在于苦干，而在于巧干。因为，面对工作中出现的问题，有的时候，只靠勤奋和认真是难以解决的，那个时候，就迫切地需要灵活的头脑和巧妙的方法，唯有此，才能更快更好地寻找到解决之道。

对问题束手无策的 6 种人

在工作和生活中，有些人在面对问题时，不去积极地开动脑筋，主动寻求解决的方法，而是一味抱怨，或找出种种自以为冠冕堂皇的理由来推脱，所以很难成就什么大事。在此，我们将这些人具体分为以下 6 类，以示警醒。

第一种人：爱找借口的人

生活中，不知有多少人抱怨自己缺乏机会，并努力为自己的失败寻找借口。为什么他们总是如此煞费苦心地找寻借口，却无法将工作做好呢？如果每个人都善于寻找借口，那么努力尝试用找借口的创造力来找出解决困难的办法，也许情形会大大地不同。如果你存心拖延、逃避，你自己就会找出成千上万个理由来辩解为什么不能够把事情完成。事实上，把事情"太困难、太无头绪、太麻烦、太花费时间"等种种理由合理化，确实要比相信"只要我们足够努力、勤奋，就能做成任何事"的信念要容易得多。但如果我们经常为自己找借口，我们就做不成任何事，这对我们以后的职业生涯也是极为不利的。

如果你常常发现，自己会为没做或没完成的某些事而制造借口，或想出成百上千个理由为事情未能照计划实施而辩解，那么，你自己不妨还是多做自我批评，多多地自我反省吧！

第二种人：凡事拖延的人

拖延是解决问题的最大敌人，它不仅会影响工作的执行，更会带来个人精力的极大浪费。

拖延并不能使问题消失，也不能使解决问题变得容易起来，而只会使问题深化，给工作造成严重的危害。我们没解决的问题会由小变大，由简单变复杂，像滚雪球那样越滚越大，解决起来也越来越难。而且，没有任何人会为我们承担拖延的损失，拖延的后果可想而知。

社会学家库尔特·卢因曾经提出一个概念，叫作"力场分析法"。在这里面，他描述了两种力量：阻力和动力。他说，有些人一生都踩着刹车前进，比如被拖延、害怕和消极的想法捆住手脚；有的人则是一路踩着油门呼啸前进，比如始终保持积极、合理和自信的心态。这一分析同样适用于工作。如果你希望在职场中生存和发展，你得把脚从刹车踏板——拖延上挪开。

第三种人：投机取巧的人

古罗马人有两座圣殿，分别是勤奋的圣殿和荣誉的圣殿，在安排座位时，他们有一个顺序：必须经过前者，才能到达后者。荣誉的必经之路是勤奋，试图投机取巧，想绕过勤奋就获得荣誉的人，总是被荣誉拒之门外。

许多生活中的实例证明，不管面临什么样的问题，如果总想投机取巧，表面上看，也许会节省一些时间或精力，但最终往往会导致更大的浪费。而且，投机取巧会使我们的能力日渐消退。只有努力寻找方法，将工作做到完美，我们才会收获得更多。

第四种人：浅尝辄止的人

在自然界，每一个物种都在发展和加强自己的新特征，以求适应环境，获得生存空间。生命的演化如此，生活和事业的发展也是如此。社会对个人的知识和经验不断提出了更高、更广、更深的要求，泛泛地了解一些知识和经验，是远远不够的。企图掌握好几十种职业技能，还不如精通其中一两种。什么事情都知道些皮毛，还不如在某一方面懂得更多，理解得更透彻。因为这样，我们就能将精力集中在一个方向上，从而使得前进路上的方法总比问题多，就足以使自己获得巨大的成功。

有一位发明家，他尝试着发明一种新型的榨汁机，但是经受多次挫折后，他丧失了耐心，在离成功只有一步之遥时，他放弃了努力。他将长时间积累的职业经验和资源都舍弃了，自然也就无法形成自己的核心能力。

许多"离成功只有一步之遥"的人，恰恰因为缺乏最后跨入成功门槛的勇气而功败垂成，这是他们为浅尝辄止所付出的沉重代价。

第五种人：消极怠慢的人

王峰毕业后在一家服装公司从事销售工作，虽然这与他当初的理想和目标相距甚远，但他没有消极悲观，他满怀热情并全心全意地投入自己的工作中。他把热情与活力带到了公司，传递给了客户，使每一个和他接触的人都能感受他的活力。正因为如此，尽管他才工作了一年，就被破格提升为销售部主管。

而同样很年轻的李远，也在短期内被提升为公司的管理层。有人问到他成功的秘诀时，他答道："在试用期内，我发现每天下班后其他人都走了，而老板却常常工作到深夜。我希望能够有更多的时间学习一些业务上的东西，就留在办公室里，同时给老板提供一些帮助。尽管没人这么要求我，而且我的行为还受到一些同事的议论，但我相信我是对的，并坚持了下来。长时间下来，我和老板配合得很好，他也渐渐习惯要我负责一些事……"

在很长一段时间里，李远并未因积极主动的工作而获取任何酬劳，可他学到了很多知识并获得了老板的赏识与信任，赢得了升职的机会。

大多数人并不像王峰和李远，他们常常以一种怠惰而被动的态度来对待自己的工作，在遇到问题时也不急于寻求解决之道。其实他们不是没有自己的理想，但很容易一遇困难就要放弃，他们缺少一种精神支柱，缺少克服困难、解决问题的主动性。

一个人在工作时所表现出来的精神面貌，不仅会对工作效率和工作质量有影响，而且对他品格的形成也有很大影响。不管你的工作和地位是如何的平凡，倘若你能够全心全意投入你的工作，就像艺术家投身于他的作品，那么所有的疲劳与懈怠都会消失。其实，我们在各行各业都有施展才华和升职的机会，关键要看你是不是以积极主动的态度来对待你的工作，以积极主动的态度来寻找解决问题的方法。

第六种人：畏惧问题的人

获得成功，谈何容易？这需要克服各种困难，解决各种问题。

可不是吗？好比赤手空拳去建立自己的王国，你要招揽人才，建立军队，开辟领地，确立制度，发展经济，治理国民，每一项工作都存在着许多困难和问题，需要你去克服解决。

不管你的王国是建立在哪种行业上，情形都是一样，当然，王国的规模越大，问题就越多、越复杂。

在关键的地方无法解决问题，便会招致失败。即使这个问题解决了，又会有新问题出现。总之，在你面前，经常潜伏着失败的阴影。

胆怯的人，一想到要面对重重困难，想到失败的可怕，便会停下脚步，不敢往前走。结果，未起步的，永远停在原地；已起步的，就半途而废。

巴顿将军有句名言："一个人的思想决定一个人的命运。"不敢向高难度的问题挑战，对问题束手无策，是对自己能力的否定，只能使自己无限的潜能化为有限的成就。只有勇于向问题挑战，才能获得成功。

【每日一点】

面对困难，一个人解决问题的能力就会突显出来。他可能并不缺少工作的热情，也绝对的敬业，但工作成效却不尽如人意，面对问题也往往束手无策。

所谓没有办法就是没有想出新方法

是真的没办法吗？还是我们根本没有好好动脑筋想新方法？事实上，只要我们用一种大的视野、一种综观全局的胸怀来看待问题，用一种灵动多变的思考方式、一种随机应变的智慧去分析判断问题，就不会找不到解决问题的新方法。

"实在是没办法！"

"一点儿办法也没有！"

这样的话，你是否熟悉？你的身边是否经常有这样的声音？

当你向别人提出某种要求时，得到这样的回答，你是不是会觉得很失望？

当你的上级给你下达某个任务，或者你的同事、顾客向你提出某个要求时，你是否也会这样回答？

当你这样回答时，你是否能够体到会别人对你的失望？一句"没办法"，我们似乎为自己找到了可以不做的理由。是真的没办法吗？只有暂时没有找到解决办法的困难，而没有解决不了的困难。一句"没办法"，浇灭了很多创造的火花，阻碍了我们前进的步伐！是真的没办法吗？还是我们根本没有好好动脑筋想办法？发动机只有发动起来才会产生动力，同样，想办法才会有办法！下面的故事就给我们以新的启迪。

一家位于北京市内商业闹市区、开业近两年的美容店，吸引了附近一大批稳定的客户，每天店内生意不断，美容师难得休息，加上店老板经营有方，每月收入颇丰，利润可观。但由于经营场所限制，始终无法扩大经营，该店老板很想增开一家分店，可此店开业不长，资金有限，还不够另开一间分店。

店老板苦思冥想，如何筹集到开分店的启动资金呢？他突然想到，平时不是有不少熟客都要求美容店打折优惠吗？自己都是很爽快地打了9折优惠。他灵机一动，推出10次卡和20次卡：一次性预收客户10次美容的钱，对客户给予8折优惠；一次性预收客户20次的钱，给予7折优惠。对于客户来讲，如果不购美容卡，一次美容要40元，如果购买10次卡(一次性支付320元，即10次×40元/次×0.8=320元)，平均每次只要32元，10次美容可以省下80元；如果购买20次卡（一次性支付560元，即20次×40元/次×0.7=560元），平均每次美容只要28元，20次美容可以省下240元。

通过这种优惠让利活动，吸引了许多新、老客户购买美容卡，结果大获成功，两个月内，该店共收到美容预付款达7万元，解决了开办分店的资金问题，同时也拥有了一批固定的客源。

就是用这种办法，店老板先后开办了5家美容分店。

有一位智者说，这个世界上有两种人：

一种人是看见了问题，然后界定和描述这个问题，并且抱怨这个问题，结果自己也成为这个问题的一部分。

另一种人是观察问题，并立刻开始寻找解决问题的办法，结果在解决问题的过程中自己的能力得到了锻炼、品位得到了提升。

你愿意成为问题的一部分，还是成为解决问题的人，这个选择决定了你是一个推动公司发展的关键员工，还是一个拖公司后腿的问题员工。

在一次企业管理培训课上，一位蛋糕店的老板陈先生和大家一起分享了他的创业经验。他深有感触地说："我很幸运，有一位善于找方法解决问题的员工。那次如果没有她，我的店很可能早就关门了。"

原来，陈老板开了一家蛋糕店。这个行业，竞争本来就十分激烈，加上陈老板当初在选择店址上有些小小的失误，开在了一个比较偏僻的胡同里，因此，自从蛋糕店开张后，生意一直不好，不到半年，就支撑不下去了。面对收支严重失衡的状况，陈老板无奈地想结束生意。这时，店里负责卖糕点的一个女员工给他提了一个建议。

原来，这个员工在卖蛋糕的时候曾经碰到过一个女客人，想给男朋友买一个生日蛋糕。当这个员工问她想在蛋糕上写些什么字的时候，女客人嗫嚅了半天才不好意思地说："我想写上：'亲爱的，我爱你'。"

员工一下子明白了女客人的心思，原来她想写一些很亲热的话，又不好意思让旁人知道。有这种想法的客人肯定不止一人，现在，各个蛋糕店的祝福词都是千篇一律的"生日快乐""幸福平安"之类，为何不尝试用点特别的祝福语？

于是，这个员工送走女客人后，就向陈老板建议："我们店里糕点师用来在蛋糕上写字的专用工具，可不可以多进一些呢？只要顾客来买蛋糕，就赠送一支，这样客人就可以自己在蛋糕上写一些祝福语，即使是隐私的话也不怕被人看到了。"

一开始，陈老板并没有将这个创意太当回事，只是抱着尝试的心理同意了，并做了一些简单的宣传。没想到，在接下来的一个星期中，顾客比平时增加了两倍，每个客人都是冲着那支可以在蛋糕上写字的笔来的。

陈老板说："从那以后，我的生意简直可以用奇迹来形容。我本来都做好关门的心理准备了，没想到我的店员帮了我大忙。现在，她成了我的左膀右臂，好主意层出不穷，我都觉得我离不开她了。"

西方流传着一句十分有名的谚语，叫作："Use your head."（请动动脑筋）许多成功者一生都在遵循着这句话，解决了很多被认为是根本解决不了的问题。在现代社会，每个人都在想尽一切办法来解决生活中的一切问题，而且，最终的强者也将是善于寻找新方法的那部分人。

事实上，成大事者和平庸之流的根本区别之一，就在于他们能否在遇到困难时，主动寻找解决问题的新方法。一个人只有敢于迎接挑战，并在困境中突围而出，才能奏出激昂雄浑的生命乐章。因此，我们说，成功的人并非没有遭遇过困难，只不过他们善于寻找方法，不被困难所征服罢了。我们只有主动寻求方法去解决遇到的每一个问题和困难，才能实现成功。

【每日一点】

成大事者和平庸之流的根本区别之一，就在于他们能否在遇到困难时，主动寻找解决问题的新方法。一个人只有敢于迎接挑战，并在困境中突围而出，才能奏出激昂雄浑的生命乐章。

方法是解决问题的敲门砖

拿破仑·希尔曾说："你对了，整个世界就对了。"当你的工作或生活出现问题的时候，换一种方法，换一种思路，事情就会豁然开朗，因为，方法是完美解决问题的敲门砖，方法对了，一切问题就能够迎刃而解。

日本的火箭研制成功后，科学家选定 A 海岛做发射基地。经过长久的准备，进入可以实际发射的阶段时，A 岛的居民却群起反对火箭在此发射。于是全体技术人员总动员，反复地与岛上居民谈判、沟通以寻求他们的理解。可是，交涉却一直陷入泥淖状态，虽然最后终于说服了岛上的居民，可是前后却花费了 3 年的时间。

后来他们重新检讨这件事情时，发现火箭的发射基地并不是非 A 岛不可。当时只要把火箭运到别的地方，那么，3 年前早就完成发射了。可是此前，却从来没有人发现这个问题。当时他们太执着于如何说服岛民的问题上，所以才连"换个地方"这么简单而容易的方法都没有想到。

在我们的工作和生活中，类似的例子屡见不鲜。销售经理也经常对业务受挫的推销员说："再多跑几家客户！"上司常对拼命工作的下属说："再努力一些！"但是这些建议都有一个漏洞。就像有人曾经问一位高尔夫球高手："我是不是要多做练习？"高尔夫球高手却回答道："不，如果你不先把挥杆要领掌握好，再多的练习也没用。"

一个人之所以成功，很多时候并不是看他是否勤奋和努力，更多时候是看他能不能迅速地找到解决问题最简单的方法。

美国前总统罗斯福在参加总统竞选时，竞选办公室为他制作了一本宣传册，在这本册子里有罗斯福总统的相片和一些竞选信息，而且要马上将这些宣传册印刷出来。可就在要分发这些宣传册的前两天，突然传来消息说这本宣传册中的一张图片的版权出现了问题，他们无权使用，这张照片归某家照相馆所有。时间已经来不及了，可如果这样分发下去，将意味着一笔巨大的版权索赔费用。

一般情况下的做法是派人去这家照相馆协调，以最低的价格买下这张照片的版权。可是竞选办公室并没有这样做，他们通知该照相馆：总统竞选办公室将在他们制作的宣传册中放一幅罗斯福总统的照片，贵照相馆的一幅照片也在备选之列。由于有好几家照相馆都在候选名单中，所以竞选办公室决定借此机会进行拍卖，出价最高的照相馆会得到这次机会。如果贵馆感兴趣的话，可以在收到信后的两天内将投标寄出，否则将丧失竞价的机会。

结果，很快竞选办公室就收到这家照相馆的竞标和支票。这本来是一个应向对方付费的问题，由于找到了合适的方法，却变为对方付费的问题！运用正确的方法，竞选办公室不仅解决了问题，而且还把问题变成了机会。法国物理学家朗之万在总结读书的经验与教训时深有体会地说："方法得当与否往往会主宰整个读书过程，它能将你托到成功的彼岸，也能将你拉入失败的深谷。"

英国著名的美学家博克说："有了正确的方法，你就能在茫茫的书海中采撷到斑斓多姿的贝壳。否则，就会像瞎子一样在黑暗中摸索一番之后仍然空手而回。"

这些话中所包含的道理并非仅仅指读书，生活中许多时候，方法是十分重要的。面对一个难题时，我们不仅需要良好的态度和精神，需要刻苦和勤奋，而且需要掌握科学的方法。

许多成功者，他们都有一个共同的特点——开动智慧，寻找方法。因为他们知道，在这个世界上，唯有方法，才是完美解决问题的敲门砖。逃避问题的投机取巧者无法成功，不去寻找方法的偷懒者更是永远没有出头之日。

【每日一点】

许多成功者，他们都有一个共同的特点——开动智慧，寻找方法。因为他们知道，在这个世界上，唯有方法，才是完美解决问题的敲门砖。逃避问题的投机取巧者无法成功，不去寻找方法的偷懒者更是永远没有出头之日。

方法比勤奋更重要

有的人做事毫无头绪，只注重宏观的效果，缺少对微观的把握，尽管从表面看来，他们也很勤奋，几乎天天在加班的行列里都能看到他们的身影，但结果总无法令人满意。

在一家国内知名的证券公司工作的小李，毕业于国外的一所金融学院，有着令人羡慕的教育经历，人生的天平似乎早早地倾斜在他这一边，他也是公司公认的勤奋员工。但是 3 年过去了，他仍然只是一名普通的职员，这是为什么呢？问题就在其工作方法上。

每一次领导布置一项任务时，小李都会以百分之百的热情投入工作，他会找到所有需要的数据进行分析，然后进行大量的统计工作。每天他都在不停地做着统计与分析，每当遇到一项复杂的数据时，他非要弄个明明白白不可。这种勤奋刻苦的精神是难能可贵的，可是效果如何呢？他似乎陷入了一种"分析陷阱"，不能自拔。随着时间一天天地过去，他并没有拿出一个切实可行的办法。

工作不同于学术研究，勤奋笃实的作风固然没错，但探究"为什么"远不如"什么对目前的工作有益"更重要。以错误的方法工作，直接导致了小李工作效率的低下，虽然消耗了大量精力，也花去了大把的时间，却没有取得应有的效果。

在我们身边经常有这样的情况发生：有的人工作很勤奋，每天都忙不停，但是由于工作方法不正确，效率很低，还常常加班加点来完成工作，工作绩效平平；有的人平时很少加班，工作方法正确，能用较少的时间来完成工作，绩效相当好。对于前者，或许最初上司会因为你的刻苦努力而欣赏你，但是长期下来，由于工作效果始终不佳，你的努力几乎等于白费。这是一个重视过程，更重视结果的年代，我们不仅要勤奋，更要用合理的方法做事。两只蚂蚁的故事就说明了这个道理。

有两只蚂蚁想翻越一段墙，到墙那头寻找食物。一只蚂蚁来到墙根就毫不犹豫地向上爬去，可是当它爬到大半时，就由于劳累、疲倦而跌落下来。可是它不气馁，一次次跌下来之后，又迅速地调整一下自己，重新开始向上爬去。另一只蚂蚁观察了一下，决定绕过墙去。很快地，这只蚂蚁绕过墙找到食物，开始享受起来。第一只蚂蚁仍在不停地跌落中重新开始。

简单的故事却向我们昭示了一个深刻的道理：很多时候，方法比勤奋更重要。第一只蚂蚁毫不气馁的勇气值得我们借鉴，但是在不断努力、不断失败之后，我们是否该停下来想想，寻找一个更好地解决问题的方法，这样或许远比我们拥有勤奋的态度要来得有效。失败留给我们的不仅仅是要我们继续努力，更多的是经验教训，需要我们从中获得些什么，改善些什么。没有对失败的反思，总是一次次重复失败，只能是白费力气。

事物发展的速度除了取决于勤奋、坚持、勇敢以外，更需要正确的方法。也许有了一个正确的方法，发展的速度会来得比想象的更快。

当然，我们不能否认勤奋、毅力等品质对于解决问题和成功的重要性，但是在许多时候，一个好的方法能让你事半功倍，在勤奋同等的情况下获得突出的成绩。

爱因斯坦曾经提出过一个公式：$W = X+Y+Z$。这里，W 代表成功，X 代表勤奋，Z 代表不浪费时间、少说废话，Y 代表方法。从这个公式中我们可以知道，正确的方法是成功的三要素之一。如果只有勤奋刻苦的精神和脚踏实地的作风，而没有正确的方法，是不能取得成功的。成功需要的不仅仅是勤奋，也不单纯与花费的时间、精力成正比，同样需要方法。只有正确的方法才能提高解决问题的效率，才能保证成功！

古语云："业精于勤，荒于嬉。"勤奋是一个人走向成功的必经之路，但光有勤奋是远远不够的。做事更重要的是寻找方法。真正聪明的人，善于在有限的条件中发现无限的机遇，借着问题，将工作上升到更高的层面，自己也可"一劳永逸"。

【每日一点】

阿基米德说过："给我一个支点，我可以撬动整个地球。"这个支点就是一个恰当的工具，就是我们解决问题的主要方法。如果方法得当，即使问题再棘手，也有解决的可能。相反，如果没有合适的方法，一味勤奋做事，只会浪费精力和资源，也不会获得什么好结果。

方法比苦干更重要

工作中，无论多干、少干，能够找对方法、出业绩的员工才是企业最需要的员工。在企业中最受重视的员工，并不是那些只知道忠诚敬业的员工，只有那些出成果、重成效的员工，才是最有发展前途的员工。

在美国企业中流传这样一句话："上帝不会奖励只知道努力工作、兢兢业业的人，而是会奖励找对方法工作的人。"一旦方法对路，工作中的难题也就容易解决，一个人的工作能力也就凸显出来了。

无论是世界500强企业，还是一般的民营企业，都会遇到这样的问题：员工缺乏创新意识，不会创造性地解决问题；员工只知道一味地苦干，而不知道怎样提高工作效能；员工只知道完成任务，不懂得做企业发展真正需要的事……造成这些问题的根源就在于方法上的缺失。员工在思想上只重视行动而忽略方法，只注重苦干不注重效能。方法是提升工作效能的关键，很多人工作业绩不理想并不是因为他们不勤奋、不苦干，而是因为没有找到正确的方法。

一天，日本有名的琴师铃木被邀到一个琴厂去讲演。厂长说："我的员工并不是不敬业，但说实在的，厂里有30人左右手指尖反应太慢，工作效率极低，您能帮忙想想办法吗？"铃木略加思考后，建议工人们每天提前1小时下班去打乒乓球。半年以后，厂长给铃木寄去了感谢信，说工人们的工作效率大大提高了，真是太感谢了！

铃木的建议之所以成功，是因为他发现了一条永恒的真理：提升员工的工作效能，使他们达到卓越工作的最佳境界，中间必不可少方法的"酵母"作用。打乒乓球可以锻炼身体和头脑同时协调工作，用手指尖劳动的员工经过不懈的训练后，自然有利于上班时"手快起来"。由此可见，勤奋和敬业并不能保证良好的工作业绩，找对方法才是提升工作绩效的关键。

联想集团有个很有名的理念："不重过程重结果，不重苦劳重功劳。"这是写在《联想文化手册》中的核心理念之一。在这个手册中，还明确记录道：这个理念，是联想公司成立半年之后，开始格外强调的。联想为什么会着重强调这一理念呢？原来这一理念的提出源自联想的创始人柳传志早年刚刚创建联想的一段经历。

联想刚刚成立时，只有几十万元资金，却由于过于轻信他人，被人骗走了一大半资金，使公司元气大伤。毫无疑问，刚刚创业时候的联想，大家都很有干劲和热情，很有一种敬业的精神。但是，光有干劲和热情，光有苦干的精神，并不能保证财富增加与事业的成功。不仅如此，商场如战场，光有善良、热情、好心等品质，如果缺乏智慧和方法，完全可能给企业造成巨大的损失！

吸收了这一教训，联想后来做事不仅越来越冷静、踏实，而且特别重视策略、方法。联想自成立至今，它已经从几个下海的知识分子的公司，变为了一家享誉海内外的高科技公司。它之所以有这样大的发展，毫无疑问与这个核心理念密切相关。

我们经常听到某些人讲："没有功劳也有苦劳。"苦劳固然使人感动，但是在市场经济体制下，只有那些做出实际业绩，能够为企业创造实实在在业绩的人才能够赢得公司的青睐，才能够获得更好的发展。

一位曾在外企供职多年的人力资源总监颇有感触地说："所有企业的管理者和老板，只认一样东西，就是业绩。老板给我高薪，凭什么呢？最根本的就要看我所做的事情，能在市场上产生多大的业绩。"现在就是一个以业绩论英雄的时代，业绩是衡量人才的唯一标准。

不管你的能力如何，不管你是否敬业，你想在公司里成长、发展、实现自己的目标，需要有业绩来保证你实现你的梦想。只要你能创造业绩，不管在什么公司你都能得到老板的器重，得到晋升的机会，因为你创造的业绩是公司发展的决定性条件。而要创造出良好的业绩，只是单纯的敬业是不够的，关键是你要找到正确的方法。

业绩至上，方法至上。仅仅会埋头苦干、不问绩效的"老黄牛"的时代已经过去了，企业更需要能插上效益翅膀的"老黄牛"。

【每日一点】

业绩至上，方法至上。仅仅会埋头苦干、不问绩效的"老黄牛"的时代已经过去了，企业更需要能插上效益翅膀的"老黄牛"。

有好的际遇，更要有合适的方法

王琰和李然在同一家公司上班，在同一办公室里做着相同的工作。这天，她们面临着同样的事情：

（1）给分公司打电话，并答复他们的询问。

（2）做出下季度的部门工作计划，第二天上午交给上司。

（3）约见一个重要的客户。

（4）11：30去机场接许多年没见面的高中同学，并送她到酒店里。

（5）要去一趟医院，诊治花粉过敏症。

（6）去银行办理相关的手续。

（7）下班后和先生约会，因为今天是个纪念日。

先看王琰是怎么做的：因为前一天晚上睡晚了，所以王琰早晨起床有些迟，她匆忙打车到公司。一进办公室的门，就听到电话响，是上司，提醒她明天一上班就要交计划书。她打开电脑，上网到自己的信箱里，开始一一回复客户和公司的邮件，不停地打电话答复分公司的问询。最后一个电话结束，已经11点了。向上司告假一小会儿，匆忙赶到机场，由于飞机晚点，12点才见到同学，送到酒店，一起吃饭。因为14：30要和客户见面，所以一边吃饭一边打电话和客户约定地点。14点跟同学告别，赶到约定地点。因为花粉过敏，和客户约见的时候一个劲儿打喷嚏，非常狼狈。回到公司，刚刚坐定，银行打电话来催了。赶到银行，银行突然需加一份文件，她只得返回公司。这时差一个小时就下班了，她觉得太累了，不想再写那份计划书了，先给同学打了一个电话，聊聊天儿。放下电话，看到满桌堆着的文件，决定整理已拖了几个星期的文件。整理完文件，已经到了下班时间。18：00跟老公约会，一起吃晚饭庆祝纪念日，有点累，不断打哈欠。回到家，老公休息了，她却不得不坐在电脑前，继续完成工作计划。

我们再来看看李然是怎么做的：李然在前一天晚上睡觉前就把第二天要做的

重要的事情在脑海里过一遍。准时上班后，开始打电话。先给各分公司打电话，请他们将相关材料通过电子邮件传送过来，并且告知上午不再接受他们的其他询问，下午她会给予答复。然后给客户打电话约时间、地点，将客户约见地点安排在同学预订酒店的楼下咖啡店里。再给机场打电话，确定班机到达时间。最后给银行打电话，确定相关手续及要准备的材料。打完电话后，抓紧写工作计划，因为前一周已经零星写得差不多了，所以很快完成，并传给上司。11点离开公司时顺便拿上了到银行的所有资料。因为知道飞机晚点半小时，所以先去医院看花粉过敏症。从医院出来，直接到机场接同学，在酒店吃了一个快乐的怀旧午餐，然后直接到旁边的咖啡店和客户谈事情。去银行办完手续后，回到公司，将上午各分公司的事务集中处理完结。17：30接到老公打来的电话，到洗手间把自己重新打扮一番，漂漂亮亮地跟老公约会。

同样的工作，采用不同的方法，所取得的效果是不一样的。不可否认，勤奋和韧性是解决问题的必要条件，但是除此之外，我们还应当运用智慧，在行动前积极思考，在行动之中及时调整用以实现目标的手段。虽然说勤奋是成功的必要条件，但一个只知道勤奋的人并不是一个百分之百的人才，如果要打分的话，他只能得40分。那更关键的是什么呢？更关键的是聪明，即另外的60分。

在一个人迈向成功的过程中，拥有一个好的际遇至关重要。但并不是说拥有了好的际遇就等于万事大吉、一切顺利，正所谓：万事俱备，只欠东风。所谓东风，在此处正是指合适的方法。即使拥有多么好、多么多的际遇，如果没有一个合适的方法加以运用，也永远无法取得真正的成功。

【每日一点】

面对同样的际遇，有些人只知道勤勤恳恳、循规蹈矩、不思改变，终其一生也成就不大。而真正聪明的人却在努力寻找一种最佳方法，在有限的条件下发挥才智的作用，将工作做到最完美，所以他们最终走向了成功。

发现问题才有解决之道

纵观古今中外的名人，不管是自然科学家还是社会科学家，是政治家还是外交家，是哲学家还是数学家，几乎都是善于思考、观察、发现和提出问题，或是善于在他人发现的基础上提出问题并找出解决方法而获得成功的人。

爱因斯坦说："发现问题，提出问题，比解决问题更重要……因为解决问题也许仅是一个数学上或实验上的技能而已，而提出新的问题、发现新的可能性，从新的角度去看旧的问题，都需要有创造性的想象力，而且标志着科学的真正进步。"

的确，解决问题的能力很重要，对于个人或是事物的发展和成功都是必不可少的。但发现问题并不比解决问题逊色，有时甚至比解决问题来得更重要。

解决问题是个人能力的综合，而发现问题更是个人水平的体现。无法创造性地使用知识，无法发现问题，那是毫无用处的，而且往往很容易让我们陷入问题所带来的困境。唯一让我们不陷入问题所带来的困境中的方法，就是主动寻找问题。成功需要人们寻找解决问题的方法，但成功更需要我们有超越他人的发现问题的能力。"电话之父"贝尔的成长经历就是一个很好的例子。

贝尔原是语音学教授，一天他在家修理电器时偶然发现，当电流接通或截断时，螺旋线圈会发出噪音。于是他想，是否能以电传送语音甚至发明电话？

这一设想一提出，立即遭到许多人的讥笑，说他不懂电学才会有如此奇怪的想法。贝尔的确一点也不懂电学，但他并没有放弃，而是千里迢迢前往华盛顿，向美国著名的物理学家、电学专家约瑟夫·亨利请教。亨利对他的想法给予了充分肯定，并鼓励贝尔去学习电学知识。

亨利的肯定对贝尔产生了很大的影响，他辞去了教授职务，一心扎入发明电话的试验中。他刻苦用功地学习着电学知识。两年后，世界上第一部电话，由贝尔试验成功。

为何电话不是由那些懂得电学知识的专家，而是由一个语音学家发明的呢？只因为他善于发现问题，使他比别人更快地找到了"市场的标靶"和可以为之奋斗的目标。而相关知识，即使一时不具备，也可以去学。

一个人具有某方面的能力是很重要的。但真正要想获得成功，必须具备捕捉问题的能力。

当然，发现问题并不等于是解决了问题，我们也并不期许所有的问题被解决时，就是完善的、完美的。问题的解决有待社会的发展、个人能力的提高。但是不可否认，有了发现才能有所认识，提出问题才可能解决问题，发现问题是解决问题的第一步，也是重要的一步。

4000多年前，我们的祖先黄帝发现了"磁石"可指南的现象，因而设计了"指南车"，并用于战争；哥白尼发现了"地心说"的谬误而提出了"日心论"的科学假设；马克思发现了"资本的剩余价值"而提出了"科学社会主义"的构想；爱因斯坦 12 岁时就提出"假如我以光速追随一条光线的运动，那会看到什么现象"，这个问题最终成为他一生为之奋斗的目标，并获得巨大的成功……

创造奇迹的关键，在于具备一双发现的眼睛。生活需要发现的眼睛，问题需要发现的眼睛。许多伟大的发明和创造都是从不经意的发现开始，难题的解决也基于它本身的发现，或许只是一个简单的想法，一个美丽的假设。但正是因为问题的发现，它才得到了关注和认识，才有了解决的可能。

有句话说：生活不是缺少美，而是缺少发现美的眼睛。将这句话运用到问题的解决上，也同样适用。发现问题是解决问题的首要前提，问题出现了，如果你发现不了，又何谈解决之道呢？只有拥有一双善于发现的眼睛，你才能认识到问题的症结所在，从而有针对性地寻找应对之策，将问题解决掉。

【每日一点】

的确，解决问题的能力很重要，对于个人或是事物的发展和成功都是必不可少的。但发现问题并不比解决问题逊色，有时甚至比解决问题来得更重要。

不只一条路通向成功

生活中，我们不可能总是一帆风顺，做任何事情都能获得成功。当一条路已经走不通时，如果还继续坚持，那就是走入了死胡同。此时，积极思考、大胆开拓新的道路，将会给你带来意想不到的成功与收获。物质和知识的贫穷不是最可怕的，最可怕的是想象力和创造力的贫穷。随着生活的发展，很多事物都在发展变化。如果你能够随着时代的发展而发展，寻找多条通往成功的道路，你就会永远立于不败之地。

在现实中，有许多问题、情况是我们过去遇到过或是别人遇到过的，所以我们习惯按照既定的方法或常规的思路去解决。不错，经验的确能帮助我们省去许多麻烦，但是同样也会让我们走入一种思维定式，让我们忘记，其实有许多方法都能解决问题，甚至有的方法更快更好，只是因为我们不熟悉，没有采用过，只是因为我们习惯于用某种思路或方法解决困难，所以我们固执地认为除了这种方法，根本无他路可走。

但事实真是如此吗？许多情况下，解决问题的方法并非只有一种，就如同通往罗马的路不只一条一样。我们没有找到另一条路，是因为我们尚未发现它，而并非它不存在。下面的故事就会给我们新的启迪。

物理学家甲、工程学家乙和画家丙三个人讨论谁的智商高。他们互不服气，最后决定通过一场比赛来评判三人的智力水平。

主考官把他们领到一座塔下，并给了他们每人一只气压表，让他们依靠气压表，得到这座塔的高度。原则是：只要达到目的，什么方法都可以，但创造性最强的为胜。

比试的这三人，职业不同，知识结构也不同，各人用的方法自然也各不相同。

乙尤其高兴，也觉得这对他来说再简单不过了，于是他很快站出来，在塔底测量了大气气压，登上塔顶又测量了一次气压，得到塔底和塔顶气压的差值，再根据每升高 12 米气压下降 1 毫米汞柱的公式，计算出塔的高度。他自己觉得，这是一份最准确的答卷。

甲不慌不忙地登上塔顶，探出身来，看着手表的秒针，轻轻松手让气压表自由落下，准确记录了气压表落到地面所需的时间，再根据自由落体公式，算出塔的高度。他很得意，这个方法很不错，所得结论与塔的实际高度不会相差太远。

最后轮到丙，这可难住他了。他既没有甲的学识，又没有乙的经验，科学办法他拿不出来，眼前几乎是一个"绝境"。不过，他很镇定。没有科学条件是劣势，但没有思维定式则是优势，这就为他提供了更大的选择空间。丙想，没有正路就走偏路，反正能达到目的就是胜利。他发挥想象力，对各种可能的方法搜寻了一番，禁不住笑了起来，因为办法太简单了：他将气压表送给看守宝塔的人——作为交换条件，让守塔人到储藏间把塔的设计图找出来。就这样，画家得到了图纸，拂去设计图上的灰尘，很快得到了塔的精确高度。

比赛的结果可想而知，自然是画家丙获得了最后的胜利。

画家虽然没有物理学方面的知识，也没有工程学方面的知识，但他却能在看似无计可施的情况下，撇开原先的想法，将目光投向图纸，这是一种新发现，一种创新思维，并且最终找到了塔的高度的精确答案。

"条条大路通罗马"，没有什么问题的解题方式一定是唯一的。如果此路不通，那么可以适时地转换思路和方法，转走他路，往往能得到意想不到的效果。

那些胸怀抱负、渴望成功的人，都会为他们的人生做一番规划。他们制订详细的步骤、严谨的计划，坚持按照自己的计划努力，并相信只有这样才能确保成功。当他们在实施计划的过程中遇到挫折或不可避免的变化时，就会像很多书籍所鼓励的那样：坚持！再坚持！却不会发挥自己的想象力和创造力，开发另一条通往成功的道路。在他们一再遭受挫折与失败后，不禁心灰意冷，沮丧失望，哀叹时运的不济、命运的不公。他们不知道：通向成功的路不只一条。

在人生的旅途中，总会有一些困难挡住我们前进的脚步，这个时候我们便会告诉自己坚持下去，不要放弃，终会获得成功。其实，很多时候，放弃恰恰是成功的开始。因为，通向成功的路不只一条，没必要一条路走到黑，头碰南墙才回头。放弃最初选择并不意味着背叛了自己，放弃无可挽回的事情并不说明你的人生从此暗淡无光。放弃，是为了更好地得到，只有果断放弃，才能把握更多。

【每日一点】

解决问题的方法并不是唯一的，当我们一次次的失败之后，不妨改变一下角度，从别处综观整个问题的概貌，或许能找到一条捷径，找到另一种更有效的方法。

变通地运用方法解决问题

在善于变通地运用方法解决问题的人的世界里，不存在困难这样的字眼。再顽固的荆棘，也会被他们用变通的方法拔根而起。他们相信，凡事必有方法可以解决，而且能够解决得很完美。事实也一再证明，看似极其困难的事情，只要变通地运用方法，必定会有所突破，有所成就。

《围炉夜话》中说："为人循矩度，而不见精神，则登场之傀儡也；做事守章程，而不知权变，则依样之葫芦也。"一个卓越的人必是善于变通地运用方法解决问题的人。当他发现一条路不通或太挤时，就会及时转换思路，改变方法，寻求一条更为通畅的路。

一流之人善于变通，末流之人故步自封。凡能变通地运用方法解决问题的人，都是能够主动创新的人，也是最受欢迎的人。凡世间取得卓越成就之人无不深知变通之理，无不熟谙变通之术。

换一种思维方式，能使你在做事情、遭遇困境时找到峰回路转的契机，同时赢得一片新的天地。

在一个家电公司的会议上，高层主管们正在为自己新推出的加湿器制订宣传方案。

在现有的家电市场上，加湿器的品牌已经多如牛毛，而且每一个厂家都挖空了心思来推销自己的产品。怎样才能在如此激烈的竞争中，将自己的加湿器成功地打入市场呢？所有的主管都为此一筹莫展。

这时，一个新上任的主管说道："我们一定要局限在家电市场吗？"所有的人都愣住了，静听他的下文："有一次，我在家里看见妻子做美容用喷雾器，于是就想，我们的加湿器为什么不可以定位在美容产品上呢……"

他还没有说完，总裁就一跃而起，说道："好主意！我们的加湿器就这样来推销！"

于是，在他们新推出的广告理念中，加湿器就被作为冬季最好的保湿美容用品。他们的口号是——加湿器：给皮肤喝点水。

新的加湿器一上市，就成功抢占了市场，当然，这和他们新颖的创意宣传是分不开的。

在家电市场竞争日益激烈的销售战中，几乎每一种品牌都在无所不用其极地使人们记住他们的产品，在这种情况下，如果依然在家电圈子里打主意，意义就不大了。

重新为自己的产品定位，给自己的产品一个新的角度，该家电公司的这一全新的理念，为自己赢来了一个新的市场。这样的创新，不仅使消费者耳目一新，重新认识了加湿器，也使他们避开了激烈的家电市场竞争，成功地推销了自己的产品。

随着社会的发展，变通地运用方法解决问题越来越显得重要，也越来越被人们所认识。只有善于变通、勤于寻找方法的人在社会上才具有更大的价值，才是社会最需要的人。

【每日一点】

在善于变通地运用方法解决问题的人的世界里，不存在困难这样的字眼。再顽固的荆棘，也会被他们用变通的方法拔根而起。他们相信，凡事必有方法可以解决，而且能够解决得很完美。

第五章

▼

没有任何借口

绝对执行，不找任何借口

美国人常常讥笑那些随便找借口的人说："狗吃了你的作业。"借口是拖延的温床，习惯找借口的人总会找出一些借口来安慰自己，总想让自己轻松一些，舒服一些。这样的人，不可能成为称职的员工，要知道，老板安排你这个职位，是为了解决问题，而不是听你关于困难的分析。不论是失败了，还是做错了，再好的借口对于事情本身也是没有丝毫用处的。

许多人都可能会有这样的经历，清晨闹钟将你从睡梦中惊醒，你虽然知道该起床了，可就是躺在温暖的被窝里面不想起来——结果上班迟到，你会对上司说你的闹钟坏了。

又一次，你上班迟到，明明是你躺在被窝里面不起来，却说路上塞车。

……

糊弄工作的人是制造借口的专家，他们总能以种种借口来为自己开脱，只要能找借口，就毫不犹豫地去找。这种借口带来的唯一"好处"，就是让你不断地为自己去寻找借口，长此以往，你可能就会形成一种寻找借口的习惯，任由借口牵着你的鼻子走。这种习惯具有很大的破坏性，它使人丧失进取心，让自己松懈、退缩甚至放弃。在这种习惯的作用下，即使是自己做了不好的事，你也会认为是理所当然的。

一旦养成找借口的习惯，你的工作就会拖拖拉拉，没有效率，做起事来就往往不诚实。这样的人不可能是好员工，他们也不可能有完美的人生。

罗斯是公司里的一位老员工了，以前专门负责跑业务，深得上司的器重。只是有一次，他把公司的一笔业务"丢"了，造成了一定的损失。事后，他很合情合理地解释了失去这笔业务的原因。那是因为他的脚伤发作，比竞争对手迟到半个钟头。以后，每当公司要他出去联系有点棘手的业务时，他总是以他的脚不行，不能胜任这项工作为借口而推诿。

罗斯的一只脚有点轻微的跛，那是一次出差途中出了车祸引起的，留下了一点后遗症，根本不影响他的形象，也不影响他的工作，如果不仔细看，是看不出来的。

第一次，上司比较理解他，原谅了他。罗斯很得意，他知道这是一宗比较难办的业务，他庆幸自己的明智，如果没办好，那多丢面子啊。

但如果有比较好揽的业务时，他又跑到上司面前，说脚不行，要求在业务方面有所照顾，比如就易避难，趋近避远，如此种种，他大部分的时间和精力都花在如何寻找更合理的借口身上。碰到难办的业务能推的就推，好办的差事能争就争。时间一长，他的业务成绩直线下滑，没有完成任务他就怪他的腿不争气。总之，他现在已习惯因脚的问题在公司里可以迟到，可以早退，甚至工作餐时，他还可以喝酒，因为喝点酒可以让他的脚舒服些。

现在的老板都是很精明的，有谁愿意要这样一个时时刻刻找借口的员工呢？罗斯被炒也是在情理之中的事。善于找借口的员工往往就像罗斯一样，因为糊弄自己的工作而"糊弄"了自己。

因此，要成功就不要找借口。不要害怕前进路上的种种困难，不要为自己的平庸寻找种种托词，也不要为自己的失败解释种种原因，抛开借口，勇往直前，你就能激发出巨大潜能，从而在前进的路上，披荆斩棘，直抵成功。

为什么美国海军陆战队要求"毫无保留地服从"？这是一个十分简单的道理。因为没有服从的精神，就没有纪律，没有纪律的军队就没有战斗力，有效地完成任务则更无从谈起。

如果你亲眼看到过美国海军陆战队的训练和生活，让你体会最深的可能莫过于"服从"二字。

长官一声令下，队员立即无条件执行——

滂沱大雨中，士兵照常训练，执行口令不得有丝毫懈怠；

没有长官的命令，行进路上的水洼沟壑好像根本就不存在；

新兵的第一次跳伞训练，每个人在机舱口都不得有一丝犹豫。

无论前面是生是死、是水是火，只要你是美国海军陆战队员，"毫无保留地服从"就是你的首要职责！

对于任何团体和组织，服从精神的重要性都不言而喻。职场中，我们的团队同样需要无条件地服从。对上级命令的服从，对下达任务的服从，对公司利益的服从。我们的身边常常有这样或那样企图推卸责任或拒绝服从命令的情况发生，是服从还是敷衍，这样的选择经常在一个人心头徘徊：

"这件事我不大清楚，请你问问别人。"

"老板，我星期六有事，您看看还有没有其他人选。"

"对不起，星期五下午我们不处理类似事务。"

"这个我不会。"

"学校里没教过这个。"

......

工作中，服从不仅是对上级命令的贯彻，它更多地表现为对工作积极接受的态度，意味着一个人具有不逃避责任、热情投入以及牺牲的精神。它常常在我们的生活中以另一种姿态出现，那就是"敬业"。

林红是一名保险公司的从业人员，她是大区仅有的 6 个顶级会员之一。当别人问起她成功的经验时，她说："我曾是一名军人，客户的需求就是命令。对于每一项命令，我都会全力以赴，不计代价地完成，因为服从命令是我的习惯。"

服从命令的习惯不仅能让个人变得敬业，还能强化整个团队的工作能力。试想，如果团队中的每个人都具有完全的服从精神，对每项任务都认认真真去完成，谁又能不兢兢业业、竭尽所能？团队有如一部联动机，当所有的部件都能忠实履行自己的职责时，整个机器才能运转自如，而当各个部件都有超常表现时，整个机器的性能就会成倍地提高。

相反，各自为政不仅会毁掉个人的前途，也会腐蚀掉整个团队的战斗力。对分配的工作百般推脱的员工只会令老板徒增烦恼，更不可能被委以重任。同样，没有服从精神的团队，必定是一盘散沙。

在执行中，对命令的尊重与服从是至关重要的。命令是贯穿整个行动计划的关键，只有每个成员都能坚决服从命令并完成自身的任务，才能保证整体行动的顺利进行。

每一个执行者都应该意识到自己的职责就是服从，并坚定不移、不遗余力地执行好，这样才能确保集体行动和总体任务圆满完成。

【每日一点】

对于在同样的公司、做同样的工作的不同员工来说，为什么有人一路擢升、青云直上？有人却每况愈下、越发窘迫呢？虽然每个人成功的因素各不相同，但大多数成功人士都有一个共同的特点：他们从不为自己的工作寻找借口。

借口是失败的温床

借口是失败的温床。有些人在遇到困境，或者没有按时完成任务时，都试图找出一些借口来为自己辩护，安慰自己，总想让自己轻松些、舒服些。在一个公司里，老板要的是勤奋敬业、不折不扣、认真执行任务的员工。如果一个员工经常迟到早退，对工作马马虎虎，还不时找借口说自己很忙，那么这样的员工是不会赢得老板信任和同事尊重的。

在日常生活中，我们经常会听到这样一些借口：上班迟到，会说"路上塞车"；任务完不成，会说"任务量太大"；工作状态不好，会说"心情欠佳"……我们缺少很多东西，唯独不缺的好像就是借口。

殊不知，这些看似不重要的借口却为你埋下了失败的基石。借口让你获得了暂时的原谅和安慰，可是，久而久之，你却丧失了让自己改进的动力和前进的信心，只能在一个个借口中滑向失败的深渊。

刚毕业的女大学生刘闪，由于学识不错，形象也很好，所以很快被一家大公司录用。

刚开始上班时大家对刘闪印象还不错，但没过几天，她就开始迟到早退，领导几次向她提出警告，她总是找这样或那样的借口来解释。

一天，老总安排她到北京大学送材料，要跑三个地方，结果她仅仅跑了一个就回来了。老总问她怎么回事，她解释说："北大好大啊。我在传达室问了几次，才问到一个地方。"

老总生气了："这三个单位都是北大著名的单位，你跑了一下午，怎么会只找到这一个单位呢？"

她急着辩解："我真的去找了，不信你去问传达室的人！"

老总心里更有气了："我去问传达室干什么？你自己没有找到单位，还叫老总去核实，这是什么话？"

其他员工也好心地帮她出主意：你可以打北大的总机问问三个单位的电话，然后分别联系，问好具体怎么走再去。你不是找到其中的一个单位吗？你可以向他们询问其他两家怎么走。你还可以进去之后，问老师和学生……

谁知她一点也不领会同事的好心，反而气鼓鼓地说："反正我已经尽力了……"

就在这一瞬间，老总下了辞退她的决心：既然这已经是你尽力之后达到的水平，想必你也不会有更高的水平了。那么只好请你离开公司了！

虽然刘闪的举动让很多人难以理解，但像这种遇到问题不去想办法解决而是找借口推诿的人，在生活中并不少见。而他们的命运也显而易见——凡事找借口的人，在社会上绝对站不稳脚跟。

美国成功学家格兰特纳说过这样一段话："如果你有自己系鞋带的能力，你就有上天摘星的机会！让我们改变对借口的态度，把寻找借口的时间和精力用到努力工作中来。因为工作中没有借口，人生中没有借口，失败没有借口，成功也不属于那些寻找借口的人！"

【每日一点】

让我们改变对借口的态度，把寻找借口的时间和精力用到努力工作中来。因为工作中没有借口，人生中没有借口，失败没有借口，成功也不属于那些寻找借口的人！

找了借口，就不再找方法了

任何一个社会似乎都存在两种人：成功者和失败者。根据二八法则，20%的人掌握着社会中80%的财富。什么原因让少数人比多数人更有力量？因为多数人都在找借口。20和80的区别在于：一种是不找借口只找方法的人，另一种是不找方法只找借口的人。而前一种人往往是成功者，后一种人往往是失败者。

须知，成功也是一种态度，整日找借口的人是很难获得成功的。你尽可以悲伤、沮丧、失望、满腹牢骚，尽可以每天为自己的失意找到一千一万个借口，但结果是你自己毫无幸福的感受可言。你需要找到方法走向成功，而不要总把失败归于别人或外在的条件。因为成功的人永远在寻找方法，失败的人永远在寻找借口，而一旦你找了借口，就不会冥思苦想地去寻找方法了，而不找方法，你就很难走向成功。

有一家名叫凯旋的天线公司，有一天总裁来到营销部，让员工们针对天线的营销工作各抒己见，畅所欲言。

营销部李部长耷拉着脑袋叹息说："人家的天线三天两头在电视上打广告，我们公司的产品毫无知名度，我看这库存的天线真够呛。"部里的其他人也随声附和。

　　总裁脸上布满阴霾，扫视了大伙儿一圈后，把目光驻留在进公司不久的大刘身上。总裁走到他面前，让他说说对公司营销工作的看法。

　　大刘直言不讳地对公司的营销工作存在的弊端提出了个人意见。总裁认真地听着，不时嘱咐秘书把要点记下来。

　　大刘告诉总裁，他的家乡有十几家各类天线生产企业，唯有001天线在全国知名度最高，品牌最响，其余的都是几十人或上百人的小规模天线生产企业，但无一例外都有自己的品牌，有两家小公司甚至把大幅广告做到001集团的对面墙壁上，敢与知名品牌竞争。

　　总裁静静地听着，挥挥手示意大刘继续讲下去。

　　大刘接着说："我们公司的天线今不如昔，原因颇多，但总结起来或许是我们的销售策略和市场定位不对。"

　　这时候，营销部李部长对大刘的这些似乎暗示了他们工作无能的话表示了愠色，并不时向大刘投来警告的一瞥，最后不无讽刺地说："你这是书生意气，只会纸上谈兵，尽讲些空道理。现在全国都在普及有线电视，天线的滞销是大环境造成的。你以为你真能把冰推销给爱斯基摩人？"

　　李部长的话使营销部所有人的目光都射向大刘，有的还互相窃窃私语。李部长不等大刘"还击"，便不由分说地将了他一军："公司在甘肃那边还有5000套库存，你有本事推销出去，我的位置让你坐。"

　　大刘朗声说道："现在全国都在搞西部开发建设，我就不信质优价廉的产品连人家小天线厂也不如，偌大的甘肃难道连区区5000套天线也推销不出去？"

　　几天后，大刘风尘仆仆地赶到了甘肃省兰州市中兴大厦。大厦老总一见面就向他大倒苦水，说他们厂的天线知名度太低，一年多来仅仅卖掉了百来套，还有4000多套在各家分店积压着，并建议大刘去其他商场推销看看。

　　接下来，大刘跑遍了兰州几个规模较大的商场，有的即使是代销也没有回旋余地，因此几天下来毫无建树。

　　正当沮丧之际，某报上一则读者来信引起了大刘的关注，信上说那儿的一个农场由于地理位置的关系，买的彩电都成了聋子的耳朵——摆设。

　　看到这则消息，大刘如获至宝，当即带上10来套天线样品，几经周折才打听到那个离兰州有100多公里的天运农场。信是农场场长写的，他告诉大刘，这里夏季雷电较多，以前常有彩电被雷电击毁，不少天线生产厂家也派人来查，都知道问题出在天线上，可查来查去没有眉目，使得这里的几百户人家再也不敢安装天线了，所以几年来这儿的黑白电视只能看见哈哈镜般的人影，而彩电则只是形同虚设。

大刘拆了几套被雷击的天线，发现自己公司的天线与他们的毫无二致，也就是说，他们公司的天线若安装上去，也免不了重蹈覆辙。大刘绞尽脑汁，把在电子学院几年所学的知识在脑海里重温了数遍，加上所携仪器的配合，终于使真相大白，原因是天线放大器的集成电路板上少装了一个电感应元件。这种元件一般在任何型号的天线上都是不需要的，它本身对信号放大不起任何作用，厂家在设计时根本就不会考虑雷电多发地区，没有这个元件就等于使天线成了一个引雷装置，它可直接将雷电引向电视机，导致线毁机亡。

找到了问题的症结，一切都可以迎刃而解了。不久，大刘在天线放大器上全部加装了感应元件，并将这种天线先送给场长试用了半个多月。其间曾经雷电交加，但场长的电视机却安然无恙。此后，仅这个农场就订了500多套天线。同时热心的场长还把大刘的天线推荐给存在同样问题的附近5个农林场，又给他销出2000多套天线。

一石激起千层浪，短短半个月，一些商场的老总主动向大刘要货，连一些偏远县市的商场采购员也闻风而动，原先库存的5000余套天线很快售完。

一个月后，大刘返回公司。而这时公司如同迎接凯旋的英雄一样，为他披红挂彩并夹道欢迎。营销部李部长也已经主动辞职，公司正式任命大刘为新的营销部部长。

在这个故事中，大刘成功了，是因为他没有跟着李部长找借口推脱责任，而是积极地寻找解决问题的方法。反之，李部长失败了，因为他只是一味寻找借口，而不去寻找方法，自然要被找方法而不找借口的大刘取而代之。

许多杰出的人都富有开拓和创新精神，他们绝不在没有努力的情况下就事先找好借口。没有任何借口，是每个成功者走向成功的通行证。

有些人往往有这样的借口——"我干不了这个！"所以常导致这种错误：在进行着一件重要的工作时，往往预留一条退路。但是当一个士兵知道虽然战争极其激烈但仍有一条后路时，他大概是不会拼尽他的全部力量的。只有在一切后退的希望都没有了的时候，一支军队才肯用一种决死的精神拼战到底。

拒绝借口，就是要断绝一切后路，倾注全部的心血于你的事业中，抱定任何阻碍都不能使你向后转的决心——这样的精神是最可贵的。只有具备这样的精神，你才能取得成功。

【每日一点】

平庸的人之所以平庸，是因为他们总是找出种种理由来欺骗自己。而成功的人，会想尽一切方法来解决困难，而绝不找半点借口让自己退缩。没有任何借口，是每个成功者走向成功的通行证。

扔掉"可是"这个借口

拒绝"可是"，拒绝借口，你才能找到解决问题的切入点，才能真正认识到自己的能力，而后准确地给自己定位。因为任何"可是"、任何借口，其实都是懒人的托词，它只能慢慢地把你推向失败的漩涡，让你处于一种疲惫且不知前进的状态。而扔掉"可是"这个借口，你才能发掘出自己的潜能，闯出属于自己的一片天地。

"我本来可以，可是……"

"我也不想这样，可是……"

"是我做的，可是这不全是我的错……"

"我本来以为……可是……"

行事不顺时，我们都喜欢以"可是"这个借口来推脱责任，却很少有敢于承担后果的勇气，很少去思考解决问题的方法，就这样不断地求助于"可是"，不断地寻找各种各样的借口，糟糕的事情不断发生，生活也就不断地出现恶性循环。须知，唯有扔掉"可是"这个借口，你才能跨出心灵的囚笼，取得意想不到的辉煌成果。

对于很多善于找借口的人来说，从一件事情上入手来尝试着丢掉借口，抓紧时间，集中精力去做好手边的事，也许结果会大不相同。

一次，美国著名教育家、人际关系专家戴尔·卡耐基先生的夫人桃乐西·卡耐基女士，在她的训练学生记人名的一节课后，一位女学生跑来找她，这位女学生说：

"卡耐基太太，我希望你不要指望你能改进我对人名的记忆力，这是绝对办不到的事。"

"为什么办不到？"卡耐基夫人吃惊地问，"我相信你的记忆力会相当棒！"

"可是这是遗传的呀，"女学生回答她，"我们一家人的记忆力全都不好，我爸爸、我妈妈将它遗传给我。因此，你要知道，我这方面不可能有什么更出色的表现。"

卡耐基夫人说："小姐，你的问题不是遗传，是懒惰。你觉得责怪你的家人比用心改进自己的记忆力容易。你不要把这个'可是'当作你的借口，请坐下来，我证明给你看。"

随后的一段时间里，卡耐基夫人专门耐心地训练这位小姐做简单的记忆练习，由于她专心练习，学习的效果很好。卡耐基夫人打破了那位小姐认为自己无法将记忆力训练得优于父母的想法。那位小姐就此学会了从自己本身找缺点，学会了自己改造自己，而不是找借口。

"可是"这个借口是人们回避困难、敷衍塞责的"挡箭牌"，是不肯自我负责的表现，是一种缺乏自尊的生活态度的反映。怎样才能不再找借口，并不是学会说"报告，没有借口"就足够了，而是要按照生活真实的法则去生活，重新寻回你与生俱来但又在成长过程中失去的自尊和责任感。

你改变不了天气，请不要说"可是"，因为你可以调整自己的着装；你改变不了风向，请不要说"可是"，因为你可以调整你的风帆；你改变不了他人，请不要说"可是"，因为你可以改变你自己。所以，面对困难，你可以调整内在的态度和信念，通过积极的行动，消除一切想要寻找借口的想法和心理，成为一个勇于承担责任的人，成为一个不抱怨、不推脱、不"可是"、不为失败找借口的人。

扔掉"可是"这个借口，让你没有退路，没有选择，让你的心灵时刻承载着巨大的压力去拼搏、去奋斗，置之死地而后生。只有这样，你的潜能才会最大限度地发挥出来，成功也会在不远的地方向你招手！

成功的人不会寻找任何借口，他们会坚毅地完成每一项简单或复杂的任务。一个追求成功的人应该确立目标，然后不顾一切地去追求目标，最终达到目标，取得成功。

许多人总爱为自己找各种各样的借口，以便让自己保存一些脸面。殊不知，这种错误的心理和方式，只会让自己逐渐滑入失败的深渊。在通常情况下，借口会让人失去信心，而处于一种疲软的生活状态之中。拒绝"可是"这个借口，向借口开刀是决定你能否胜出一般人的第一标志。

【每日一点】

成功的人不会寻找任何借口，他们会坚毅地完成每一项简单或复杂的任务。一个追求成功的人应该确立目标,然后不顾一切地去追求目标,最终达到目标,取得成功。

拒绝说"办不到"

冲破人生难关的人一定是一个拒绝说"办不到"的人,在面对别人都不愿正视的问题或者困难时,他们勇于说"行"。他们会竭尽全力、想尽一切方法将问题解决,等待他们的也将是艰辛后的成果、付出后的收获。

实际生活中,许多人的困境都是自己造成的。如果你勤奋、肯干、刻苦,就能像蜜蜂一样,采的花越多,酿的蜜也越多,你享受到的甜美也越多。如果你以"办不到"来搪塞,不知进取,不肯付出半点辛劳,遇点困难就退缩,那么你就永远也品尝不到成功的喜悦。

失败者的借口通常是"我能力有限,我办不到"。他们将失败的理由归结为不被人垂青,好职位总是让他人捷足先登。那些意志坚强的人则绝不会找这样的借口,他们不等待机会,也不向亲友们哀求,而是靠自己的勤奋努力去创造机会。他们深知唯有自己才能拯救自己,他们拒绝说"办不到"。文杰就是这样一个人。

文杰在一家大型建筑公司任设计师,常常要跑工地,看现场,还要为不同的客户修改工程细节,异常辛苦,但她仍主动地做,毫无怨言。

虽然她是设计部唯一的女性,但她从不因此逃避强体力的工作。该爬楼梯就爬楼梯,该到野外就勇往直前,该去地下车库也是二话不说。她从不感到委屈,反而挺自豪,她经常说:"我的字典里没有'办不到'这三个字。"

有一次,老板安排她为一名客户做一个可行性的设计方案,时间只有3天,这是一件很难做好的事情。接到任务后,文杰看完现场,就开始工作了。3天时间里,她都在一种异常兴奋的状态下度过。她食不知味,寝不安枕,满脑子都想着如何把这个方案弄好。她到处查资料,虚心向别人请教。3天后,她虽然眼睛布满了血丝,但还是准时把设计方案交给了老板,得到了老板的肯定。

后来,老板告诉她:"我知道给你的时间很紧,但我们必须尽快把设计方案做出来。如果当初你不主动去完成这个工作,我可能会把你辞掉。你表现得非常出色,我最欣赏你这种工作认真、积极的人。"

因做事积极主动、工作认真,现在文杰已经成为公司的红人。老板不但提升了她,还将她的薪水翻了3倍。把"办不到"这三个字常常挂在嘴边,其实是在处处为自己寻找借口。事实上,世上之事,不怕办不到,只怕拿借口来取代方法。

这个故事告诉我们，自己的命运掌握在自己手中。只要你勤奋、肯干，积极寻找问题的答案，而非一味地给自己找借口、推脱责任，你就会品尝到成果所带来的喜悦感。

很多人遇到困难不知道去努力解决，而只是想到找借口推卸责任，这样的人很难成为优秀的人。许多成功者，他们都有一个共同的特点——勤奋。在这个世界上，勤奋的人面对问题善于主动找方法，勤奋的人拒绝借口说"办不到"，勤奋的人最易走向成功。

横跨曼哈顿和布鲁克林之间河流的布鲁克林大桥是个地地道道的机械工程奇迹。1883 年，富有创造精神的工程师约翰·罗布林雄心勃勃地意欲着手这座雄伟大桥的设计，然而桥梁专家们却劝他趁早放弃这个"天方夜谭"般的计划。罗布林的儿子，华盛顿·罗布林，一个很有前途的工程师，确信大桥可以建成。父子俩构思着建桥的方案，琢磨着如何克服种种困难和障碍。他们设法说服银行家投资该项目，之后，他们怀着不可遏止的激情和无比旺盛的精力组织工程队，开始建造他们梦想中的大桥。然而在大桥开工仅几个月后，施工现场就发生了灾难性的事故。约翰·罗布林在事故中不幸身亡，华盛顿的大脑严重受伤，无法讲话，也不能走路了。谁都以为这项工程会因此而泡汤，因为只有罗布林父子才知道如何把这座大桥建成。然而，尽管华盛顿·罗布林丧失了活动和说话的能力，但他的思维还同以往一样敏捷。一天，他躺在病床上，忽然想出一种和别人进行交流的方式。他唯一能动的是一根手指，于是他就用那根手指敲击他妻子的手臂，通过这种密码方式由妻子把他的设计和意图转达给仍在建桥的工程师们。整整 13 年，华盛顿就这样用一根手指发号施令，直到雄伟壮观的布鲁克林大桥最终建成。

"办不到"是许多人最容易寻找的借口，它体现出了一个人所具有的自卑感和怯懦性，这种缺乏自信的人能否做出出色的事情呢？答案恐怕只有一个："只要有这个借口存在，他永远不可能出色。"只要一个人拒绝说"办不到"，他就会显出与别人不同的工作精神和态度，从而成就出色的事业。

寻找借口、推诿责任的话语往往会强化宿命论。说者一遍遍被自己洗脑，变得更加自怨自艾，怪罪别人的不是，抱怨环境的恶劣。你是一个怎样的人呢？恐怕你也给自己寻找过各种各样的借口，所谓"办不到"正在其列。这是必须加以改正的，因为你同样也看到了以此为借口、最后无所作为的许多个案。对一个员工来说，只要他拒绝说"办不到"，就会显出与大家不一样的工作精神和态度，就会变得充满自信，用挑战的精神对待自己，从而变得日益优秀。

【每日一点】

自己的命运掌握在自己手中。只要你勤奋、肯干，积极寻找问题的答案，而非一味地给自己找借口、推脱责任，你就会品尝到成果所带来的喜悦感。

只为成功找方法，不为问题找借口

制造托词来解释失败，这已是世界性的问题。这种习惯与人类的历史一样古老，这是成功的致命伤！制造借口是人类本能的习惯，这种习惯是难以打破的。柏拉图说过："征服自己是最大的胜利，被自己所征服是最大的耻辱和邪恶。"

顾凯在担任云天缝纫机有限公司销售经理期间，曾面临一种极为尴尬的情况：该公司的财务发生了困难。这件事被负责推销的销售人员知道了，并因此失去了工作的热忱，销售量开始下跌。到后来，情况更为严重，销售部门不得不召集全体销售员开一次大会。全国各地的销售员皆被召去参加这次会议，顾凯主持了这次会议。

首先，他请手下最佳的几位销售员站起来，要他们说明销售量为何会下跌。这些被叫到名字的销售员一一站起来以后，每个人都有一段令人震惊的悲惨故事要向大家倾诉：商业不景气、资金缺少、物价上涨等。

当第5个销售员开始列举使他无法完成销售配额的种种困难时，顾凯突然跳到一张桌子上，高举双手，要求大家肃静。然后，他说道："停止，我命令大会暂停10分钟，让我把我的皮鞋擦亮。"

然后，他命令坐在附近的一名小工友把他的擦鞋工具箱拿来，并要求这名工友把他的皮鞋擦亮，而他就站在桌子上不动。

在场的销售员都惊呆了，他们有些人以为顾凯发疯了，人们开始窃窃私语。这时，只见那位黑人小工友先擦亮他的第一只鞋子，然后又擦另一只鞋子，他不慌不忙地擦着，表现出第一流的擦鞋技巧。

皮鞋擦亮之后，顾凯给了小工友1元钱，然后发表他的演说。

他说："我希望你们每个人，好好看看这个小工友。他拥有在我们整个工厂及办公室内擦鞋的特权。他的前任的年纪比他大得多，尽管公司每周补贴他200元的薪水，而且工厂里有数千名员工，但他仍然无法从这个公司赚取足以维持他生活的费用。

可是这位小工友不仅不需要公司补贴薪水，还可以赚到相当不错的收入，每周还可以存下一点钱来。他和他的前任的工作环境完全相同，也在同一家工厂内，工作的对象也完全相同。

现在我问你们一个问题，那个前任拉不到更多的生意，是谁的错？是他的错，还是顾客的？"

那些推销员不约而同地大声说：

"当然了，是那个前任的错。"

"正是如此。"顾凯回答说，"现在我要告诉你们，你们现在推销缝纫机和一年前的情况完全相同：同样的地区、同样的对象以及同样的商业条件。但是，你们的销售成绩却比不上一年前。这是谁的错？是你们的错，还是顾客的错？"

同样又传来如雷般的回答：

"当然，是我们的错。"

"我很高兴，你们能坦率地承认自己的错误。"顾凯继续说，"我现在要告诉你们。你们的错误在于，你们听到了有关本公司财务发生困难的谣言，这影响了你们的工作热情，因此，你们不像以前那般努力了。只要你们回到自己的销售地区，并保证在以后 30 天内，每人卖出 5 台缝纫机，那么，本公司就不会再发生什么财务危机了。你们愿意这样做吗？"

大家都说"愿意"，后来果然也办到了。那些他们曾强调的种种借口，如商业不景气、资金缺少、物价上涨等，仿佛根本不存在似的，统统消失了。

卓越的必定是重视找方法的人。在他们的世界里不存在借口这个字眼，他们相信凡事必有方法去解决，而且能够解决得最完美。事实也一再证明，看似极其困难的事情，只要用心寻找方法，必定会成功。真正杰出的人只为成功找方法，不为问题找借口，因为他们懂得：寻找借口，只会使问题变得更棘手、更难以解决。

生活中，我们要尽量让自己专注在寻找方法的过程中，以待时机成熟，实现自己的人生目标。同样，你在公司工作，也应当选择有利于自己成长的事情，运用方法，把它们做深做透，而不是为自己留下诸多的借口，这样你才能从纷繁复杂的问题旋涡中脱身，大踏步走向成功。

【每日一点】

看似极其困难的事情，只要用心寻找方法，必定会成功。真正杰出的人只为成功找方法，不为问题找借口，因为他们懂得：寻找借口，只会使问题变得更棘手、更难以解决。

患上"借口症"

我们来看看几个常见的借口是如何的荒谬。

年龄借口

两个儿时的玩伴，十几年后聚在一起，大家都大为感慨，于是亲切地聊起来。然而，令人吃惊的是，两人竟都说自己已经"老"了。"现在只是为了孩子赚钱，还有十几年就要退休养老了，没有其他想法了。"

老天，才三十五六岁！怎么就等待退休养老呢？

怪不得我们这个社会有那么多失败者，他们不努力去追求成功，却随意找借口，迎接和等待人生的失败。

按说这两位玩伴现在都具有很好的条件去设立某个目标，努力攀登。遗憾的是，他们竟然放弃了一切追求，年龄的借口和其他的交谈都显露了他们消极失败的心态。三十五六岁就说"老"了。事实恰恰相反，三十五六岁的人生是最有作为、精力最旺盛的时候。因为这个时候，人们因吸收广泛的生活养料而比较成熟，更容易认识和把握自己。

许多大成功者，都是在 30 ~ 60 岁的年龄阶段达到自己事业的顶峰的。北京天安制药集团总裁吕克键，49 岁才开始辞职创业；山东乳山百万富翁养蚧专家辛启泰，50 岁才从海边滩涂上寻找到成功之路；四川"蚊帐大王"杨百万 66 岁才从摆小摊儿开始做生意；美国前总统里根 73 岁还参加竞选。

拿破仑·希尔对 2500 人进行分析，发现很少有人在 40 岁以前取得事业上的大成功。美国著名的汽车大王福特，40 岁还没有迈出成功的重要步伐。美国钢铁大王安德鲁·卡内基取得巨大成功之时，已过 40 岁。希尔本人出版第一本成功学著作时已是 45 岁，之后他为事业成功还奋斗了 42 年，当他 80 岁的时候还在出书。

年龄，绝不能成为不成功的借口。

工作中的借口

我们经常会听到这样或那样的借口。借口在我们的耳畔窃窃私语，告诉我们不能做某事或做不好某事的理由，它们好像是"理智的声音"，"合情合理的解释"，冠冕而堂皇。上班迟到了，会有"路上堵车""手表停了""今天家里事太多"等借口；业务拓展不开，工作无业绩，会有"制度不行""政策不好"或"我已经尽力了"等借口。事情做砸了有借口，任务没完成有借口。只要有心去找，借口无处不在。借口就是一块敷衍别人、原谅自己的"挡箭牌"，就是一副掩饰弱点、推卸责任的"万能器"。有多少人把宝贵的时间和精力放在了如何寻找一个合适的借口上，而忘记了自己的职责和责任啊！

寻找借口，就是把属于自己的过失掩饰掉，把应该自己承担的责任转嫁给社会或他人。这样的人，在企业中不会成为称职的员工，在社会上也不是大家可信赖和尊重的人。这样的人，注定只能是一事无成的失败者。

教育和文凭的借口

"我没有受过良好的教育"，"我没有文凭"，这是不少人常用的借口。事实上学习知识的途径多种多样，学校教育、文凭教育，仅仅是千万条求知途径中的一种。要知道从学校的书本上学东西，常常有很大的局限性，真正的教育来自社会大学和自学。

我们看看那些成功人物的教育与文凭情况："椰树集团"董事长王光兴，初中文凭；"果喜集团"总裁张果喜，小学文凭；治秃专家赵章光，高中文凭；美国钢铁大王安德鲁·卡内基13岁开始工作，几乎没接受什么正规教育；美国石油大王洛克菲勒，高中辍学；日本松下幸之助只有小学四年级的学历；香港富商李嘉诚，初中辍学……这些成功者的知识与能力全靠自学而来。

受到良好的学校教育，当然对成功有帮助，没有受到学校教育、没有文凭的人，只要愿意，自学永远不晚。

资金借口

"我没有资金，所以我不能成功……"

事实是，有资金可以帮助我们成功，但没有资金，只要想办法同样可以创业赚钱，同样可以成功。其实，资金来源途径很多：积少成多地积累，大雪球是由小雪球滚成的；向亲朋好友借钱集资；寻找一个能生财的门路；抓住机会找银行贷款；或找有钱单位和个人合伙；集资入股……许多做大生意的人都不是靠个人的资金，而是充分利用了银行、信用社以及社会闲散资金。

失败者大都喜欢找借口，成功者却大都拒绝找借口，向一切可以作为借口的原因或困难挑战。富兰克林·罗斯福因患小儿麻痹症而下身瘫痪，他是最有资格找借口的。可是他以信心、勇气和顽强的意志向一切困难挑战，居然冲破美国传统束缚，连任四届美国总统。他以病残之躯，在美国历史上，也在人类历史上写下了光辉灿烂的成功篇章。

此外，还有"运气"借口、"健康"借口、"出身"借口、"人际关系"借口等。希尔在他的《思考致富》里将一位个性分析专家编的借口表列出来，竟然有50个之多（在下一节里，我们会继续就失败者的著名托词做出探讨）。希尔说："找借口解释失败是全人类的惯常做法。这种做法同人类历史一样源远流长，且对成功有着致命的破坏力。"

那么我们该如何根治自己的"借口症"呢？

当你面对失败时，不要寻找借口，而应找出失败的原因。

一个人做事不可能一辈子一帆风顺，就算没有大失败，也会有小挫折。而每个人面对失败的态度也都不一样，有些人不把失败当一回事，他们认为"胜败乃兵家之常事"。也有人拼命为自己的失败找借口，告诉自己，也告诉别人：他的失败是因为别人扯了后腿、家人不帮忙，或是身体不好、运气不佳等。在现实生活中，不把失败当一回事的人实在不多，而这种人也不一定会成功，因为如果他不能从失败中吸取教训，就算有过人的意志也没用。但不敢面对失败，老是为失败寻找借口，也不能获得成功。

为自己的失败寻找借口的人一般都不承认自己的能力有问题，固然有很多失败是来自于客观因素，是无法避免的，但大部分失败却都是因主观原因造成的。

面对失败是件痛苦的事，就如同自己拿着刀割伤自己一样，但不这样做又能如何？人要追求成功就必须找出失败的原因来，以便对症下药。

要找出失败的原因并不很容易，因为人常会下意识地逃避，因此应双管齐下，自己检讨，也请别人批评。自己检讨是主观的，有正确的，也有不正确的；别人批评是客观的，当然也有正确的和不正确的，两者相比较，便能找出失败的真正原因了，这些原因一定和你的个性、智慧、能力有关。你应该好好分析这些问题，诚实地面对，并自我修正。如果能这么做，那你就不会再犯同样的错误，并且成功得比较快。如果一碰上失败就找借口，那你失败的机会很可能会多于成功的机会，因为你并未从根本上解决"病因"，当然也就要时常发病了！

【每日一点】

生活中，因各种借口造成的消极心态，就像瘟疫一样毒害着我们的灵魂，并且互相感染和影响，极大地阻碍着人们正常潜能的发挥，使许多人未老先衰，丧失斗志，消极处世。然而，正像任何传染病都可以治疗一样，"借口症"这个心态病也是可以克服的。办法之--就是用事实将借口一一驳倒，使它没有理由在我们心中立足。

财富不和借口在一起

在现今的经济社会生活中，每个人都想发财，每个人都有一个发财的美梦。但是，很多人很快就放弃了自己的梦想，于是生活就失去了动力，以后的生活就是往下混了，人生也就失去了意义。这就是他们失败而默默无闻的原因。只要不放弃雄心，即使你一辈子都没有实现你的发财梦，你也会觉得没有虚度此生。更何况你只要行动，就会有收获。拿破仑·希尔把致富的过程总结为六大步骤：

第一，牢记你所渴望金钱的确切数目。

第二，决定一下，你要付出什么以求报偿。

第三，设定你想拥有所渴望金钱的确切日期。

第四，草拟实现渴望的确切计划，并且立即行动，不论你准备妥当与否，都要将计划付诸实施。

第五，简单明了地写下你想获得的金钱数目及获得这笔钱的时限。

第六，一天朗读两遍你写好的告白，早晨起床时念一遍，晚上睡觉前念一遍。

这六大步骤的核心就是要行动，任何伟大的财富追求只有在行动中才会变为现实。

由此，我们每个人都应该执着地坚持自己创富的信念，保持昂扬的斗志，让梦想焕发惊人的力量，推动我们永往直前，切莫让"没有发财的命"之类的想法演化成一种借口，从而成为制约你创造财富的枷锁。

广东阳西县（深圳光明）鱼粉有限公司董事长陈广富。当年就是一个渔民，后为鱼贩，常在广州洲头咀码头和一德路水产市场售卖鱼虾，经常血本无归。经过多少次的跌跌撞撞之后，陈广富开始认识到，要发展就要充分利用当地海边资源，通过招商引资走以商带家、以工促农、农工商齐发展之路。说干就干的陈广富，先是创办了儒洞海发水产贸易部，进行水产品加工贸易，然后投入 500 万元，与渔民合资、联营造船 60 艘共同发展渔业产业。后来，他又邀请深圳光明农场加盟建立阳西县（深圳光明）鱼粉有限公司，先后投入 1500 万元，把原来简单机械加工改为进口丹麦湿法鱼粉加工设备（3 条流水线），这些设备和所采用的技术是当时国内最先进的。年产鱼粉 1 万多吨，鱼油 1000 多吨，产值 5000 多万元。随后又投入 2300 万元建成 2 条饲料生产线，年产各种饲料 8 万多吨，产值 4000 多万元。他一手创办的阳西县（深圳光明）鱼粉有限公司从而成为广东省首批 20 家农业龙头企业之一。

从陈广富身上我们可以看出，要致富，首先得敢致富。恰恰这一点是许多人缺乏的，也是许多人所忽视的。

只有敢于亮出致富的旗帜，敢于采取致富的行动，才有可能走上富裕的道路。

【每日一点】

人在致富问题上总是哀叹："我天生没有什么野心，不是发财的料。"这是一种典型的借口。"王侯将相，宁有种乎？"没有人天生注定要发大财，但人人都可以做发财梦，激发发财的野心。要知道，许多成功者之所以成功，是从形成谋财的"野心"开始的。

执行力在借口中搁浅

人生的时间是有限的，我们应该时刻为成功做准备。但有的人从小养成了拖沓的习惯，并常常用一些漂亮的言辞来掩盖，说什么"我正在分析"。可是数个月过去了，他们还在分析，而没有丝毫执行的迹象。他们没有意识到，他们正在受到某种被称之为"分析麻痹症"的病毒的侵蚀，这样只会使他们越陷越深，永远也不能实现自己的梦想。另外一种人爱以"我正在准备"做掩护，一个月过去了，他们仍然在准备，好多个月过去了，他们还没有准备充分。他们没有意识到这样一个严重的问题，他们正在受到某种被称为"借口"的缺点的侵蚀，他们不断为自己制造借口。

有一首著名的诗是这样写的：

他在月亮下睡觉，

他在太阳下取暖，

他总是说要去做什么，

但什么也没做就死了。

当我们还是一个小孩的时候我们对自己说，当我成为一个大人的时候，我会做这做那，我会很快乐；等我们读完大学之后，我们又说，等我找到第一份工作的时候，我会做这做那，我会很快乐；当我们找到第一份工作之后，我们又会说，当我结婚的时候……然后我们又会说，当孩子们从学校毕业的时候，我会做这做那，并得到快乐；当我们退休的时候，真正步入了我们的晚年，我们看到了什么？我们看到了生活已经从我们的眼前走过去了！

什么时候了？我们在哪里？对这个问题的回答是：时间是现在，我们在这里，让我们充分利用此时此刻。这句话的意思并不是说我们不需要计划未来，相反，这正意味着我们需要计划未来。如果我们最大限度地利用此时此刻，立即行动，我们就是在播种未来的种子，难道不是吗？

生活中最可悲、最无用的话语莫过于"它本来可以这样的""我本来应该""我本来能够""如果当时我……该多好啊"。生命不是开玩笑，从来就没有虚拟语气的说法。我们之所以会把问题搁置在一旁，最主要的原因就在于我们还没有学会对自己的人生负责任，这也是我们事后后悔时痛苦不堪的原因。

成功者总在做事，失败者总在许愿。一个人如果认真考虑过他所负担的责任，那么可以令人信服地说，他会立即采取行动。个人的行动是我们唯一有能力支配的东西，千万别让自己的执行力在借口中搁浅。

研究、准备是必要的，但总也走不出这种状态和过程则是不对的。许多机会稍纵即逝，时势也总在发生变化，生活不会静态地耐心等待着你准备得十全十美，完全到位。研究、准备下去，永远不去执行，到头来，除了一头白发之外我们将一无所获。

【每日一点】

成功者总在做事，失败者总在许愿。一个人如果认真考虑过他所负担的责任，那么可以令人信服地说，他会立即采取行动。个人的行动是我们唯一有能力支配的东西，千万别让自己的执行力在借口中搁浅。

财富源自积累

有许多年轻人经常夸耀说，他们每月可以赚很多的钱，但拿到之后总是花个精光，他们从来不愿存一分钱。有了这种习惯的年轻人到了晚年，也剩不下几个钱，他们晚年的景象必定会十分凄凉！

许多年轻人往往把本来应该用于发展事业的资本，用到时髦的嗜好或娱乐方面。如果他们能把这些不必要的花费节省下来，积少成多，一定可以为将来事业的发展奠定一个坚实的基础。

年轻人之所以一踏入社会就花钱如流水，胡乱挥霍，是因为他们从不知道金钱对于事业的价值。他们胡乱花钱的目的只是想让别人觉得自己"阔气"。

即使是在隆冬季节，当他们与女友约会时，也非得买些价格昂贵的鲜花或各种糖果等小玩意。他们也许不曾想到，这样费尽心机、花费钱财追来的妻子，将来也绝不会帮他们积蓄钱财，而只会花钱如流水。一旦他们品尝了挥霍带来的恶果，便又开始埋怨当初的恶习，紧接着，不懂积蓄等又成为他们的现成借口，于是继续借着它们去掩饰一生不能成功的现实。

很久以前，有个年轻人，在大街上捉到一只老鼠。他把老鼠送到一家药铺，得到一枚铜币。他用这枚铜币买了一点糖浆，兑上水给花匠们喝后，花匠们每人送他一束鲜花。他卖掉这些鲜花，便积聚了 8 个铜币，买了一些糖果。

一天，风雨交加，御花园里满地都是被狂风吹落的枯枝败叶。年轻人对园丁说："如果这些断枝落叶全归我，我可以把花园打扫干净。"园丁们很乐意："先生，你都拿去吧！"年轻人走到一群玩耍的儿童中间，分给他们糖果，顷刻之间，他们帮他把所有的断枝败叶捡拾一空。皇家厨工到御花园门口看到这堆柴火，便买下运走，年轻人得到了 16 个铜币。

年轻人在离城不远的地方摆了一个水罐，供应 500 个割草工人饮水。不久他又结识了一个商人，商人告诉他："明天有个马贩子带 400 匹马进城。"听了商人的话，他对割草工人说："今天请你们每人给我一捆草，行吗？"工人们很感激年轻人为他们提供饮水，便都很慷慨地说："行！"马贩子来后，需要买饲料，只有年轻人这里草多，他便出 1000 个铜币买下了这个年轻人的 500 捆草。

几年后，年轻人成了远近闻名的富翁，他发家的本钱是用一只老鼠换来的一枚铜币。很多时候，富翁就诞生在我们身边，那些做小生意的人说不定哪天就成了大商人。

以上这个小故事生动地告诉我们积累资金的方式。即使是一枚看似平常的铜钱，也身具惊人的魔力，只要我们懂得利用它，就可以凭借微不足道的资金实现我们的创富计划。这对于那些大肆挥霍、不懂得积累的人们来说是一个警醒：当他们再一次埋怨没有创富的资本时，这本身已构不成一个理由！

【每日一点】

许多人不懂得资金的积累是创富的必备条件，他们挥霍无度。"人无横财不富，马无夜草不肥""财富不是靠积累而是靠豪夺而得到的……"这些都是失败者的借口，要知道，大钱都是由小钱积累起来的。你平日忽视的一块钱，就可能带有巨大的魔力。

第六章

以信念的烛光点燃成功的圣灯

信念是幸福人生的航道

唐代的百丈禅师，曾制定《百丈清规》，并笃实奉行，"一日不作，一日不食"，一面修行，一面劳作。他年老时仍然照常操作，弟子们于心不忍，偷偷地把他的农作工具藏匿起来。禅师找不到工具，那一天没工作，但是那一天他也就真的没吃东西。百丈禅师为何能精勤不休？是因为他的信念和抱负鞭策着他。

清末时，梨园中有"三怪"，声名远播。

跛子孟鸿寿，幼年身患软骨病，身长腿短，头大脚小，走起路来不能保持身体平衡。于是，他暗下决心，勤学苦练，扬长避短，后来一举成为丑角大师。

瞎子双阔，自小学戏，后来因疾失明，从此他更加勤奋学习，苦练基本功，他在台下走路时需人搀扶，可是上台表演却寸步不乱，演技超群，终于成为一名功深艺湛的武生。

哑巴王益芬，先天不会说话，平日看父母演戏，一一默记在心，虽无人教授，但他每天起早贪黑练功，常年不懈。艺学成后，一鸣惊人，成为戏园里有名的武花脸，被戏班奉为导师。

身有残疾的梨园三怪，为什么能够成才呢？一是他们不被自己的缺陷所压服，身残的压力让他们更加坚定了人生的信念。看似失败的人生，实际还有通向成功的途径。他们身残志坚、扬长避短，再加上勤奋，于是他们从勤奋中煅造了最好的自己，同时也成就了一番事业。

【每日一点】

抱着坚定的信念，铁树也有可能开花。信念，为幸福人生指明了航道。

幸福不可缺乏前进的动力

人生在世，每个人都厌恶自卑。但从另一个角度来说，若能将自卑转化成永远前进的动力，自卑，也未必可怕。

大学里，他曾被公认为是全班最怯懦的人，同学们都不屑于与他交往。大学毕业挥手告别之时，还有许多人预言 10 年后的相聚他将是失败者之一。

弹指间，10 年过去了，他们的相聚如期举行。聚会到高潮，每人依次上台讲述自己的现状和理想，还有对目前生活的满意程度。大多数人目前的现状不如当年跨出校门时的理想，对目前生活满意者几乎没有。

轮到他发言了，他缓缓地走到前面，清了清嗓子，沉着地说道："我目前拥有数家公司，总资产上亿元，远远超过当年走出校门时的理想。如果说还有什么遗憾的话，就是我认为离那些我所欣赏的成功者还很遥远。是的，无论是在学校还是投身社会，我一直都很自卑，感觉每一个人都有特长，都比我强。所以我要努力学习每一个人的特长，并且尽力丢掉自己的缺点。但我发现，无论我如何努力也总是无法赶上所有的人，所以我就一直自卑下去。因为自卑，我把远大的理想埋在了心底，努力做好手头的每一件小事；因为自卑，我将所有的伟大目标转化成向别人学习的一点点的进步。这样，永远让自己处在自卑之中，我就会获得源源不断的前进动力。"

台下一片默然。

自卑，也可以成为人生的动力，为成功、幸福的兑现加油助威。

【每日一点】

自卑人人皆有，但通过追求优越目标以补偿自己，把这一消极因素变为前进动力的人，是幸福的。

不靠天不靠地，自己的事自己干

人生在世，独立是一生的财富。有了"自己的事自己干"的信念，你就可以真正地享受自己的生活。

江斯顿是美国前总统林肯继母的儿子，他平时不求上进，常生活无着。一次，他写信向林肯借钱，林肯很快写了一封回信。

亲爱的江斯顿：

　　你向我借 80 块钱。我觉得目前最好不要借给你。所有的问题都源于你那浪费时间的恶习，改掉这种习惯对你来说很重要，而对你的儿女则更为重要。因为，他们的人生之路还很长，在没有养成闲散的习惯之前，尚可加以制止。我建议你去工作，去找个雇人的老板，为他"卖力地"工作。为了使你的劳动获得好的酬金，我现在可以答应你，从今天起，只要你工作挣到 1 块钱或是偿还了 1 块钱的债，我就再给你 1 块钱。

　　这样的话，如果你每月挣 10 块钱，你可以从我这里再得到 10 块钱，那么你一个月就可赚 20 块钱。我不是说让你到圣路易或加利福尼亚州的铅矿、金矿去，而是让你在离家近的地方找个最挣钱的工作——就在柯尔斯县境内。

　　如果你愿意这样做，很快就能还清债务。更重要的是你会养成不再欠债的好习惯。但如果我现在帮你还了债，明年你又会负债累累。照我说的做，保证你工作四五个月后就能挣到那 80 元钱。

　　你说，如果我借给你钱，你愿意把田产抵押给我，若是将来还不清钱，田地就归我所有……胡说八道！

　　假如你现在有田地都无法生存，将来没有了田地又怎么能存活呢？你一向对我很好，我现在也不是对你无情无义，如果你肯采纳我的建议，你会发现，对你来说，这比 8 个 80 块钱还值！

挚爱你的哥哥　亚·林肯

　　林肯的信，至今仍有积极意义。一个追求幸福的人，绝不可丢弃自立自强的信念。

【每日一点】

　　人的成长过程就是一个不断提高自己自立能力的过程。有自立的信念，不靠天，不靠地，才是大写的"人"，才能书写自己的幸福画卷。

善于做准备的人，距离成功最近

　　我们常说：养兵千日，用兵一时，这是一种准备哲学。准备工作做得越充分的人，成功的可能性就越大。

　　重量级拳王吉尼·吐尼一生获得过无数的荣誉，也面对过无数个强敌。有一回他要和杰克·丹塞对决，杰克·丹塞是个强劲的对手。他知道如果被丹塞击中，一定会伤得很重，一个受重伤的拳击手短时间内是很难反败为胜的。于是，他开始做准备工作，他要加紧训练，他最重要的训练项目就是后退跑步。

一场著名的拳赛过后，证明吐尼的策略是对的。第一回合吐尼被击倒之后，然后爬起来，尽量后退以避开对手，直拖到第一回合终了。等到第二回合，他的神智和体力都充分恢复之后，他奋力把丹塞击倒在地，获得了最后的胜利。

吐尼的胜利归功于他在事前做了充分的准备。在实际生活中，我们每天都在面对各式各样的困难，既然我们不能预知我们的际遇，我们只好调整自己的心态，随时准备好去应付最坏的状况。

某大学中文系毕业生小叶听说市政府要招聘一个文字秘书。当时，他所在学校的学生会主席、班长以及其他几十名大学生都纷纷应聘这个岗位，准备的简历、资料一个比一个华美、详尽。然而，小叶在大学 4 年期间先后在省市级多家报刊发表过上百篇文章，他灵机一动，拿着厚厚一叠稿费通知单的复印件到市政府应聘，被顺利录用。

上百张稿费通知单，要胜过精美的简历和空虚的光环千万倍。

中国有一句古话："与其临渊羡鱼，不如退而结网。"成功从来青睐有准备的人！

我们的人生也是如此，面对困厄、问题，手足无措，仓促应战，只会导致失利。胜利，只属于枕戈待旦的人。

【每日一点】

智者不打无准备之仗，不为明天做准备的人永远不会有未来。

缺失是冒险的信念，只会画地自限

生活中，每个人都有自己一定的安全区，你想跨越自己目前的成就，那就不要画地自限。勇于接受挑战，敢于冒险来充实自我，你一定会发展得比想象中更好。

一天，寄居蟹看见龙虾正把自己的硬壳脱掉，只露出娇嫩的身躯。寄居蟹非常紧张地说："龙虾，你怎可以把唯一保护自己身躯的硬壳也放弃呢？难道你不怕有大鱼一口把你吃掉吗？以你现在的情况来看，连急流也会把你冲到岩石上去，到时你不死才怪呢！"

龙虾一笑，平静回答："谢谢你的关心。但是你不了解，我们龙虾每次成长，都必须先脱掉旧壳，才能生长出更坚固的外壳。现在面对的危险，只是为了将来发展得更好而做的准备。"

寄居蟹似有所悟，自己整天只顾着找可以避居的地方，而没有想过如何令自己成长得更强壮。整天只活在别人的荫庇之下，不敢外出冒险，难怪永远都无法有自己的发展。

人也如此。法国文学家雨果曾说："所谓活着的人，就是不断挑战的人，不断攀登命运险峰的人。"的确，整个生命就是一场冒险，走得最远的人，常是愿意去做，并愿意去冒险的人。

【每日一点】

万无一失意味着止步不前，那才是人生最大的危险。

热忱源于信念

热忱并非上天赐予的，或外界强加于你的，它源于内心，源于信念。

热忱是坚定的信念在行动上的表现，是被称为燃烧的欲望的强烈情绪，是促使你将思想付诸行动的巨大力量。

在励志大师卡耐基的办公桌上，有一块牌子，他家的镜子上也吊了同样一块牌子。巧的是麦克阿瑟将军在南太平洋指挥盟军的时候，办公室墙上也挂着一块牌子，上面都写着同样的文字：

你有信仰就年轻，疑惑就年老；

有自信就年轻，畏惧就年老；

有希望就年轻，绝望就年老；

岁月使你皮肤起皱，但是失去了热忱，就损伤了灵魂。

这是对热忱最好的赞词。培养并发挥热忱的特性，我们就可以为我们所做的每件事情，加上火花和趣味。

IBM（国际商业机器公司）成为当今世界上最大的计算机制造公司的成功秘籍就是为顾客创造良好的售后服务条件。长期以来，该公司挑选了一批优秀的技术骨干，专门负责解决顾客的问题和疑难，而且向顾客许诺：服务会在顾客提出要求后的 24 小时之内完成。

有一次，一家使用 IBM 计算机的公司打来长途电话，请求该公司立即派人前去帮助修理计算机出现的故障。可是这家用户地处偏远的山区，靠一般的交通工具需要花费两天的时间才能到达那里。为了及时帮助顾客排忧解难，维护公司的声誉，经过短时间的研究之后，该公司的维修人员毅然踏上了直升机，及时赶到了用户家里，而且对用户表示歉意，满怀热情地为用户顺利而及时地排除了故障，使这家客户大为感动。优质的产品及工作人员良好的工作热情，使 IBM 公司在世界计算机销售领域中独占鳌头。

一个热忱的人，无论是在挖土，或者经营大公司，都会认为自己的事业是一项神圣的天职，并怀着深切的兴趣。对自己的事业热忱的人，不论事业有多少困难，或需要多少的努力，始终会用不急不躁的态度去进行。只要抱着这种态度，任何人都一定会成功，一定会达到目标。

一个没有热忱的人，不论有什么能力，都发挥不出来。热忱可以改变一个人对他人、工作以及对全世界的态度，热忱使人更热爱人生。

【每日一点】

爱默生说："有史以来，没有任何一件伟大的事业不是因为热忱而成功的。"事实上，这不是一段单纯而美丽的话语，而是迈向成功之路的路标。

命运女神只垂青于执着地相信自己的人

一位经验丰富的农夫在自己的田里种黄豆，由于天气干旱和地鼠为患，他把种子埋得很深。

过了几天，农夫带着年仅 6 岁的儿子去查看，翻开土壤，他们发现很多种子都长出了长茎，顶上是两瓣黄黄的嫩芽，这柔弱的生命正在土壤的空隙中七弯八拐地往上生长着，很快将要破土而出。

儿子惊讶地问："小苗长眼睛了吗？"

"没有。"

"那它怎么都知道要往上生长，而不往下长呢？"

"因为它要寻找太阳，没有阳光他们最终会死的。"

儿子又问农夫："那么，如果我要是没有阳光会死吗？"

农夫告诉儿子："孩子，你放心，对生活对自己有信心，就不会没有阳光的。"

如同种子一样，我们每一个人也应坚信：幸福的阳光就在自己的头顶上。

我们每个人都有 140 亿个脑细胞，每个人只利用了肉体和心智能源的极小部分，若与人的潜力相比，我们只是半醒状态。正如美国诗人惠特曼诗中所说：

我，我要比我想象的更大、更美

在我的，在我的体内

我竟不知道包含这么多美丽

这么多动人之处……

人是万物的灵长，是宇宙的主宰，我们每个人都具有发扬生命的本能。为"生命本能"效力的就是人体内的创造机能，它能创造人间的奇迹，也能创造一个最好的你。

一个人相信自己是什么，就会是什么。一个人心里怎样想，就会成为怎样的人。相信你是个强者，你就可能是个强者，我们每个人心里都有一幅"心理蓝图"或一幅自画像，有人称它为"自我心像"。自我心像有如电脑程序，直接影响它的运作结果。如果你的心想象的是做最好的你，那么你就会在你内心的"荧光屏"上看到一个踌躇满志、不断进取的自我。同时，还会经常收听到"我做得很好，我以后还会做得更好"之类的信息，这样你注定会成为一个最好的你。

【每日一点】

相信自己，创造最好的"我"，幸福、成功将悄然而至。

可以输给别人，但不能输给自己

在生活的艰难跋涉中，我们要坚守一个信念：可以输给别人，但绝不能输给自己。很多时候，面对恶劣的环境，面对天灾人祸，面对尔虞我诈，是我们在心理上先否定了自己，是我们自己选择了放弃，选择了失败。

在某次宴会上，美国著名社会心理学家巴尔肯博士提议，每人使用最简短的话写一篇"自传"，行文用句要短到甚至可以作为死后刻在墓碑上的墓志铭。于是乎大家凝神苦思，伸纸落笔。

一个愁云满面的青年，交给巴尔肯一纸通篇只有 3 个标点符号的"自传"：一个破折号"——"，一个感叹号"！"和一个句号"。"。巴尔肯问他是什么意思，年轻人苦笑说："一阵横冲直撞，落了个伤心自叹，到头来只好完蛋。"略一沉思，巴尔肯提笔在这篇"自传"的下边有力地画了3个标点符号：一个顿号"、"，一个省略号"……"和一个大问号"？"。

接着，博士用他那特有的鼓励口吻，对这位自暴自弃的青年说："青年时期是人生一小站；道路漫长，希望无边；岂不闻'浪子回头金不换'？"

生活中，打败你的不是外部环境，而是你自己。

一个不输给自己的强者，他是不忘自己的人生权利，在困境中也能选择积极心态的人；他是能正确对待失败，永不放弃的人；他是有傲骨而没有傲气的，看重自己做人的尊严胜过自己生命的人；他是能尊重、宽容、善待朋友，知道怎样对待别人，别人应怎样对待自己的人；他是能驾驭时间，高质量利用时间和能跟时间赛跑的人；他是对财富有正确的理解，君子爱财，取之有道的人；他是理解爱情真谛，拥有强大情感支撑的人。

【每日一点】

其实人生最大的敌人就是自己。坚定了必胜的信念，不输给自己，命运总有一天会向你低头。

"不可能"是机会的代名词

一个信念可以造就一段传奇，一个信念可以把常人眼中的"不可能"变为"可能"。

1485年5月，哥伦布到西班牙极力游说："我从这儿向西也能到达东方，只要你们拿出钱来资助我。"当时，没有一个人阻止他，也没有人刺杀他，因为当时的人认为，从西班牙向西航行，不出500海里(926千米)，就会掉进无尽的深渊；到达富庶的东方，是绝对不可能的。

不料，在他第一次航行成功，第二次又要去的时候，不仅遇到了空前的阻力，而且还有人在大西洋上拦截，并企图暗杀他。至于原因，非常简单，因为沿这条航线绝对能够到达富庶的东方，他再去一回，那儿的黄金、玛瑙、翡翠、玉石、皮毛、香料，就会使他富比王侯，不可一世。

在法国，一位小男孩创办了一个专门提供玩具信息的网站。当时，没有一个人把他放在眼里，没有一家同类的公司与之为敌，也没有哪家行业会来找他签订行业约束条款。他们认为，那个网站只是一个孩子的游戏，成不了什么气候。谁知结果却出人意料，这个小男孩不仅把网站做大了，而且在他十几岁时，就通过广告收入，成了法国最年轻的百万富翁。

可见，"不可能"的另一面，即为"机会"。

因为不可能，必然谁也不去关注，谁也不去攻击，谁也不去设防；再者，不可能实现的事，一般都没有竞争对手，第一个去做的人正好可以独自乘虚而入。

另外，一般人认为不可能的事，肯定是件十分困难、甚至是难以想象的事。因为太难，所以畏难；因为畏难，所以根本不去问津。不但自己不去问津，甚至认为别人也不会问津。可以说，世界上真正的大业，都是在别人认为不可能的情况下完成的。在人类一步步从过去走向未来的过程中，不可能的事，一件还没有发现。

【每日一点】

唯有信念坚定的强者，最爱人们眼中的"不可能"，因为其中潜藏着无数的机遇。

坚持与否，决定着你的历史

能够坚持自己信念的人，永远不会被击倒，他们是一群人生的胜利者。

一天，70多岁的湖达·克鲁斯太太突然产生了一种想要登山的念头。人们都认为她疯了，那么大的年纪，不知道还能活多少年，何必再去冒险呢？

她没有理会别人的话，因为她认为，只要她想做的事情，就不会办不到。

老太太开始学习登山了，每天坚持锻炼，风雨无阻。不管锻炼有多苦、多累，她都没有放弃。最后她不仅成了一名真正的登山队员，而且还以95岁的高龄登上了日本的富士山，打破了攀登此山的最高年龄纪录。

95岁的老太太尚可凭心中的勇气登上富士山，那我们还有什么做不到呢？

著名影星周润发在从事影视专业以前，曾是美丽华酒店的服务生，干的就是替客人搬行李、擦车的活儿。有一天，一辆豪华的劳斯莱斯轿车停在酒店门口，车主人吩咐一声："把车洗洗。"周润发那时刚刚中学毕业，还没怎么见过世面，他边洗边欣赏这辆车，擦完后，忍不住拉开车门，想上去享受一番。这时，正巧领班走了出来。"你在干什么？"领班训斥道，"你不知道自己的身份和地位？你这种人一辈子也不配坐劳斯莱斯！"受辱的周润发从此发誓："这一辈子我不但要坐上劳斯莱斯，还要拥有自己的劳斯莱斯！"周润发的决心是如此强烈，以至于这成了他人生的奋斗目标。许多年以后，当他红遍天下风光十足时，一连买了5部轿车！如果周润发也像领班一样认定自己的命运，那么，也许今天他还在替人擦车、搬行李，最多做一个领班。

生活中，唯有坚持的人，才坚信幸福与奇迹的存在。

【每日一点】

如果在胜利前却步，往往只能拥抱失败；如果在困境中坚持，常常会获得新的成功。

人生并非由上帝定局，你也能改写

许多时候，不同的信念造就不同的生活。它如同救世主，左右着我们的命运。

1985年，美国女孩辛蒂还在医科大学念书，有一次，她到山上散步，带回一些蚜虫。她拿起杀虫剂为蚜虫去除化学污染，却感觉到一阵痉挛，原以为那只是暂时性的症状，谁料她的后半生从此陷入不幸。

杀虫剂内所含的某种化学物质使辛蒂的免疫系统遭到破坏，使她对香水、洗发水以及日常生活中接触的一切化学物质一律过敏，连空气也可能使她的支气管发炎。这种"多重化学物质过敏症"，到目前为止仍无药可医。

起初几年，她一直流口水，尿液变成绿色，有毒的汗水刺激背部形成了一块块瘢痕。她甚至不能睡在经过防火处理的床垫上，否则就会引发心悸和四肢抽搐。后来，她的丈夫用钢和玻璃为她盖了一所无毒房间，一个足以逃避所有威胁的"世外桃源"。辛蒂所有吃的、喝的都得经过选择与处理，她平时只能喝蒸馏水，食物中不能含有任何化学成分。

很多年过去了，辛蒂没有见到过一棵花草，听不见一声悠扬的歌声，感觉不到阳光、流水和风。她躲在没有任何饰物的小屋里，饱尝孤独之余，甚至不能哭泣，因为她的眼泪跟汗液一样也是有毒的物质。

然而，坚强的辛蒂并没有在痛苦中自暴自弃，她一直在为自己，同时更为所有化学污染物的牺牲者争取权益。1986年，她创立了"环境接触研究网"，以便为那些致力于此类病症研究的人士提供一个窗口。1994年辛蒂又与另一组织合作，创建了"化学物质伤害资讯网"，希望人们免受化学物质威胁。目前这一资讯网已有来自32个国家的5000名会员，不仅发行了刊物，还得到美国、欧盟及联合国的大力支持。

她说："在这寂静的世界里，我感到很充实。因为我不能流泪，所以我选择了微笑。"

许多时候，上天安排的厄运并非故事的结局，以你的信念作笔，你完全可以改写命运！

【每日一点】

信念决定命运。

不能流泪，就选择微笑吧。上帝也无法左右你的幸福。

专注、执着，幸福之本

专注、执着是一种信念，是一种忘情和忘我的投入。

一位伟人说，一个人的一生只能做好一件事。可是，并不是任何人的一生都能做好一件事，这里边固然有诸如才智、环境、机遇等方面的因素，但主要还是缺少对所追求事物的投入。

这世上，专注者往往默默无闻，普通得如田野里耕作的农人和车间里生产的工人，谦卑得如郊外的草树、如山谷里不为人知的流水。但是，他们还有一个共同的特点，就是对自己所追求的事业具有献身精神，能够把自己的时间和精力都投入其中。

学者梁实秋曾断断续续用 30 余年的时间独自完成了《莎士比亚全集》的翻译工作，投入了几乎半生的精力。开始，梁实秋共物色了 5 个人担任翻译，他和闻一多、徐志摩、陈西滢、叶公超，计划 5 至 10 年完成。后来，另外四人临阵退出，梁实秋便一个人把任务承担下来。人生的遭遇是任何人都难以预料的，他在抗战爆发前完成 8 部莎翁剧作的翻译工作。"七七事变"后，为了躲避日寇的通缉，他不得不逃离北京，在极其艰苦的环境下，继续进行对莎翁剧作的翻译。抗战胜利后，梁实秋回到北京，在北京师范大学任教，课余之暇，他依然坚持莎翁剧作翻译工作。1967 年，由梁实秋独立翻译的莎士比亚 37 种作品的中文译本全部出齐，在国内大学界引起了轰动。梁实秋回忆说："我翻译莎氏，没有什么报酬可言，穷年累月，其间也很少得到鼓励……"梁实秋的成功，得益于他对这一工作的执着精神，得益于他一心一意的投入。任何事情都需要投入，要想成就大事就更是要锲而不舍地投入。

专注是"语不惊人死不休"的豪情，是"为伊消得人憔悴"的投入，是"十年磨一剑"的等待。所以，荀子在《劝学》中说："锲而舍之，朽木不折；锲而不舍，金石可镂。"古今成大事者，大抵都具有这份执着精神。

【每日一点】

执着的信念，能帮助我们挖掘出深藏在自身的无穷力量。让我们铭记爱因斯坦的名言："真正有价值的东西不是出自雄心壮志或单纯的责任感，而是出自对人和对客观事物的热爱与专心。"

第七章

▼

别抱怨，谁的人生没有坎坷

人生没有过不去的坎

"没有永久的幸福，也没有永久的不幸"，尽管在生活中，我们每个人都会遇到各种各样的挫折和不幸，而且有的人不仅仅要承受一种磨难，甚至受打击的时间可以长达几年、十几年，但是让人极度讨厌的厄运也有它的"致命弱点"，那就是它不会持久存在。

人们在遭受了生活的打击之后，总是习惯抱怨自己的命运不好，身边没有能够帮忙的朋友，家世也不好，没有可依靠的父母等等。其实抱怨并不能解决问题，当问题发生的时候，我们一定要相信——厄运不久就会远走，好运迟早会到来。

匹兹堡有一个女人，她已经35岁了，过着平静、舒适的中产阶层的家庭生活。但是，她突然连遭四重厄运的打击。丈夫在一次事故中丧生，留下两个小孩。没过多久，一个女儿被烤面包的油脂烫伤了脸，医生告诉她孩子脸上的伤疤终生难消，母亲为此伤透了心。她在一家小商店找了份工作，可没过多久，这家商店就关门倒闭了。丈夫给她留下一份小额保险，但是她耽误了最后一次保费的续交期，因此保险公司拒绝支付保费。

碰到一连串不幸事件后，女人近于绝望。她左思右想，为了自救，她决定再做一次努力，尽力拿到保险补偿。在此之前，她一直与保险公司的普通员工打交道。当她想面见经理时，一位接待员告诉她经理出去了。她站在办公室门口无所适从，就在这时，接待员离开了办公桌。机遇来了。她毫不犹豫地走进了经理的办公室，结果，看见经理独自一人在那里。经理很有礼貌地问候了她。她受到了鼓励，沉着镇静地讲述了索赔时碰到的难题。经理派人取来她的档案，经过再三思索，决定应当以德为先，给予赔偿，虽然从法律上讲公司没有承担赔偿的义务。工作人员按照经理的决定为她办了赔偿手续。

372

但是，由此引发的好运并没有到此中止。经理尚未结婚，对这位年轻寡妇一见倾心。他给她打了电话，几星期后，他为寡妇推荐了一位医生，医生为她的女儿治好了病，脸上的伤疤被清除干净；经理通过在一家大百货公司工作的朋友给寡妇安排了一份工作，这份工作比以前那份工作好多了。不久，经理向她求婚。几个月后，他们结为夫妻，而且婚姻生活相当美满。

这个故事很好地阐释了厄运与好运的意义，厄运不会一直存在于我们的生活里，即使是现在深陷困境，也会在不久之后就等到了厄运的夭折期。

易卜生说："不因幸运而故步自封，不因厄运而一蹶不振。真正的强者，善于从顺境中找到阴影，从逆境中找到光亮，时时校准自己前进的目标。"

任何时候，都不要因厄运而气馁，厄运不会时时伴随你，阴云之后的阳光很快就会来临。

【每日一点】

任何时候，都不要因厄运而气馁，厄运不会时时伴随你，阴云之后的阳光很快就会来临。

冬天总会过去，春天迟早会来临

四时有更替，季节有轮回，严冬过后必是暖春，这符合大自然的发展规律。在我们人类眼中，事物的发展似乎也遵循着这一条规律，否极泰来、苦尽甘来、时来运转等成语无不反映了人们的一种美好愿望：逆境达到极点就会向顺境转化，坏运到了尽头好运就会到来。所以，我们坚信，没有一个冬天不可逾越，没有一个春天不会来临。这是对生活的信心，也是对生活的希望，有了信心与希望，无论事情多糟糕，我们也会有面对现实的勇气和决心。

约翰是一个汽车推销商的儿子，是一个典型的美国孩子。他活泼、健康，热衷于篮球、网球、垒球等运动，是中学里一个众所周知的优秀学生。后来约翰应征入伍，在一次军事行动中，他所在部队被派遣驻守一个山头。激战中，突然一颗炸弹飞入他们的阵地，眼看即将爆炸，他果断地扑向炸弹，试图将它丢开。可是炸弹却爆炸了，他重重地倒在地上，当他向后看时，发现自己的右腿右手全部炸掉，左腿变得血肉模糊，也必须截掉了。一瞬间他想哭，却哭不出来，因为弹片穿过了他的喉咙。人们都以为约翰再也不能生还，但他却奇迹般地活了下来。

是什么力量使他活了下来？是格言的力量。在生命垂危的时候，他反复诵读贤人先哲的这句格言："如果你懂得苦难磨炼出坚韧，坚韧孕育出骨气，骨气萌发不懈的希望，那么苦难最终会给你带来幸福。"约翰一次又一次默念着这段话，心中始终保持着不灭的希望。然而，对于一个三截肢（双腿、右臂）的年轻人来说，这个打击实在太大了！在深深的绝望中，他又看到了一句先哲格言："当你被命运击倒在最底层之后，再能高高跃起就是成功。"

回国后，他从事了政治活动。他先在州议会中工作了两届。然后，他竞选副州长失败。这是一次沉重的打击。但他用这样一句格言鼓励自己："经验不等于经历，经验是一个人经过经历所获得的感受。"这指导他更自觉地去尝试。紧接着，他学会驾驶一辆特制的汽车并跑遍全国，发动了一场支持退伍军人的事业。那一年，总统命他担任全国复员军人委员会负责人，那时他34岁，是在这个机构中担任此职务最年轻的一个人。约翰卸任后，回到自己的家乡。1982年，他被选为州议会部长，1986年再次当选。

后来，约翰已成为亚特兰城一个传奇式人物。人们可以经常在篮球场上看到他摇着轮椅打篮球。他经常邀请年轻人与他进行投篮比赛。他曾经用左手一连投进了18个空心篮。一句格言说："你必须知道，人们是以你自己看待自己的方式来看你的。你对自己自怜，人家则会报以怜悯；你充满自信，人们会待以敬畏；你自暴自弃，多数人就会嗤之以鼻。"一个只剩一条手臂的人能成为一名议会部长，能被总统赏识担任一个全国机构的要职，是这些格言给了他力量。同时，他的成功也成了这些格言的有力佐证。

天无绝人之路，生活有难题，同时也会给我们解决问题的能力与方法。约翰之所以能够生存下来并创造事业的辉煌，是因为他坚信人生没有过不去的坎儿，坚信冬天之后春天会来临。他在困难面前没有低头，昂首挺进，直至迎来了生命的春天。

生活并非总是艳阳高照，狂风暴雨随时都有可能来临。但是每一个人都需要将自己重新打理一下，以一种勇敢的人生姿态去迎接命运的挑战。请记住，冬天总会过去，春天总会来到，太阳也总要出来的。度过寒冬，我们一定会生活得更好。

【每日一点】

没有一个冬天不可逾越，没有一个春天不会来临。这是对生活的信心，也是对生活的希望，有了信心与希望，无论事情多糟糕，我们也会有面对现实的勇气和决心。

不要把自己禁锢在眼前的苦痛中

世事无常，我们随时都会遇到困厄和挫折。遇见生命中突如其来的困难时，你都是怎么看待的呢？不要把自己禁锢在眼前的困苦中，眼光放远一点，当你看得见成功的未来远景时，便能走出困境，达到你梦想的目标。

当我们处于厄运的时候，当我们面对失败的时候，当我们面对重大灾难的时候，只要我们仍能在自己的生命之杯中盛满希望之水，那么，无论遭遇何种坎坷，我们都能保持快乐的心情，我们的生命才不会枯萎。

在断崖上，不知何时长出了一株小小的百合。它刚发芽的时候，长得和野草一模一样，但是，它心里知道自己并不是一株野草。它的内心深处，有一个纯洁的念头："我是一株百合，不是一株野草。唯一能证明我是百合的方法，就是开出美丽的花朵。"它努力地吸收水分和阳光，深深地扎根，直直地挺着胸膛，对附近的杂草置之不理。

在野草和蜂蝶的鄙夷下，百合努力地释放内心的能量。百合说："我要开花，是因为知道自己有美丽的花；我要开花，是为了完成作为一株花的庄严使命；我要开花，是由于自己喜欢以花来证明自己的存在。不管你们怎样看我，我都要开花！"

终于，它开花了。它那灵性的洁白和秀挺的风姿，成为断崖上最美丽的风景。年年春天，百合努力地开花、结籽，最后，这里被称为"百合谷地"。因为这里到处是洁白的百合。

我们生活在一个竞争十分激烈的社会，有时在某方面一时落后，有时困难重重，有时失败连连，甚至有时被人嘲笑……无论什么时候，我们都不能放弃努力；无论什么时候，我们都应该像那株百合一样，为自己播下希望的种子。

内心充满希望，它可以为你增添一分勇气和力量，它可以支撑起你一身的傲骨。当莱特兄弟研究飞机的时候，许多人都讥笑他们是异想天开，当时甚至有句俗语说："上帝如果有意让人飞，早就使他们长出翅膀。"但是莱特兄弟毫不理会外界的说法，终于发明了飞机。当伽利略以望远镜观察天体，发现地球绕太阳而行的时候，教皇曾将他下狱，命令他改变主张，但是伽利略依然继续研究，并著书阐明自己的学说，他的研究成果后来终于获得了证实。最伟大的成就，常属于那些在大家都认为不可能的情况下却能坚持到底的人。坚持就是胜利，这是成功的一条秘诀。

暂时的落后一点都不可怕，自卑的心理才是可怕的。人生的不如意、挫折、失败对人是一种考验，是一种学习，是一种财富。我们要牢记"勤能补拙"，既能正确认识自己的不足，又能放下包袱，以最大的决心和最顽强的毅力克服这些不足，弥补这些缺陷。人的缺陷不是不能改变，而是看你愿不愿意改变。只要下定决心，讲究方法，就可以弥补自己的不足。

在不断前进的人生中，凡是看得见未来的人，也一定能掌握现在，因为明天的方向他已经规划好了，知道自己的人生将走向何方。留住心中的"希望种子"，相信自己会有一个无可限量的未来，心存希望，任何艰难都不会成为我们的阻碍。只要怀抱希望，生命自然会充满激情与活力。

【每日一点】

当我们处于厄运的时候，当我们面对失败的时候，当我们面对重大灾难的时候，只要我们仍能在自己的生命之杯中盛满希望之水，那么，无论遭遇何种坎坷，我们都能保持快乐的心情，我们的生命才不会枯萎。

错误往往是成功的开始

曾经有人做过分析后指出，成功者成功的原因，其中一条很重要就是"随时矫正自己的错误"。一个渴望成功、渴望改变现状的人，绝对不会因一个错误而停止前进的脚步，他必定会找出成功的契机，继续前进。

一位老农场主把他的农场交给一位外号叫错错的雇工管理。

农场里有位堆草垛手心里很不服气，因为他从来都没有把错错放在眼里。他想，全农场哪个能够像我那样，一举挑杆子，草垛便像中了魔似的不偏不倚地落到了预想的位置上？回想错错刚进农场那会儿，连杆子都拿不稳，掉得满地都是草，有的甚至还砸在自己的头上，非常可笑。等他学会了堆草垛，又去学割草，留下歪歪斜斜、高高低低一片狼藉；别人睡觉了，他半夜里去了马房，观察一匹病马，说是要学学怎样给马治病。为了这些古怪的念头，错错出尽了洋相，不然怎么叫他"错错"呢？

老农场主知道堆草高手的心思，邀请他到家里喝茶聊天。老农场主问："你可爱的宝宝还好吗？平时都由他们的妈妈照顾吧？"高手点点头，看得出来他很喜欢他的孩子。老人又说："如果孩子的妈妈有事离开，孩子又哭又闹怎么办呢？""当然得由我来管他们啦。孩子刚出生那阵子真是手忙脚乱哩，不过现在好多了。"高手说。

老人叹了一口气，说："当父母可不易哦。随着孩子的渐渐长大，你需要考虑的事情还有很多很多，不管你愿意不愿意，因为你是父亲。对我来说，这个农场也就是我的孩子，早年我也是什么都不懂，但我可以学，也经过了很多次的失败，就像'错错'那样，经常遭到别人的嘲笑。"

话说到这个节骨眼上，堆草高手似乎领会了老人的用意，神情中露出愧色。

"优胜劣汰"成为一种必然。但现在人们开始认同另一种说法：成功，就是无数个"错误"的堆积。

错误是这个世界的一部分，与错误共生是人类不得不接受的命运。

错误并不总是坏事，从错误中汲取经验教训，再一步步走向成功的例子也比比皆是。因此，当出现错误时，我们应该像有创造力的思考者一样了解错误的潜在价值，然后把这个错误当作垫脚石，从而产生新的创意。事实上，人类的发明史、发现史到处充满了错误假设和错误观点。哥伦布以为他发现了一条到印度的捷径；开普勒偶然间得到行星间引力的概念，他这个正确假设正是从错误中得到的；再说爱迪生还知道几千种不能用来制作灯丝的材料呢。

错误还有一个好用途，它能告诉我们什么时候该转变方向。只有适时转变方向，才不会撞上失败这块绊脚石。

【每日一点】

错误并不总是坏事，从错误中汲取经验教训，再一步步走向成功的例子也比比皆是。因此，当出现错误时，我们应该像有创造力的思考者一样了解错误的潜在价值，然后把这个错误当作垫脚石，从而产生新的创意。

笑迎人生风雨

生活中难免有痛苦和失落，但是我们不能总是用悲观的心去对待生活，而应该在艰难中给自己一点希望，让自己坚强起来，再苦也要笑一笑。

钟爱东，百亩鱼塘的主人，被评为省"巾帼科技兴农带头人"。

从一名普通的下岗女工到身价千万的养殖大王，不惑之年的钟爱东仍然勤劳淳朴。事业几经起落，她说，横下一条心，没有过不去的坎儿。

1997 年 1 月 1 日，钟爱东不能忘却的日子，这一天，本以为捧上"铁饭碗"

的她下岗了。在这家工厂工作了近20年，还成了厂里的"一把手"，钟爱东说，她把全部的心血、最好的青春年华，都给了工厂，甚至没有时间照顾年幼的孩子，"当时觉得，心里有什么东西被人硬掰了下来"，钟爱东说。那天，她哭了。

下岗后，她接到的第一个电话，是花都区妇联打来的，她说，就是这个电话，在最艰难的时候教会她"用笑容去迎接困难"。钟爱东在当厂长的时候就经常与周围的农民接触，知道养殖水产有赚头，看准这一点，她拿出了仅有的2000元"压箱底钱"，又东奔西走借了些款，一咬牙承包了200亩低洼田，资金不够，就赚一分投入一分，滚动式周转。几年下来，天天"泡"鱼塘、搞技术，200亩低洼田变成了水产养殖地。钟爱东说，那时照看鱼塘就是她全部的生活了。她每天早上都要花一个小时绕池塘走上几圈。

钟爱东没想到，生活中的第二次打击来得这么快。那一天，是钟爱东伤心的日子。一场大洪水湮灭了她刚刚兴旺的鱼塘。站在堤坝上，看着不断上涨的洪水一点点吞没了鱼塘，钟爱东绝望地回了家。"哪里跌倒就从哪里爬起来。"钟爱东说，这是当时丈夫说的唯一的话，倔强的她这次没有流泪。她开始带着工人挖塘、养苗、引进新技术、新鱼种，被洪水湮灭的鱼塘一点点"回来"了。

钟爱东成了远近闻名的"鱼王"，鱼塘越做越大，还办起了企业。多年的艰难经营，"养鱼为生"的钟爱东对技术情有独钟：一个没有创新、没有新产品的企业，就像脱水的鱼。

钟爱东有个温暖的四口之家，她说，在最困难的时候，家人的支持成了她的精神支柱。"当初好多次想到放弃，是他们帮我挺过了难关。"屡经磨难，钟爱东说最重要的是要学会如何看待失败，"下岗、失败都不用怕，路是自己走出来的，认定目标走下去，一定会成功。"

生命，有起有落，有悲有喜，起伏不定，但是太阳却依然明亮，月亮仍然美丽，星星依旧闪烁……一切的一切仍旧是那么和谐，而生命，依然会有着更美丽的色彩，亟待我们去开发。明天，总是美好的，只要我们有心，只要我们在艰难中咬紧牙关，我们就能够在痛苦中盼来新一轮的朝阳。

【每日一点】

生活中难免有痛苦和失落，但是我们不能总是用悲观的心去对待生活，而应该在艰难中给自己一点希望，让自己坚强起来，再苦也要笑一笑。

不要为了错过太阳而痛苦，美丽的月亮正升起

生活中，我们往往看到的只是事物的一个侧面，这个侧面让人痛苦，但痛苦却可以转化。蚌因身体嵌入砂粒，伤口的刺激使它不断分泌物质来疗伤，如此，就出现一颗晶莹的珍珠。哪颗珍珠不是由痛苦孕育而成？可见，任何不幸、失败与损失，都有可能成为我们有利的因素。

1900 前，在意大利的庞贝古城里，有一个叫莉蒂雅的卖花女孩。她自小双目失明，但并不自怨自艾，也没有垂头丧气把自己关在家里，而是像常人一样靠劳动自食其力。

不久，一场毁灭性的灾难降临到了庞贝城。没有任何预兆的维苏威火山突然爆发，数亿吨的火山灰和灼热的岩浆顷刻间把庞贝城给吞没了。

整座城市被笼罩在浓烟和尘埃中，漆黑如无星的午夜。惊慌失措的居民跌来碰去寻找出路，却无法找到。许多人来不及逃脱，被活活埋葬；有些人设法躲入地窖，但因熔岩和火山灰层的覆盖而窒息，也没有幸免，城中 2 万多居民大部分逃到了别处，但仍有两千多人遇难。由于盲女莉蒂雅这些年走街串巷地卖花，她的不幸这时反而成了她的大幸。她靠着自己的触觉和听觉找到了生路，而且还救了许多人。残疾，成为她的财富。

生活中谁都难免遭遇挫折，只要你树立信心，继续努力，生活中，肯定会有"柳暗花明又一村"的新景象。

西娅在维伦公司担任高级主管，待遇优厚。很长一段时间，她都为到底去什么地方度假而烦恼。但是情况很快就变得糟糕起来。为了应对激烈的竞争，公司开始裁员，而西娅则是被裁掉的一员。那一年，她 43 岁。

"我在学校一直表现不错！"她对好友墨菲说，"但没有哪一项特别突出。后来，我开始从事市场销售。在 30 岁的时候，我加入了那家大公司，担任高级主管。"

"我以为一切都会很好，但在我 43 岁的时候，我失业了。那感觉就像有人给了我的鼻子一拳。"她接着说，"简直糟糕透了。"

西娅似乎又回到了那段灰暗的日子，语气也沉重了许多。但是，不久她凭借自己的优势找到了工作，两年后，她已经拥有了自己的咨询公司。

"被裁员是一件糟糕的事情，但那绝对不是地狱。也许，对你自己来说，可能还是一个改变命运的机会，比如现在的我。重要的是如何看待，我记得那句名言，世界上没有失败，只有暂时的不成功。"西娅真诚地对墨菲说。

在人的一生中，每个人都不能保证事业上能够一帆风顺。很多人刚刚步入社会，自身的经验、才能都尚在成长之中，加上社会上竞争激烈，各个用人单位对人才的要求不尽相同，这期间面试遭淘汰，或者工作不适被辞退，这都是很正常的事情。你不必为此感到屈辱，耿耿于怀。

世界充满了就业的机遇，也充满了被淘汰的可能。被淘汰不一定是坏事，也许这正是上帝在以另一种方式告诉你：你未尽其才，你需要寻找更适合你发展的空间。

【每日一点】

世界充满了就业的机遇，也充满了被淘汰的可能。被淘汰不一定是坏事，也许这正是上帝在以另一种方式告诉你：你未尽其才，你需要寻找更适合你发展的空间。

得到别人的好处要想到回报

在第一次世界大战中，有一种德国特种兵的任务是深入敌后去抓俘虏回来审讯。

当时打的是堑壕战，大队人马要想穿过两军对垒前沿的无人区，是十分困难的。但是一个或几个士兵悄悄爬过去，溜进敌人的战壕，相对来说就比较容易了。参战双方都有这方面的特种兵，经常被派去抓回敌军的士兵审讯。

有一个德军特种兵以前曾多次成功地完成这样的任务，这次他又出发了。他很熟练地穿过两军之间的地域，出乎意料地出现在敌军的战壕中。

一个落单的士兵正在吃东西，毫无戒备，一下子就被缴了械。他手中还举着刚才正在吃的面包，这时，他本能地把一些面包递给对面突然出现的敌人。这也许是他一生中做得最正确的一件事了。

面前的德国兵忽然被这个举动打动了，并导致了他奇特的行为——他没有俘虏这个敌军士兵回去，而是自己回去了，虽然他知道回去后上司会大发雷霆。

这个德国兵为什么这么容易就被一块面包打动呢？人的心理其实是很微妙的。人一般有一种心理，就是得到别人的好处或好意后，就想要回报对方。虽然德国兵从对手那里得到的只是一块面包，或者他根本没有要那个面包，但是他感受到了对方对他的一种善意，即使这善意中包含着一种恳求。但这毕竟是一种善意，是很自然地表达出来的，在一瞬间打动了他。他在心里觉得，无论如何不能把一个对自己好的人当俘虏抓回去，甚至要了他的命。

其实这个德国兵不知不觉地受到了心理学上"互惠定律"的左右。这种得到对方的恩惠，就一定要报答的心理，就是"互惠定律"，这是人类社会中根深蒂固的一个行为准则。

一位心理学教授做过一个小小的实验，证明了这个定律。他在一群素不相识的人中随机抽样，给挑选出来的人寄去了圣诞卡片。虽然他也估计会有一些回音，但却没有想到大部分收到卡片的人，都给他回了一张，而其实他们都不认识他啊！

给他回赠卡片的人，根本就没有想到过打听一下这个陌生的教授到底是谁。他们收到卡片，自动就回赠了一张。也许他们想，可能自己忘了这个教授是谁了，或者这个教授有什么原因才给自己寄卡片。不管怎样，自己不能欠人家的情，要给人家回寄一张，总是没有错的。

这个实验虽小，却证明了互惠定律的作用。当从别人那里得到好处，我们总觉得应该回报对方。如果一个人帮了我们一次忙，我们也会帮他一次，或者给他送礼品，或请他吃饭；如果别人记住了我们的生日，并送我们礼品，我们也会如此回馈。

中国人讲究礼尚往来也是互惠定律的表现。这似乎是人类行为不成文的规则。

在不是很熟悉的朋友之间，你求别人办事，如果没有及时回报，下一次又求人家，就显得不太自然。因为人家会怀疑你是否感激他对你的付出。及时地回报，可以表现出自己是知恩图报的人，有利于相互的继续交往。

【每日一点】

投我以桃，报之以李。人性都遵循一个"互惠定律"，当你得到别人的好处时，要懂得给予回报，这样，别人才会认为你值得帮助。

让心中的抱怨工厂关门大吉

杯子里只有半杯水了，一个人看见会说："唉，只有半杯水了。"而另一个则说："啊，还有半杯水呢！"这就是对待事物的不同心态。前者是抱怨而悲观的，而后者是感恩而乐观的。我们应该要养成积极的心态，确信天黑透了，就能够看见星星，而不是去抱怨没有太阳，因为太阳绝不会听到你的抱怨。

在我们的生活和工作中，为什么有人觉得自己活得很累，不停地抱怨，又有的人觉得很轻松？为什么有的人觉得这个世界很丑恶，又有的人觉得这个世界很美好？可以说，这一切的一切都来源于心态的不同。

1972 年，新加坡旅游局给总统李光耀打了一份报告，大意是说，我们新加坡不像埃及有金字塔，不像中国有长城，不像日本有富士山，不像夏威夷有十几米高的海浪。我们除了一年四季直射的阳光，什么名胜古迹都没有，要发展旅游事业，实在是巧妇难为无米之炊。

李光耀看过报告，非常气愤。据说，他在报告上批示了这么一行字：你想让上帝给我们多少东西？阳光，阳光就够了！

后来，新加坡利用那一年四季直射的阳光种花植草，在很短的时间里，发展成为世界上著名的"花园城市"，连续多年，旅游收入列亚洲第三位。

与旅游局长心存抱怨形成鲜明对照的是，李光耀总理心存感谢。即使是一缕阳光，那也是上天的恩赐，新加坡正是抓住了阳光，做大了阳光产业，新加坡从而发展成为亚洲"四小龙"之一。一个国家如此，一个人也应如此，一定要心怀感恩：对自己的生活环境充满感激，对自己的家人充满感激，对自己的朋友充满感激。

有的人会对工作抱怨，诸如今天又遇到比较烦的事，比较难沟通的客户，但如果你换个角度想想，假如你把比较烦的事情都做好了，比较难沟通的客户给协调好了，那说明你的服务水平又提高了，你又有进步了。如果你用积极乐观的心态去做事，相信从此你会多一分快乐，少一分抱怨。

不知感恩是一种严重的职业癌症，会严重阻碍职业发展，甚至是把自己毁灭掉。得了这种癌症的患者的症状是：不是千方百计想办法战胜困难，而是先指责、埋怨一番。

在一次某企业的招聘中有两个年轻人脱颖而出，最后主考官单独约见了他们，问了他们同一个问题："你觉得以前你工作的那个公司怎么样？"

一个面试者抱怨说："糟透了，同事们整天不干正事，主管的水平实在太低！真难以想象我在那里是怎么度过了两年的！"

另外一个面试者却说："虽然我原来工作的是一家很小的公司，管理也不是很规范，不过在我工作的那段时间里，学到了不少的东西。正因如此，我现在才有勇气坐在这里。我很感激原来工作的公司。"

最后被录取的，毫无疑问，当然是后者！

不知感恩，缺乏感恩心态，失去免疫能力会导致一个人的情感变得麻木；对人对事缺乏热情与认真；工作、生活懈怠，渐渐蜕化成冷漠无情的动物。不懂感恩的人，他们的存在价值大打折扣。

我们或许有时会感叹自己的工作平淡无味，有时会觉得自己的生活琐碎繁重，有时会气馁于某种失败，但其实只要我们用一种感恩的眼光去看待生活，就会发现我们的人生早就给我们安排了快乐和幸福，只是我们一直都被悲观遮住了眼睛。

一生一世，都是恩惠。我们应该把拥有的一切看成是"天上掉的馅饼"，没有一个快乐的人不深爱自己的生活，没有一个幸福的人不懂得感恩。一个不懂感恩的人，抱怨自己生活和工作现状的人，必定不善于利用手中的资源，也无法发掘现有的价值优势。

所以，只有关闭心中的抱怨"工厂"，搭建心中的感恩"花园"，你的生活才会实现神奇的改变。从现在开始，每天抽出一点时间，为自己目前所拥有的一切而感恩，为自己的生活而感谢吧。

【每日一点】

只有关闭心中的抱怨"工厂"，搭建心中的感恩"花园"，你的生活才会实现神奇的改变。从现在开始，每天抽出一点时间，为自己目前所拥有的一切而感恩，为自己的生活而感谢吧。

▼

第八章

拒绝平庸，走向卓越

责任心是成功的关键

松下幸之助说过："责任心是一个人成功的关键。对自己的行为负责，独自承担这些行为的哪怕是最严重的后果，正是这种素质构成了伟大人格的关键。"事实上，当一个人养成了尽职尽责的习惯之后，无论从事任何工作，他都会从中发现工作的乐趣。在这种责任心的驱使下，工作能力和工作效率会得到大幅度提高，当我们把这些运用到实践当中，我们就会发现，成功已掌握在自己的手中。

一位超市的值班经理在超市视察时，看到自己的一名员工对前来购物的顾客态度极其冷淡，偶尔还向顾客发脾气，令顾客极为不满，而他自己却毫不在意。

这位经理问清原因之后，对这位员工说："你的责任就是为顾客服务，令顾客满意，并让顾客下次还到我们超市购物，但是你的所作所为是在赶走我们的顾客。你这样做，不仅没有承担起自己的责任，而且还正在使企业的利益受到损害。你懈怠自己的责任，也就失去了企业对你的信任。一个不把自己当成企业一分子的人，就不能让企业把他当成自己人，你可以走了。"

这名员工由于对工作的不负责任，不但危害了企业的利益，还让自己失去了工作。可见，对工作负责就是对自己负责。

对那些刚刚进入职场的大学生来说，对工作负责不但能够使自己养成良好的职业习惯，还能为自己赢得很好的工作机会。但如果缺乏责任感，就只能面临被淘汰的危险。

晓青曾是一家软件公司的程序员。学计算机专业的晓青毕业后非常幸运地进入了这家比较大的软件公司工作。上班的第一个月，由于她刚毕业在学校还有一些事情要处理，所以经常请假，加上她住的地方离公司比较远，经常不能按时上下班。好在她专业技术过硬，和同事一起解决了不少程序上的问题，很明显，公司也很看重她的工作能力。

学校的事情处理完了，晓青上班仍像第一个月那样，有工作就来，没有工作就走，迟到，早退，甚至还在上班时间拉同事去逛街。有一次，公司来了紧急任务，上司安排工作时怎么也找不着她。事后，同事悄悄地提醒她，而她却以一句"没有什么大不了的"，让同事无言以对。她认为自己工作能力够了就行，其他的不必放在心上。结果可想而知：在试用期结束后的考评中，晓青的业务考核通过了，但在公司管理规章和制度的考核上给卡住了，她只能接受被淘汰的命运。

"没有什么大不了的"，绝不是一位初涉职场的新人或是任何一位员工在有工作任务的时候可以说的话。上班时间逛街是绝对不可以的，接到工作任务，也必须马上回公司。晓青的表现可以说是现在很多大学毕业生的通病，在学校养成的散漫、不守纪律、独来独往的习惯，使他们到团队以后，在心理上很难在短时间内改正。把公司的照顾当作福利，缺乏应有的责任感，就是能力再强，公司也只能忍痛割爱了，毕竟公司看重的是员工的团队意识。

对工作负责就是对自己负责。所以，任何一名员工都应尝试着对自己的工作负责，那时你就会发现，自己还有很多的潜能没有发挥出来，你要比自己往常出色很多倍，你会在平凡单调的工作中发现很多的乐趣。最重要的是你的自信心还会得到提升，因为你能做得更好。

当你尝试着对自己的工作负责的时候，你的生活会因此改变很多，你的工作也会因此而改变。其实，改变的不是生活和工作，而是一个人的工作态度。正是工作态度，把你和其他人区别开来。这样一种敬业、主动、负责的工作态度和精神让你的思想更开阔，工作起来更积极。尝试着对自己的工作负责，这是一种工作态度的改变，这种改变，会让你重新发现生活的乐趣、工作的美妙。

主动负责，勇于承担责任是成熟的标志。对于责任，人们往往不愿意主动承担，但对那些获益丰厚的好事，邀功请赏者却总是不乏其人。主动承担责任的人是成熟的人，他们善于把握自身的行为，能对自己的言行负责，会做自我的主宰。

李艳在一家大公司办公室从事打字复印工作。一天中午休息时间，同事们出去吃饭了，这时，一个董事经过他们部门时停了下来，想找一些资料。这并不是李艳分内的工作，但是她依然回答道："对这些资料我不太清楚，但是，张总，让我来帮助您处理这件事情吧！我会尽快找到这些资料并将它们放在您的办公室里。"当她将董事所需要的资料放在他面前时，董事显得格外高兴。

故事到这里并没有结束，2个月后李艳被调到了一个更重要的部门工作，并且薪水提高了 30%。那是谁推荐她的呢？不用说也知道，就是那位董事。在一次公司管理会上，有一个更高职位的工作空缺，董事推荐了她。

世界上很少有报酬丰厚却不需要承担任何责任的好事。想要一时不负责任当然有可能，但要免除所有责任就得付出巨大的代价。当责任从前门进来，你却从后门溜走，你失去的可能就是伴随责任而来的机会！对大部分的职位而言，报酬和所承担的责任是成正比的。

主动要求承担更多的责任或自动承担责任是成功者必备的素质。有些情况下，即使你没有被正式告知要对某件事负责，你也应该努力做好它。如果你能表现出胜任某种工作，那么责任和报酬就会接踵而至。

职场上有两种人永远无法超越别人：一种是只做别人交代的工作的人，另一种是做不好别人交代的工作的人。哪一种人更令人沮丧，实在很难说。总之，这两种人都会成为首先被淘汰的人，或是在同一个单调卑微的工作岗位上耗费终生的人。

成为上面所说的任何一种人，你或许可以躲过一时的责任，却永无成功之日。在工作中，虽然听命行事的能力相当重要，但个人的主动进取更受重视。决定哪些该做，就应该立刻采取行动，不必等到别人交代。清楚了解公司的发展规划和你的工作职责，你就能预知该做些什么，然后一一着手去做。

很多人认为自己只是公司里的一名普通员工，没有什么责任可言，只有那些管理者才要承担工作上的责任，但是他们没有意识到，每一个普通员工都有义务、有责任履行自己的职责和义务。这种履行必须是发自内心的责任感，而不是为了获得奖赏。工作不单单是谋生的工具，除了得到金钱和地位之外，还要考虑到自己应尽的责任。老板心里最清楚自己需要什么样的员工，没有责任感的员工不可能是一个优秀的员工。就算你是一名最普通的员工，只要你担当起了你的责任，你就是老板最需要的优秀员工。

【每日一点】

每一个员工都有义务、有责任履行自己的职责和义务。这种履行必须是发自内心的责任感，而不是为了获得奖赏或者别的什么。有责任感的员工，才能够得到老板的信任，才能够获得事业上的成功。

放弃忠诚就等于放弃成功

在一项对世界著名企业家的调查中，当被问到"您认为员工最应具备的品质是什么"时，他们无一例外地选择了"忠诚"。

忠诚是一个人在职场中最好的品牌，同时也是最值得重视的职场美德。因为每个公司的发展和壮大都是靠员工的忠诚来维持的，如果所有的员工对公司都不忠诚，那这个公司的结局就是破产，那些不忠诚的员工自然也就会失业。

毫无疑问，大多数年轻人对自己的雇主都有一定程度的忠诚之心，至少对于他们现在所从事的工作是这样的，但这样的忠诚在很多时候都表现得微不足道。

很多人，如果你说他对雇主的忠诚不足，他会这样辩解："忠诚有什么用呢？我又能得到什么好处？"忠诚并不是增加回报的砝码，如果是这样，那就不是忠诚，而是交换。

一家公司的人力资源部经理说："当我看到申请人员的简历上写着一连串的工作经历，而且是在短短的时间内，我的第一感觉就是他的工作换得太频繁了。频繁地换工作并不能代表一个人工作经验丰富，而是说明了一个人的适应性很差或者工作能力低。如果他能快速适应一份工作，就不会轻易离开，因为换一份工作的成本是很大的。"

没有哪个老板会用一个对自己公司不忠诚的人。"我们需要忠诚的员工。"这是老板们共同的心声，因为老板知道，员工的不忠诚会给公司带来什么。只要自下而上地做到了忠诚，就可以壮大一个公司，相反，就可能毁了一个公司。

在现今越来越激烈的竞争中，人才之间的较量，已经从单纯的能力较量延伸到了品德方面的较量。在所有的品德中，忠诚越来越得到各个公司的重视，从某种意义上说，忠诚更是一种能力，因为只有忠诚的人，才有资格成为优秀团队中的一员，才能更好地发挥自己的能力。

鲍勃是一家网络公司的技术总监。由于公司改变发展方向，他觉得这家公司不再适合自己，决定换一份工作。

以鲍勃的资历和在业界的影响，加上原公司的实力，找份工作并不是件困难的事情。有多家企业早就盯上他了，以前曾试图挖走鲍勃，都没成功。这一次，是鲍勃自己想离开，对这些公司来说，这真是一次绝佳的机会。

很多公司都开出了令人心动的条件，但是在优厚条件的背后总是隐藏着一些东西。鲍勃知道这是为什么，但是他不能因为优厚的条件就背弃自己一贯的原则，于是鲍勃拒绝了很多家公司对他的邀请。

最终，他决定到一家大型企业去应聘技术总监，这家企业在全美乃至世界上都有相当大的影响，很多业界人士都希望能到这家公司来工作。

对鲍勃进行面试的是该企业的人力资源部主管和负责技术方面工作的副总裁。对鲍勃的专业能力他们无可挑剔，但是他们提到了一个使鲍勃很失望的问题。

"我们很欢迎你到我们公司来工作，你的能力和资历都非常不错。我听说你以前所在的公司正在着手开发一个新的适用于大型企业的财务应用软件，据说你提了很多非常有价值的建议。我们公司也在策划这方面的工作，你能否透露一些你原来公司的情况，你知道这对我们很重要，而且这也是我们为什么看中你的一个原因。请原谅我说得这么直白。"副总裁说。

"你们问我的这个问题很令我失望，看来市场竞争的确需要一些非正当的手段。不过，我也要令你们失望了。对不起，我有义务忠诚于我的企业，任何时候我都必须这么做，即使我已经离开。与获得一份工作相比，忠诚对我而言更重要。"鲍勃说完就走了。

鲍勃的朋友都替他惋惜，因为能到这家企业工作是很多人的梦想。但鲍勃并没有因此而觉得可惜，他为自己所做的一切感到坦然。

没过几天，鲍勃收到了来自这家公司的一封信，信上写着："你被录用了，不仅仅因为你的专业能力，还有你的忠诚。"

其实，这家公司在选择人才的时候，一直很看重一个人是否忠诚。他们相信，一个能对原来公司忠诚的人也可以对自己的公司忠诚。这次面试，很多人被淘汰了，就是因为他们为了获得这份工作而对原来的公司丧失了最起码的忠诚。这些人中，不乏优秀的专业人才。

由此可见，忠诚不仅不会让人失去机会，还会让人赢得机会。除此之外，他还能赢得别人对他的尊重和敬佩。人们应该意识到，取得成功最重要的因素不是一个人的能力，而是他优秀的道德品质。所以，阿尔伯特·哈伯德说："如果能捏得起来，一盎司忠诚相当于一磅智慧。"

忠诚是员工的立身之本。一个禀赋忠诚的员工，能给他人以信赖感，让老板乐于接纳，在赢得老板信任的同时更能为自己的发展带来莫大的益处。相反，一个人如果失去了忠诚，就等于失去了一切——失去朋友，失去客户，失去工作。从某种意义上讲，一个人放弃了忠诚，就等于放弃了成功。

一个人在任何时候都应该信守忠诚，这不仅是个人品质问题，也会关系到公司的利益。忠诚不仅有道德价值，而且还蕴含着巨大的经济价值和社会价值。

尽管现在有一些人无视忠诚，视利益为压倒一切的需求。但是，如果你能仔细地反省一下，你就会发现，为了利益放弃忠诚，将会成为你人生中永远都抹不去的污点，你将背负着这样一个十字架生活一辈子。

李克是一家公司的业务部副经理，刚刚上任不久。他年轻有为，然而半年之后，他却悄悄离开了公司，没有人知道他为什么离开。

李克在离开公司之后，找到了他原来关系不错的同事彼得。在酒吧里，李克喝得烂醉，他对彼得说："知道我为什么离开吗？我非常喜欢这份工作，但是我犯了一个错误，我为了获得一点儿小利，失去了作为公司职员最重要的东西。虽然总经理没有追究我的责任，也没有公开我的事情，算是对我的宽容，但我真的很后悔，你千万别犯我这样的低级错误，不值得啊！"

彼得尽管听得不甚明白，但是他知道这一定和钱有关。后来，彼得知道了，李克在担任业务部副经理时，曾经收过一笔款子，业务部经理说可以不下账的，李克虽然觉得这么做不妥，但是他也没拒绝，半推半就地拿了 5000 元钱。当然，业务部经理拿到的更多。没多久，业务部经理就辞职了。后来，总经理发现了这件事，李克就不能在公司待下去了。

事实上，无论什么原因，只要你失去了忠诚，就失去了人们对你的信任。不要为自己所获得的利益沾沾自喜，其实仔细想想，失去的远比获得的多，而且你所获得的东西可能最终还不属于你。相反，如果你在工作中一直坚持忠诚的原则，忠于公司，你必将获得老板的赏识和众人的尊敬。

【每日一点】

忠诚是一个人在职场中最好的品牌。在这个世界上，并不缺乏有能力的人，只有那种既有能力又忠诚的人才是每一个老板梦寐以求的理想人才。人们宁愿相信一个虽然能力差一些却足够忠诚、敬业的人，而不愿意重用一个朝三暮四、视忠诚为无物的人，哪怕他能力非凡。

精业才能立业

"无论从事什么职业，都应该精通它。"这句话应当成为一个高效能人士的座右铭。下决心掌握自己职业领域的所有问题，使自己变得比他人更精通。如果你是工作方面的行家里手，精通自己的全部业务，就能赢得良好的声誉，也就拥有了一种获得成功的秘密武器。

某人就个人努力与成功之间的关系请教一位伟人："你是如何完成如此多的工作的？""我在一段时间内只会集中精力做一件事，但我会彻底做好它。"如果你对自己的工作没有做好充分的准备，又怎能因自己的失败而责怪他人、责怪社会呢？现在，最需要做到的就是"精通"二字，大自然要经过千百年的进化，才能长出一朵艳丽的花朵和一颗饱满的果实。但是现在，很多年轻人随便读几本法律书，就想处理一桩桩棘手的案件，或者听了两三堂医学课，就急于做外科手术——要知道，那个手术关系着一条宝贵的生命啊！这种人注定会是失败者。一位先哲说过："如果有事情必须去做，便全身心去做吧！"另一位明哲则道："不论你手边有何工作，都要尽心尽力地去做到尽善尽美！"做事情无法善始善终的人，其心灵上亦缺乏相同的特质。他不会培养自己的个性，意志无法坚定，无法达到自己追求的目标。一面贪图玩乐，一面又想修道，自以为可以左右逢源的人，不但享乐与修道两头落空，还会悔不当初。这种人最终是会一无所成，是不会成为一名高效能人士的。做事一丝不苟能够迅速培养严谨的品格、获得超凡的智能。它既能带领普通人往好的方向前进，更能鼓舞优秀的人追求更高的境界。因此，如果你想在自己所从事的行业中有所成就，就要下定决心成为行业的专家员工，对行业领域里的所有问题都要比别人更精通。

一位智者曾经说过，如果你能真正制作好一枚曲别针，比你制造一架粗陋的蒸汽机挣得更多。业务水平的高低直接关系着我们的服务、产品、工作质量，同时也关系着集体和个人利益。要做一个新时期高素质的员工，就必须做到"精业"，对自己所从事的事业精益求精，刻苦钻研业务知识，争取让自己成为公司的"专家员工"。

业务水平的高低不仅直接关系到我们的工作质量和企业命运，和我们个人的利益也密切相关。

重庆煤炭集团永荣电厂的罗国洲，是一名有着30年工龄的普通员工，从烧锅炉工到司炉长、班长、大班长，至今他仍深情地爱着陪伴他成长并成熟的锅炉运行岗位。就是在这个岗位上他当上了锅炉技师，成为远近闻名的"锅炉点火大王"和锅炉"找漏高手"；就是这个岗位，让他感受到了一名工人技师的荣耀和自豪。

罗国洲有一副听漏的"神耳"，只要围着锅炉转上一圈，就能从炉内的风声、水声、燃烧声和其他声音中，准确地听出锅炉受热面是哪个部位管子有泄漏声；

往表盘前一坐，就能在各种参数的细微变化中，准确判断出哪个部位有泄漏点。

除了找漏，罗国洲还练就了一手锅炉点火、锅炉燃烧调整的绝活儿，在用火、压火、配风、启停等多方面，他都有独到见解。锅炉飞灰回燃不畅，他提出技术改造和加强投运管理建议，实施后使飞灰含碳量平均降低到8%以下，锅炉热效率提高了4%，为企业年节约32万元。针对锅炉传统运行除灰方式存在的问题，罗国洲提出"恒料层"运行，实施后，解决了负荷大起大落问题，使标煤耗下降0.4克／千瓦时，年节约200多万元。

罗国洲学历不高，工种一般，职务很低，但他却成为社会公认的技术能手和创新能手，他的成长经历给我们的启迪就是：干一行，爱一行，精一行，只要努力，就有收获！

除非你确实厌恶了某个行业，否则最好不要轻易转行。因为这样会让你中断学习。每一行都有其苦乐，因此你不必想得太多，关键是要把精力放在工作上，要像海绵一样，广泛吸取这一行业中的各种知识。你可以向同事、主管、前辈请教，还可以吸收各种报章、杂志的信息。另外，专业进修班、讲座、研讨会也都要参加，也就是说，要在你所干的这一行业中全方位地深度发展。假若你学有所精，并在自己的工作中表现出来，你必然会得到老板的青睐。

【每日一点】

"无论从事什么职业，都应该精通它。"让这句话成为你的座右铭吧！下决心掌握自己职业领域内的所有问题，使自己变得比他人更精通。如果你是工作方面的行家，精通自己的全部业务，就能赢得良好的声誉，也就拥有了一种获得成功的秘密武器。

消灭"差不多"心理

大文豪伏尔泰说："使人疲惫的不是远方的高山，而是鞋里的一粒沙子。"美国质量管理专家菲利普·克劳斯比说："一个由数以百万计的个人行动所构成的公司经不起其中1%或2%的行动偏离正轨。"大量成功和失败的企业案例都证明：我们不缺乏雄才伟略的战略家，缺少的是精益求精的执行者。

当巴西海顺远洋运输公司派出的救援船到达出事地点时，"环大西洋"号海轮已经消失了，21名船员也不见了，海面上只有一个救生电台还在有节奏地发着求救的信号。救援人员看着平静的大海发呆，谁也想不明白在这个海况极好的地方，到底是什么导致这条最先进的海轮沉没。这时有人发现电台下面绑着一个密封的瓶子，打开瓶子，里面有一张纸条，共有21种笔迹，上面这样写着：

一水理查德：3月21日，我在奥克兰港私自买了一个台灯，想给妻子写信时照明用。

二副瑟曼：我看见理查德拿着台灯回船，说了句"这小台灯底座轻，船晃时别让它倒下来"，但没有干涉。

三副帕蒂：3月21日下午船离港，我发现救生筏施放器有问题，就将救生筏绑在架子上。

二水戴维斯：离岗检查时，我发现水手区的闭门器损坏，用铁丝将门绑牢。

二管轮安特尔：我检查消防设施时，发现水手区的消防栓锈蚀，心想还有几天就到码头了，到时候再换。

船长麦凯姆：起航时，工作繁忙，没有看甲板部和轮机部的安全检查报告。

机匠丹尼尔：3月23日上午，理查德和苏勒的房间消防探头连续报警。我和瓦尔特进去后，未发现火苗，判定探头误报警，拆掉交给惠特曼，要求换新的。

机匠瓦尔特：我就是瓦尔特。

大管轮惠特曼：我说正忙着，等一会儿拿给你们。

服务生斯科尼：3月23日13点，我到理查德房间找他，他不在，我坐了一会儿，随手开了他的台灯。

大副克姆普：3月23日13点30分，我带苏勒和罗伯特进行安全巡视，没有进理查德和苏勒的房间，说了句："你们的房间自己进去看看。"

一水苏勒：我笑了笑，也没有进房间，跟在克姆普后面。

一水罗伯特：我也没有进房间，跟在苏勒后面。

机电长科恩：3月23日14点，我发现跳闸了，因为这是以前也出现过的现象，我没多想就将闸合上，没有查明原因。

三管轮马辛：感到空气不好，先打电话到厨房，证明没有问题后，又让机舱打开通风阀。

大厨史若：我接马辛电话时，开玩笑说，我们在这里有什么问题？你还不来帮我们做饭？然后问乌苏拉："我们这里都安全吗？"

二厨乌苏拉：我也感觉空气不好，但觉得我们这里很安全，就继续做饭。

机匠努波：我接到马辛电话后，打开通风阀。

管事戴思蒙：14点30分，我召集所有不在岗位的人到厨房帮忙做饭，晚上会餐。

医生英里斯：我没有巡诊。

电工荷尔因：晚上我值班时跑进了餐厅。

最后是船长麦凯姆写的话：19点30分发现火灾时，理查德和苏勒的房间已经被烧穿，一切糟糕透了，我们没有办法控制火情，而且火越烧越大，直到整条船上都是火。我们每个人都犯了一点儿错误，但酿成了人毁船亡的大错。

看完这张绝笔纸条，救援人员谁也没说话，海面上死一样的寂静，大家仿佛清晰地看到了整个事故的过程。

虽然每个人都只错了一点点，但却酿成了不可估量的灾难，其教训值得后人警醒。

企业也是一样，一个由许多人组成的公司是经不起连续的"差不多"的，哪怕只有1%。由上到下布置一项任务，如果一个人差1%，下一个人又差1%，如此下去，等到真正执行任务的人接到这项任务的时候，恐怕这项任务已经变得面目全非了，而他执行任务的结果也就可想而知了。同样，当由下向上传递一项建议或报告的时候，如果每一层的人都抱着"传递得差不多就行了"的心理，那么最后传递到最高管理者那里，这项建议或报告就可能变成了一项对你的惩罚措施。

可见，"差不多"的结果是"差很多"。因此，在职场中这种"差不多"的心理是坚决要不得的，我们每个人、每个企业，都要努力避免陷入这个误区。无论做什么事情，一定要多问自己几次："真的可以'差不多'吗？差的那一点会给自己、给公司、给客户带来什么不利影响？"

当然，消灭"差不多"心理，完善自己的责任意识系统，并不是一件难以办到的事。有时，我们所缺少的不是技术、设备、流程和理念，而是决心——消灭这种"差不多就可以了"的心理的决心。

在某机关里，悬挂着一句格言："在这里，一切只求尽善尽美。""尽善尽美"应该成为每一个致力于经营强项、发掘潜能的人的终生格言！假使每个人都能实践这一格言，不论在做什么事时，都能做到尽至善之努力，以求至美之结果，那么他的强项也就无人能敌了。

人类的历史，充满了由那些工作不踏实、不忠实的人们因不小心所造成的种种悲剧。曾经，在美国宾夕法尼亚州的奥斯汀，有一个市镇全部被淹没，失去了许多生命，原因就在于堤岸工程建筑得不结实，没有按原定方案施工。

工作不认真、不谨慎，只会造成悲惨的结局。无数手足俱残的人，无数枉死离世的人，他们的悲惨结局告诫我们，工作不认真与不小心就不会有好结果。

假使人们工作时都能尽心尽力、一丝不苟并力求做到尽善尽美，那么不但人们的残废与枉死的数目可以大大减少，而且我们的强项也会因此而更加完美。

一旦养成了苟且偷安的习惯，那么你的强项也就大打折扣，它会使你在对待所有事情时都不忠实。从事那种苟且而不可靠的工作，只会有损于强项的发挥。每每经过你的手而做出一件苟且而劣质的工作，都足以损害你的形象、你的办事能力，进而消磨你的强项。苟且而劣质的工作，对你的自尊心与最高理想是一种污辱，它是拖累你经营强项的仇敌。

事无巨细，每做一事你都要竭尽心力，力争完美。这是成功人士的一种标志。凡是成功的人，他们做事时绝不肯自安于"还可以"或"差不多"，而必求尽善尽美。他们的天性中原本就有着对尽善尽美的不懈追求！

有人说："无知与轻忽所造成的祸害，是同等的。"有许多青年人所做的工作，从来就没有绝对可靠与绝对正确过。他们的失败，就出在"轻忽"这一点上，他们总需要经过他人的审查与校正。这样的人永远经营不好自己的强项。

青年人往往处心积虑要获得较高的位置、较大的机会，以使自己能更好地发挥强项。他们会对自己说："我现在身任如此平凡、渺小的职务，从事如此枯燥、机械的工作，怎么能发挥我的强项呢？"但是，他们忘了真正的强者能在自己所从事的平凡工作中，发现与创造出大的机会来；能在寻常的情景下、卑微的位置上窥见与造就出不寻常的机遇来。他们不知道，在从事一项事务时，只要能比一般人做得更好、更精确、更可靠、更利索，只要能比别人更注意标新立异，并能随机应变，就自然能吸引上级的注意，从而高升。所以，请你一定记住：不管你的薪资多么低，切不可因此对工作懈怠或漫不经心。你在完成一件工作后，应该有勇气对自己说："对于这项工作，我可以说做到了问心无愧。我不但做到了'还好'，而且是在我的能力范围之内做到了'最好'。对于我的这项工作，可以说经得起任何人的考验。"

成功的人们之所以取得成功，伟人们之所以如此伟大，就在于他们做事时能准确细致，具有明察秋毫的精神。办事"彻底"的精神，是一切成功人士的特征。许多青年人的毛病，就在于"不彻底"，他们对工作、事业不想求得尽善尽美，却想得到完美的结果，那自然是痴心妄想。

【每日一点】

在工作中，你可能觉得自己做的和别人做的比起来差不多，以为那样就足够了，但你的上司、你的老板心中有数，你的客户心中也有数，你一定会因为你的勤奋或懒惰而赢得或失去晋升的机会。同样，你也会因为你态度的好坏而赢得或失去客户。

拒绝平庸，绝不安于现状

价值是一个变数。今天，你可能是一个价值很高的人，但如果你故步自封，满足现状，那么明天，你就会贬值，就会被一个又一个智者和勇敢者超越。今天，你可能做着看似卑微的工作，人们对你不屑一顾；而明天，你可能通过知识的不断丰富和能力的不断提高，以及修养的日益升华，让世人刮目相看。

李洋曾经在一家合资企业担任首席财务官。在成为首席财务官之前，他工作非常努力，并取得了出色的成绩。老板非常赏识他，第一年就把他提拔为财务部经理，第二年又提拔他为首席财务官。

当上首席财务官以后，拿着高薪，开着公司配备的专车，住着公司购买的豪宅，李洋的生活品质得到了很大的提升。然而，他的工作热情却一落千丈，他把更多的精力放在了享乐上面。

当朋友问他还有什么追求时，他说："我应该满足了，在这家公司里，我已经到达自己能够到达的顶点了。"李洋认为公司的CEO是董事长的侄子，自己做CEO是不可能的，能够做到首席财务官就到达顶点了。

他在首席财务官的位置上坐了差不多一年的时间，却没有干出值得一提的业绩。朋友善意地提醒他："应该上进一点了，没有业绩是危险的。"

没想到，李洋竟然说："我是公司的功臣，而且这家公司离不了我李洋，老板不会把我怎么样的！"

他甚至在心里对自己说，"高薪永远属于我，车子永远属于我，房子永远属于我，没有人可以夺去，因为没有人可以替代我。"

的确，公司很多工作都离不开李洋。然而，他的糟糕表现，还是让老板动了换人的念头。终于，在一个清晨，李洋开着车，和往日一样来到公司，优越感十足地迈着方步踱进办公室里，第一眼看到的却是一份辞退通知书。

他被辞退了，高薪没了，车子不得不还给公司。而且，他还从舒适的房子里搬了出来，不得不去租一间小得可怜、上厕所都不方便的小套间。

李洋以为自己不可替代，事实上，现在这个社会最不缺的就是人才。就在他被辞退的当天，公司就又招聘了一位首席财务官。

"功臣"依然失业了。李洋不思进取而失去优越的"现状"，是不值得同情的。这个故事告诉我们，安于现状的人最终会被淘汰。无论是什么职位，如果你安于现状、不思进取的话，都逃脱不了职位被人抢走或者"铁饭碗、金饭碗"被打破的可能。

事实上，在很多企业里，"功臣"都因为安于现状而失败。这些"功臣"们在失败到来时，常常埋怨老板"不念旧情、忘记过去"，却没有想过，自己虽然昨天是"功臣"，可今天已经成了浪费企业资源的罪人了。

要避免类似于李洋那样的遭遇，有两点是必须要记住的：

第一，努力奋斗，不断改变自己的"现状"。

第二，过去的成绩只能属于过去。不管你是如何功勋卓著，在你不能为企业创造新价值的时候，你就是一文不值的。老板不可能因为你昨天干得好，就把你一直养下去。

只有不断超越平庸，永远不安于现状，你才能在职场上永远处于不败之地。

不安于现状，是优秀经理人的基本素质，也是优秀员工的立身之本。任何企业所需要的，都是不断创新的人。那种必须推着才肯前进的人，肯定会被社会所淘汰。

职业人士要想在职业领域中大显身手、功成名就，就需要坚持不懈地追求卓越！

推销员乔晓做了一年半的业务，看到许多比他后进公司的人都晋升了职位，而且薪水也比他高许多，他百思不得其解，想想自己来了这么长时间了，客户也没少联系，薪水也还够自己开支，可就是没有大的订单让他在业务上有所起色。

有一天，乔晓像往常一样下班就打开电视若无其事地看起来，突然发现有一个频道是专题采访专家的栏目："如何使生命增值？"引起了他的关注。

心理学专家回答记者说："我们无法控制生命的长度，但我们完全可以把握生命的深度！其实每个人都拥有超出自己想象10倍以上的力量。要使生命增值的唯一方法就是在职业领域中努力地追求卓越！"

乔晓听完这段话后，信心大增，他立即关掉电视，拿出纸和笔，严格地制订了半年内的工作计划，并落实到每一天的工作中……

2个月后，乔晓的业绩明显大增，9个月后，他已为公司赚取了2500万元的利润，年底他当上了公司的销售总监。

乔晓现已拥有了自己的公司。他每次培训员工时，都不忘记说："我相信你们会一天比一天更优秀，因为你们拥有这样的能力！"于是员工们信心倍增，公司的利润也飞速递增。

市场是无情的，只有最优秀的企业，才能够在市场上生存下来。老板要让企业优秀起来，就必须挑选最优秀的员工，那些只求合格的人，必然要被淘汰。有很多人，包括职员、公务员，甚至大学教授，都因为"只求合格"而丢了工作。

要成为最优秀的职员，要想从合格迈向卓越，就必须养成事事追求卓越的习惯。一位作家这样说过："无论做什么事情，都应该尽心尽力，一丝不苟，因为究竟什么才是真正的大局，什么才是最重要的，这一点其实我们并不清楚。也许，在我们眼里微不足道的细节，实际上却可能生死攸关。"

要成为最优秀的职员，要想从合格迈向卓越，还必须把工作的磨炼视为一种锻炼。工作总有不称心的时候，没有丝毫困难就完成的工作几乎不存在，如果你视困难为磨难，你就会失去斗志，而如果你视其为一种锻炼的机会，你的心态就会平和下来，甚至能从中找到无穷的乐趣。

有什么样的目标，就有什么样的人生色彩；有什么样的追求，就能达到什么样的人生高度。在公司里，如果员工勤勤恳恳地工作，超越平庸，主动进取，就能取得职场上的成功，就会拥有精彩的人生。

在公司里，有的员工在认真完成工作的同时，主动加强自身素质的提高，比如学习管理、培养专业技能等，充实业余生活；而有的员工勉强完成了任务，就什么事也不管了。甚至有的员工在工作期间偷懒，在操作程序上偷工减料，而且也绝不会多利用一分钟来主动地把工作做好，他们只是敷衍了事，混日子，享受安逸的温室生活，殊不知有一天他们就会接受下岗的命运。

追求卓越、拒绝平庸是职场人士必备的品质之一。不要满足于一般的工作表现，要做就做最好，要成为老板眼中不可缺少的人物。拿破仑曾鼓励士兵："不想当将军的士兵不是好士兵。"

为什么我们在可以选择更好生活的时候，却总是选择了平庸呢？为什么我们可以在职场中纵横驰骋的时候，我们总是原地踏步，徘徊不前呢？因为追求卓越的理念还没有深入我们的脑髓，要知道无论你从事何种职业，追求卓越都是你迈向成功的法宝。

【每日一点】

在职场中，每个人都应该把自己看成是一名杰出的艺术家，而不是一个平庸的工匠，应该永远带着热情和信心去工作，那样你才能在职场走得更远。

把每一个细节做到完美

俗语说"一滴水可以折射整个太阳"，许多"大事"都是由微不足道的"小事"组成的。日常工作中同样如此，看似烦琐，不足挂齿的事情比比皆是。如果你对工作中的这些小事轻视怠慢，敷衍了事，到最后就会因"一着不慎"而失掉整盘棋。所以，每个员工在处理细节时，都应当引起重视。

工作中无细节，要想把每一件事情做到无懈可击，就必须从小事做起，付出你的热情和努力。士兵每天做的工作就是队列训练、战术操练、巡逻排查、擦拭枪械等小事；饭店服务员每天的工作就是对顾客微笑、回答顾客的提问、整理清扫房间、细心服务等小事；公司中你每天所做的事可能就是接听电话、整理文件、绘制图表之类的细节。但是，我们如果能很好地完成这些小事，没准儿将来你就可能是军队中的将领、饭店的总经理、公司的老总。反之你如果对此感到乏味、厌倦不已，始终提不起精神，或者因此敷衍应付差事，勉强应对工作，将一切都推到"英雄无用武之地"的借口上，那么你现在的位置也会岌岌可危，在小事上都不能胜任，何谈在大事上"大显身手"呢。没有做好"小事"的态度和能力，做"大事"只会成为"无本之木，无源之水"，根本成不了气候。可以这样说，平时的每一件"小事"其实就是一个房子的地基，如果没有这些材料，想象中美丽的房子，只会是"空中楼阁"，根本无法变为"实物"。在职场中，每一个细节的积累，就是今后事业稳步上升的基础。

有一位老教授说起过他的经历："在我多年来的教学实践中，发觉有许多在校时资质平凡的学生，他们的成绩大多是中等或中等偏下，没有特殊的天分，有的只是安分守己的诚实性格。这些孩子走上社会参加工作，不爱出风头，默默地奉献。他们平凡无奇，毕业之后，老师、同学都不太记得他们的名字和长相。但毕业几年、十几年后，他们却带着成功的事业回来看老师，而那些原本看来有美好前程的孩子，却一事无成。这是怎么回事？

我常与同事一起琢磨，认为成功与在校成绩并没有什么必然的联系，但和踏实的性格密切相关。平凡的人比较务实，比较能自律，所以许多机会落在这种人身上。平凡的人如果加上勤能补拙的特质，成功之门必定会向他大方地敞开。"

人们都想做大事，而不愿意或者不屑于做小事，中国人想做大事的人太多，而愿意把小事做好的人太少。事实上，随着经济的发展，专业化程度越来越高，社会分工越来越细，真正所谓的大事实在太少，比如，一台拖拉机，有五六千个零部件，要几十个工厂进行生产协作；一辆福特牌小汽车，有上万个零件，需上百家企业生产协作；一架波音747飞机，共有450万个零部件，涉及的企业单位更多。

因此，多数人所做的工作还只是一些具体的事、琐碎的事、单调的事，它们也许过于平淡，也许鸡毛蒜皮，但这就是工作，是生活，是成就大事不可缺少的基础。所以无论做人、做事，都要注重细节，从小事做起。一个不愿做小事的人，是不可能成功的。老子就一直告诫人们："天下难事，必做于易；天下大事，必做于细。"要想比别人更优秀，只有在每一件小事上下功夫。不会做小事的人，也做不出大事来。

只要能一心一意地做事，世间就没有做不好的事。这里所讲的事，有大事，也有小事，所谓大事、小事，只是相对而言的。很多时候，小事不一定就真的小，大事不一定就真的大，关键在做事者的认知能力。那些一心想做大事的人，常常对小事嗤之以鼻，不屑一顾。"做事要从大处入手，小处着手"。其实连小事都做不好的人，大事是很难成功的。

一个小小的细节，一件再小不过的事情，往往就蕴含着巨大的危机和决定你一生成败的因素。而那些真正伟大的人物非常清楚这个道理，他们从来都不蔑视日常生活中的各种小事情。

即使常人认为很卑贱的事情，他们也都满腔热情地去干。

对于每一位职场中人，成功最重要的秘诀之一，就是去做别人不愿意做的小事。

因此，做事不可以被大小限制，被时间限制，被空间限制。人生三不朽，曰立德、立功、立言。因而，需要具有超越自我、超越时空的观念，跳出大大小小的圈子，成就最普通而又最特殊，最平凡而又最高尚，最渺小而又最伟大的事业。

不因小而失大，不因少而失多。抛弃大小的竞争，抛弃高下的念头，抛弃富贵的欲望，而一心一意从小事做起，就是洗厕所、扫大街，也会比别人打扫得更干净。

越是那种埋怨自己工作价值渺小的人，真正给他们一份棘手的工作时，他们越是退缩而不敢接受。具有十成力量的人，去做仅仅需要一成力量的工作，其中有生命的意义和悠闲的心情。在我们漫长的人生旅程中，这种生命的意义和悠闲的心情对于人格的形成与扩展，有决定性的帮助作用。认真观察你就会发现，那些成功者及伟人都是注意小事的人，因此不要看轻任何一个细小的历练，没有人可以一步登天。认真对待每一件事，你会发现自己的人生之路越来越广，成功的机遇也会接踵而来。

【每日一点】

古人云："不积跬步，无以至千里；不积小流，无以成江海。"说的就是要想成大事必须从细节做起的道理。在工作中，关注细节，反映的是一种忠于职业、尽职尽责、一丝不苟、善始善终的职业道德和精神，其中也糅合了一种使命感和道德责任感。把每一件小事、每一个细节做到完美，这样，我们才有机会在工作中铸就自己的辉煌。

树立及时充电的理念

当今社会是信息饱和与知识爆炸的时代，这使得我们除不断学习以适应这种社会环境之外，别无选择。现代科学技术发展的速度越来越快，新的科技知识和信息迅猛增加。有一些人在本科毕业、硕士毕业、博士毕业以后就以为自己的知识储备已经完成，足够去应付新时代的风风雨雨，但是事实往往并非如此。在现实社会中，只有那些不断更新自己知识，不断改进自身知识结构的人，才能真正在市场上站住脚。

人与机器的区别就在于人有自我更新的能力。如果你不能睁大双眼，以积极的心态去关注、学习新的知识与技能，那么你很快就会发现，你的价值被打了 8 折、7 折、6 折、5 折甚至一文不值。这一切也许在你茫然不觉的时刻突然来临，因为不可能有一位会计会时刻为你做"折旧"财务报表提醒你，只有靠你自己主动给自己做账。

在这个知识与科技发展一日千里的时代，必须不断地学习，不断地充实自己，不断地追求成长，才能使自己在职场上始终立于不败之地。用知识及时给自己"充电"，是时下流行的新名词，也是成大事的基本要求。

在当今时代，你如果不每天学习，不断充电，那么很快就会被发展的社会所淘汰。因此，无论何时何地，每一个现代人都不要忘记给自己充电。只有那些随时充实自己、为自己奠定雄厚基础的人，才能在竞争激烈的环境中生存下去。

只有严格要求自己、不断进取的人，才有资格与人比高下。一个颇有魄力的老总在公司的总结会上说了这样一段话：

"美国的大公司，在开办新的分公司或增设分厂时，20世纪50年代出生的人，往往就任主管职位。如果现在公司任命你担任技术部长、厂长或分公司经理的话，你们会怎样回答？你会以'尽力回报公司对我的重用，作为一个厂长，我会生产优良产品，并好好训练员工'回答我，还是以'我能胜任厂长的职务，请安心地指派我吧'来马上回答呢？

"一直在公司工作，任职10年以上，有了10年以上工作经验的你们，平时不断地锻炼自己、不断地进修了吗？一旦被派往主管职位的时候，有跟外国任何公司一较高下、把工作做好的胆量吗？如果谁有把握，那么请举手。"

这位老总环顾了一下四周，发现没有人举手，他继续说："各位可能是由于谦虚，所以没有举手。到目前，很多深受公司、同行和社会称赞的主管，都是因为在委以重任时，表现优异。正是由于他们的领导，公司才有现在的发展，他们都是从年轻的时候起，就在自己的工作岗位上不断进修，不断磨炼自己，认真学习工作要领的人。当他们被委以重任时，能够充分发挥自己的力量，带来良好的成果。"

从这个例子中也可以看出，只有时常激励自己，不断努力，保持不断进取的精神，才能够在工作中更上一层楼。不断进步，不断学习，这一点无论何时何地都不能改变。

在一定程度上，你的学习能力决定了你能在公司爬多高，因为任何工作都是需要学习才可以改进或者创新的。当一个人没有从外界学习新东西的能力或者兴趣时，当一个人不愿意或者没时间思考时，当一个人排斥创新时，他的进步与成长之路也就停止了。

在公司中，一个员工要想不断取得进步，就要不忘初衷，虚心学习。所谓初衷，就是公司的经营理念。只有始终不忘公司经营理念的员工，才可能谦虚地学习，才可能与同事齐心协力，也只有这样，才能实现公司的目标。不忘公司初衷，又能谦虚学习的人，才是公司最需要的员工。

当然，在职场上奋斗的人在学习上有别于在校学生的学习，因为他们缺少充裕的时间和心无杂念的专注，所以积极主动的学习尤为重要。下面是几种适用于职场的学习方法：

1. 在工作中学习

工作是任何职业从业人员的第一课堂，要想在当今竞争激烈的职场中胜出，就必须学习从工作中吸取经验，探寻智慧的启发，获取有助于提升效率的资讯。

2. 努力争取培训的机会

多数公司都有自己的员工培训计划，培训的费用一般列入公司人力资源开发的成本开支。而且公司培训的内容与工作紧密相关，所以争取成为公司的培训对象是十分必要的。为此你要详细了解公司的培训计划，如培训周期、人员数量、时间的长短，还要了解公司的培训对象有什么条件，是注重资历还是潜力，是关注现在还是关注将来。如果你觉得自己完全符合条件，就应该主动向老板提出申请，表达渴望学习、积极进取的愿望。老板对于这样的员工是非常欢迎的，同时技能的增长也是你晋升加薪的能力保障。

3. 自费进修

在公司不能满足你的培训要求时，也不要放松下来，可以自费进修一些课程。当然首选应是与工作密切相关的科目，其他还可以考虑一些热门的或自己感兴趣的科目。这类培训更多意义上被当作一种"补品"，在以后的职场中会增加你的"分量"。

随着知识、技能的更新越来越快，不通过学习、培训进行更新，适应性自然会越来越差。而老板又时刻把目光盯向那些掌握新技能、能为公司提高竞争力的员工。

未来的职场竞争将不再是知识与专业技能的竞争，而是学习能力的竞争，一个人如果善于学习，他的前途必会一片光明。

【每日一点】

杰菲逊说："一个人拥有了别人不可替代的能力，就会使自己立于不败之地。"是的，一个能在短时间内主动学习更多的有关工作范围的知识，不单纯依赖公司培训，主动提高自身技能的人，就是公司不可替代的优秀员工。

把工作当成最大的乐趣

人生最大的价值，就是对工作有兴趣。爱迪生说："在我的一生中，从未感觉到自己是在工作，一切都是对我的安慰……"然而，在职场中，对自己所从事的工作充满热情的人并不是太多，他们不是把工作当作乐趣，而是视工作为苦役。早上一醒来，头脑里想的第一件事就是：痛苦的一天又开始了……磨磨蹭蹭地到达公司以后，无精打采地开始一天的工作，好不容易熬到下班，立刻就高兴起来，和朋友花天酒地之时总不忘诉说自己的工作有多乏味、有多无聊。如此周而复始。

工作是一个人价值的体现，应该是一种幸福的差事，我们有什么理由把它当做苦役呢？有些人抱怨工作本身太枯燥，然而，问题往往不是出在工作上，而是出现在我们自己身上。如果你本身不能热情地对待自己的工作的话，那么即使让你做你喜欢的工作，一个月后你依然会觉得它乏味至极。

如果你始终以最佳的精神状态出现在办公室，工作有效率而且有成就，那么你周围的人一定会因此受到感染和鼓舞，工作的热情会像野火般蔓延开来。

有一个在麦当劳工作的人，他的工作是烤汉堡。他每天都很快乐地工作，尤其在烤汉堡的时候，他更是专心致志。许多顾客对他工作如此开心感到不可思议，十分好奇，纷纷问他："烤汉堡的工作环境不好，又是件单调乏味的事，为什么你可以如此愉快地工作并充满热情呢？"

这个烤汉堡的人说："在我每次烤汉堡时，我便会想到，如果点这汉堡的人可以吃到一个精心制作的汉堡，他就会很高兴。所以我要好好地烤汉堡，使吃汉堡的人能感受到我带给他们的快乐。看到顾客吃了之后十分满足，神情愉快地离开时，我便感到十分高兴，仿佛又完成了一件重大的工作。因此，我把烤好汉堡当作我每天工作的一项使命，尽全力去做好它。"

顾客听了他的回答之后，对他能用这样的工作态度来烤汉堡，都感到非常钦佩。他们回去之后，就把这样的事情告诉周围的同事、朋友或亲人，一传十、十传百，于是很多人都喜欢来这家麦当劳店吃他烤的汉堡，同时看看"快乐烤汉堡的人"。

顾客纷纷把他们看到的这个人的认真、热情的表现，反映给公司。公司主管在收到许多顾客的反映后，也去了解情况。公司有感于他这种热情积极的工作态度，认为他值得奖励和栽培。没几年，他便升为分区经理了。

这个烤汉堡的人把每做好一个汉堡并让顾客吃得开心，当作自己工作的使命。对他而言，这是一件有意义的工作，所以他充满责任感，热情地去做工作。

如果我们也能像他一样，把工作当作人生的使命，把它做得完美，我们的成就感和信心就会越来越强，工作也会越来越顺畅。当别人看到我们热情地、全力以赴地把工作做好时，自然会受到感染。

工作并不只是谋生的手段，当我们把它看作人生的一种快乐使命并投入自己的热情时，上班就不再是一件苦差事，工作就会变成一种乐趣，就会有许多人愿意聘请你来做你所喜欢的事。工作是为了自己更快乐！做快乐而又成功的工作，是一个多么合算的事啊！

积极的态度会得到积极的结果，这是因为态度有感染力，这种态度就是热情与兴趣。阿尔伯特·巴德曾说："没有一件伟大的事情不是由热情促成的。"这里的热情就来源于对所从事职业的兴趣。好的传教士与伟大的传教士、好的母亲与伟大的母亲、好的演说家与伟大的演说家、好的推销员与伟大的推销员之间的最大差别，就在于热情与兴趣。

露茜女士在为美国一家电视台主持一个节目的过程中，介绍了 50 种帮助人们体会工作乐趣、提高工作效率的方法。下面是她最看重的几条原则。

1. 真诚的善意之举

如果你在下班后主动留下来帮助他人完成某项工作，那么即使今后你得罪了他，心存感激的他也不会嫉恨你。帮助别人一次，也许你就会赢得一个一辈子的朋友。

2. 利用"情感之墙"

一位家庭护士抱怨说她受不了这份工作了，想转行。但问题是，在她每周看护的 30 位病人里，其实只有 3 位真正给她的工作带来了压力。露茜建议她每次去这 3 位病人的家里之前，都下意识地为自己竖起一堵"情感之墙"，对自己说："我没必要把太多的感情投入到这个病人身上，因为这对谁都没什么帮助，还是保持一段距离吧。"她照着去做了，几天后她告诉露茜她觉得没必要转行了。

3. 激发创意

有一次，一个朋友邀请露茜去她的新家玩，在那里露茜看到一面墙上挂满了她在工作中获得的各种奖励，便随口问："你成功的秘密是什么？"其实当时露茜并不是真的期待什么答案。没想到她真的给了一个很好的答案："每次我得到一个新工作时，我都会要求做一个自己感兴趣的项目。我第一次做销售的时候，我问老板我是否能采访一下其他的销售人员，把他们的销售技巧整理成小册子发给大家。结果我的这本小册子使我在老板眼里，不再仅仅是一个普通的销售员。"

4. 学会放弃

困难是我们工作中最常见的一种现象。例如当我们最初接到一个项目时，通常只是其中的几个部分比较具有挑战性。当碰到难题时，你应该咬紧牙关与之斗争。不过，如果经过努力还没有取得任何进展，那么也许再多的努力也是白搭。在这种时候，你就该寻求他人的帮助，或者寻求绕过这个难题也能完成项目的办法。

5. 利用"回音技术"

当你的上司对你说："好吧，我可以给你 6 万美元的年薪。"你可以有技巧地用一种略带疑惑的口气说："6万美元？"然后等他的反应。往往在这种时候，在沉默中产生的焦急感会让你的老板说："好吧，我想6.1万美元应该没什么问题。"你在这5秒钟里就为自己赚了1000美元。换句话说，你的赚钱速度是每小时12000美元！

工作中的乐趣需要我们去发现，除非你喜欢痛苦的工作。一个高效能人士应当时刻为寻找工作乐趣做好准备，考虑清楚有关自己理想职业的每一件事——从工作形式到工作环境，然后确定自己所追求的职业的标准或目的。例如，我们可以观察一下自己是否能调到另一个部门，或者先谋个较低的职务，然后找机会进修，最低限度也要找出妨碍你日后发展的不利因素。当然，循序渐进是获得工作乐趣的最好方法。

【每日一点】

思科公司的总裁约翰·钱伯斯曾说过："我们不能把工作看作是为了五斗米折腰的事情，我们必须从工作中获得更多的意义才行。"我们得从工作当中找到乐趣、尊严、成就感以及和谐的人际关系，这是我们作为职场人士所必须承担的责任。

规划自己的职业生涯

社会的不断开放与发展，决定了我们的一生当中很有可能会从事多份不同的工作。也许每过几年就会换一次工作，或者是公司内部调动，或者跳槽到其他公司，或者干脆转行，这些情况都有可能发生。面对这么多的变化，你现在的知识和技能最终都会被时间所淘汰。为了使自己不被淘汰，你必须不断学习新的知识和技能。

为了防患于未然，你应该经常问自己这样一个问题："我的下一份工作会是什么？"然后根据周围情况的变化和你现在工作的新需要，还有未来的潮流来决定你一年以后将从事什么工作，5年以后从事什么工作。

然后你可以这么问自己："我的下一份事业会是什么？"由于你所在的行业处于不断的变化之中，为了能够拥有成功而幸福的生活，你是否必须进入一个全新的领域？哪个领域最吸引你？如果你能在任何一个行业就业，你会选择哪个行业？

在这些问题里面，也许最重要的一个问题是：为了能够在以后的日子里拥有高质量的生活，我必须在哪些方面非常优秀？

只有对自己的未来有计划性，你才会有一个美好的未来，而预测未来的最好的方法就是自己创建未来。

职业生涯设计的目的绝不只是协助个人达到和实现个人目标，更重要的是帮助个人真正了解自己，并进一步评估内外环境的优势、限制，在"衡外情，量己力"的情形下，设计出合理且可行的职业生涯发展方向。

作家贾平凹的职业生涯的最终定位就充分说明了这一点。他在上大学的时候，因为在校刊上发表了一首顺口溜，于是便开始努力写诗。两年之中写了上千首诗，却反应平平；接着，他写起古诗来，也不怎么样；后来，学写评论、散文、随笔，同样没有突出的成绩；当他的第一个短篇小说发表之后，他才意识到，这种文学形式才是最适合自己的，于是便一发而不可收了，写了大批短篇小说，从而开始在中国文坛上崭露头角。

贾平凹的经历说明，每一个人不见得都能完全认识到自己的才能。"知己"如同"知彼"一样，绝非易事。正因为这样，每个人根据自身的特点，选择适合成才的目标，是要经过一番摸索、实践的。人无全才，各有所长，亦有所短。所谓发现自己，就是充分认识自己所长，扬长避短。如果你有自知之明，善于找到自己最擅长的工作，你就会获得成功。

在人生的各个阶段，每位当事人多少得掂掂自己的分量，并分析所追求的目标及价值。我们大多数人都认为对自己已有足够的了解，但其实不然，许多错误的人生抉择即发生在对自己认识不清上。

正确的自我认识，越来越受到各界的关注。哈佛大学的入学申请要求必须剖析自己的优缺点，列举个人兴趣爱好，还要列出 3 项成就并做出说明，自我认识的重要性从中可见一斑。通过对自己以往的经历及经验的分析，找出自己的专业特长与兴趣点，这是职业设计的第一步。在第一步的基础上，再对环境、人际关系等方面进行分析，就可以完成自己的职业设计。

找到一份工作，虽然意味着求职历程的结束，但却只是一个人职业生涯的开始。工作的目的并不仅仅是混口饭吃，因此求职者要坚决摒弃那种"有奶便是娘"的想法，必须在求职之初就为自己的职业生涯做好规划，这样才可能使你的人生更精彩。事实上，求职绝不是一个孤立的环节，它跟你的整个人生密切相关。对每一个人来说，职业生涯都有着不同的阶段，不同的阶段都会遇到不同的问题，这些问题就是职业生涯为了考验你而赋予你的任务。如何完成这些任务将关系到你职业生涯的发展方向，你未来的前途也将在不断的提出问题和解决问题的过程中，逐渐露出它清晰的面目。

　　在开始设计职业规划的周期性任务之前，每个人都必须对职场生命有一个清晰的认识，只有这样你才不至于在工作中感到无所适从。因此在这里我们引入了"职业周期阶段"这一概念，从而把每个人的职业生涯分成不同的周期和阶段。也就是说，你在实现职业生涯宏伟目标的过程中，将会经历不同的阶段。在这些周期阶段中，你将会面对一些清晰可见的任务，这些不同的阶段任务组成了你向职业生涯顶峰攀登的一条崎岖之路，它们也将决定你未来职业生涯的方向。

　　那么，如何规划你的职业蓝图呢？

1.20 岁至 30 岁，走好第一步

　　这一阶段的主要特征，是从学校走上工作岗位，是人生事业发展的起点。如何起步，直接关系到今后的成败。这一阶段的主要任务之一，就是选择职业。在充分做好自我分析和内外环境分析的基础上，选择适合自己的职业，设定人生目标，制订人生计划。

2.30 岁至 40 岁，不可忽视修订目标

　　这个时期是一个人风华正茂之时，是充分展现自己的才能、获得晋升、事业得到迅速发展之时。此时的任务，除发愤图强、展示才能、拓展事业以外，对很多人来说，还有一个调整职业、修订目标的任务。人到 30 多岁时，应当对自己、对环境有更清楚的了解。看一看自己所选择的职业、所选择的人生路线、所确定的人生目标是否符合现实，如有出入，应尽快调整。

3.40 岁至 50 岁，及时充电

　　这一阶段，是人生的收获季节，也是事业上获得成功的人大显身手的时期。到了这个年龄仍一无所得、事业无成的人应深刻反省一下原因何在？重点在自己身上找原因，对环境因素也要做客观分析，切勿将一切原因都归咎于外界因素、他人之过。只有正确认识自己，找出客观原因，才能解决问题，把握今后的努力方向。此阶段的另一个任务是继续"充电"。

　　很多人在此阶段都会遇到知识更新问题，特别是近年来科学技术高速发展，知识更新的周期日趋缩短，如不及时充电，将难以满足工作需要，甚至影响事业的发展。

4.50 岁至 60 岁，做好晚年生涯规划

　　此阶段是人生的转折期，无论是在事业上继续发展，还是准备退休，都面临转折问题。由于医学的进步，生活水平的提高，很多人此时乃至以后的十几年，

身体都能健康、照样工作，所以做好晚年生涯规划十分重要。主要内容应包括以下几个方面：一是确定退休后的二三十年内，你准备干点什么事情，然后根据目标，制订行动方案；二是学习退休后的工作技能，最好是在退休前 3 年开始着手学习；三是了解退休后再就业的有关政策；四是寻找退休后再就业的工作机会。

正如前面列出的职业生涯中的周期阶段、问题和任务中所见，职业生涯周期中每一个阶段的年龄范围都相当宽泛。不同职业的人经历这些阶段的速度不同，个人方面的因素还强烈地影响着职业生涯的运动速度。个人如何与何时穿越一个组织包含的等级和职能边界，将取决于组织的职业开发程序、个人才干和工作的动机，何时何处需要何种人的情境因素，以及其他难以预料的情况。因此，分析职业生涯的阶段时，最好把它们看作每个人都会以各种不同的方式碰到的一系列范围广泛的共同问题，而不是谋求把它们与特定的年龄或其他生命阶段相符合。

【每日一点】

欲想成就一番不平凡的事业，拥有一个成功的人生，必须要对自己的职业生涯有个合理规划。因为，只有这样你才会有一个坚定的目标，并且能够扬长避短，朝着这个目标持续前进。

把工作当作自己的事业

几乎所有老板心目中卓越员工的标准都是：热爱自己的工作！当你把自己的职业当成事业看待时，你就会对工作充满激情，工作越做越好，你也会变得越来越卓越。

在一个小镇上有 3 个石匠正在努力工作，一个过路人问他们在干什么。第一个石匠说："我每天都枯燥地搬石头砌墙。"第二个石匠说："我的工作很重要，我要把墙垒好，这样房子才结实。"第三个石匠则很自豪地说："我的责任十分重大，这是镇上的第一所教堂，我要将它建成小镇的标志！"

同样是砌墙，3 个人看待这件事的态度却不一样。第三个石匠心中有百年大教堂，他把自己的工作当作是一项伟大的事业来干，因此他不仅不觉得枯燥无味，反而很有自豪感，他一定会为了心中的那个教堂兢兢业业地干活儿，并且不会有一丝懈怠，因此他必将是那 3 个石匠中干得最出色的一个。

工作是每一个人的使命所在。正如蜜蜂的天职是采花粉酿蜜一样。人的天职是工作，如果你不一味地把工作当作一种负担，而是把它当成自己的事业来看待时，你就会产生工作的动力和激情，并从中找到乐趣。日本的"经营之神"松下幸之助是举世皆知的成功企业家，他的经营哲学是：把职业当成自己毕生为之奋斗的事业，日积月累，用心做好每一天的事。松下幸之助常说，自己之所以成功，是因为他从内心里把自己的职业当成事业。他指出："我并没有那么长远的规划。只是珍视每一个日日夜夜，做好每一项工作，这是今日我能辉煌的秘诀。当年，我仿佛并没有什么要建一座大工厂的远大规划。创业初期，一天的营业额仅 1 日元，后来又期盼一天有 2 日元，达到 2 日元又渴望 3 日元，如此而已，我只不过是努力地做好每一天的工作。"他在一次演讲中还说道："迄今每遇到难题的时候，我都扪心自问：自己是否以生命为赌注全力对待这项工作？当我感到非常烦恼苦闷时，往往是因为没有全身心地投入工作。由此我便洗心革面，全力向困难挑战。有了勇气，困难便不称其为困难了。"松下幸之助就是这样去工作，才取得了事业的成功。然而，职场中很多人都没有意识到这一点，他们都认为成功只属于少数人，是那些大老板、明星、政府官员们的事情，而自己仅仅是一名为了生存而工作的打工仔，自己辛勤劳动、付出时间以及提供相应的能力，就是为了换取一份老板或公司给予的薪水而已。事实上，当你在思想上认为工作只是谋生的一种手段时，你就只能靠那点微薄的工资勉强度日，永远也不能取得事业上的成功。

真正聪明的员工会善待自己的工作并把工作当成自己的事业。他会让自己忙起来，在忙碌中体会生命的力量和工作的愉悦。他感到他的工作如此之快乐，以至于他没有空闲的工夫来诉说自己是怎样劳苦，我们也就不会听见他有什么抱怨。喜欢发牢骚的总是那些没有做什么工作，而又喜欢干着急的人。他们之所以痛苦并不是因为工作本身，而是由于自己的着急。美国西北大学的校长沃尔特·司科特说："过度工作并不像一般人所想象的那样危险，也不像很多人认为的那样普遍。有许多人把工作过度和实际工作过少而担心工作过多混为一谈。如果一个人一天做完事后很有成就感，那么不管这一天的工作有多么辛苦，他的内心都是舒适和满足的。反之，如果一天下来无所事事，没有成就感，即使这一天过得再清闲，他的内心都是焦灼而失望的。要是一个人对工作怀有浓厚的兴趣，觉得战胜工作的困难就是一种快乐，那么，他不仅不会觉得疲倦，反而会觉得轻松一些。"

大多数人认为工作就是为了赚钱，或者认为自己辛辛苦苦，只是为了老板而工作，自己并没有从工作中获益多少。如果我们被这种心理和观念统治，我们的眼光必然变得短浅，看不清自己的发展道路。

事实上,工作是为老板,更是为自己。若为了工资而工作,不但对老板是一种伤害,长此下去也是一种对自己生命的摧毁,会使事业的生命日渐枯萎,白白断送掉自己的前程。为薪水工作的人,很容易被动地工作,刚刚上班就盼望着下班,工作时不愿意付出自己的全部力量,最终埋没了自己的全部才能,磨灭掉了自己的创造力。

员工为老板工作,老板必须付给员工报酬,这是员工价值的一种体现。但是,除工资之外,任何一家公司和老板其实还给了每一位员工很多很多东西。员工在工作中获得的报酬除了金钱,最大的收获就是经验,还有就是良好的培训、个人职业品质的提高和个人品德的完善。这些东西,如果员工在企业里工作时能够很好地获得,将会使自己一生受益匪浅。这些无形的东西,再多的金钱都买不来。

一个人要把工作作为谋求长远发展的事业,不用过分考虑自己的薪水有多少,而应该关注工作本身带给自己的报酬,应该时常想到"工作是为老板更是为自己"。

【每日一点】

工作是一个人的使命所在,要热爱并用心地做好自己的工作。把工作当成自己的事业来看待,你的工作就会变得更有效率,你也更乐于工作,而且更容易取得成功。

第九章

▼

行动起来，一切皆有可能

行动永远是第一位的

英国前首相本杰明·迪斯雷利曾指出，虽然行动不一定能带来令人满意的结果，但不采取行动就绝无满意的结果可言。

因此，如果你想取得成功，就必须先从行动开始。

每天不知会有多少人把自己辛苦得来的新构想取消，因为他们不敢执行。过了一段时间以后，这些构想又会回来折磨他们。

天下最可悲的一句话就是："我当时真应该那么做，但我却没有那么做。"经常会听到有人说："如果我当年就开始那笔生意，早就发财了！"一个好创意胎死腹中，真的会叫人叹息不已，永远不能忘怀。一个人被生活的困苦折磨久了，如果有了一个想要改变的梦想，那他已经走出了第一步，但是若想看见成功的大海，只走一步又有什么用呢？

因此，你有了梦想，只有行动起来，最终才能摆脱受折磨的命运。

连绵秋雨已经下了几天，在一个大院子里，有一个年轻人浑身淋得透湿，但他似乎毫无觉察，满天怒气地指着天空，高声大骂着：

"你这该千刀万剐的老天呀，我要让你下十八层地狱！你已经连续下了几天雨了，弄得我屋也漏了，粮食也霉了，柴火也湿了，衣服也没得换了，你让我怎么活呀？我要骂你、咒你，让你不得好死……"

年轻人骂得越来越起劲，火气越来越大，但雨依旧淅淅沥沥，毫不停歇。

这时，一位智者对年轻人说："你湿淋淋地站在雨中骂天，过两天，下雨的龙王一定会被你气死，再也不敢下雨了。"

"哼！它才不会生气呢，它根本听不见我在骂它，我骂它其实也没什么用！"年轻人气呼呼地说。

"既然明知没有用，为什么还在这里做蠢事呢？"

"……"年轻人无言以对。

"与其浪费力气在这里骂天，不如为自己撑起一把雨伞。自己动手去把屋顶修好，去邻家借些干柴，把衣服和粮食烘干，好好吃上一顿饭。"智者说。

"与其浪费力气在这里骂天，不如为自己撑起一把雨伞。"智者的话对于我们来说，不失为一句"醒世恒言"。与其在困境中哀叹命运不公，为什么不把这些精力用在改变困境的行动上呢？

坐着不动是永远也改变不了现状的，同样，坐着不动也是永远做不成事业的。只有傻瓜才寄希望于天上掉馅饼。俗话说："一分耕耘，一分收获。"没有耕耘，就是没有行动，那就自然不会有收获。不论你是运用大脑，还是运用体力，你一定要"动"起来才行。

一位哲人曾这样说过："我们生活在行动中，而不是生活在岁月里。"要改变你的生活，你首先要行动起来，只有行动才是改变你现状的捷径。

曾亲眼目睹两位老友因车祸去世而患上抑郁症的美国男子沃特，在无休止的暴饮暴食后，体重迅速膨胀到了无法自抑的地步，直线逼近 200 公斤。当逛一次超市就足以让沃特气喘吁吁缓不过劲儿时，沃特意识到自己已经到了绝境。绝望之中的沃特再也无法平静，他决定做点什么。

打开年轻时的相册，里面的自己是一个多么英俊的小伙子啊。深受刺激的沃特决定开始徒步全美国的减肥之旅，迅速收拾好行囊，沃特带着接近 200 公斤的庞大身躯出发了。穿越了加利福尼亚的山脉，行走了新墨西哥的沙漠，踏过了都市乡村，旷野郊外……整整一年时间，沃特都在路上。他住廉价旅馆，或者就在路边野营。他曾数次遇到危险，一次在新墨西哥州，他险些被一条剧毒的眼镜蛇咬伤，幸亏他及时开枪将之打死。至于小的伤痛简直就是家常便饭，但是他坚持走过了这一年，一年后，他步行到了纽约。

他的事情被媒体曝光后，深深触动了美国人的神经。这个徒步行走立志减肥的中年男子，被《华盛顿邮报》《纽约时报》等媒体誉为"美国英雄"，他的故事感动了美国。不计其数的美国人成为沃特的支持者，他们从四面八方赶来，为的就是能和这个胖男人一起走上一段路。每到一个地方，就会有沃特的支持者们在那里迎接他。

当他被美国一个知名电视节目请到现场时，全场掌声雷动，为这个执着的男人欢呼。出版商邀请他写自传，电视台找他拍摄专辑……更不可思议的是，他的体重成功减掉 50 公斤，这是一个多么惊人的数字！

许多美国人称：沃特的故事使他们深受激励，原来只要行动，生活就可以过得如此潇洒。沃特说这一切让他感到意外："人们都把我看作一个美国英雄式的人物，但我只是一个普通人，现在我意识到，这是一次精神的旅行，而不仅仅是肉体。"他的个人网站"行走中的胖子"，吸引了无数访问者，很多慵懒的胖子开始质问自己："沃特可以，为什么我不可以？"

徒步行走这一年，沃特的生活发生了巨变。从一个行动迟缓的胖子到一个堪比"现代阿甘"的传奇式人物，沃特用了一年的时间，他的收获绝不仅仅是减肥成功这么简单。放弃舒适的固有生活，做一种人生的改变，人人都可以做到，但未必人人愿意行动。所以，沃特成功了。

你也是，只要付诸行动，没有什么不可以。勇敢行动起来，创造自己生命的奇迹吧！

【每日一点】

一个人的行为影响他的态度，行动能带来回馈和成就感，也能带来喜悦，通过潜心的工作得到自我满足和快乐，这是其他方法不可取代的。这么说来，如果你想寻找快乐，如果你想发挥潜能，如果你想获得成功，就必须积极行动，全力以赴。

业精于勤荒于嬉

对很多人来说，懒惰是生活的常态。懒惰的人总是寄希望于明天，在幻想中沉迷于未来的美好；还有的人，虽然极想克服这种状态，但往往不知道如何做起，因而日复一日，得过且过。

"业精于勤荒于嬉"出自韩愈的《劝学解》，意思是说学业由于勤奋而精通，但它却荒废在嬉笑声中。古往今来，多少人都是依靠勤奋成就了事业。有个很好的典故说的也是这个道理。战国时期的苏秦，虽然很有雄心壮志，但由于学识浅薄，找了许多地方都无法得到重用。后来他下决心发愤读书，有时读书读到深夜，困得坚持不下去的时候，苏秦就用锥子刺自己的大腿。他就是用这种办法，驱逐睡意，振作精神，后来终于成了著名的政治家。

懒惰，从某种意义上讲就是一种堕落，一种具有毁灭性的东西，它就像一种精神腐蚀剂一样，慢慢地侵蚀着你。一旦背上了懒惰的包袱，生活将是为你掘下的坟墓。马歇尔·霍尔博士认为："没有什么比无所事事、懒惰、空虚无聊更为有害的了。"

一位母亲在出门前，怕自己的儿子饿着，给他烙了几张足以吃半个月的大饼；又怕儿子懒得动手，就给他套在了脖子上。然而当她一周后回家时，看到儿子已经饿死了，大饼却剩下一大半。原来儿子只将脖前的饼啃掉，啃完后又懒得用自己的手去转一下，以便吃到另一面。结果就被饿死了。

这个故事虽然有些夸张，却说明了懒惰的恶劣本质。一个连自己的手都懒得抬起，害怕或不愿意付出相应劳动的人，还能奢望拥有什么呢？

懒惰者是不能成大事的，因为懒惰的人总是贪图安逸，遇到一点儿风险就吓破了胆。另外，这些人还缺乏吃苦实干的精神，总存有侥幸心理。而成大事之人，他们更相信"勤奋是金"。不经历风雨怎么见彩虹，一个人怎能随随便便成功？所以在被懒惰摧毁之前，你要先学会摧毁懒惰。从现在开始，摆脱懒惰的纠缠，不能有片刻的松懈。

业精于勤荒于"懒"。懒惰是学习的大敌，是工作的大敌，是生活的大敌。一个人的懒惰只是个人的不幸，一个民族的懒惰，则是整个民族的悲哀！我们肩负着中华民族伟大复兴的历史使命，全面建设小康社会，需要我们每个人打起十二分的精神，艰苦创业，勤奋工作。

"懒惰"是个很有诱惑力的怪物，一生中谁都会与这个怪物相遇。比如，早上躺在床上不想起来，起床后什么事也不想干，能拖到明天的事今天不做，能推给别人的事自己不做，不懂的事自己不想懂，不会做的事自己不想做……"懒惰"是人类最难克服的一个敌人，许多本来可以做到的事，都因为一次又一次的懒惰拖延而错过了成功的机会。所以，要想改变懒惰的现状，一定要走上勤奋的道路。

一位哲人曾经说过："世界上能登上金字塔顶的生物只有两种，一种是鹰，一种是蜗牛。不管是天资奇佳的鹰，还是资质平庸的蜗牛，能登上塔尖，极目四望，俯视万里，都离不开两个字——勤奋。"

一个人的成长与发展，天赋、环境、机遇、学识等因素固然重要，但更重要的是自身的勤奋与努力。没有自身的勤奋，就算是天资奇佳的雄鹰也只能空振双翅；有了勤奋的精神，就算是行动迟缓的蜗牛也能雄踞塔顶，观千山暮雪，渺万里层云。成功不单纯依靠能力和智慧，更要依靠每一个人自身孜孜不倦的勤奋工作。

"勤奋是通往荣誉圣殿的必经之路！"

这是古罗马皇帝临终前留下的遗言。古罗马人有两座圣殿，一座是勤奋的圣殿，一座是荣誉的圣殿。他们在安排座位时有一个顺序，必须经过前者的座位，才能达到后者——勤奋是通往荣誉圣殿的必经之路。

人生路上，要想到达成功的圣殿，唯一的一条道路也是勤奋。

艾伦是一个公司的速记员。一个星期六下午，同事们约好了去看球赛，这时一位律师走进来问艾伦，去哪儿能找到一位速记员来帮忙。艾伦告诉他，公司所有速记员都看球赛去了，如果晚来 5 分钟，自己也会走。艾伦又说："球赛随时都可以看，工作第一，让我来帮你吧。"

律师问应该付多少钱给艾伦，艾伦开玩笑地回答："哦，既然是你的工作，大约 1000 元吧。换了别人，我就免费帮忙。"律师笑了笑，向艾伦表示谢意。

艾伦确实是在开玩笑，他早把 1000 元的事忘得一干二净。但在 6 个月后，律师却支付他 1000 元，还邀请艾伦到自己的公司工作，薪水比现在的高一倍。

艾伦只是在不经意间多做了一点点事情，结果却得到如此巨大的回报。这样看来，比别人勤奋一点点，你将会受益匪浅。

很多人认为，只要完成分配的任务就可以了，其实只想这些还远远不够，你还需要多做一些事情，多承担些责任。也许你的付出无法立刻得到相应的回报，但不要灰心失望，只要你一如既往地投入，回报可能会在不经意间，以出人意料的方式出现。你付出的努力如同存在银行里的钱，当你需要的时候，它随时都会为你服务；当你不需要时，它也会为你储蓄升值。所以拒绝懒惰，走向勤奋吧，只有这样，你才能拥有一个美好的明天。

【每日一点】

懒惰是人的一种劣根性，为了做成某件事，必须与它抗争，超越这种劣性的钳制。但是这种抗衡和超越一开始总要由一些外力来强制，进而才能逐渐内化为恒定的精神和行为习惯。

绕开好高骛远的行动陷阱

有一个年轻人，给自己定下的目标是做一个伟大的政治家。

在这样一个和平的时代，要做一个伟大的政治家，他就应该先读大学的政治专业，或者别的文科专业，然后在分配的时候努力进入一个能够得到晋升的政府机关，然后在单位进行各个方面的努力。

而这个年轻人，在定下这个目标之后，他竟然什么都没有去做。

这时他还在读高中，成绩平平。家里人督促他学习的时候，他是这么说的："我的目标是做一个伟大的政治家，做一个伟大人物，读书做什么？"

哦，他的这个目标看来是来自那些伟大人物的激发。奇怪的是，他到底是怎么想的呢？怎么才能达到目标？

高三的时候，他已不专心学习，似乎也不想去考大学了，只是看课外书，他看的课外书当然都是一些政治人物传记，像《林肯传》《丘吉尔传》等。除了看伟人传记，他所做的就是玩了。

他可能是想，很多取得大成就的人也没有读多少书呀。

在生活中，他也开始用大人物的眼光来看待人和事物。比如，他的妹妹和小姐妹闹矛盾了，他以领导者的口气说："你们两个，吵什么嘛！要团结，要和平，不要闹矛盾！"

当老师批评他学习不用功的时候，他也总是"据理力争"。

而他，由于沉浸在伟人梦中，不好好读书，结果当然没考上大学。一个没受过高等教育的青年，在现在的和平年代里，有可能成为一个伟大的政治人物吗？

也许有可能。但即使有，也是对那些肯上进、求进取的青年来说的，却不是他这样的青年。那么，他是个什么样的青年？

从他的表现来看，毫无疑问，他是个典型的好高骛远的人。所谓好高骛远，就是不切实际地追求过高的目标。每个人都有自己的极限，超过自己极限的事，当然是不可能做到的。叫一个从来没有念过书的人去做爱因斯坦，这可能吗？

很多人都想在生活中寻找一条成功的捷径，其实成功的捷径很简单，那就是勤于积累，脚踏实地。

很多身陷贫穷，没有取得成功的人常常都想通过买彩票、买股票等投机方法获得成功。但往往通过这种方式成功的人却没有几个。

这些人的想法和做法其实离获取成功的方法很远。那成功的捷径到底是什么呢？答案其实很简单，那就是一步一个脚印地前进。

事情往往是这样的，那些心存侥幸、渴望点石成金的人往往会一无所获、双手空空；而那些看似没有多少进步的人，积累一段时间以后，就会获得成功。因此，生活中的有心人必须记住：踏实跨出你的每一步，你就能积少成多，获得成功。

【每日一点】

人往往很容易把自己看得很高，因而也容易好高骛远，贪多求大，总想在事业起步时就能站在高起点上。可这样做的结果，往往是适得其反，大多时候难以如愿以偿。由于对未来的期望值过高，要求太多，反而容易急功近利，心浮气躁，这样做的结果当然是攀不上成功的巅峰。

消除犹豫不决的行动障碍

世界上有许多人没能意识到自己的潜力，过分的谨慎阻碍了他们前进的脚步。他们知道自己能干得更好，但他们从没有向前进取过。同那些比他们成功的人相比，他们有同样的能力取得事业上的成功，但他们自觉不如，总是找很多的理由说服自己。他们看见了机遇，但不去抓住它们。他们看到老朋友成功了，就纳闷儿自己为什么不行。他们想拥有万贯家财，但就是不采取行动。

从很大程度上看，他们的惰性和忧虑是直接的。惰性指的是物体保持自身原有的运动状态的性质，不受外力作用就不会变化。惰性的原理也适用于人，也许就适用于你。要想在工作中取得很大的变化，也许得下大决心、花大力气。

在面对是否采取行动的问题上，特别是当这种行动涉及到冒险时，我们会发现自己容易犹豫不决、坐失良机。在这种情况中，是传统的观点在作怪：不要轻易去尝试，不要轻易鲁莽行动，这里很可能有危险。

缺乏信心是人们常常犹豫不决的原因。我们能完全意识到我们的弱点，而怀疑就经常从这里产生。我们对一切了解得太多，所以我们生性谨慎，宁愿推迟重大的决定，有时甚至无动于衷。

怎样才能知道别人比你决心更大呢？如果你既了解自己，也了解他人，你可能不会对他们的恶习和弱点感到吃惊，他们完全有可能比你更加踌躇。问题是，你对你的一切知道得又具体又透彻，而对他人的一切却了解甚微。其实，你与"那人"可能十分相同，只要你有相同的成功机遇，你完全可以同他一决高下。

大自然中没有任何一种事情可以自己行动，即使我们天天要用的几十种机械设备也离不开这个原理。因此，每一个行动前面都有另一个行动。

如果你想调节家里的室温，你必须选择行动；如果你想让你的汽车变速，那么你必须换挡才可以。这个原理同样也适用于我们的心理，先使心理平静，才能理顺思路，发挥作用。

有一位幽默大师曾说："每天最大的困难是离开温暖的被窝走到冰冷的房间。"他说得不错，当你躺在床上认为起床是件不愉快的事时，它就真的变成一件困难的事了。就是这么简单的起床动作，即把棉被掀开，同时把脚伸到地上的自动反应，都足以击退你的恐惧。

凡成功者都不会等到精神好时才去做事，而是推动自己的精神去做事。

为了养成行动的好习惯，你可以遵照以下两点去做。

第一，用自动反应去完成简单的、烦人的杂务。

不要想它烦人的一面，什么都不想就直接投入，一眨眼就完成了。

大部分的家庭主妇都不喜欢洗碗，拿破仑·希尔的母亲也不例外。但她自己发明了一套做法来解决这个问题，以便有时间做她喜欢做的事。

她离开饭桌时，便带着空盘子，在她根本没想到洗碗这个工作时，就已经开始洗碗了，几分钟就可以洗好。这种做法不是比清洗一大堆堆了很久的脏盘子更好吗？

现在就开始练习，先做一件你不喜欢的工作，在还没想到它讨厌之前就赶快做，这是处理杂务最有效的方法。

第二，将这种方法推而广之。

把这种方法应用到"设计新构想""拟订新计划""解决新问题"，以至应用到需要仔细推敲的工作上。不能等精神来推动你去做，要推动你的精神去做。

这里有个技巧保证有效，用一支铅笔和白纸去计划。铅笔是使你"全神贯注"的最好工具。潜能大师安东尼·罗宾认为，如果要从"布置豪华、设备完善的办公室"跟"铅笔与纸"中任选一项来提高工作效率的话，他宁肯选择铅笔与纸，因为用铅笔与纸可以把心思牢牢专注在一个问题上。

把你的想法写在纸上时，你的注意力就会集中在上面，你的潜能也会因此而被发掘出来。因为我们无法一心二用，何况你在纸上写东西时，也会同时将它写在心里。如果把相关的想法同时写出来，就可以记得更久，记得更准确，这是许多实验已经证实并得出的结论。

一旦养成这个习惯，你的思想就会促使你行动，你的行动就会引发新的行动。

【每日一点】

行动能使人走向成功，这似乎是人尽皆知的道理，但当人们面临行动时，往往就会犹豫不决，畏葸不前。"语言的巨人，行动的矮子"不在少数。你总是在无意识地寻找各种维持现状的理由，其实是因为你没有决心，没有勇气。你根本不需要考虑这么多，只要付诸行动，一切的犹豫就会自行消散。

克服拖延的毛病

《明日歌》曾经写道："明日复明日，明日何其多！我生待明日，万事成蹉跎。"这里就在说明拖延给我们的生活带来的影响。生活中拖延的现象屡见不鲜，但拖延久了，事事拖延，就养成了一种习惯，这种习惯势必让你产生病态的拖延心理。拖延心理会让人一事无成，甚至毁掉你的前程。所以生活中一定要克制拖延，克制拖延你才能成功。

每个人的生命都是有限的，当拖延成为你的习惯时，死神也就在不知不觉中来临了。你可以给自己时间，但生命却不会给你时间，正如中国古代诗人李商隐所吟诵的"人间桑海朝朝变，莫遣佳期更后期"。

人为什么会被"拖延"的恶魔所纠缠，很大的原因在于当认识到目标的艰巨时所采取的一种逃避心理——能以后再面对的就以后再面对，只要今天舒服就行。拖延就这样成为了"逃避今天的法宝"，而逃避是弱者最明显的特征。

有些事情你的确想做，绝非别人要求你做，尽管你想，但却总是在拖延。你不去做现在可以做的事情，却想着将来某个时间再做。这样你就可以避免马上采取行动，同时你安慰自己并没有真正放弃决心。你会跟自己说："我知道我要做这件事，可是我也许会做不好或不愿意现在就做。应该准备好再做，于是，我当然可以心安理得了。"每当你需要完成某个艰苦的工作时，你都可以求助于这种所谓的"拖延法宝"，这个法宝成了你最容易、也是最好的逃避方式。

人的本质都是懦弱的，从这一点上说，拖延和犹豫是人类最合乎人性的弱点，但是正因为它合乎人性，没有明显的危害，所以无形中耽误了许多事情，因此而引起的烦恼，其实比明显的罪恶还要厉害。你拖延得了一时，却拖延不过一世，今天你利用拖延这张证件避免了危险和失败，但这样做又能达到怎样的目的呢？在你避免可能遭到失败的同时，你也失去了取得成功的机会。

不要逃避今天的责任而等到明天去做，因为，明天是永远不会来临的。现在就采取行动吧，即使你的行动不会使你马上成功，但是总比坐以待毙要好。即使成功可能不是行动所摘下来的那个果子，但是，没有行动，任何果子都会在枝上烂掉。

现在必须采取行动。你要一遍又一遍，每一小时、每一天，重复这句话，一直等到这句话像你的呼吸一样融入你的生命。而跟在它后面的行动，要像你眨眼睛那种本能一样迅速。任何时刻，当你感到推脱苟且的恶习正悄悄地向你靠近，或者此恶习已迅速缠上你，使你动弹不得之际，你都需要用这句话提醒自己。

总有很多事需要完成，如果你正受到怠惰的钳制，那么不妨从碰见的任何一件事开始着手。这是件什么事并不重要，重要的是，你要突破无所事事的恶习。从另一个角度来说，如果你想规避某项杂务，那么你就应该从这项杂务着手，立即进行。否则，事情还是会不断地困扰你，使你觉得烦琐无趣而不愿动手。

当你养成"现在就动手做"的习惯，那么你就将掌握个人主动进取的精髓。

生命中真正的财富往往属于那些能以行动积极寻求的人。成功不会由挂着皇家徽章的管弦乐队伴随着而来，它往往属于长期艰苦努力工作的人。

采取主动，就能创造属于自己的机会。缜密思虑下策划的行动，是没有任何东西可以取代的。

你可以用尽各种方法，告诉全世界，你有多么优秀，但是你必须通过行动。要让别人知道你的成就，你应该先付诸行动，让人从行动中看到你的成就。

不要等待"时来运转"，也不要由于等不到而觉得恼火和委屈，要从小事做起，要用行动争取胜利。

记住，立即行动！

【每日一点】

人生总有许多理想和憧憬，假使你能够将一切憧憬都抓住，将一切理想都实现，将一切计划都执行，那你事业上的成就，真不知要怎样的宏大；你的生命，真不知要怎样的伟大！然而，总是有很多人有憧憬而不去抓住，有理想而不去实现，有计划而不去执行，最终使各种憧憬、理想、计划破灭掉。

用目标为你的行动导航

每一个走向成功的人，无疑都会面临一个选择方向、确定目标的问题。正如空气、阳光之于生命那样，人生须臾不能离开目标的引导。

有了目标，人们才会下定决心攻占事业高地；有了目标，深藏在内心的力量才会找到"用武之地"。若没有目标，你绝不会采取真正的实际行动，自然与成功无缘。

　　早在40多年前，生活在洛杉矶的15岁的少年约翰·戈达德对自己一生中计划要做的事开了一张清单，上面有127个要实现的目标，他将此清单称为"我的生命清单"。59岁时戈达德已实现了106个目标。他说："我在少年时开列的生命清单，反映了一个少年人的兴趣。尽管有些事情我是永远也无法做到的——例如，登上珠穆朗玛峰和访问月球。然而，确定的目标往往是这样的：有些事情可能超出你的能力。但那并不意味着你得放弃整个梦想。"现在，他仍然不放弃确定的目标，努力实现目标，包括参观中国的万里长城和访问月球。

　　可见，是目标所蕴含的神奇推力使戈达德勇往直前，虽然他已不再年轻，但却仍然能够信心十足。

　　只要你选准了目标，选对了适合自己的道路，并不顾一切地走下去，终能走向成功。确立了目标并坚定地"咬住"目标的人，才是最有力量的人。目标，是一切行动的前提。事业有成，是目标的赠与。确立了有价值的目标，才能较好地分配自己有限的时间和精力，较准确地寻觅突破口，找到聚光的"焦点"，专心致志地向既定方向猛打猛冲。那些目标如一的人，能抛除一切杂念，聚积起自己的所有力量，全力以赴地向目标高地挺进。

　　一个人只要不丧失使命感，或者说还保持着较为清醒的头脑，就决然不会把人生之船长期停泊在某个温暖的港湾，而是重新扬起风帆，驶向生活的惊涛骇浪，领略其间的无限风光。人，不仅要战胜失败，而且还要超越胜利。只有目标始终如一，才能焕发出极大的活力；只有超越生命本身，人生才可以不朽。

　　有目标的人，就会产生一股巨大的、无形的力量，将自身与事业有机地"融合"为一体。

　　目标，能唤醒人，能调动人，能塑造人，目标的伟大力量是难以估计的。有明确目标的人，生活必然充实有劲，决不会因无所事事而无聊。目标能使人不沉湎于现状，能激励人不断进取，能引导人不断开发自身的潜能，去摘取成功的桂冠。

　　要成功就要设定目标，没有目标是不会成功的。目标就是方向，就是成功的彼岸，就是生命的价值和使命。

　　而目标的设定也是需要技巧的，当你确立了自己人生的终极目标之后，你就应该为了你的终极目标制定多个向总目标一步步接近的具体目标，然后慢慢执行，最后达到终极目标。

你的计划应根据不同时间长度而有所分别，如 1 小时、1 星期、1 年、10 年。显然，考虑明年 1 年的计划与考虑今后 10 年的计划，那是有很大不同的。你能够而且应该超前计划 10 年，但是你不能想得很精细，因为不确定的因素太多了。温斯顿·丘吉尔在谈到筹划国家事务时曾经说："人总是要向前看的，但是要预见目前看不见的东西又总是困难的。"你能够而且应该计划一个小时内要做的事，你也能够很精确地制订这个计划，但是，一个小时对你当然不会有太大的影响。

你可以将自己的目标大致做如下分类：

1. 长期计划

长远目标仍然与所追求的整个生活方式密切相关——你想从事的职业类型，你是否想结婚，你向往的家庭类型，你追求的总的生活境况。设计将来应当有一些总体性的考虑，在考虑长远计划时，不必拘泥于细节，因为以后的变化太多。应该有一个全局性的计划，但又要具有一定的灵活性。

2. 中期计划

中期目标是 5 年左右的目标，它包括你正渴望得到的那种专门的训练和教育，你生活历程中的经验。你要能够较好地把握住这些目标，并且在实施中预见你能否达到目的，并按照情况的变化不断调整努力的方向。

3. 短期计划

短期目标指的是 1 个月至 1 年的目标。你要很现实地确定这些目标，并且能够迅速明晰地说出你是否正在实现它们。不要为自己设立不可能实现的目标。人总是希望自己有所进步，但也不能要求过高，以免达不到而挫伤信心。目标要实际，但更要不惜一切去实现。

4. 小计划

小目标指的是 1 天到 1 个月的目标。控制这些目标比控制较长远的目标容易得多。你能列出下一个星期或一个月要做的事，并且你完成计划也是大有可能的（假如你的计划是合理的话）。假如你发现你的计划过大，以后要修改它。考虑到的整块时间越小，你就越能控制每一整块的时间。

【每日一点】

目标对于事业来说，具有举足轻重的作用。目标是成功人生的起点，是一个人奋斗的阶梯。忽视目标定位的人，或是始终确定不了目标的人，他的努力就会事倍功半，绝难达到理想的彼岸。确立目标，是人生设计的第一乐章。

制订切实可行的计划

法国作家雨果说过："有些人每天早上计划好一天的工作，然后照此实行。他们是有效利用时间的人。而那些平时毫无计划，靠遇到事现打主意过日子的人，只有'混乱'二字。"

在明确工作目的和任务后，能不能实现它就在于能否进行合理的组织工作。

生物学家沃森在回顾自己的职业生涯时说："我的助手有一个非常好的习惯，这也是我一直没有替换他的主要原因。他有一本形影不离的工作日记，每天早晨，他都会把前一天写好的工作计划再翻看一遍，而在一天的工作结束后，他要对这一天的工作进行总结，同时把下一天的计划再做出来。"

制订计划是一种很好的行为，它能有效地引导我们的行动，使我们的生活变得井井有条起来。那么，我们又该如何制订切实可行的计划呢？

史蒂芬·柯维说："我赞美彻底和有条理的工作方式。一旦在某些事情上投下了心血，就可以减少重复，开启更大和更佳的工作任务之门。"

培根也说过："选择时间就等于节省时间，而不合乎时宜的举动则等于乱打空气。"

没有一个明确可行的工作计划，必然会浪费时间，要高效率地工作就更不可能了。试想，如果一个搞文字工作的人把资料乱放，就是找个材料都会花半个天工夫，那么他的工作是没有效率可言的。工作的有序性，体现在对时间的支配上，首先要有明确的目的性，很多成功人士就指出：如果能把自己的工作任务清楚地写下来，便是很好地进行了自我管理，就会使得工作条理化，因而使得个人的能力得到很大的提高。

只有明确自己的工作是什么，才能认识自己工作的全貌，从全局着眼观察整个工作，防止每天陷于杂乱的事务之中。明确的办事目的将使你正确地掂量各个工作之间的不同侧重，弄清工作的主要目标在哪里，防止不分轻重缓急，耗费时间又办不好事情。

在制订工作计划的过程中，我们不仅要明确自己的工作是什么，还要明确每年、每季度、每月、每周、每日的工作及工作进程，并通过有条理的连续工作，来保证以正常速度执行任务。在这里，要为日常工作和下一步进行的项目编出目录，这不但是一种不可低估的时间节约措施，也是提醒我们记住某些事情的方法，可见，制订一个合理的工作日程是多么重要。

工作日程与计划不同，计划在于对工作的长期计算，而工作日程表是指怎样处理现在的问题。比如今天还有明天的工作，就是逐日推进的计划。有许多人抱怨工作太多又太杂乱，实际是由于他们不善于制定日程表，无法安排好日常工作，有时候反而抓住没有意义的事情不放，不得不被工作压得喘不过气来。

菲尔德爵士指出："制订计划是为了达成计划，计划制订好之后，就要付诸行动去实现它。如果不化计划为行动，那么所制订的计划就失去了意义。"

实际上，制订计划相对容易，难的是付诸行动。制订计划可以坐下来用脑子去想、用笔去写，实现计划却需要扎扎实实的行动，只有行动才能化计划为现实。

很多人都制订了自己的人生计划，但制订了计划之后，便把计划束之高阁，没有投入到实际行动中去，到头来仍然是一事无成。

在这个世界上，想成功没有别的途径，只有行动才是达成计划的唯一途径。

计划制订好后，就不能有一丝一毫的犹豫，而要坚决地投入行动。观望、徘徊或者畏缩都会使你延误时间，以致计划化为泡影。

不论做什么事情，都必须拼命去做，如果半途而废，还不如不做。最重要的是把全部精神集中在自己的计划上。当你决定是否去做某一件事情时，它要么一定有去做的价值，要么就是没有去做的价值。所以，一旦决定了去做之后，就要集中精神去做。例如，当你在阅读《荷马史诗》时，应将全部精神集中于这部作品上，一边想着它所写的是否正确，一边学习其优美的措辞和诗句，绝对不可以将心神转移到别的作品上。

很多人都有过这样的经验，刚订好计划时颇有磨刀霍霍的干劲，可是过了3个星期后就没劲了，更别提实现计划的自信了。当你拟妥一项计划后，首要的步骤就是把它写在纸上，当你把计划写下来之后，随之而来最重要的一步就是立即让自己行动起来，向着实现计划的方向拿出具体的行动，可别一拖再拖。一个真正的决定必然是有行动的，并且还是立即的行动，此时你就要针对自己的计划采取积极的行动。你先别管要行动到什么程度，最重要的是要行动起来，打一个电话或拟一份行动方案都是可行的，只要在接下去的10天内每天都有持续的行动。当你能这么做时，这10天的行动必然会形成习惯，最终把你带向成功。

把计划转化为行动，可尝试按以下步骤进行：

1. 将没有开始行动的若干原因写下来

为什么我当时没有行动？是不是当时有什么困难？回答这些问题有助于你认识未付诸行动的原因，乃是跟去做的痛苦有关，因此宁可拖延。如果你认为这跟痛苦无关的话，那么不妨再多想一想，或许是这个痛苦在你眼里微不足道，以至你并不认为那是痛苦。

　　2. 写出如果你不马上改变所造成的后果

　　如果你再不停止吃那么多的糖分和脂肪，那么会怎么样？如果你不停止抽烟，后果会如何？如果你不打通认为应该打的电话会怎样？如果你不每天运动的话，对健康会有什么影响？2 年、3 年、4 年及 5 年后会生出什么样的毛病？如果你不改变的话，在人际关系上得付出什么样的代价？在自我形象上会付出什么代价？在钱财上会付出什么样的代价？对这些问题你要怎么回答呢？找出能使你感到痛苦的答案，那么痛苦便会成为你的朋友，帮助你改掉不能马上改变的坏习惯，以实现人生计划。

【每日一点】

　　现代社会，人类生活工作的节奏越来越快，要做的事越来越多，如何从纷繁复杂的大小事中确定你真正要做的事，冲破迷雾明确人生目标呢？这时你需要的是计划，短至日常工作计划，长至人生计划，由它们指引你在人生路上取得节节胜利。

等待永远是美好的最大敌人

　　任何人都是一样，年轻时需要积累，年老时才来享受，年轻时正是积累自身实力的时期，年老力衰的时候才能靠着智慧经验或者年轻时储蓄的财富过日子，否则年纪大了再来吃苦，就是"自造孽"，看看那些下岗女工再就业，看看中老年离婚的妇女，你是否能从中得到一些危机的启示？

　　1904 年，正当年轻的爱因斯坦潜心于研究的时候，他的儿子出生了。于是，在家里，他常常左手抱儿子，右手做运算。在街上，他也是一边推着婴儿车，一边思考着他的研究课题。妻儿熟睡了，他还到屋外点灯撰写论文。爱因斯坦就是这样抓住每一个"今天"，通过日积月累，一年中完成了四篇重要的论文，引领了物理学领域的一场革命。

　　要想不荒废岁月，干出一番事业，就要克服拖拉，珍视今天。

　　有个创意家，一直给人悠闲无事的感觉，但收入却不少。记者问他是怎么做到的，他说："做时间的主人，别让时间做你的主人。"

　　这话听起来有些玄妙，意思是说，你可以决定什么时间做什么事，而不是让时间来决定你应该做什么事。

时间对他而言只是桥梁，通过它，可以找到更合适的生活，而不仅仅是谋取财富。在他看来，时间还有更重要的使命："有时间的人是活人，没有时间的人是死人。"

宋国大夫戴盈之曾对孟子说："现在的税负太重了，很想按照以前的井田制度，只征收 1/10 的税，但是目前执行起来有困难，只能暂时减一点，明年再看着办，你以为如何？"孟子不置可否，只举了个例子："有一个小偷，每天都偷邻居的鸡，别人警告他，再偷就将他送官，他哀求说，从今天开始，我每个月少偷一只，明年就洗手不干了，可以吗？"

等待永远是美好的最大敌人，拖拉者的一个悲剧是，一方面梦想仙境中的玫瑰园出现，另一方面又忽略窗外盛开的玫瑰。昨天已成为历史，明天仅是幻想，现实的玫瑰就是"今天"。拖拉所浪费的正是这宝贵的"今天"。

钟表王国瑞士有一座温特图尔钟表博物馆。在博物馆里的一些古钟上，都刻着这样一句话："如果你跟得上时间的步伐，你就不会默默无闻。"这句富有哲理的话，一定早已铭刻在许多成功者的心灵深处了。

所以，成功者从来都不希望坐在那里等待，而是积极地投入行动之中，为了理想而努力，为了事业而拼搏。尽管道路中会经历风雨，可是等到他们品尝到了成功的甘甜的时候，他们就会感谢曾经的行动，因为正是行动成就了他们的明天。

【每日一点】

"明日复明日，明日何其多。我生待明日，万事成蹉跎。"要想不荒废岁月，干出一番事业，就要克服拖拉，珍视今天。

抱怨失败不如用行动接近成功

很多人以为只要拥有一部成功的宝典，就可以一夜之间功成名就，这显然是极其错误的。对此，卡耐基一再告诫我们：

一张地图，不论它多么详细，比例尺有多么精密，绝不能够带它的主人在地面上移动一寸。一本羊皮纸的法典，不论它有多么公正，也绝不能够预防罪行。一个卷轴，绝不会赚一分钱或制造一个赚钱的字。只有行动，才是导火线，才能够点燃地图、羊皮纸、卷轴的价值。行动，才是滋润成功的食物和水，因此我们必须铭记"行动"这个成功准则，绝不拖延和犹豫不决。

我们不逃避今天的责任而等到明天去做，因为让我们现在就采取行动吧，即使行动不会为我们马上换回财富，但是，动而失败总比坐而待毙好。即使财富可能不是行动所摘下来的那个果子，但是，没有行动，任何果子都会在藤上烂掉。从今以后，我们要一遍又一遍、每一小时、每一天重复这句话，而跟在它后面的行动，要像我们眨眼睛那种本能一样迅速。有了这句话，我们就能够振作我们的精神，实现使我们成功的每一个行动。有了这句话，我们就能够振作我们的精神，迎接失败者躲避的每一次挑战。

我们要一次又一次地重复这句话。

当我们醒来，而失败者还要多睡一个小时的时候，我们要说这句话，接着从床上跳下来。

当我们走进市场，而失败者还在考虑是否会遭到拒绝的时候，我们要说这句话，并立刻面对我们第一个可能的顾客。

当我们遇到人家闭着门，而失败者带着惧怕和惶恐的心情在门外徘徊的时候，我们要说这句话，并随即敲门。

当我们面临诱惑的时候，我们要说这句话，抄大路行动，离开邪恶。

当我们想停下来明天再做的时候，我们要说这句话，并立刻行动。

只有行动才能决定我们在市场上的价值，要想扩大我们的价值，就要加强我们的行动。我们要走到失败者怕走的地方去。

当失败者想休息的时候，我们要工作。

当失败者仍在沉默的时候，我们要说话。

当失败者说太迟的时候，我们要说已经做好了。

我们只想着现在，明日是为懒人保留的工作日，而我们并不懒惰。明日是使邪恶变好的日子，而我们并不邪恶。明日是衰弱变强壮的日子，而我们并不衰弱。明日是失败者要成功的日子，而我们并不是一个失败者。

狮子饥饿的时候会吃，苍鹰口渴的时候会喝，如果它们不采取行动的话，两者都会灭亡。 我们要饱食成功与富裕，我们渴望幸福和心灵的宁静。如果我们不采取行动，我们就会在失败、贫困和彻夜失眠的生活中灭亡。

成功不会等待，财富也不会从地下冒出来，如果我们犹豫不决，它就会永远弃我们而去。

【每日一点】

只有行动才能决定我们在市场上的价值，要想扩大我们的价值，就要加强我们的行动。我们要走到失败者怕走的地方去。

清理抱怨，清理行动障碍

如果你有了理想，就一定要行动。尽管在尝试的过程中可能会遇到障碍，但是请不要抱怨不曾得到上苍的偏爱，而是要努力坚持，继续追求梦想，这样，你才有机会获得成功。

史泰龙的父亲是一个赌徒，母亲是一个酒鬼。父亲赌输了，又打老婆又打他；母亲喝醉了也拿他出气发泄。他下定决心，要走一条与父母迥然不同的路，活出个人样来。他想到了当演员——不需要文凭，更不需要本钱，而一旦成功，却可以名利双收。但是他显然不具备演员的条件，长相就很难使人有信心，又没有接受过任何专业训练，没有经验，也无"天赋"的迹象。然而，"一定要成功"的驱动力促使他认为，这是他今生今世唯一出头的机会。在成功之前，决不能放弃！于是，他来到好莱坞，找明星，找导演，找制片……找一切可能使他成为演员的人，四处哀求："给我一次机会吧，我要当演员，我一定能成功！"

他一次又一次被拒绝了，但他并不气馁，他知道，失败定有原因。每次被拒绝之后，他就把它当作是一次学习。一定要成功，痴心不改，又去找人……不幸得很，两年一晃过去了，钱花光了，他便在好莱坞打工，做些粗重的零活。两年来他遭受到1000多次拒绝。

他想出了一个"迂回前进"的思路：先写剧本，待剧本被导演看中后，再要求当演员。一年后，剧本写出来了，他又拿去遍访各位导演："这个剧本怎么样，让我当男主角吧！"人们认为他的剧本挺好，但要让他当男主角是不可能的。他再一次被拒绝了。

"我一定要成功，也许下一次就行，再下一次……"

在他一共遭到1300多次拒绝后的一天，一个曾拒绝过他二十多次的导演对他说："我不知道你是否能演好，但至少你的精神令我感动。我可以给你一次机会，但我要把你的剧本改成电视连续剧，同时，先只拍一集，就让你当男主角，看看效果再说。如果效果不好，你便从此断绝这个念头吧！"

第一集电视剧创下了当时全美最高收视纪录。从此，史泰龙也成了国际知名影星。

史泰龙的健身教练哥伦布医生曾这样评价他：

"史泰龙每做一件事都 100% 投入。他的意志、恒心与持久力都是令人惊叹的。他是一个行动家，他从来不呆坐着让事情发生——他主动地令事情发生。"

富兰克林说："把握今日等于拥有两倍的明日。"将今天该做的事拖延到明天，而即使到了明天也无法做好的人，占了大约一半以上。今日事，今日毕，才能成就大事。

歌德说："把握住现在的瞬间，从现在开始做起。"只要坚持做下去就行，在实干的过程当中，你的心态会越来越成熟。有了开始，不久之后你的工作就可以顺利完成了。"

很多成功者真正的才能在于他们审时度势之后付诸行动的速度，这才是他们出类拔萃、真正成功的秘诀。什么事一旦决定，马上付诸实施是他们共同的本质，"现在就干，马上行动"是他们的口头禅。而如果在行动中，遭遇了一次失败，或者遇到了什么困难，就开始怨天尤人，那么你将没有办法再集中精神对梦想全力以赴了。

抱怨是很消极的东西，一旦你产生了这样的情绪，你就开始失去了积极的动力，也就失去了全力以赴的信念。所以，在实现梦想的道路上，不管遇到什么困难，都不应该抱怨，而是要勇敢地面对，用坚定地行动获得成功。

【每日一点】

抱怨是很消极的东西，一旦你产生了这样的情绪，你就开始失去了积极的动力，也就失去了全力以赴的信念。